황의동의
율곡철학연구

황의동 지음

책미래

황의동의 율곡철학연구

발행일 | 1판 1쇄 2022년 6월 20일

지은이 | 황의동
주 간 | 정재승
교 정 | 홍영숙
디자인 | 배경태
펴낸이 | 배규호
펴낸곳 | 책미래

출판등록 | 제2010-000289호
주 소 | 서울시 마포구 공덕동 463 현대하이엘 1728호
전 화 | 02-3471-8080
팩 스 | 02-6008-1965
이메일 | liveblue@hanmail.net

ISBN 979-11-85134-67-3 93130

이 책을 내면서

이 책은 40여 년에 걸친 나의 율곡 연구를 총 정리한 글이다. 학자에게는 전공이라는 것이 있다. 누가 나에게 네 전공이 무엇이냐고 묻는다면 서슴없이 '율곡 연구'라고 답할 것이다. 성균관대에서 율곡의 경세사상으로 석사 학위를, 충남대에서 율곡의 철학사상(理氣之妙)으로 박사 학위를 받았다. 내가 율곡을 전공하게 된 것은 지도교수님이셨던 도원(道原) 유승국(柳承國) 선생님의 영향이 컸다. 내가 대학원을 다니던 때만해도 성균관대 학풍은 성리학이 주류를 이루었다.

나는 학부 때 성리학을 배운 적이 없었다. 이(理)가 뭔지 기(氣)가 뭔지도 몰랐다. 주자(朱子)가, 장횡거(張橫渠)가 어떤 사람인지도 몰랐다. 대학원 시절 나는 많이 방황했다. 박사논문을 쓰면서 나름대로 성리학을 이해하게 되었다. 어언 40여 년이 흘러 돌아온 걸음을 뒤돌아보게 된다.

그 후 율곡 논문만 45편을 썼고 저서를 6권을 냈다. 1987년 석사논문과 박사논문을 정리해 처녀작 『율곡철학연구』(경문사)를 간행하였고, 1998년 서광사에서 『율곡사상의 체계적 이해1(성리학편)』과 『율곡사상의 체계적 이해2(경세사상편)』을 발간하였다. 이 두 편의 저서는 나의 율곡 연구 성과를 정리한 의미 있는 저술이었다.

특히 율곡학의 양익(兩翼)이라 할 수 있는 성리학과 경세학을 함께 간행한 것은 매우 보람 있는 일이었다. 그 후 율곡학의 대중화, 현대화라는 요청에서 출판사의 요구로 2002년 『율곡 이이』(살림출판사)를 발간하고 이어 2013년에는 『이율곡 읽기』(세창미디어)를 발간하였다. 이 두 편의 저서는 율곡의 삶과 사상을 쉽게 소개하는 데 목적을 두고 저술한 것이다. 이어 2014년 정년기념으로 『율곡에서 도산으로』(충남대출판문화원)

를 저술하였는데, 이 책은 율곡과 도산의 삶과 사상을 비교해 쓴 것이다. 나는 젊은 시절 도산 안창호 선생을 알고 흥사단운동에 미쳤던 사람이다. 도산을 존경했고 도산사상을 신념처럼 믿었다. 그리고 나의 중년 이후는 율곡 연구에 많은 시간을 보냈다. 공교롭게도 율곡과 도산이 그들의 삶과 사상에 닮은 점이 많아 비교를 시도해 본 것이다.

또한 나는 율곡에 관한 논문만 45편을 썼다. 선유들에 의해 율곡 연구의 큰 틀은 이미 세워져 있었지만 미시적인 측면, 세부적인 각론에서는 아직 미완의 과제였기에 나는 율곡 연구의 각론을 채우는 데 진력하였다. 그리하여 내가 섭렵한 율곡에 관한 연구는 율곡사상의 체계, 이기론, 자연관, 심성론은 물론 교육사상, 수양론, 가치론, 실학사상, 개혁사상, 행정론, 현대적 해석, 정통과 이단론, 도덕과 경제의 상함성, 율곡학의 계승과 창신 등 여러 분야에 걸쳐 연구하였다.

또한 비교연구로서 우계(牛溪) 성혼(成渾), 퇴계(退溪) 이황(李滉), 고봉(高峰) 기대승(奇大升), 화담(花潭) 서경덕(徐敬德), 중봉(重峰) 조헌(趙憲)과의 비교 연구를 했다. 돌이켜보면 나름대로 율곡학에 매달려 한다고 해보았지만 오류도 있고 잘못 본 것도 많을 것이다. 어차피 학문의 길은 끝이 없다. 후학들의 비판과 보완을 통해 율곡학은 더욱 발전하리라 믿는다.

나의 율곡학에 대한 일관된 입장은 '이기지묘(理氣之妙)'에 있다. 율곡의 세계를 보는 시선과 인간을 보는 눈은 이기지묘(理氣之妙)에 있다고 생각한다. 그리고 율곡이 추구한 이상의 세계도 가치도 이기지묘(理氣之妙)에 있다. 율곡은 이(理)와 기(氣)가 조화된 세상, 이(理)의 가치와 기(氣)의 가치가 조화된 삶을 이상으로 삼았다. 개인의 삶도 한 나라의 정치도 이(理)와 기(氣)의 조화가 그의 이상이었다. 필자의 이러한 견해에 대해 혹자는 이론(異論)도 비판도 있을 수 있지만, 적어도 나의 율곡학에 대한 학문적 확신은 확고하다. 참으로 부족한 사람이 이기지묘(理氣之妙)

한 길을 천착해 오늘날 율곡학의 화두로써 이통기국(理通氣局), 기발이승(氣發理乘)과 함께 나란히 병칭(竝稱)되게 된 것을 보람으로 생각한다.

아울러 율곡의 성리학과 더불어 또 하나의 축인 율곡의 경세사상을 나름대로 천착한 것도 보람으로 생각한다. 율곡학은 성리학도 중요하지만 그의 경세학도 중요하다. 이 점이 퇴계학과 다른 점이고 율곡학의 특성이다. 율곡의 경세사상은 오늘날 현대적으로 다양한 시선으로 해석되고 그 의미가 새롭게 조망될 수 있다. 이미 율곡의 교육사상, 행정사상, 국방사상, 법사상, 言路사상, 務實사상, 개혁사상, 체육사상 등에서 박사논문이 나왔다는 것이 이를 입증한다.

필자는 이제까지 석사논문 이후 나의 율곡에 관한 연구 성과를 한 권의 책으로 엮어 독자에게 바치고 싶은 욕심으로 이 책을 만들었다. 율곡학의 체계를 종합적으로 담고 그 속에 율곡학을 깊게 그리고 쉽게 쓰고 싶었다. 특히 율곡학이 이 시대에 어떤 의미를 갖는지, 율곡이 왜 퇴계와 더불어 조선유학을 대표하는 인물인지를 밝히고 싶었다. 아울러 율곡학의 특성이 무엇인지 그리고 율곡의 조선유학사에서 차지하는 위상이 어떤 것인지도 생각해 보았다.

성리학은 기초가 필요한 학문이고 쉽게 이해하기가 어려운 학문이다. 필자가 율곡의 성리학을 쉽게 소개해 본다고 노력했지만 많이 부족할 것이다. 조선유학을 대표하는 율곡(栗谷) 이이(李珥), 그 분의 삶과 학문을 이해하는 데 하나의 길잡이가 된다면 좋겠다. 어려운 여건에서 이 책을 만들어 주신 도서출판 책미래 여러분께 깊이 감사드린다. 아울러 인생의 늦가을 길에서 그동안 내 곁을 지켜 준 많은 분들께 고마운 뜻을 전한다.

2022년 5월 20일
성동산(聖東山) 태암도장(台巖道莊)에서 황의동 드림.

이 책을 내면서   3

제1부 율곡의 삶과 철학적 입장

제1장 근대의 여명과 율곡의 삶   12
   1. 16세기 근대의 여명과 함께 태어나다   12
   2. 타고난 총명과 노력으로 성인의 길을 예비하다   15
   3. 나라와 백성을 위해 살다   33

제2장 율곡의 철학적 입장   49
   1. 도학적 입장에서 역사를 보다   49
   2. 이기지묘(理氣之妙)의 입장에서 세계를 보다   63
   3. 열린 눈으로 학문을 하다   66

제2부 율곡의 성리학 이해

제1장 율곡의 세계 이해   70
   1. 율곡의 자연관   70
   2. 리(理)는 무엇이고 기(氣)는 무엇인가?   84
   3. 이기(理氣)의 상보적 이해와 역할   97
   4. 율곡 세계 이해의 논리   107
     1) 이기지묘(理氣之妙)   108
     2) 기발이승일도(氣發理乘一途)   115

3) 이통기국(理通氣局)   119

제2장 율곡의 인간 이해   133

1. 율곡의 인간관   133

2. 인간 정신 일반에 관한 이해   144

3. 전인적 인간 이해   155

1) 마음의 이해   155

2) 본성의 이해   164

3) 감정과 욕망의 이해   168

4. 인성의 이기지묘 심층 이해   177

제3장 율곡의 지각론(知覺論) 이해   189

1. 인간의 지각능력과 방법   190

2. 지각의 이기(理氣)구조와 철학적 근거   196

3. 지각의 방법   204

4. 지각의 3층과 목표   214

제4장 율곡의 마음공부 이해   221

1. 마음공부의 가능성과 목적   221

2. 마음공부의 체계   226

3. 마음공부의 방법   227

1) 뜻을 세워라 -입지(立志)-   229

2) 이치를 탐구하라 -궁리(窮理)-   231

3) 뜻을 참되게 하고 마음을
바르게 하라 -성의정심(誠意正心)-   234

　4) 기질을 고치라 -교기질(矯氣質)- 238

　5) 경(敬)의 생활화 -거경(居敬)- 241

　6) 힘써 행하라 -역행(力行)- 245

제5장 율곡의 가치론 이해 248

　1. '이기지묘(理氣之妙)'의 가치론적 함의 248

　2. 문(文)과 무(武)의 가치적 조화 251

　3. 가치의 구경지(究竟地) -지선(至善)과 중(中)- 253

제3부 율곡의 경세학 이해

제1장 율곡의 역사인식과 개혁론 258

　1. 16세기 후반의 역사인식과 우환의식 258

　2. 나라와 백성을 위한 개혁 262

제2장 율곡 경세론의 철학적 기초 265

　1. 실학의 선구적 담론 '무실론(務實論)' 265

　2. 의리(義)와 실리(利)의 대동(大同)세계 271

　3. 경세의 두 길 -양민(養民)과 교민(敎民)- 277

제3장 경세대안과 근대정신 281

　1. 430여 년 전 이미 '국시(國是)'를 논하다 281

　2. 말길(言路)이 열려야 나라가 흥한다 286

3. 국가의 원기(元氣)
  — 사림(士林), 공론(公論), 기강(紀綱) — 290
4. 행정의 목적이 백성에 있다 296
5. 교육에 대한 담론 301
6. 십만양병론과 「육조계(六條啓)」의 국방대책 309

제4부 율곡의 학문적 특성과 자리매김

제1장 율곡의 학문적 특성 320
  1. 균형적 사고와 조화적 가치관 320
  2. '기발이승일도(氣發理乘一途)'의 철학정신 324
  3. 변하는 세계, 변화하는 인간, 창조적 사회 330

제2장 한국유학사에서 율곡의 자리매김 333
  1. 기호학파, 율곡학파를 열다 333
  2. 성리학과 실학의 길을 함께 걷다 338
  3. 주자학을 계승하며 조선 성리학을 창신하다 340

부록 1 율곡어록 344
부록 2 율곡연보 360
부록 3 율곡 관련 저술과 논문 365

제1부 율곡의 삶과 철학적 입장

근대의 여명과 율곡의 삶

1. 16세기 근대의 여명과 함께 태어나다

율곡 이이(栗谷 李珥, 1536, 중종 31~1584, 선조 17)는 퇴계 이황(退溪 李滉, 1501~1570)과 더불어 조선조를 대표하는 유학자이다. '퇴율(退栗)'이라 병칭될 만큼 조선조 역사에서 수많은 유학자들 가운데 우뚝 선 이가 바로 율곡 이이다. 율곡은 천재형의 철학자로 성리학에 있어 출중하였고, 또 경세의 이론가로, 잠시도 나라와 백성을 잊지 않은 실천적 지성이었다. 율곡이 남다른 점은 철학과 경세를 겸비했다는 점이고, 또한 이론에 밝았을 뿐 아니라 몸소 실천한 진유(眞儒)였기 때문이다. 그래서 율곡은 '동국 18현'으로 문묘에 배향되어 추앙받으며, 조선조 유학사에서 영남학파(또는 퇴계학파)와 양익(兩翼)이었던 기호학파(또는 율곡학파)의 중심인물로 자리매김 되었다. 특히 그는 퇴계와는 달리 성리학을 통해 인간 내면의 세계를 깊숙이 성찰하면서도, 나라와 백성의 안녕과 행복을 위한 왕도(王道), 대동(大同)의 꿈을 지향했다는 점에서 훌륭하다.

율곡 이이는 16세기 전반 근대의 여명이 밝아오면서 세상에 태어났다. 그는 1536년(중종 31년) 12월 26일(음력) 강원도 강릉부 북평촌 오죽헌(烏竹軒) 외가에서 아버지 이원수(李元秀) 공과 어머니 신사임당(申師任堂) 사이에서 4형제 중 셋째로 태어났다. 본관은 덕수(德水), 어릴 때 이름은 숙헌(叔獻)이고, 호는 율곡(栗谷)이다. '율곡'이란 호는 경기도 파주 율곡촌이 부친의 고향으로 친족들이 살던 곳이기 때문이다. 그는 49년의 짧은 생애를 살았지만, 한편 철학자의 삶을 살았고, 또 다른 한편 경세가의 삶을 살았다.

율곡의 시대는 서양에서 이른바 '근대의 여명기(黎明期)'였다. 중세의 어두운 그림자가 걷히고 인간의 가치를 재발견하는 르네상스의 시대였다. 1517년 독일의 루터는 95개조를 발표하고 종교개혁의 불을 당겼고, 이어 1541년 캘빈이 스위스 제네바에서 종교개혁운동을 시작하였다. 당시 교회의 부패와 잘못된 신앙에 대해 기독교 개혁운동을 전개했던 것이 바로 이때였다. 1543년 코페르니쿠스는 천동설을 부정하고 지동설을 주장함으로써 종교에서 과학의 길을 활짝 열었다. 1547년 미켈란젤로가 성 베드로 성당의 조영(造營) 주임에 임명되어 '천지창조' 등 성화(聖畵) 작업을 시작하였고, 1564년에는 세상을 떠났다. 또 1571년에는 독일의 천문학자 케플러가 탄생하고, 1582년에는 마테오리치가 중국 광동에 왔으며, 독일의 뷔르츠부르크 대학과 영국의 에딘버러 대학이 창립된 것도 이 시기였다.

한편 일본을 통일한 도요토미 히데요시(豐臣秀吉)는 1536년 율곡과 같은 해에 태어났고, 율곡이 세상을 떠나기 전 해인 1583년에는 만주의 여진 추장 누루하치가 기병하였다. 또 이탈리아의 갈릴레이가 진자의 등시성을 발견한 것도 1583년이다. 이처럼 율곡이 살던 시대는 루터, 캘빈 등에 의해 종교개혁운동이 일어나고, 미켈란젤로, 코페르니쿠스, 갈릴레이, 케플러 등에 의해 근대 과학과 예술이 꽃피기 시작했던 시대였다. 즉 중세의 암운이 서서히 걷히고 근대의 여명이 밝아오는 시대였다.

한편 조선은 1506년 박원종 등이 연산군을 폐하고 진성대군을 왕으로 옹립한 중종반정이 일어났고, 1519년(중종 14년)에는 조광조(趙光祖) 등

젊은 유학자들이 유교적 이상 정치를 추구하다 억울하게 희생되는 기묘사화(己卯士禍)가 일어났다. 조광조는 율곡이 가장 존경했던 인물로 처음에는 중종의 총애를 받고 그의 동료들과 함께 유교의 이상정치(至治)를 실현하고자 노력했으나, 반대파의 모함과 중종의 변심으로 조광조, 김정(金淨), 기준(奇遵) 등 많은 유학자들이 죽거나 귀양을 갔다.

또한 1545년(인종 1년)에는 인종이 갑자기 죽고 어린 명종이 즉위하자, 문정왕후의 섭정하에 명종의 외숙 윤원형(尹元衡)이 인종의 외숙인 윤임(尹任) 등을 죽이고 축출한 을사사화(乙巳士禍)가 일어났다. 이에 연루되어 유인숙(柳仁淑), 송인수(宋麟壽) 등 많은 유학자들이 희생되었다. 1498년(연산군 4년) 김종직(金宗直)의 「조의제문(弔義帝文)」을 실록에 수록하느냐를 가지고 일어났던 무오사화(戊午士禍), 1504년(연산군 10년) 연산군의 생모 윤씨의 죽음과 폐비문제가 발단이 되어 일어난 갑자사화(甲子士禍)를 포함하여 4대사화가 반세기 동안 계속되었다. 이는 정치적 변란으로 여기에 연루된 수많은 유교 지식인들의 희생을 가져왔으니 참으로 불행한 일이었다.

율곡의 시대는 아직 사화의 여독과 연산시대의 잔재는 남아 있었지만, 사림의 기상이 서서히 싹트고 언로가 조금씩 열려 가는 시대였다. 또 화담 서경덕(花潭 徐敬德), 회재 이언적(晦齋 李彦迪), 퇴계 이황, 일재 이항(一齋 李恒), 하서 김인후(河西 金麟厚), 고봉 기대승(高峰 奇大升), 우계 성혼(牛溪 成渾) 등 저명한 유학자들에 의해 성리학 연구가 활발하게 이루어지기도 했다.

또한 인사를 담당하는 요직인 이조 전랑직을 둘러싸고 김효원(金孝元)과 심의겸(沈義謙)의 논쟁이 동인, 서인의 당파로 번지고, 1590년에는 동인이 남인, 북인으로 분당되어 당쟁이 더욱 심화되고 있었다.

한편 동아시아의 안보환경은 일본이 100여 년의 혼란시대를 극복하고 도요토미 히데요시에 의해 통일되고, 1583년에는 만주 여진의 추장 누루하치가 기병하여 한반도를 둘러싼 국제적 환경이 불리하게 돌아가고 있었다. 결국 1592년 왜는 조선을 침략하여 임진왜란을 일으켰고, 청은 1627년에 정묘호란, 1636년에는 병자호란을 일으켰던 것이다.

2. 타고난 총명과 노력으로 성인의 길을 예비하다

율곡의 아버지 이원수(李元秀) 공은 사헌부 감찰이고, 어머니 신사임당(申師任堂)은 진사 신명화(申命和)의 딸로 오늘날 현모양처의 모델로 일컬어진다. 율곡이 태어난 오죽헌(烏竹軒)은 율곡의 외가로서, 어머니 신사임당이 태어난 곳도 바로 이곳이다. 집 주위에 검은 대나무가 많아 '오죽헌'이라 이름하였는데, 이는 이곳에 거처하던 율곡의 이종 사촌 권처균(權處均)이 자신의 아호를 '오죽헌'이라 이름한 데서 연유하였다.

율곡의 어머니 신사임당은 율곡을 낳기 전에 태몽을 꾸었는데, 검은 용이 침실 쪽으로 날아와 마루에 서려 있는 꿈을 꾸었다고 전해진다. 그래서 율곡의 어렸을 때 이름은 '현룡(見龍)'이었다. 어느 날 외할머니가 석류 한 개를 보여 주며 "이 물건이 무엇과 같으냐?"고 물었다. 세 살 먹은 어린 율곡은 옛 시를 인용해 "은행은 껍질 속에 덩어리 푸른 구슬 머금었고, 석류는 껍질 안에 부서진 붉은 구슬 싸고 있네"라고 대답해 주위 사람들을 놀라게 했다.

1541년(중종 36년) 율곡의 나이 6세 때 그는 어머니를 따라 강릉 외가를 떠나 한양의 본가로 왔다. 그의 어린 시절의 학문적 기초는 어머니 신사임당에 의해 훈육되었다. 신사임당은 율곡에게 있어 자애로운 어머니이자 훌륭한 스승이었다. 율곡이 쓴 어머니의 행장을 보면 그의 인품이 다음과 같이 잘 묘사되어 있다.

어머니의 이름은 모(某)로 진사 신공(申命和)의 둘째 딸이다. 어렸을 적에 경전에 통했고 글도 잘 지었으며, 글씨도 잘 썼다. 또한 바느질을 잘하고 수놓기까지 정교하지 않음이 없었다. 게다가 천성이 온화하고 얌전하였으며, 지조가 정결하고 행동이 조용하였으며, 일을 처리하는 데 편안하고 자상하였다. 말이 적고 행실을 삼가고 또 겸손하였으므로 신공이 사랑하고 아꼈다.…17일 새벽에 갑자기 돌아가시니, 향년이 48세였다.…어머니는 평소에 묵화를 그리는 재주가 뛰어났는데, 7세 때에 안견의 그림을 모방하여 산수도를 그린 것이 아주 절묘하다.1)

이와 같이 신사임당은 학문, 문장, 서예, 그림, 수예 등 다방면에 탁월한 재주를 가졌으며, 인품이 훌륭하고 교양을 갖춘 요조숙녀였다. 그러므로 율곡에게 있어서 어머니 신사임당은 존경의 대상이면서 어린 날의 교양을 닦아 준 스승이었다.

율곡은 1542년 서울 이웃집에 살던 진복창(陳復昌)이란 사람을 소재로 글을 썼다. 이것이 『율곡전서』에 전해지는 「진복창전(陳復昌傳)」인데, 이는 율곡의 첫 번째 작품이요 글이라 해도 과언이 아니다. 7세의 소년 율곡이 이웃집 진복창의 인품을 소재로 쓴 것인데 이렇게 묘사하고 있다.

군자는 마음속에 덕을 쌓는 까닭에 마음이 늘 태연하고, 소인은 마음속에 욕심을 쌓는 까닭에 마음이 늘 불안하다. 내가 진복창의 사람됨을 보니 속으로는 불평불만을 품었으되 겉으로는 태연한 척한다. 이 사람이 벼슬자리를 얻게 된다면 나중에 닥칠 걱정이 어찌 한이 있으랴.2)

---

1) 『栗谷全書』, 卷18, 「先妣行狀」.
2) 『栗谷全書』, 卷33, 「年譜」.

진복창은 훗날 윤원형과 함께 을사사화를 일으켜 비난을 받은 인물이었으니, 율곡의 사람 보는 안목이 예사롭지 않다.

1543년 율곡의 나이 8세 때 그는 경기도 파주 임진강가의 화석정(花石亭)에 올라 이곳에서 다음과 같은 시를 지었다.

> 숲속 정자에 어느덧 가을이 저무는데,
> 나그네의 생각 한이 없어라.
> 멀리 흐르는 물은 하늘에 닿아 푸르고,
> 서리 맞은 단풍은 햇볕을 향해 붉었네.
> 산은 둥근 달을 토해내고,
> 강은 만 리의 바람을 머금었도다.
> 하늘가의 저 기러기 어디로 가는지,
> 저무는 구름 속으로 울음소리 끊기네.[3]

8세 소년 율곡의 문학적 재주를 잘 알 수 있는 글이다. 또 10세 때에는 경포대를 대상으로 한 글을 지었는데,[4] 그 일부분을 감상해 보기로 하자.

아! 명예의 굴레가 사람을 얽어매고 이욕(利欲)의 그물이 세상을 덮는데, 그 누가 속세를 초월하여 한가로움을 즐길 것인가. 모두 이리 뛰고 저리 뛰다가 스스로 지치는구나…나그네가 웃으면서 대답한다. 세상에 나아가 도를 행하는 것과 물러나 숨는 것은 운수에 달렸고, 화복(禍福)은 시기가 있는 법, 구한다고 얻을 수 있는 것이 아니고 버려도

---

3) 『栗谷全書』, 卷1, 詩, 「花石亭」, "林亭秋已晚 騷客意無窮 遠水連天碧 霜楓向日紅 山吐孤輪月 江含萬里風 塞鴻何處去 聲斷暮雲中."
4) 『교감본 율곡전서』에서는 이 글이 율곡의 글이 아닐 수도 있다는 의문을 제기하고 있다.

버릴 수 없나니, 그만 두자, 마침내 인력으로 취할 수 없으니, 명(命)이
라 마땅히 조화하는 대로 따를 뿐이네. 하물며 형상은 만 가지로 나뉘
지만, 이치가 합함은 하나임에랴.

죽고 사는 것도 분변하지 못하거늘, 하물며 오래고 빠름을 구분하
랴. 장주(莊周)는 내가 아니고 나비는 실물이 아니니, 참으로 꿈도 없고
진실도 없으며, 보통사람이라 해서 없는 것도 아니고 성인이라 해서
있는 것도 아니거늘, 마침내 누가 이득이고 누가 손해이겠는가. 그러
므로 마음을 텅 비워 사물에 응하고 일에 부딪치는 대로 합당하게 하
면, 정신이 이지러지지 않아 안을 지킬 터인데, 뜻이 어찌 흔들려 밖으
로 달리겠는가. 달(達)해도 기뻐하지 않고 궁(窮)해도 슬퍼하지 않아야
출세와 은거(隱居)의 도를 완전히 할 수 있으며, 위로도 부끄럽지 않고
아래로도 부끄럽지 않아야 하늘과 사람의 꾸지람을 면할 수 있다네.[5]

여기서도 어린 소년의 글답지 않게 세속을 뛰어넘는 초탈의 경지를
볼 수 있고, 유가적 세간(世間)의 삶과 도가적 출세간(出世間)의 삶의 기
로에서 고뇌하는 소년 율곡의 모습을 볼 수 있다.

율곡은 이미 어려서 신동(神童)으로 불렸고, 13세에 진사초시에 합격
한 이래 무려 아홉 번이나 장원 급제를 해 '구도장원공(九度壯元公)'이라
는 별명을 얻기도 했다. 물론 유학자가 과거시험에 연연하는 것이 자랑
은 아니지만, 당시 강원도 강릉 시골 촌뜨기 소년이 세상을 향해 나아가
는 방법은 이 길밖에 없었다. 집안이 명문가라면 그렇게 하지 않아도 되
겠지만, 율곡의 경우는 과거시험을 통해 신분 상승의 길을 모색할 수밖
에 없었다. 율곡은 본래 모친에게서 유교적 기초교육을 받았을 뿐이다.

---

5) 『栗谷全書』, 拾遺, 卷1, 「鏡浦臺賦」.

일정한 스승에게서 수학한 일이 없이 독학으로 자득했다고 볼 수 있다. 그는 타고난 총명으로 시험마다 수석합격의 영예를 지녔으니, 이미 어려서부터 총명하다는 명성이 널리 퍼졌다.

1551년 5월 17일 율곡의 나이 16세 때 존경하는 어머니 신사임당이 48세를 일기로 세상을 떠났다. 모자간에 비슷한 나이로 세상을 떠난 것은 무슨 우연인가? 율곡은 부친 이원수공과 함께 우수운 판관으로 서해 바다에 갔다 돌아오는 길에 서강(오늘날 마포부근)에서 어머니의 부음을 들었다. 율곡은 부친과 함께 『주자가례(朱子家禮)』에 따라 상례를 마치고 모친을 경기도 파주 자운산(紫雲山)에 안장하고, 이곳에서 3년 동안 여묘(廬墓)살이를 하며 극진히 예를 다했다. 율곡에게 어머니의 죽음은 충격이었고, 이로 인해 정신적 방황이 시작되었다. 율곡은 1554년 19세 때에 어머니의 3년상을 마치고 홀연히 금강산으로 들어가게 된다. 이 사건은 율곡의 생애에서 중요한 의미를 갖는다. 그러면 율곡이 왜 금강산으로 출가를 했을까? 이에 대한 이해를 위해 다음 『실록』의 기사를 보기로 하자.

이이는 어려서부터 이미 문장으로 이름이 있었고, 일찍 모친상을 만나 장례를 치르는데 정성이 지극하였다. 그 부친의 첩이 그를 사랑하지 않았고, 또 부친은 일찍부터 불교경전을 좋아하였다. 그의 나이 16, 17세 때에, 어떤 중이 죽은 사람의 영혼을 위해 복을 빈다는 이야기로 그를 유혹하였으므로, 그는 가족에게 알리지 않고 의복을 정돈하여 금강산으로 들어갔다.6)

---

6) 『명종실록』, 명종 21년 3월 24일 조.

여기서 보면 율곡의 출가는 여러 가지 사연이 복합적으로 작용한 것 같다. 우선 모친의 죽음 이후 정신적 방황과 함께 모친의 명복을 빈다는 목적도 있었고, 또 가정적으로는 서모와의 불화도 한 요인이 되었을 것이다. 더욱이 부친이 일찍부터 불교경전을 좋아했다는 것도 율곡이 금강산에 들어가 불교에 잠시 발을 들여놓는 데 일조를 한 것이 아닌가 짐작된다.

율곡의 금강산 출가는 뒷날 두고두고 율곡을 비난하는 빌미가 되기도 했지만, 오늘날 객관적으로 평가해 보면 율곡의 학문과 철학이 보다 깊어지고 넓어지는 데 큰 도움이 되었다. 율곡이 퇴계와는 달리 개방적 입장에서 학문을 한 것이나, 실제로 그의 철학에서 느껴지는 회통의 논리는 분명 불교적 영향이라고 아니할 수 없다.

율곡의 금강산 생활은 구체적으로 알 수 없지만, 그가 남긴 몇 가지 시를 통해 그의 불교적 이해의 폭과 깊이를 이해할 수 있다. 다음 「동문을 나서면서」라는 시를 감상해 보자.

하늘과 땅은 누가 열었으며,
해와 달은 누가 갈고 씻었는가.
산과 냇물은 얽혀 있고,
추위와 더위는 서로 교차하는구나.
우리 인간은 만물가운데 처하여,
지식이 가장 많도다.
어찌 조롱박과 같은 신세가 되어,
쓸쓸하게 한 곳에만 매여 있겠는가.
온 나라와 지방 사이에,
어디가 막혀 마음껏 놀지 못할까.

봄빛 무르익은 산 천리 밖으로,

지팡이 짚고 떠나가리.

나를 따를 자 그 누구일까.

저녁나절을 부질없이 서서 기다리네.7)

우주자연 가운데 가장 똑똑한 인간을 말하면서, 조롱박 신세가 아닌 대자연의 경계를 자유롭게 넘나드는 대자유인의 기개를 잘 보여 주고 있다. 또 이는 세속과 초월세계를 경계 없이 넘나드는 무애(無碍)의 경지를 보여 주기도 한다.

또 율곡은 「풍악산에서 작은 암자에 있는 한 노승에게 시를 지어 주다」라는 시를 썼는데, 이 시를 감상하기로 하자.

물고기 뛰고 솔개가 나는 것 위아래가 한 가지니,

이것은 색(色)도 아니고 공(空)도 아니네.

무심하게 한번 웃고 나의 신세를 돌아보니,

석양 무렵 나무 숲속에 홀로 서 있네.8)

율곡이 금강산에서 유람할 때 어느 암자의 노승과 깊은 대화를 나누고 써 준 시다. 『시경』의 시를 인용해 불교의 '공이 곧 색이요 색이 곧 공이다(空卽是色 色卽是空)'을 이해하는 율곡의 회통의 경지를 잘 보여 준다. 율곡은 1년여의 불교생활을 마감하고 1555년 20세가 되던 해 봄 마

---

7) 『栗谷全書』, 卷1, 詩, 「出東門」, "乾坤孰開闢 日月誰磨洗 山河旣融結 寒暑更相遞 吾人處萬類 知識最爲巨 胡爲類匏爪 戚戚迷處所 八荒九州閒 優游何所阻 春山千里外 策杖吾將去 伊誰從我者 薄暮空延佇."

8) 『栗谷全書』, 卷1, 詩, 「楓嶽贈小庵老僧」, "魚躍鳶飛上下同 這般非色亦非空 等閒一笑看身世 獨立斜陽萬木中."

침내 강릉 외가로 돌아오게 된다. 산에서 내려올 때 보응(普應)이라는 스님과 동행하였고, 풍암 이광문(豊嚴 李廣文)의 초당(草堂)에서 하룻밤을 묵으며 다음과 같은 시를 썼다.

도를 배우니 곧 집착이 없구나,
인연을 따라 어디든지 유람하네.
잠시 청학(靑鶴)의 골짜기를 이별하고,
백구(白鷗)의 땅에 와서 구경하노라.
이내 몸 신세는 구름 천리이고,
하늘과 땅은 바다 한 구석일세.
초당에서 하룻밤 묵어가는데,
매화에 비친 달 이것이 풍류로구나.9)

여기서도 율곡이 금강산에서 불교에의 여정을 끝내고 이제 세속을 찾은 소회를 잘 표현하고 있다. 비록 환속은 했지만 세속과 초탈에 매이지 않으려는 자유로운 경지를 볼 수 있고, 초당에서의 하룻밤 매화에 비친 달을 통해 풍류를 즐기는 넉넉함을 볼 수 있다. 이렇게 본다면 청년 율곡 시대에 있어 불교는 그에게 하나의 소중한 가르침이 되었음을 부정하기 어렵다.

그리고 그의 금강산 출가와 불교에의 여정은 그로 하여금 순유(醇儒)로서의 흠이 아니라, 오히려 보다 넓은 사상의 바다를 체험한 소중한 기회요 자산이었다 할 수 있다.

인생에서 친우와의 만남은 매우 중요하다. 율곡의 생애에서 우계 성혼

9) 『栗谷全書』, 卷1, 詩, 「與山人普應下山至豊嚴李廣文之元家 宿草堂」(乙卯), "學道卽無著 隨緣到處遊 暫辭靑鶴洞 來玩白鷗洲 身世雲千里 乾坤海一頭 草堂聊寄宿 梅月是風流."

(牛溪 成渾, 1535~1598)과 구봉 송익필(龜峰 宋翼弼, 1534~1599)은 평생 돈독한 우정을 함께했던 친우였다. 이들은 모두 같은 서인계로서 정치적 길을 같이했고, 인간적인 측면에서도 우정을 변치 않았다. 특히 율곡과 성혼, 송익필은 고향이 같아 어려서부터 친밀한 교우관계를 맺고 있었다. 율곡과 성혼은 파주를 고향으로 함께하였고, 송익필은 파주에서 가까운 고양에 살았다. 이들 세 사람은 모두 기호유학의 중심인물로 큰 자취를 남겼고, 학문적으로도 크게 성공하여 후세에 존경을 받았다. 이들 세 사람의 제자들은 스승의 돈독한 우정에 따라 세 문하를 자유롭게 드나들어 사승(師承)관계가 서로 중첩되고 있다. 오늘날 교수들 간의 대립과 갈등으로 문하생들의 처세가 어려운 점을 생각하면 귀감이 되고도 남음이 있다.

율곡 19세, 성혼 20세 때 두 사람은 도의로써 우정을 맺고 평생 변치 않았다. 성혼은 율곡과는 달리 좋은 가문의 출신이다. 그의 아버지는 청송 성수침(聽松 成守琛, 1493~1564)으로 조광조의 제자이다. 성수침은 동생 성수종(成守琮, 1495~1533)과 더불어 정암 조광조(靜庵 趙光祖, 1482~1519)의 문하에서 수학하였고, 정몽주(鄭夢周)-길재(吉再)-김숙자(金叔滋)-김종직(金宗直)-김굉필(金宏弼)의 학통을 계승하였다. 율곡은 독학으로 자득하여 스승 없이 공부했다면, 성혼은 조선조 유학의 정통계열로 일컬어지는 사림파의 정맥을 계승하였다. 율곡은 조광조를 평생 가장 존경하고 흠모했으니, 율곡과 성혼이 모두 조광조의 후예가 된 것은 마찬가지다.

율곡과 성혼은 타고난 기품이 달랐다. 율곡이 이론에 뛰어나고 명석하였다면, 성혼은 실천에 장점을 가지고 있었다. 그러므로 율곡도 스스로 말하기를, 자신이 비록 철학적 이론에 있어서는 성혼보다 나을지 모르지만, 몸가짐의 독실함에 있어서는 성혼에게 미치지 못한다고 고백하였다.

또한 율곡은 현실정치에 깊은 관심을 갖고 적극적이었지만, 성혼은 평생을 거의 처사로 지내면서 현실정치에는 소극적이었다. 그래서 율곡은 성혼의 이러한 은둔적 처세를 못마땅하게 생각했다. 성혼은 율곡에 대해 그의 탁월한 자질을 인정하는 동시에 큰 기대를 하고 있음에도 불구하고, 율곡의 조숙한 저술과 거침없는 주장, 그리고 여러 차례의 과거시험에 장원한 공명심, 우월감으로 혹시라도 학자 본연의 길을 잃지 않을까를 늘 걱정하였다.

성혼은 친우 율곡의 능력에 대해 잘 알고 있었고, 그 기대가 참으로 컸기에 "어리석은 저는 족하에 대한 바람이 매우 큽니다. 그리하여 중대한 임무를 맡고 원대한 경지에 이르기를 오직 족하 한 분에게 기대할 뿐입니다"라고 하였다. 성혼은 어느 날 율곡의 아들인 경임(景臨)에게 말하기를, "율곡은 참으로 오백년 동안에 흔치 않게 걸출한 인물이었다. 내가 젊었을 때에 강론하면서 친구라 생각하여 서로 버티고 하였는데, 노경(老境)에 와서 생각해 보니 참으로 나의 스승이었으며, 나를 깨우쳐 줌이 매우 많았다"고 술회하였다. 이처럼 율곡과 성혼은 서로 존경하면서도 때로는 친우로서의 질책과 충고를 아끼지 않았다. 그러기에 두 사람은 16세기 조선조의 대표적인 유학자로 대성하여 '동국 18현'으로 문묘에 모셔졌으며, 기호유학의 양대 산맥으로서 율곡학파와 우계학파를 견인했던 것이다.

또한 이 시기 율곡에게 꼭 기억되어야 할 벗이 구봉 송익필이다. 구봉은 나이가 율곡보다 두 살 위인데 파주 인근 고양에서 젊은 시절을 보내고 강학을 했다. 율곡이 구봉과 언제부터 사귀게 되었는지는 정확히 알 수 없으나, 여러 정황을 고려하면 우계와 도의지교(道義之交)를 했던 1554년경으로 추정된다. 이때 율곡은 19세, 구봉은 21세, 우계는 20세이다. 세 청년동지의 만남은 그들 자신의 인생을 바꾸어 놓았고, 한편 조선

유학의 역사를 바꾸어 놓았다. 이들 세 사람은 학문에 대한 열정, 도학적 이상이라는 측면에서는 공통적이었지만, 각기 개성은 좀 달랐다.

구봉은 타고난 자품이 매우 총명하고 기개가 당당하였다. 그는 불행히도 할머니가 첩의 딸이었기 때문에 부득이 서얼의 신분에 놓이게 되었고, 부친의 무고(辛巳誣獄)로 온 집안이 노비신세가 되고 구봉 형제들은 도피생활을 해야만 했다. 이렇게 신분적 장애로 평생 불우했던 구봉은 율곡, 우계와 도의지교를 맺어 학문적 성취를 했고, 비록 벼슬길에 나아가지는 못했으나 서인의 지도자로 우뚝 섰다. 더욱이 그의 학문적 위상은 율곡에게도 경외(敬畏)의 대상이었다. 그는 성리학에 조예가 깊어 율곡과 대등하게 토론할 상대였고, 그가 쓴『태극문(太極問)』10)은 그의 성리학에 대한 수준을 잘 말해 준다. 또한 구봉은 예학에 있어 당대 최고의 권위를 가져 '동방예학의 종장(宗匠)'으로 일컬어지는 사계 김장생(沙溪 金長生)이 그의 문하에서 성장했다. 또한 그가 쓴『가례주설(家禮註說)』은 조선조 예학 연구의 선구적 작품으로 평가받는다. 아울러 그는 비록 신분상의 문제로 조정에 나아가지 못했으나 경세에 대한 탁월한 경륜을 지니고 있어 '조선의 제갈량(諸葛亮)'으로 불리었으며, 친우인 율곡에게 정치적 자문을 하기도 했다. 또한 문학에도 조예가 깊어 '시 산림 3걸', '8문장가'로 일컬어졌다.

다음은 율곡과 친우 최입(崔岦, 1539~1612)11)과의 교유에 대해 살펴

---

10) 『太極問』의 저자에 대한 시비가 있으나 일단 구봉의 저술로 보고자 한다.(곽신환, 「송익필의 태극문 논변」, 『잊혀진 유학자 구봉 송익필의 학문과 사상』, 구봉문화학술원, 2016)

11) 최입은 1561년 식년문과에 장원하고, 여러 외직을 지낸 뒤 1577년(선조 10) 奏請使의 質正官으로 명나라에 다녀왔다. 1581년 재령군수로 飢民 구제에 큰 공을 세웠다. 공주목사, 전주부윤 등을 지내고 그 후에도 여러 번 명나라에 다녀왔다. 임진왜란 때 외교문서 작성에 제일인자로 기여하였고, 명나라에서도 명문장가로 이름을 날렸다. 그의 글과 車天輅의 시 그리고 韓濩의 글씨를 '松都三絶'이라 일컬었다.

보기로 하자. 최입의 자는 입지(立之), 호는 간이(簡易)로 율곡보다 세 살 아래의 후배다. 그는 글을 잘 써 외교문서 작성에 큰 공을 세웠고, 차천로(車天輅)의 시, 한호(韓濩)의 글씨와 더불어 최립의 글이 '송도삼절(松都三絶)'로 불리었다.

『율곡전서』에 의하면 1554년 율곡 19세 때 금강산에 들어가기 전에 최입에게 보낸 두 통의 편지가 보인다. 여기에 율곡이 최입에게 쓴 편지의 내용은 참으로 흥미롭다.

이제 그대가 불세출의 재주를 타고 났고, 또 사도(斯道)에도 뜻을 두었으니, 이는 참으로 고금을 통해서 드문 일입니다.…그대는 태어나 아주 어렸을 때부터 문웅(文雄)으로 동방에 알려졌으니, 재주가 스스로 통달함은 내가 본디부터 들었거니와, 또한 모르겠습니다만, 바야흐로 어짊에도 힘을 쓰고 있습니까. 장차 어짊에 힘쓰지 않아도 스스로 어질게 되겠습니까? 이것은 내가 알 수 없는 일입니다. 내가 족하와는 교분이 깊지 않습니다. 얼마 사귀지 않은 친구로서 문경지우(刎頸之友)12)로 자처하고 속에 있는 말을 토로하여 껍질을 벗겨 버리는 것은 진실로 지기(知己)의 사이가 아니면 비웃지 않을 이가 없으며, 어찌 비웃기만 할 뿐이겠습니까? 장차 날더러 미쳤다느니 미혹하다느니 할 것이니 그대는 나를 알아주겠습니까? 알아주지 못하겠습니까?…스승으로 가르치는 사람을 이미 얻을 수 없으니, 차라리 벗으로서 나를 도

---

12) 친구 간에 서로 죽기를 맹세하여 사귐을 말함. 『사기』「인상여전(藺相如傳)」에 의하면, 조(趙)의 상경(上卿) 인상여와 장군 염파(廉頗)가 서로 알력이 있게 되어 염파가 인상여를 해치려 하자, 인상여가 말하기를, "진나라가 우리나라를 침략하지 못한 것은 우리 두 사람이 있기 때문이다. 우리가 서로 싸우면 나라에 해가 된다"라고 하였다. 염파가 그 말을 듣고 팔과 다리를 걷고 가시나무를 짊어지고 와서 사과하고 드디어 문경지교(刎頸之交)가 되었다고 하였다.

울 자를 구하는 것이 낫지 않겠습니까? 이에 재주 있고 어진 이를 얻어 벗 삼고자 하는 것입니다. 내가 이 뜻을 품은 것이 이미 오래되었습니다. 상복을 벗고 서울에 올라 왔을 때 비로소 선비 중에 최입지라는 사람이 있다는 말을 들었습니다. 그 사람됨이 총명특달(聰明特達)하고 그 학문은 근원이 원대하고 깊으며, 그 글도 기려(奇麗)하고 전실(典實)하다는 것이었습니다. 나는 그 명성을 듣고는 그 얼굴을 보고자 하였습니다.…뜻밖에 그대가 김광전(金光前)을 통하여 우리 집을 찾아와서 여러 달 쌓인 회포를 한번 만나면서 풀었으니, 그 스스로 다행함이 어떠하였습니까. 내가 처음에 그대의 이름을 듣고는 그대는 반드시 우뚝히 걸출한 사람일 것이다 생각하였더니, 만나 보게 되어서는 별다른 풍채가 없는 한 소년이었습니다.…오늘날 세상 사람으로서 그대와 재주를 겨룰 자가 어떠한 사람이 있는지 모르겠습니다. 그대의 재주는 온 나라를 통틀어 둘도 없는 것이니 그대는 어짊을 힘써야 할 것입니다. 그대가 성경현전(聖經賢傳)에 통달하지 않은 것이 없고, 그 도를 닦는 방법에도 언어를 기다리지 않고 다 깨우쳤으니 힘쓰고 힘쓰기 바랍니다. 나도 그대를 좇으려 합니다.…나는 그대를 좇겠습니다. 그대 같은 사람은 비록 세상에 쓰이지 않으려 해도 세상에서 그대를 놓아두지 않을 것입니다. 그렇다면 때를 만나고 만나지 못함도 사람에 있는 것이고 하늘에 있는 것이 아닙니다. 내가 비록 재주는 없지만 그대의 뒤를 따라 한 세상에서 주선하고 또한 후세 사람들로 하여금 최·이(崔·李)가 있었음을 알게 하고자 합니다. 그렇게 되면 한 평생의 능사(能事)를 다하는 것입니다.13)

---

13) 『栗谷全書』, 拾遺, 卷3, 「與崔立之」.

글이 길지만 소개하는 이유는 인간 율곡을 이해하는 데 필요하기 때문이다. 우리가 아는 바와 같이 율곡은 천재형의 철학자요 '구도장원공(九度壯元公)'으로 명성이 자자했다. 그런데 그 율곡이 청년시절 비굴할 만큼 우러러 보았던 선망의 대상이 바로 최입이다. 더구나 그는 나이도 율곡보다 세 살 아래였다. 그런데 율곡은 그를 가리켜 '불세출의 재주를 갖고 타고난 사람', '문웅(文雄)', '성경현전(聖經賢傳)에 통달한 사람으로 온 나라를 통틀어도 재주가 그를 당할 자가 없다'고 극찬한다. 나아가 그를 '스승처럼 배우고 좇으려 한다'고 고백한다. '먼 훗날 사람들이 최·이(崔·李)가 있었음을 알게 하자'고 다짐한다. 이쯤 되면 율곡의 최입에 대한 존경과 기대가 어느 정도인가를 짐작할 수 있다.

그러나 율곡이 그렇게 훌륭하게 생각했던 최입이 어느 날 자기 집에 놀러 왔을 때 별다른 풍채가 없는 평범한 소년이었다는 실망감을 토로한다. 이 글을 통해 19세의 청년 율곡의 당시 정서와 마음의 동요를 읽을 수 있다. 율곡의 글로 미루어 보아 당시 최입은 아마도 유교적 교양에 있어 남다른 재주를 가졌던 것으로 짐작된다. 그 재능은 아마도 사장학(詞章學)에 대한 것으로 추정된다. 천재 율곡이 흠모해 마지않는 것을 보면 최입의 역량과 재주를 가히 짐작할 수 있다. 다만 율곡이 여러 곳에서 어짊(仁)을 공부해야 한다는 당부를 하는 것으로 보면, 최입에 대한 존경과 흠모가 문학적 소양에 있었던 것으로 보인다. 두 사람이 역사적 인물로 기억되기를 바랐던 율곡의 바람은 결국 율곡은 철학자로, 최입은 '송도삼절(松都三絶)'로 일컬을 만큼 문학으로 대성했음을 의미한다.

우리는 이 글을 통해 청년시절 천재 율곡에게도 일종의 열등감 같은 것이 있었음을 알 수 있고, 적어도 문학적인 측면에서는 후배인 최입을 매우 선망했음을 알 수 있다.

율곡은 1555년 20세 때 금강산에 들어간 지 1년여 만에 강릉 외가로 돌아왔다. 오랜 방황을 끝내고 그는 자신의 각오를 다지는 11개조의 맹세문을 썼으니 이것이 「자경문(自警文)」이다. 이는 율곡이 이학(異學)인 불교에 잠시 빠졌다가 다시 유학의 길로 돌아오는 고백의 글인 동시에 패기만만한 한 철학도의 자기 인생에 대한 다짐이기도 하다.

그는 제1조에서 '먼저 마땅히 그 뜻을 크게 가져 성인으로 표준을 삼아야 한다'고 전제하고, '만일 털끝만큼이라도 성인에게 미치지 못한다면 나의 일은 아직 완성되지 못한 것'이라 하였다. 여기서 우리는 율곡의 학문적 목표가 영의정이나 6조판서가 아니라 '성인'에 있었음을 알 수 있다. 율곡은 공자와 같은 성인을 자신이 가야 할 인생의 목표로 설정하고, 이에 미치지 못하면 자신의 할 일이 끝난 것이 아니라 하였다. 율곡은 '입지(立志)'를 매우 중시하였는데, 여기서도 성인에의 입지는 「자경문」의 핵심이 된다. 오늘날 젊은이들이 자신의 인생에 목표를 분명하게 설정하지 못하고 방황하거나, 설정했다 하더라도 세속적 성공과 출세에 인생의 목표를 두고 있음을 비교할 때, 율곡의 입지와 각오가 주는 의미는 새롭다.

율곡은 제2조에서 '마음이 정해진 자는 말이 적으니, 마음을 정하는 일은 말을 적게 하는데서 시작한다'하였고, 제4조에서는 '마음은 살아 있는 물건이라 하고, 마음이 어지러워지고 혼란할 때는 마땅히 정신을 가다듬어 비추어 보고 따라가지 말 것이니, 이렇게 공부를 오래하면 반드시 마음이 엉기어 정해질 때가 있을 것이라' 하였다. 제5조에서는 '항상 경계하고 두려워하여 혼자 있을 때에도 삼가는 마음을 가슴속에 지녀 생각을 거듭하고 게을리 하지 않는다면 일체의 사특한 마음이 일어나지 않을 것이라' 하였다. 제8조에서는 '새벽에 일어나서는 아침에 할 일을 생각하고, 아침 식사 뒤에는 낮에 할 일을 생각하며, 잠자리에 들어서는 내일 할 일을 생각하라 하고, 또 일이 없을 때에는 마음을 놓고 쉬며, 일이 있을 때에는 반드시 일을 처리함에 있어서 마땅한 도리를 생각해야 한 다'고 하였다. 제11조에서는 '언제든지 하나의 옳지 않은 일을 행하거나, 죄 없는 사람 한 사람을 죽이고 온 세상을 얻더라도 이를 해서는 안 된다 는 생각을 가슴속에 지녀야 한다' 하였다. 끝으로 제15조에서는 '공부는 느리거나 급해도 안 되는 것이니, 죽은 뒤에나 그만 둘 뿐이다. 만일 급 하게 그 효과를 구하고자 한다면, 이 또한 이기심이다. 만일 이와 같이 하지 않고 부모가 남기신 이 몸을 욕되게 한다면, 이는 사람의 도리가 아 니라'고 하였다.

이상 「자경문」의 내용을 검토해 볼 때, 나머지 조항은 마음공부가 주 된 내용이 되고 있고, 학문하는 자세에 대한 각오가 주가 되고 있다. 율 곡이 정신적 방황을 끝내고 성인공부에 뜻을 두고, 유학자로서의 각오와 신념을 다졌다는 점에서 그 의의를 찾을 수 있다.

율곡은 1558년 봄 23세 때 당대 최고의 석학이요 존경받는 유학자였 던 퇴계 이황을 경상도 예안(안동)으로 방문하였다. 율곡의 처가가 경북 성주였는데, 처가에 들리고 강릉의 외할머니를 방문하는 길에 예안의 퇴 계선생을 방문하게 된 것이다. 이때 율곡은 23세의 청년 철학도였고 퇴 계는 58세의 원로 유학자였다. 35세 연상인 퇴계는 율곡에게 있어서는 스승과도 같고 부모와도 같은 처지였다. 사실 율곡과 퇴계의 이 만남은 역사적인 것으로 두 사람의 처음이자 마지막 만남이었다. 이때 율곡은 퇴계에게 다음과 같은 시를 지어 올렸다.

시냇물은 수사파(洙泗派)에서 나뉘고,
봉우리는 무이산(武夷山)처럼 빼어났네.
살아가는 계획은 천 권쯤 되는 경전이고,
거처하는 방편은 두어 칸 집뿐이로다.

마음은 비 갠 하늘의 밝은 달보다 더 깨끗하고,

말씀과 웃음은 광란(狂亂)을 안정시킨다.

소자(小子)는 도(道)를 듣고 싶어 왔지,

한가한 시간만 보내려고 온 것이 아니라네.14)

이에 대해 퇴계는 율곡에게 다음과 같은 시를 주어 화답했다.

병든 나는 문 닫고 누워 봄이 온 줄도 몰랐는데,

그대가 와서 이야기하자 마음이 상쾌하구나.

이름난 선비 헛소문 없다는 것을 비로소 알겠건만,

전부터 나는 몸가짐도 제대로 못한 것이 부끄럽다.

아름다운 곡식에는 강아지풀 용납할 수 없고,

갈고 닦은 거울에는 티끌도 침범할 수 없지.

실정에 지나친 말은 모름지기 깎아 버리고,

공부하는 데 각자 더욱 힘쓰세.15)

두 사람 간에 오고 간 이 시를 통해 율곡과 퇴계의 기품이 잘 드러나 보인다. 율곡은 퇴계의 마음이 비갠 하늘의 밝은 달보다 더 깨끗하고, 그의 말씀과 웃음은 광란을 안정시킨다고 우러른다. 그러면서도 퇴계의 명성에 큰 가르침을 기대했던 율곡의 실망한 모습도 보여 준다.

반면 퇴계는 몸가짐도 제대로 못한 자신이 부끄럽다 하고, 아름다운

---

14) 『栗谷全書』, 卷33, 「年譜 上」, 戊午 37年 條, "溪分洙泗派 峰秀武夷山 活計經千卷 生涯屋數間 襟懷開霽月 談笑止狂瀾 小子求聞道 非偸半日閒."

15) 『栗谷全書』, 卷33, 「年譜 上」, 戊午 37年 條, "病我牢關不見春 公來披瀹醒心神 始知名下無處士 堪愧年前闕敬身 嘉穀莫容梯稗美 遊塵不許鏡磨新 過情詩語須刪去 努力功夫各自."

곡식에는 강아지풀 용납할 수 없고, 갈고 닦은 거울에는 티끌도 침범할 수 없다고 하여 추상같은 의리의 분별을 강조하고 있다.

이때 율곡은 사흘을 머물고 돌아왔는데, 율곡이 돌아간 후 퇴계는 자신의 제자인 조목(趙穆, 1524~1606)에게 보낸 편지에서 다음과 같이 율곡에 대한 첫 인상을 기록하고 있다.

> 일전에 서울에 사는 선비 이이(李珥)가 성산(星山)으로부터 나를 찾아왔었네. 비 때문에 사흘을 머물고 떠났는데, 그 사람이 밝고 쾌활하며 기억하고 본 것이 많고 자못 우리 학문에 뜻이 있으니, '후생(後生)이 가히 두렵다'는 옛 성인의 말씀이 참으로 나를 속이지 않았네.16)

이를 통해서 볼 때, 퇴계는 율곡이 총명하고 쾌활하며 박학하다는 것을 칭찬하고, 『논어』의 공자 말씀을 인용해 "'후배가 가히 두렵다'는 옛 말이 결코 헛된 말이 아니라는 것을 깨달았다"고 하였다. 23세의 장래가 촉망되는 청년 율곡과 58세의 대원로 학자 퇴계와의 만남에서 있은 일이다. 퇴계가 볼 때 율곡은 총명이 반짝 반짝 빛났고 장래 쓸 만한 재목이라는 확신을 갖게 되었다. 그러나 뒤에 오고 간 편지를 보면 퇴계는 율곡의 총명이 학문을 그르치고 또 지나친 자신감과 오만이 걱정된다는 뜻에서 자중하라는 당부를 잊지 않는다. 여러 문헌을 통해서 볼 때 율곡은 천재적인 자품을 타고난 것으로 알려진다. 그러므로 자칫 겸양을 잃기 쉽고 남을 업신여길 수 있다. 퇴계나 성혼에게서는 겸양이 넘쳐흐르지만, 율곡에게서는 자신만만한 패기가 나타난다. 그러므로 율곡은 선배 학자들에 대한 평가도 주저하지 않고 순위를 매기듯이 하고 있다. 이런

---

16) 『退溪全書』, 卷23, 書, 「答趙士敬 戊午」.

점은 율곡의 율곡다운 점이면서도 많은 비판과 갈등을 불러오게 된 요인이 되기도 했다.

그 후 율곡과 퇴계는 각기 5통의 서신을 주고받았는데, 율곡이 1558년, 1567년, 1568년, 1570년에 편지를 올렸고, 퇴계는 1558년, 1570년에 걸쳐 5통의 편지를 보냈다. 햇수로 보면 13년 동안 편지로 왕래를 한 셈이다. 그러나 퇴계와 기대승, 율곡과 성혼 사이에 있었던 그런 본격적인 학술 토론은 없었고, 『대학』의 일부 내용에 대한 질문과 퇴계의 지나친 은둔적인 처사를 비판하고 조속히 조정에 참여하여 임금을 성학으로 안내해 줄 것을 간곡히 권면하는 내용을 볼 수 있다.

율곡이 후일 퇴계와 쌍벽을 이루는 유학자로 대성하고, 또 고봉 기대승과 함께 퇴계의 성리학을 본격적으로 비판한 대표적인 인물이라는 점에서 두 사람의 만남은 의미 있는 것이었다.

3. 나라와 백성을 위해 살다

하늘은 사람에게 모든 것을 다 주지 않는다. 돈이 많은 사람에게는 명예를 주지 않고, 또 총명한 사람에게는 건강을 주지 않는다. 율곡은 총명하게 태어났지만 허약한 체질로 어려서부터 약이 떨어지지 않았다. 율곡은 비록 몸은 약했지만 현실에 대한 뜨거운 열정을 가지고 있었고, 세상을 경영할 포부와 경륜을 가지고 있었다. 퇴계가 늘 고향으로 돌아가 학문에 전념하고 제자들과 더불어 학자의 길, 교육자의 길을 걷고자 한 것과는 대조적으로 율곡은 나라와 백성에 대한 걱정을 잊지 않았다.

율곡이 살던 시대는 공부를 열심히 하여 벼슬을 하고, 자신의 역량을 나라와 백성을 위해 봉사하는 것이 학자의 본령이었다. 율곡도 이에 벗어나지 않는다. 율곡은 그 길을 가기 위해 과거시험을 보아야 했다. 13세에 진사초시에 합격한 이래 9번을 보아 9번을 수석으로 합격했다. 율곡은 1564년 29세 때 대과에 수석으로 합격하여 벼슬길에 나서게 된다. 그의 첫 직책은 호조좌랑이었다. 호조좌랑은 정6품으로 오늘날의 기획재정부의 사무관급 공무원으로 보면 될 것이다. 수석 합격자였기 때문에 품계에 특혜를 받은 것이니, 남의 주목을 받기에 족했다.

그 이듬해 봄 율곡은 예조좌랑이 되어 요승(妖僧) 보우(普雨)와 권간(權奸) 윤원형(尹元衡)을 처단하라는 상소를 올렸다. 이어 11월에 사간원 정언에 임명되어 사퇴하는 상소를 올렸으나 허락받지 못했다. 1566년 3월 다시 사간원 정언에 임명되어 5월에는 동료들과 함께 시무(時務) 3사에 관해 상소를 올렸다. 또 겨울에 이조좌랑에 임명되었고, 1568년(선조 원년) 32세 때 사헌부 지평에 임명되었다. 가을에 서장관으로 명나라에 갔다 돌아와 홍문관 부교리 겸 경연시독관 춘추관 기주관에 임명되었다. 11월에 다시 이조좌랑에 임명되었다가 강릉 외조모의 병환으로 사직하고 강릉으로 돌아갔다.

조정은 율곡을 다시 불렀다. 1569년 6월 교리에 임명되어 7월에 서울에 다시 돌아왔다. 9월에 「동호문답(東湖問答)」을 지어 올리고, 동료들과 함께 시무 9사를 논하는 상소를 올렸다. 그 이듬해인 1570년 4월 교리에 임명되어 서울로 다시 돌아왔다. 10월 병으로 사직하고 처가인 해주로 갔다. 이듬해 정월 파주 율곡으로 돌아와 다시 교리로 소환되었으나 병으로 사직하고 해주로 갔다. 6월에 외직인 청주목사에 임명되었는데, 1572년 병으로 사직하고 파주로 돌아왔다.

1573년 7월 홍문관 직제학에 임명되어 사퇴했으나 허락을 못 받아 부득이 올라와 3차 상소를 올려 허락을 받고 8월에 파주 율곡으로 돌아갔다. 9월에 다시 직제학에 임명되어 사퇴하였으나 허락을 받지 못했고, 겨울 통정대부 승정원 동부승지 지제 겸 경연참찬관 춘추관 수찬관으로 승진하였다. 1574년(선조 7년) 정월 우부승지로 임명되어 저 유명한 「만언봉사(萬言封事)」를 올려 시무를 논하였고, 3월에 사간원 대사간의 중책을 맡고, 10월에는 황해도 관찰사가 되어 목민관의 소임을 다했다. 이듬해인 1575년 3월 병으로 파주 율곡으로 돌아왔는데, 그 이듬해 우부승지, 대사간, 이조참의, 전라감사에 임명되었으나 모두 병으로 나아가지 않고, 10월에 해주 석담으로 갔다.

1578년(선조 11년) 43세 때 3월 대사간으로 임명되어 서울로 돌아와 사은하고, 4월에 파주 율곡으로 돌아갔다. 5월에 다시 대사간으로 임명되었으나 상소로 사퇴하고 만언소를 올렸다.

1579년 5월 대사간에 임명되었으나 상소로 사퇴하였지만 받아들여지지 않았다. 1580년(선조 13년) 12월 대사간으로 다시 조정에 돌아왔다. 그 이듬해 3월 병이 깊어 3번이나 사직을 청했으나 허락되지 아니했다. 6월 가선대부 사헌부 대사헌으로 특진되었는데, 재차 사직했지만 허락받지 못하고 다시 예문관 제학도 사직코자 했지만 허락받지 못했다. 8월에 동지중추부사에 임명되었고, 9월에는 대사간에 임명되었으나 사퇴하였다. 10월 호조판서에 승진되었고, 조광조, 이황의 문묘종사를 청하고 경제사(經濟司) 설치를 건의하였다. 1582년(선조 15년) 정월 이조판서에, 8월에는 형조판서, 9월에는 의정부 우참찬에 임명되고 숭정대부로 특진되었다. 의정부 우찬성에 임명되자 사퇴하였으나 허락되지 않자, 만언소를 올려 시국의 폐단을 극진히 간언하였다. 10월 명나라 사신을 접대하라는 왕명을 받고 수행하였는데, 이때 명나라 사신의 요청에 의해 쓴 글이 「극기복례설(克己復禮說)」이다. 12월 다시 병조판서로 임명되자 사퇴하였으나 허락받지 못했다. 1583년(선조 16년) 3월 경연에서 10만 양병을 건의하였고, 6월에 동인들의 탄핵을 받고 파주 율곡으로 돌아갔다. 9월 이조판서에 임명되어 사퇴코자 하였으나 허락받지 못해 10월에 다시 서울로 올라가 사퇴를 청했으나 허락받지 못한 채, 1584년(선조 17년) 1월 16일 서울 대사동에서 49세를 일기로 생애를 마쳤다. 이상이 율곡이 벼슬길에 나아가 활동한 발자취이다.

율곡이 관직에 종사했던 기간은 얼마나 될까? 그의 「연보」를 중심으로 검토해 본 결과 1564년 8월부터 1567년 11월까지 3년 3개월, 1569년 6월부터 1570년 10월까지 1년 4개월, 1571년 6월부터 1572년 6월까지 1년, 1573년 9월부터 1574년 4월까지 7개월, 1574년 10월부터 1575년 3월까지 5개월, 1575년 3월부터 1576년 2월까지 11개월, 1578년 3월부터 1578년 5월까지 2개월, 1580년 12월부터 1584년 1월 세상을 떠날 때까지 4년 1개월로 총 11년 11개월이 된다. 이로 보면 율곡이 실제로 정치, 행정에 관여해 활동한 기간은 약 12년으로 생각보다 많지 않음을 알 수 있다.

율곡은 중앙관직으로부터 이른바 삼사의 언론직, 그리고 임금을 보필하는 비서직과 외교관, 그리고 황해도 관찰사, 청주목사와 같은 목민관에 이르기까지 다양한 행정의 경험을 쌓았다. 율곡이 가장 많은 활약을 한 곳은 역시 임금을 보필하고 충언하는 간언직이었다. 그는 약 12년의 정치 내지 행정의 공직생활을 통해 한편으로는 자신의 경세 경륜을 제시해 반영하고자 했으며, 다른 한편으로는 임금의 부정을 막고 성학(聖學)을 권면하는 데 지성을 다하였다. 율곡의 관직생활에서 병으로 인한 사퇴가 많았던 것은 그의 건강이 좋지 않았기 때문이다. 만약 그가 건강이 좋았더라면 안정된 공직생활을 소신 있게 할 수 있었을 것이고, 나라와 민생을 위해서도 더 많은 기여가 있었을 것이다.

조선시대 임금과 백성의 소통은 상소제도가 그 중심이 되었다. 모든 백성은 자신의 생각을 상소라는 형식을 통해 표현할 수 있었고, 임금은 이에 대해 답장을 해줄 의무가 있었다. 오늘날 현대 민주정치는 언론이 그 역할을 하고 있다.

율곡은 상소를 통해 자신의 견해를 임금에게 전하였는데, 그는 이 기회를 매우 소중하게 생각하였다. 즉 상소를 통해 하고 싶은 말을 다하고, 나라와 백성을 위한 대책을 제시하기도 하였다. 율곡이 임금에게 올린 소차(疏箚)가 59편, 계(啓)가 67편, 의(議)가 4편으로 모두 130편이다. 율곡은 자신의 개혁안과 경세 대안을 상소문을 통해 제시하였다. 물론 율곡의 경세대안이나 현실인식은 이 밖에도 「동호문답(東湖問答)」, 「경연일기(經筵日記)」 등을 통해 알 수 있다.

이제 율곡이 나라의 관료로서 현실진단과 처방을 위해 어떻게 노력했는지 간략히 살펴보기로 하자.

그의 첫 번째 상소는 1565년(을축) 8월에 올린 「논요승보우소(論妖僧普雨疏)」인데, 그가 대과에 합격하여 호조좌랑으로 첫 관직을 받고 난 이듬해 예조좌랑으로 자리를 옮기고 올린 상소이다. 그는 당시 문정왕후의 총애를 받았던 허응당 보우(虛應堂 普雨, 1515~1565)를 탄핵하는 상소를 올렸는데, 이는 일종의 불교 배척의 성격을 띤 것으로 볼 수 있다. 이때 문정왕후의 죽음을 계기로 언로기관과 유생들이 보우를 탄핵해야 한다는 강경한 상소가 잇따르는데도 명종의 반응이 없는데 대한 불만에서 나온 것이다. 율곡은 보우의 잘못뿐만 아니라 사림의 사기 진작과 언로의 개방 차원에서도 보우의 탄핵과 처벌이 필요하다고 보았다.

또 이와 함께 당시의 권간(權奸)이었던 윤원형(尹元衡, ?~1656)에 대한 처벌을 주장하는 상소를 올리기도 하였다. 윤원형은 문정왕후의 동생이요 명종의 외숙으로 20여 년 동안 권력을 전횡하여 백성들의 비난과 원성을 샀던 인물이다.

율곡은 1566년(병인) 3월 사간원 정언에 임명되자, 5월에 동료들과 함께 「간원진시사소(諫院陳時事疏)」를 올렸다. 이 상소는 율곡이 작성한 것으로, 당시의 현실인식과 시무 대안을 밝힌 중요한 글이다.

이어 율곡은 1567년 당시 김안로, 윤원형과 함께 권력을 전횡하고 조정을 타락시킨 심통원(沈通源, 1499~?)의 탄핵을 논죄하는 「육조낭관논심통원소(六曹郎官論沈通源疏)」를 올렸다. 이는 율곡이 육조 낭관들과 함께 심통원의 처벌을 주장한 것인데, 역시 율곡이 대표해 지은 글이다.

율곡은 1569년(기사) 34세 때 옥당의 관료로서 동료들과 함께 시무에 관한 상소를 올렸는데 이것이 「옥당진시폐소(玉堂陳時弊疏)」이다.

이 해 율곡은 10월 휴가를 받아 강릉으로 돌아가기 직전 「진미재오책차(陳弭災五策箚)」를 올렸는데, 이는 아마도 당시 거듭되는 천재지변에 대한 대응책으로 올린 것이지만 매우 구체적인 경세책을 담고 있다.

1570년(경오) 율곡은 옥당의 동료들과 함께 「옥당논을사위훈차(玉堂論乙巳僞勳箚)」를 올렸는데, 이는 당시 을사사화 후 과거청산에 대한 공론을 대변하여 올린 상소라고 할 수 있다. 즉 을사사화 때 억울하게 희생된 사림들의 공훈을 다시 복위시키고 명예를 회복시키는 동시에, 이때 가짜 공훈으로 출세한 자들에 대한 위훈(僞勳)을 엄정하게 처리함으로써 정의를 세우고 기강을 세워야 한다 하였다. 이때 이 상소는 무려 41번이나 올린 것으로 되어 있으니, 이 문제가 당시 얼마나 중차대한 문제였는가를 짐작케 한다. 그리고 이 상소를 주도하고 쓴 이가 바로 율곡이라 할 때, 사회정의와 사림의 원기를 회복하려는 율곡의 각오와 신념이 어떠했는가를 알 수 있다.

같은 해 율곡은 시국의 폐단을 개혁해야 한다는 강한 의지를 가지고 「의진시폐소(擬陳時弊疏)」를 올렸다. 당시 가뭄과 기근으로 목숨을 겨우 연명하는 실상을 임금에게 알리고, 개혁을 통해 백성들의 불편과 가난을 해결해야 한다고 보았다.

1572년 영의정을 지낸 이준경(李浚慶, 1499~1572)이 죽기 직전, 조정에 붕당(朋黨)이 있는 듯하다는 유서를 임금에게 올렸는데, 율곡은 이

글의 부당함을 지적한 「논붕당소(論朋黨疏)」를 올렸다. 율곡은 붕당이란 그 숫자가 중요한 것이 아니라, 군자의 붕당이냐 소인의 붕당이냐가 중요하다 하고, 만약 소인이라면 한 사람이라 해도 용납해서는 안 된다고 하였다.

율곡은 1574년(선조 7년) 1월 만여 자에 달하는 장문의 상소를 임금에게 올렸는데, 이것이 율곡의 가장 대표적인 상소문이라 할 수 있는 「만언봉사(萬言封事)」이다. 봉사(封事)란 임금에게 신하가 상소문을 올리면서 그 내용이 사전에 공개되어서는 안 된다는 의미를 담고 있다. 이 상소문은 선조가 거듭되는 천재지변에 대한 우려 속에, 조정의 신하는 물론 초야의 백성들에게 까지 임금에게 할 말을 하고, 또 나라를 위한 계책을 요구한다는 요청에 따라 율곡이 올린 것이다.

율곡은 상소문 서두에서 "정치에 있어서는 때를 아는 것이 귀하고, 일을 하는 데는 실(實)을 힘쓰는 것이 중요하다(政貴知時 事要務實)"고 하여, 상황의 통찰(知時)과 실(實)의 추구(務實)를 제시하였다. 그리고 당시 조선사회의 문제를 실(實)이 없음 즉 무실(無實)사태로 규정하고, 수기와 치인의 양 측면에서 구체적인 무실책(務實策)을 제시하였다. 이 「만언봉사」는 율곡의 많은 소차 가운데 가장 대표적인 것이라 할 수 있다.

1579년(선조 12년) 5월 율곡이 대사간을 사직하면서 올린 상소가 「사대사간겸진세척동서소(辭大司諫兼陳洗滌東西疏)」이다. 율곡은 여기서 사림(士林)의 중요성을 강조하고, 동서 당쟁의 해소를 적극 주장하였다. 이 상소문에는 율곡의 국시론(國是論)과 언로 개방사상이 잘 나타나 있다.

율곡이 올린 계(啓)가 많지만, 가장 대표적인 것으로 1583년(선조 16년) 2월에 올린 「육조계(六條啓)」가 있다. 이것은 그의 나이 48세 때 세상을 떠나기 꼭 1년 전에 병조판서로서 6개조의 국방 대비책을 밝힌 것이다.

이상에서 율곡의 상소문을 소개했는데, 구구절절이 우국충정이 가득 차 있고, 나라와 백성을 위한 경세 대책이 제시되고 있다. 율곡이 비록 16세기 근대의 여명기를 살았지만, 그의 생각은 시대를 앞서 달려가고 있었고, 그의 상소는 개혁과 변화를 위한 고독한 지성의 외침이었다.

우리는 흔히 '싸워야 큰다'라고 말한다. 학문도 마찬가지다. 퇴계는 고봉 기대승(高峰 奇大升, 1527~1572)과의 논쟁을 통해 자신의 성리학을 원숙하게 성취시켰다. 마찬가지로 기대승도 퇴계와의 논변을 통해 자신의 성리학을 심화시켰다. 1559년부터 1566년 까지 장장 8년간에 걸쳐 벌어진 '퇴고사칠논변(退高四七論辯)'은 조선조 성리학의 발전에 크게 기여하였다. 당시 퇴계는 58세의 당대 최고의 원로 학자였고 기대승은 32세의 청년 학자였다. 두 사람이 나이와 신분에 관계없이 계급장을 떼고 당당하게 학술 논쟁을 한 것은 조선유학사에 길이 빛날 사건이다. 이 논변의 후속으로 이어 벌어진 논변이 바로 율곡과 우계 성혼(牛溪 成渾, 1535~1598) 간에 벌어진 성리논변이다.

이미 앞에서 소개한 것처럼, 율곡과 성혼은 20대 청년 시절에 도의지교(道義之交)를 맺은 친우였다. 서로가 절차탁마하며 학문을 닦고 수련하여 마침내 '동국 18현'으로 추앙될 만큼 성공한 두 사람이었다. 두 사람은 평생 우정을 변치 않았을 뿐만 아니라, 정치적으로도 평생 서인의 길을 같이 걸었다.

그러나 학문의 길, 학풍에 있어서는 다소 다른 점이 있었다. 말하자면 모든 유학자들이 성인군자를 목표로 공부하고 나라와 백성을 위한 우환의식을 갖는 것은 마찬가지지만, 그 길을 가는 데 있어서는 생각이 다를 수 있다. 그리고 가치관에 있어서도 리(理)와 기(氣) 가운데 어느 것을 더 중시하느냐, 또 수기와 치인 가운데 어느 것에 더 중점을 두느냐, 이상과 현실 가운데 어느 쪽에 더 비중을 두느냐, 윤리적 가치와 경제적 가치 가운데 무엇을 더 중시하느냐 하는데 차이가 있었던 것이다.

율곡과 성혼은 나이가 한 살 차이였고 경기도 파주를 본향으로 해서 생장했지만, 두 사람의 타고난 기질과 성품, 그리고 그 학문적 취향에 있어서는 다른 점이 있었다.

1572년(선조 5년) 3월 율곡 37세, 성혼 38세 때 두 사람은 인심도심(人心道心)을 중심으로 성리학에 관한 학술 논쟁을 벌였다. 약 1년여 동안에 걸쳐 9차례의 편지를 주고받으며 벌린 이 논쟁은 '퇴고사칠논변'과 더불어 조선유학사에서 매우 중요한 의미를 갖는다. 왜냐하면 이 논쟁은 앞서 퇴계와 기대승 간에 벌어진 성리논변의 후속편이라 할 수 있기 때문이다. 이 논변은 성혼이 퇴계의 설에 동조하여 율곡에게 질문하면서 시작되었다. 여기서 다루어진 주제는 인심도심을 비롯하여 사단칠정의 감정문제, 본연지성, 기질지성의 본성문제, 이러한 인간심성의 이기론적 해석과 논리, 태극음양론 등 성리학 전반에 걸쳐 진행되었다. 주로 성혼이 묻고 율곡이 답하는 형식으로 이루어졌는데, 성혼의 편지 3서, 7서, 8서, 9서가 유실되고 5편의 편지만이 전한다.

율곡은 1583년 9월 28일 그러니까 세상을 떠나기 약 3개월 전이 되는 어느 날, 황해도 재령강가의 밤고지 마을에서 하루를 유숙하게 되었다. 그런데 밤늦게 누군가가 문을 두드린다. 알고 보니 황주 기생 유지(柳枝)였다. 유지는 율곡이 10여 년 전 황해도 관찰사로 있을 때 시중을 들던 관기였다. 몰락 양반인 선비의 딸인데, 관기가 되어 율곡을 만나게 되었던 것이다. 자료에 의하면 유지는 날씬한 몸매에 얼굴도 곱고 총명한 여인이었다. 유지는 율곡을 존경하고 사모하였다. 또 율곡도 유지를 매우 좋아하였다.

이 시의 앞에 쓰인 율곡의 설명에 의하면, 율곡은 황해도 해주에서 황주 누님께 문안을 갔었는데, 유지를 데리고 여러 날 동안 술잔을 같이 들었고, 해주로 돌아올 적에는 조용한 절까지 따라와 전송해 주었다 한다. 그 후 헤어졌는데 다시 밤고지 마을에 밤늦게 찾아온 것이다. 율곡이 문을 열고 유지에게 찾아 온 연유를 묻자, "대감의 명성이야 온 국민이 모두 다 사모하는 바이옵거늘, 하물며 명색이 기생된 계집이겠습니까. 그 위에 여색을 보고도 무심하오니 더욱더 감탄하는 바이옵니다. 이제 떠나면 다시 만나기를 기약하기 어렵기로 이렇게 굳이 멀리까지 온 것입니다"라고 하였다.

반가운 마음으로 두 사람은 해후를 했다. 그리고 밤늦도록 대화를 나누었다. 이때 율곡의 건강상태는 최악이었다. 본디 건강이 좋지 않았지만 별세하기 3개월 전이라고 보면 짐작이 간다. 두 사람은 밤새도록 대화를 나누며 정을 나누었다. 율곡은 스스로 말하기를, '정에서 출발해 예의에서 그친 뜻'을 시로써 표현하였다고 설명하였다. 이 시는 『율곡전서』에도 빠져 있는 것으로 1965년 이관구(李寬求) 씨가 소장한 것을 이화여대 박물관이 구입한 것인데, 노산 이은상(鷺山 李殷相) 선생의 아름다운 문체로 번역한 것이다.

어허! 황해도에 사람 하나
맑은 기운 모아 신선 자질 타고났네.
뜻이랑 태도랑 곱기도 할 사
얼굴이랑 말소리랑 맑기도 하이.
새벽하늘 이슬같이 맑은 것이
어쩌다 길가에 버렸던고.
봄도 한창 청춘의 꽃 피어날 제
황금 집에 못 옮기던가, 슬프다! 일색이여.
처음 만났을 젠 상기 안 피어

정만 맥맥히 서로 통했고
중매 설 이가 가고 없어
먼 계획 어긋나 허공에 떨어졌네.

이렁저렁 좋은 기약 다 놓치고서
허리띠 풀 날은 언제런고
어허! 황혼에 와서야 만나다니
모습은 그 옛날 그대로구나.

그래도 지난 세월 얼마나 간지
슬프다! 인생의 녹음이라니
나는 더욱 몸이 늙어 여색을 버려야겠고
세상 정욕 재같이 식어졌다네.

저 아름다운 여인이여!
사랑의 눈초리를 돌리는가?
내 마침 황주 땅에 수레 달릴 제
길은 굽이굽이 멀고 더딜레.

절간에서 수레 머물고
강둑에서 말을 먹일 제
어찌 알았으리, 어여쁜 이 멀리 따라와
밤 들자 내 방문 두들길 줄을.

아득한 들 가에 달은 어둡고

빈 숲에 범우는 소리 들리는데
나를 뒤밟아 온 것 무슨 뜻이뇨?
옛날의 명성을 그려서라네.

문을 닫는 건 인정 없는 일
같이 눕는 건 옳지 않은 일
가로막힌 병풍이사 걷어치워도
자리도 달리 이불도 달리.

은정을 다 못 푸니 일은 틀어져
촛불을 밝히고 밤새우는 것
하느님이야 어이 속이리
깊숙한 방에도 내려와 보시나니
혼인할 좋은 기약 잃어버리고
몰래하는 짓이야 차마 하리오.

동창이 밝도록 밤 자지 않고
나뉘자니 가슴엔 한만 가득
하늘엔 바람 불고 바다엔 물결치고
노래 한 곡조 슬프기만 하구나.
어허! 내 본심 깨끗도 할 사
가을 물 위에 찬 달이로고
마음에 선악싸움 구름같이 일 적에
그중에도 더러운 것 색욕이거니
사나이 탐욕이야 본시부터 그른 것

계집이 내는 탐욕 더욱 고약해.

마음을 거두어 근원을 맑히고
밝은 근본으로 돌아갈지라
내생이 있단 말 빈 말이 아니라면
가서 저 부용성에서 너를 만나리.

다시 짧은 시 3수를 써 보인다.

이쁘게도 태어났네 선녀로구나.
십 년을 서로 알아 익숙한 모습
돌 같은 사내기야 하겠냐마는
병들고 늙었기로 사절함일세.

나뉘며 정든 이같이 설워하지만
서로 만나 얼굴이나 친했을 따름
다시 나면 네 뜻대로 따라가련만
병든이라 세상 정욕 찬 재 같은 걸.

길가에 버린 꽃 아깝고 말고
운영이처럼 배항이를 언제 만날꼬
둘이 같이 신선될 수 없는 일이라
나뉘며 시나 써주니 미안하구나.

1583년 9월 28일 율곡 병든 늙은이가 밤고지 마을에서 쓰다.17)

이 시는 유학자 율곡의 인간적인 면모를 잘 보여 주는 작품이다. 예의와 법도에 철저했던 한 유학자가 유지라는 여인을 좋아하고 사랑하는 감정을 진술하게 표현했다는 점에서 이 시의 의미는 매우 크다. 율곡도 유지를 아끼고 사랑했고 유지도 율곡을 존경하고 흠모했다. 율곡이 시에서 유지를 '신선'으로 표현한 것을 보면 얼마나 사랑하고 있는지 알 수 있다. 물론 율곡의 유지에 대한 인간적인 동정심도 게재되어 있다. 전후 맥락으로 보면 두 사람의 관계는 매우 친밀했음을 짐작게 한다. 특히 율곡이 이때 황주 누님 댁을 방문하면서 유지와 동행했고 여러 날을 함께 술을 마셨다는 것으로 보면, 율곡의 인간적인 면모가 짐작된다. 밤새도록 얘기를 나누며 정을 나눈다. 유지는 율곡의 건강상태로 볼 때 이번 만남이 마지막이라는 생각을 했는지도 모른다. 시 행간에 흐르는 분위기는 서로 감정이 부딪치고 감정과 이성이 갈등하는 한 선비의 고뇌를 짐작게 한다. 율곡은 '문을 닫는 건 인정 없는 일, 같이 눕는 건 옳지 않은 일'이라고 말한다. 유교의 인의(仁義)의 정신이 잘 표현되어 있고, 따뜻한 인정과 냉철한 의리가 동시에 잘 드러나 있다. '마음에 선악싸움이 구름같이 이는데', 결국 '마음을 거두어 근원을 맑히고, 밝은 근본으로 돌아갈지라'라고 결론을 맺는다. 뒤에 다시 써 준 짧은 시에서 율곡이 '돌 같은 사내기야 하겠나마는, 병들고 늙었기로 사절함일세'라든가, 또 '다시 나면 네 뜻대로 따라가련만, 병든 이라 세상 정욕 찬 재 같은 걸'이라고 한 것을 보면, 율곡의 건강과 늙음이 유지의 간절한 구애를 허락할 수 없는 중요한 원인이 되었던 것 같다.

율곡이 세상을 떠나기 3개월 전, 유지라는 여인과의 만남에서 보여 준 인간적인 모습이 하나의 시로 잘 표현되어 있다. 그의 말대로 '정에서 출

---

17) 조남국, 「율곡이 유지에게 준 시(자료해제)」, 『강원문화연구』, 제12집, 강원대강원문화연구소, 1993, 197~208쪽 참조.

발해서 예의로 끝나는' 한 유학자의 멋진 모습을 볼 수 있다. 박세채(朴世采, 1631~1695)의 「견문록」에 의하면 유지는 율곡이 별세했다는 말을 듣고 서울로 달려가 곡하고, 3년상의 복을 입었다고 전한다.

하늘이 율곡에게 총명한 머리는 주었지만 건강은 주지 않았다. 문헌에 의하면 율곡은 젊어서부터 항상 건강이 좋지 않아 약봉지를 늘 휴대했던 것 같다. 몸은 허약한데도 율곡의 마음은 강했다. 특히 그의 나라 사랑과 백성에 대한 근심 걱정은 전 생애를 걸쳐 일관했다.

율곡은 1584년(선조 17년) 1월 16일 경성 대사동에서 49세를 일기로 세상을 마쳤다. 그는 연초부터 병석에 누워 있었다. 1월 14일에는 전방 지휘관으로 임명을 받은 서익(徐益)이 율곡에게서 북방 경비의 방략을 듣기 위해 방문하였다. 이에 자제들이 병환이 심하므로 정신을 쓰지 말 것을 간청하였으나 "이는 국가의 대사이니, 이 기회를 그냥 지나쳐 버릴 수 없다" 하고, 곧 부축을 받아 앉아 입으로 불러주며 아우 이우(李瑀)를 시켜 쓰게 하였으니, 이것이 「육조방략(六條方略)」으로 임금의 인덕(仁德)을 선양할 것, 북방 오랑캐들을 잘 관리할 것, 우리 임금의 위엄을 신장할 것, 배반한 오랑캐를 제압할 것, 사신들의 비용을 줄여 백성들의 힘을 덜어 줄 것, 장수들의 재략을 미리 살펴 위급한 일에 대비할 것 등이었다. 이것이 율곡의 마지막 글이요, 나라와 백성을 위한 헌책이었다. 이와 같이 율곡은 마지막 생애를 마치는 순간까지 나라를 위한 애국충정을 잊지 않았다.

문병 온 친우 정철의 손을 잡고 사람을 등용함에 편중하지 말라 당부하고, 그 이튿날 새벽 부축을 받고 일어나 자리를 바꾸라 하고, 의건(衣巾)을 단정히 하고 누워 편안히 운명하였다.

서거하는 날 집에 남겨 놓은 자산이 없어 그 염습을 모두 친구들이 부조한 수의로 하였다. 항상 남의 집을 세내어 살았기 때문에 처자가 의탁

할 곳이 없었다. 이에 문생과 친우들이 각각 염출하여 집을 사서 살게 하였다. 율곡의 청렴한 생애를 보여 주는 대목이다.

율곡의 죽음 소식이 전해지자 임금은 물론 태학생, 일반 서민, 저 시골의 농부들까지 슬퍼하였다. 도우(道友)였던 성혼은 "율곡은 도(道)에 있어 큰 근원을 밝게 보았다. 그 이른바 '인심의 발함이 두 근원이 없고, 리와 기가 서로 발한다고 할 수 없다'는 등의 말은 모두 실지로 터득한 것이다. 진실로 산하(山河)의 정기를 타고나신 분이요, 하·은·주 3대 이상의 인물로서 참으로 나의 스승이었다. 그런데 하늘이 그런 분을 빨리 빼앗아가 이 세상에 도를 펼 수 없게 하였으니, 참으로 애통한 일이다"라고 추모하였다.

그 해 3월 20일 파주 자운산 언덕에 장사지냈는데, 부친의 묘소 뒤에 위치하였다. 1624년(인조 2년) '도덕박문(道德博文)을 문(文)이라 하고, 안민입정(安民立政)을 성(成)이라 한다' 하여, '문성공(文成公)'의 시호를 받았다. 수많은 유림들이 문묘 배향을 요청하는 상소를 올렸으나 허락되지 않다가, 1681년(숙종 7년) 태학생 이연보(李延普) 등 8도 유생들이 상소하여 마침내 문묘 배향을 허락받고, 그 이듬해 1682년(숙종 8년)에 문묘에 배향하였다. 그러나 1689년(숙종 15년) 동인들의 상소로 율곡은 성혼과 함께 문묘에서 쫓겨나는 수모를 겪었는데, 1694년(숙종 20년) 6월에 다시 복향(復享)되었다.

율곡은 파주의 자운서원을 비롯하여 여산의 죽림서원, 청주의 신항서원, 충주의 팔봉서원, 청송의 병암서원, 개성의 창암서원, 풍덕의 구암서원, 경기 광주의 구암서원 등에 제향되었다.

제2장 율곡의 철학적 입장

1. 도학적 입장에서 역사를 보다

조선조 유학자들의 유형을 보면 여러 가지 색깔이 있다. 그것은 그들이 역사를 보고 현실을 보는 눈이 각기 다르기 때문이다. 철학에 있어서세상을 보는 눈, 창은 매우 중요하다. 보는 눈에 따라 중요하고 덜 중요한 것, 해야 할 것과 하지 말아야 할 것이 구별된다. 율곡에 있어서 평생을 지배해 온 가치의 척도는 '도학(道學)'이었다. 그는 도학을 말하고 도학을 실천하고 도학을 강조했다. 그리고 도학의 학문적 본질이 무엇이며도학의 이론적 체계가 무엇인가를 논리정연하게 설명한 것도 율곡이 처음이다.

우리는 일반적으로 유학을 곧 도학이라 하고, 성리학을 도학이라고도부른다. 이렇게 본다면 율곡 또한 유학자요 성리학자라는 점에서 다른이와 다를 것이 없다. 그러나 여기서 논자가 율곡의 철학적 입장을 도학의 시각에서 보고자 하는 것은 남다른 일면이 있기 때문이다.

'도학'이란 말은 『송사(宋史)』「도학전(道學傳)」에 처음 보이고, 또 주자는 『중용장구(中庸章句)』서문에서 "『중용』은 도학이 전해지지 않을것을 염려하여 자사(子思)가 지은 것"이라 하였다.1) 이렇게 볼 때, 송대이래 사용된 도학의 개념과 정의는 유학 그 자체를 말하거나 신유학으로서의 성리학을 의미하는 것이었다. 그것은 유학이 인도를 배우는 학문이고, 인도를 실천하는 학문이기 때문이다. 유학의 인도는 다름 아닌 공맹지도(孔孟之道)요 요순지도(堯舜之道)요 성현지도(聖賢之道)라 할 수 있다. 요(堯), 순(舜), 우(禹), 탕(湯), 문왕(文王), 무왕(武王), 주공(周公), 공자(孔子), 맹자(孟子)를 거쳐 송대 주자(朱子)에 이르기까지 전승된 도통(道統)에 그 인도의 본질이 내재해 있는 것이다.

그런데 우리나라의 경우 15세기 말에서 16세기 전반에 이르는 사화기의 유학을 특별히 도학시대 유학으로 부르고 있다. 이는 김종직(金宗直, 1431~1492)의 문하에서 일기 시작한 실천유학의 학풍으로, 김굉필(金宏弼, 1454~1504), 정여창(鄭汝昌, 1450~1504), 조광조(趙光祖, 1482~1519) 등에 의해 추구된 학풍을 말한다.

이 시기는 사화기로서 사회정의가 무너지고 진실이 왜곡되고 소인배가 정치를 주도하였다. 이러한 시대적 배경에서 의리의 실천이라는 과제가 주어졌고, 도덕적 모범을 위한 내면적인 자기수양이 강조되었다. 그리하여 김종직 문하에서 이른바 '소학풍(小學風)'이 유행하여 한 시대를 풍미하였고, 작은 실천, 가까운 실천이 대의(大義)의 기초라는 인식이 자리 잡게 되었다. 그것은 다시 '지치(至治)'라는 유교의 이상정치를 추구하게 되었는데, 이것이 바로 왕도(王道)요 대동(大同)의 이상이었다. 따라서 도학은 높은 도덕성의 추구, 강한 실천성, 개인적 수양에서 나아가 정치적, 사회적 정의의 실천으로 그 외연이 확장되었고, 생사의 기로에서 사생취의(舍生取義), 살신성인(殺身成仁)하는 데까지 나아갔던 것이다. 그러므로 조선조에서 강조된 도학이란 성리학적 실천유학이고, 강한 사회정의의 실현을 추구하는 것이었다.2) 이러한 이유에서 조선조 도학

---

1) 『中庸章句』序, "中庸何爲而作也 子思子憂道學之失其傳而作也."
2) 윤사순, 「조선 초기 성리학의 전개」, 『한국철학사, 중』, 동명사, 1987, 144쪽.

은 항상 위기적 상황에서 발휘되어 왔다. 즉 고려 말 이성계의 혁명시기, 조선 초 수양대군의 단종 왕위 찬탈, 4대 사화기, 임진왜란, 병자호란이라는 외환위기, 한말 서세동점의 문화적 위기 상황에서 수많은 의사, 열사, 충신이 배출되고 도학적 의리가 실현되었다.

이렇게 볼 때, 중국 송대(宋代)에서 말하는 도학에 비해 조선조에서의 도학은 의리적 성격이 매우 짙다고 할 수 있고, 일반적으로 조선의 도학 개념은 절의 내지 의리를 전제하고 있다.3) 이러한 관점은 은봉 안방준(隱峰 安邦俊, 1573~1654)의 다음 글이 이를 잘 대변해 준다.

절의는 학문 중의 한 가지 일인데, 지금 사람들은 이를 갈라 둘로 보니 개탄할 일이다. 대체로 성인이 도(道)를 닦고 가르침을 세우는 것은 삼강오륜일 따름인데, 이른바 절의는 이를 붙잡아 세우는 것이다. 후세에 의리가 밝지 못하여 마침내 도학과 절의를 둘로 나누었으니, 절의를 버리고 도학을 아는 사람을 나는 보지 못했다.4)

이처럼 안방준은 절의가 바로 학문 중의 한 가지 일이라 하고, 당시 사람들이 도학과 절의를 둘로 다르게 보는 것을 개탄하였다. 그리고 절의를 버리고 도학을 말할 수 없는 것이라 하였다. 이렇게 도학을 말할 때 절의를 전제로 보는 관점은 조선시대 전반을 거쳐 거의 일반화 되었던 것으로 보인다. 율곡은 「동호문답(東湖問答)」에서 도학적 관점에서 다음과 같이 선유들에 대한 평가를 하고 있다.

---

3) 오석원, 『한국 도학파의 의리사상』, 유교문화연구소, 2005, 223쪽.
4) 『隱峰全書』, 附錄, 卷3, 「神道碑銘(宋時烈)」, "又曰 節義是學問中一事 而今人歧而貳之 是可慨也 夫聖人修道立敎 三綱五常而已 而所謂節義者 所以扶植此物也 後世義理不明 遂分道學與節義爲二 吾未見舍節義而爲道學也."

(문) 우리나라의 학문은 또한 어느 시대에 시작되었습니까?

(답) 전조(前朝)의 말엽부터 시작되었다. 그러나 권근(權近)의 「입학도(入學圖)」는 모순된 것 같고, 정포은(鄭圃隱)은 이름은 이학(理學)의 원조라고 부르지만, 내가 보기에는 사직을 편안케 한 신하이지 유자(儒者)는 아니다. 그렇다면 도학은 조정암(趙靜庵)으로부터 비로소 일어나 퇴도(退陶)선생에 이르러서야 유자의 모습이 이미 이루어졌다. 그러나 퇴도는 성현의 말씀을 준수, 실행하는 사람 같고, 그가 스스로 발견한 곳은 보이지 않는다. 서화담(徐花潭)은 자기의 견해는 있으나 그 한 구석만을 본 자이다.5)

율곡은 우리나라의 학문이 고려 말에 시작되었다고 말하는데, 이는 성리학을 두고 하는 말이다. 그리고 양촌 권근의 학문적 위상에 대해서도 비판적이고 더욱이 '동방이학지조(東方理學之祖)'로 평가받는 포은 정몽주에 대해서도 사직을 편안케 한 신하이지 진정한 유학자는 아니라고 평가한다. 이는 매우 민감한 사안이며 조심스러운 평가임에도 불구하고 율곡은 그렇게 보고 있다. 이러한 바탕에서 그는 우리나라 도학이 정암 조광조로부터 시작되었다고 단언하고, 퇴계에 이르러 유자(儒者)의 모습이 이미 이루어졌다고 한다. 그러나 퇴계는 성현의 말씀을 잘 준수하고 지키는 데 모범이 되었지만 독창의 측면은 부족하다고 평가한다. 또한 화담 서경덕(花潭 徐敬德, 1489~1546)에 대해서는 창견(創見)의 장점이 있으나 한 부분만 보았다고 평가하였다. 이러한 율곡의 선유에 대한 평가가 정당한 것인가는 차치하고라도, 우리가 주목해야 할 것은 정몽주를

---

5) 『栗谷全書』, 卷31, 「語錄 上」, "問 我朝學問 亦始於何代 曰 自前朝末始矣 然權近入學圖似齟齬 鄭圃隱號爲理學之祖 而以余觀之 乃安社稷之臣非儒者也 然則道學自趙靜庵始起 至退陶先生儒模樣已成矣 然退陶似遵行聖賢言語者 而不見其有自見處 花潭則有所見 而見其一隅者也."

가리켜 사직을 편안케 한 신하이지 진정한 의미에서의 유학자는 아니라
고 한 부분이다. 일반적으로 포은을 우리나라 유학의 태두로 보고 있고,
특히 의리 중심의 도통(道統) 연원에서도 그 시조로 보고 있음은 잘 알려
진 사실이다.6) 그럼에도 불구하고 율곡은 포은을 도학의 시조로 보지
않고 조광조를 도학의 출발점으로 삼고 있다. 이러한 관점의 연장선상에
서 율곡은 회재 이언적(晦齋 李彦迪, 1491~1553)에 대해서도 다음과 같이
평가하고 있다.

    이언적은 박학하여 글을 잘했고, 부모를 섬김에 효성이 지극하였다.
    성리학서를 즐겨 보아 손에서 책을 놓지 않았다. 몸가짐을 장중(莊重)
    히 하고 입에서는 못 쓸 말이 없었다. 저술을 많이 하였으며 깊이 정미
    (精微)한 경지에까지 나아갔으니 역시 도학군자(道學君子)로 추존(推
    尊)하였다. 다만 경세제민(經世濟民)의 큰 재질과 입조(立朝)의 큰 절개
    는 없었다. 을사사화 때에 언적은 이면으로 선비들을 구하기 위해 주
    선(周旋)하고자 직언으로 광구(匡救)하지 못하고 권간(權奸)들의 협박
    으로 추관(推官)이 되어 올바른 사람들을 심문하여 공신이 되었다.7)

---

6) 1517년 奇遵은 조선조 도학의 연원이 鄭夢周의 理學에 있으며, 金宏弼은 金宗直에게서
   수업을 받았는데 이들을 文廟에 배향해야 한다고 건의하였고,(『중종실록』, 12년, 8월 8
   일조), 1544년에는 성균관 생원 신백령 등이 동방 도학의 맥락이 정몽주-길재-김종직-
   김굉필-조광조로 이어진다는 것을 상소문으로 밝혔고,(『중종실록』, 39년, 5월 29일조)
   1545년 성균관 진사 박근 등이 이를 보완하여 정몽주-길재-김숙자-김종직-김굉필-조
   광조의 도통을 제시하였다.(『인조실록』, 1년, 3월 13일조) 이를 토대로 高峰 奇大升은
   1569년 위 도통을 확인 강조하였다.(조남욱, 「고봉의 경세사상」,『고봉 기대승 연구』,
   이화, 2009, 149쪽 참조)
7)『大東野乘』, 卷14,「石潭日記」, 卷上, "李彦迪博學能文 事親至孝 好玩性理之學 手不釋卷
   持身莊重 口無擇言 多所著述 深造精微 學者亦以道德推之 但無經濟大才及立朝大節 乙巳
   之難 彦迪欲周旋陰救士類 故不能直言匡救 而迫于權奸 作推官以考訊善類 至於錄功."

여기서 율곡은 이언적이 학문에 충실한 학자였음을 높이 인정한다. 언행과 저술도 훌륭하고 학문도 정미한 경지에까지 이르렀다고 평가한다. 그러나 경세제민의 큰 재질이 부족하고 을사사화 때의 처신은 도학자로서 미흡한 것이라고 평가한다. 또 마찬가지로 다른 곳에서도 이언적에 대해 이렇게 평가하고 있다.

이문원(李文元)으로 말하면, 다만 충효(忠孝)한 사람으로 옛 서적을 많이 읽고 저술을 잘하였을 뿐, 그의 사생활을 보면 부정한 여색을 멀리하지 못했고, 조정에 나와서는 도를 행할 책무를 수행하지 못하였으며, 을사사화 때에 직언으로 항거하지 못하고 누차 추관(推官)이 되어 허위에 참록(參錄)되었다. 결국 권간(權奸)들에게 죄를 얻기야 했지만, 역시 부끄러운 일이다. 어찌 도학으로 추존(推尊)할 수 있겠는가?[8]

율곡은 이언적에 대해 위의 평가보다도 훨씬 부정적인 평가를 하고 있다. 이언적이 충효를 실천하고 학문에 독실한 공은 인정하면서도, 부정한 여색을 멀리하지 못한 점, 조정에서 도를 제대로 수행하지 못한 점, 을사사화 때에 직언으로 항거하지 못한 처신을 문제 삼아 도학으로 추존하기 어렵다는 평가를 하고 있다. 이러한 그의 선유에 대한 평가는 전적으로 도학적 준거에 의한 것이라 할 수 있다. 이러한 도학적 관점은 동국 18현의 문묘종사(文廟從祀)에 대한 평가에서도 극명히 드러난다.

전조(前朝)에 종사(從祀)한 사람으로 정문충(鄭文忠) 한 사람 외에 설

---

8) 『栗谷全書』, 卷28, 「經筵日記1」, 隆慶元年 丁卯, "若李文元則只是忠孝之人 多讀古書 善於著述耳 觀其居家 不能遠不正之色 立朝不能任行道之責 乙巳之難 不能直言抗節 乃至累作推官 參錄僞勳 雖竟得罪 棄亦慊矣 烏可以道學推之耶."

총(薛聰), 최치원(崔致遠), 안향(安珦)은 도학에 관계가 없으니, 의리대로 정한다면 이 세 분은 다른 곳에서 제사지내는 것은 옳지만 문묘에 배향함은 잘못이다.[9]

율곡은 도학적 관점에서 보면 설총, 최치원, 안향은 도학과 무관하므로 문묘에 배향하는 것은 잘못이라고 말한다. 특히 안향은 여말의 대표적인 성리학자일 뿐 아니라 역사적으로 원나라에서 성리학을 처음 도입한 분임에도 불구하고 이러한 평가를 하고 있다. 이러한 평가는 매우 조심스러운 것이며 많은 논란의 소지가 있음에도 불구하고 율곡은 도학적 관점에서 서슴없이 문제를 제기하고 있다.

반면 율곡은 정암 조광조를 우리나라 도학의 창시자로 규정하고, 도처에서 이에 관해 언급하고 있다.

삼가 살펴건대, 우리나라가 덕을 쌓고 인(仁)을 쌓아 대대로 정치를 잘해 왔다고는 하나, 일찍이 도학으로 군주에게 고한 사람은 없었다. 오직 조문정(趙文正)이 성리학으로 중종을 보필하여 세도(世道)가 거의 변화하려 하였는데, 남곤(南袞)의 참소하는 입부리가 칼날보다 더욱 참독(慘毒)하여 선량한 이들을 모두 없애려고 나라를 병들게 하였다.[10]

율곡은 조광조만이 도학으로 군주를 보필했고, 중종에게 도학을 권면

---

9) 『栗谷全書』, 卷29, 「經筵日記2」, 萬曆元年 癸酉, "前朝從祀者 鄭文忠一人外 其餘薛聰崔致遠安裕則無與於斯道 如欲裁之以義 則斯三人者 可以祀於他所 而不可配於文廟也."

10) 『栗谷全書』, 卷28, 「經筵日記1」, 隆慶元年 丁卯, "謹按 我國家積德累仁 世躋治道 而未嘗聞有以道學告君上者 惟趙文正以性理之學 輔我中宗 世道幾變 而袞之讒喙 慘於銛鋒 芟刈良善 殄瘁邦國"

하여 세도의 변화를 기필할 즈음에 남곤 등의 모함으로 지치(至治)의 이상이 좌절되고 정암이 희생되는 기묘사화를 낳게 되었다고 하였다. 그는 다시 정몽주, 김굉필, 조광조를 도학사적 관점에서 다음과 같이 비교하여 평가하고 있다.

고려의 정몽주가 그 실마리를 열었으나 규구(規矩)가 정밀하지 못하고, 조선의 김굉필이 그 실마리를 이었으나 오히려 크게 나타나지 못하였더니, 광조가 도를 창명(倡明)함에 미처 모두가 추앙하여 높이니, 오늘의 성리학이 있음을 아는 것은 광조의 힘이다.11)

여기서 율곡은 성리학을 곧 도학이라 보았는데, 정몽주는 우리나라 도학의 실마리를 열었지만 정밀함이 부족하다 평가하고, 김굉필이 계승하기는 했지만 크게 드러나지는 못했다고 평가한다. 그러나 조광조에 이르러 적극적으로 도학을 임금에게 권면하고 현실정치에 구현함으로써 성리학의 진정한 면모를 유감없이 보여 주었다고 평가하였다. 이처럼 율곡의 철학에서 도학이라는 잣대는 매우 중요한 것이고, 도학적 관점은 그의 철학하는 자세요 태도였던 것이다.

그런데 율곡은 「동호문답」에서 다음과 같이 도학의 개념과 본질에 대해 명료한 설명을 하고 있다.

(문) "도학이라는 명칭이 어느 시대에 시작되었습니까?"

(답) "송나라 때에 시작되었다. 도학은 본래 인륜 안에 있는 것이다. 그러므로 인륜에서 그 도리를 극진하게 하면 그것이 곧 도학이다. 다

---

11) 『栗谷全書』, 卷28, 「經筵日記 1」, "前朝鄭夢周始發其端 而規矩不精 我朝金宏弼接其緒 而猶未大著 及光祖倡道學者 翕然推尊之 今之知有性理學者 光祖之力也."

만 도리를 알지 못하면서 모르는 사이에 저절로 도리에 합치되는 사람
은, 이것은 익히면서도 살피지 못하는 사람이다. 대개 도를 안 뒤라야
신하가 되면 충성을 다하고 아들이 되면 효도를 다할 수 있는 것이다.
만약 도를 알지 못하면 비록 일단(一端)의 충성과 효도가 있은 들, 어
찌 행하는 것이 모두 도에 합치할 수 있겠는가.12)

먼저 율곡은 도학이라는 이름은 송대에 시작되었다고 보았다. 그리고
도학은 본래 인륜(人倫)의 안에 있다고 하였다. 그래서 인륜의 도리를 극
진히 하게 되면 그것이 곧 도학이라 한다. 율곡은 인륜의 도리를 철저히
알고 행동을 해야 그 행위가 도에 합치된다고 보았다. 여기서 인륜의 도
리를 안다는 것이 매우 중요한데, 이것이 바로 성리학을 공부해야 할 당
위라고 할 수 있다. 인륜의 도리를 이론적으로 구명하고 그것을 깨닫는
데서 진정한 윤리적 행위가 가능하다는 것이다. 그러므로 도학의 철학적
바탕이 성리학이고 성리학은 도학을 통해서 비로소 완성되는 것이라 할
수 있다. 결국 성리학은 충이 왜 필요하고 효가 왜 필요한가 하는 철학적
이론체계를 의미하는 것이다. 윤리의 원리를 제대로 알고 실천 할 때 그
행위가 올바르다고 보는 것이다.
　율곡은 우리나라에서 도학이란 이름이 유행하고 또 도학이 강조된 배
경을 다음과 같이 설명한다.

　삼가 살펴건대, 도학이란 명목이 예전에 없었다. 옛날 선비란 집에
서는 효도하고 밖에서는 공손하며, 벼슬하면 도로써 임금을 섬기고 맞

---

12)『栗谷全書』, 卷31,「語錄 上」, "問 道學之名 始於何代耶 先生曰 始於宋朝 道學本在人倫之
　內 故於人倫盡其理 則是乃道學也 但不知道而暗合者 是習而不察者也 大抵知道然後 爲臣
　盡忠 爲子盡孝 如不知道 雖有一段忠孝 豈能所行 皆合於道乎."

지 아니하면 자신을 돌려 물러났다. 이와 같이 하는 자를 선(善)이라 하고 그렇지 못한 자를 악(惡)이라 하였을 뿐, 도학이라는 특별한 명목을 세우지 않았다. 세상이 말세가 되고 도가 쇠퇴하여 성현의 전통이 전수되지 못하므로, 악한 자는 말할 것도 없거니와 소위 선한 자도 다만 효우충신(孝友忠信)만 알고 진퇴(進退)의 의리와 성정(性情)의 온오(蘊奧)를 알지 못하여, 가끔 실행하여도 그 당연함을 밝히지 못하고 익히어도 그 소이연(所以然)을 알지 못한다. 이래서 이치를 연구하고 마음을 바르게 하며, 도에 의해 나아가고 물러서는 것을 도학이라 지목하게 되었으니, 도학이란 명목을 세운 것은 말세의 부득이한 일이다. 이 명목이 세워지자 간악한 자들이 지목 배척하여 도리어 세상엔 용납을 받지 못하게 되니, 실로 애달프다. 아! 도학이란 명목조차도 이미 말세에 나온 것인데, 세속이 더욱 저하되어 경서나 읽고 저술이나 하는 사람을 도학으로 지목할 뿐, 그 심성의 공부와 출처의 대절(大節)에는 미처 생각할 겨를도 없으니, 세도(世道)가 더욱 변했음을 알 수 있다. 조문정(趙文正)의 학문은 비록 미진(未盡)하기는 했으나, 조정에 서서 오로지 도를 행하는 일만을 힘써 3대(三代)의 도가 아니면 결코 임금 앞에 말하지 않았으므로, 그가 도학이란 이름을 얻은 것은 진실로 당연한 일이다.13)

---

13) 『栗谷全書』, 卷28, 「經筵日記1」, 隆慶元年 丁卯, "謹按 道學之名 非古也 古之爲士者 入則孝 出則弟 仕則以道事君 不合則奉身而退 如此者謂之善 不如此者謂之惡 不以道學別立名目 及其世降道衰 聖賢之統不傳 惡者 固不足道矣 雖所謂善者 亦徒知孝友忠信 而不知唯退之義性情之蘊 往往行不著習不察 於是 擇其窮理正心 以道出處者 目之以道學 道學之立名 衰世之所得已也 此名旣立 姦人或指而斥之 反使不容於世 吁可悲矣 嗚呼 道學之名 旣出於衰世 而世尤降俗又下 則又以能讀經著書者 目爲道學 其於心性工夫 出處大節 有不暇恤者 尤見世道之變也 趙文正之學 雖有所未盡 觀其立朝 惟以行道爲務 非三代之道 不敢陳於王前 此其得道學之名 固宜矣."

여기서 율곡은 우리나라에서 도학이라는 이름이 생겨나게 된 배경을 유학의 말폐 현상에서 찾고 있다. 특별히 도학이란 이름을 부르게 된 것은 유학자들이 효우충신(孝友忠信)의 윤리만 알고 진퇴(進退)의 의리와 성정(性情)의 이치를 알지 못하며, 가끔 실행해도 그 당연함을 밝히지 못하고 익혀도 그러한 까닭을 모른다는 것이다. 그러므로 이치를 연구하고 마음을 바르게 하며, '도(道)'에 의해 나아가고 물러서는 것을 도학이라 부르게 되었다고 한다. 여기서 도학은 윤리의 근거로서의 이치를 아는 것과 또 도에 의해 나아가고 물러선다는 강한 실천성을 특징으로 하고 있다. 따라서 진정한 도학은 윤리적 근거로서의 이기심성(理氣心性)의 이치를 체득하여 도에 맞게 살아가는 데 있다. 이는 단순한 효제충신(孝悌忠信)의 실천이 아니라 선과 악, 시(是)와 비(非)의 준엄한 판단과 생사의 대절(大節)을 실천하는 데까지 나아가는 것이다. 그러므로 도학은 절의를 포함하고, 절의가 없는 도학은 말할 수 없게 되는 것이다.14)

그러면 도학의 내용 즉 범주는 어떻게 설명할 수 있는가? 이에 대한 율곡의 말을 보기로 하자.

> 무릇 도학이란 격치(格致)로써 선을 밝히고 성정(誠正)으로써 그 몸을 닦아, 몸에 쌓이면 천덕(天德)이 되고, 이것을 정사에 베풀면 왕도가 되는 것이다.15)

율곡은 도학을 수기(修己)와 치인(治人), 내성(內聖)과 외왕(外王)을 종합한 것으로 보고 있다. 즉 도학이란 격물(格物), 치지(致知), 성의(誠意),

---

14) 황의동,『우계학파연구』, 서광사, 2005, 173쪽.

15)『栗谷全書』, 卷15,「東湖問答」, "夫道學者 格致以明乎善 誠正以修其身 蘊諸躬則爲天德 施之政則爲王道."

정심(正心)으로 천덕(天德)을 이루고, 그 천덕을 현실 정치에 구현하면 이것이 왕도(王道)라는 것이다. 따라서 도학의 내용은 다름 아닌 천덕과 왕도로 규정된다. 개인적으로는 격물치지, 성의정심으로 자기 관리에 충실해 군자로서의 인격을 함양하는 일이다. 그리고 이러한 군자의 인격을 가지고 나라와 백성을 위해 왕도를 실현해야 한다. 여기서 도학은 내성적(內聖的) 수기만으로도 부족하고 외왕적(外王的) 치인만으로도 부족한 것이다. 반드시 수기(修己)와 치인(治人), 내성(內聖)과 외왕(外王), 천덕(天德)과 왕도(王道)를 겸해야 진정한 도학이라 할 수 있다. 물론 앞에서도 설명했듯이, 개인적 천덕의 완성은 격물치지(格物致知)라는 지각(知覺, 知)의 노력과 성의정심(誠意正心)이라는 실천(行)의 노력이 병행되어야 하는 것이다.

도학이 수기와 치인을 겸비하는 것이라 하더라도 근본은 역시 수기에 있다. 수기는 지행병진(知行竝進), 지행합일(知行合一)에 있는데, 앞서 율곡이 말한 도학이 인륜의 도리를 극진히 하는 데 있다는 말이 이를 말해 준다. 그러므로 율곡은 "마음과 행적(行迹)이 같지 아니하면 이미 유자(儒者)가 아니다."16)라고 하였다. 언행의 일치, 지행(知行)의 일치는 도학이 추구해야 할 일차적인 과제요, 근본적인 작업이다. 이를 위해서는 고도의 사변적인 노력이 요구되고 내면적인 자기 성찰이 요구된다. 앞에서 율곡이 정몽주를 사직지신(社稷之臣) 차원으로 폄하(貶下)하고 조광조를 도학의 창시자로 평가한 것이라든지, 이언적을 도학적 관점에서 부족하다고 평가한 것이라든지, 설총, 최치원, 안향의 문묘 배향에 이의를 제기한 것이 모두 이러한 척도에 관계된다고 볼 수 있다.

율곡은 "무릇 인의(仁義)를 궁행(躬行)하는 것은 천덕(天德)이요, 생민

---

16) 『栗谷全書』, 卷10, 書2, 「答成浩原」, "心迹之不同 已非儒者也."

(生民)을 교양(敎養)하는 것은 왕도(王道)"17)라 하여, 도학을 역시 천덕과 왕도의 두 측면으로 보고 있다. 이렇게 볼 때, 진정한 의미에서의 도학은 내성(內聖)과 외왕(外王)을 반드시 겸비해야 하는 것임을 재차 확인할 수 있다.

또한 율곡은 '도학지사(道學之士)'를 일러 '진유(眞儒)'라 하고,18) "소위 진유란 나아가서는 일시에 도를 행하여, 이 백성으로 하여금 환한 즐거움이 있게 하고, 물러나서는 교훈을 만세에 드리워, 배우는 사람들로 하여금 큰 잠에서 깨우침을 얻게 하는 데 있다."19)고 하였다. 또 율곡은 "선비가 이 세상에 태어나서 나아가서는 도를 행하고, 물러나면 뜻을 지키는 것, 이 두 가지 외에 다시 다른 것은 없다."20)고 하였다.

도학지사(道學之士)란 결국 진유(眞儒)를 말한다. 진유의 소임은 나아가서는 도를 행하여 백성들에게 편익을 주고 행복을 베푸는 데 있고, 물러나서는 교육과 교화를 통해 후세 학자들에게 만세의 교훈을 주는 데 있다. 이는 다시 말하면 행도(行道)와 수지(守志)가 된다. 이런 잣대에서 율곡의 선유에 대한 평가가 이루어졌다고 보면 된다.

율곡은 이러한 도학적 관점에서 도통(道統)이 전한 것은 복희(伏羲)씨로부터 시작하여 맹자에 와서 그치고 드디어 전하지 않았다21)고 평가한다. 그리고 주자 뒤에 도통의 정맥(正脈)을 얻은 이는 꼭 누구라고 지적

---

17) 『栗谷全書』, 卷25, 「聖學輯要 7」, "夫躬行仁義者 天德也 敎養生民者 王道也."
18) 『栗谷全書』, 卷15, 「東湖問答」, "道學之士 謂之眞儒."
19) 『栗谷全書』, 卷15, 「東湖問答」, "夫所謂眞儒者 進則行道於一時 使民有熙皥之樂 退則垂敎 於萬世 使學者得大寐之醒."
20) 『栗谷全書』, 卷7, 「辭大司諫疏」, "士生斯世 進則行道 退則守志 二者之外 更無他歧."
21) 『栗谷全書』, 卷26, 「聖學輯要8」, 聖賢道統 第5, "臣按 道統 傳自伏羲 止於孟子 逐無傳 焉."

할 만한 사람이 없다고 하였다.22)

율곡에 의하면 "도통이 군상(君相)에게 있으면 도가 그 시대에 행해져서 혜택이 후세에 흐르고, 도통이 필부(匹夫)에게 있으면 도가 그 세상에 행해질 수 없고 다만 후학들에게 전하여 질 뿐인데, 만약 도학의 전통을 잃고 필부까지도 일어나지 않는다면 천하는 어두워 그 좇을 바를 모르게 된다" 하였다.

또 그는 말하기를, "주공(周公)이 세상을 떠난 지 백세(百世)가 되어서도 잘 다스려지지 않고, 맹자가 돌아간 지 천 년이 되어서도 세상에 진유(眞儒)가 없었다는 것은 이것을 두고 한 말"이라 하였다. 이제 율곡은 선유들의 말에 의하여 도통의 전함을 역력히 서술하였다 하고, 복희에서 시작하여 주자에서 끝을 맺었는데, 주자 이후에는 또 확실한 전통이 없으니, 이것을 길이 한탄하는 바이며, 깊이 전하에게 촉망하는 것이라 하였다.23)

이와 같이 율곡은 정암 조광조의 도학정신을 계승하여 도학적 관점에서 역사를 보고 인물을 평가하고 또한 학문을 하였다고 볼 수 있다. 도학의 관점과 잣대로 정몽주, 김굉필, 이언적, 조광조 등 선유를 평가하고, 최치원, 설총, 안향의 문묘배향에 대해서도 날카로운 비판을 서슴지 않는 것이다. 이러한 율곡의 도학적 시선은 유학본래의 정신으로 돌아가야 한다는 외침이며, 동시에 실천이 결여된 성리학, 경세를 망각한 사변적 성리학에 대한 경고였던 것이다.

---

22) 『栗谷全書』, 卷26, 「聖學輯要8」, 聖賢道統 第5, "臣按 朱子之後 得道統正脈者 無可的指之人."

23) 『栗谷全書』, 卷26, 「聖學輯要8」, 聖賢道統 第5, "是故 道統在於君相 則道行於一時 澤流於後世 道統在於匹夫 則道不能行於一世 而只傳於後學 若道統失傳 竝與匹夫而不作 則天下貿貿 不知所從矣 周公歿 百世無善治 孟軻死 千載無眞儒 此之謂也 今臣謹因先儒之說 歷敍道統之傳 始自伏羲 終於朱子 朱子之後 又無的傳 此臣所以長吁永歎 深有望於殿下者也."

2. 이기지묘(理氣之妙)의 입장에서 세계를 보다

율곡은 이기지묘(理氣之妙)의 입장에서 세계를 보고 인간을 보고 사물을 보았다. 또 이기지묘는 그의 삶 자체이며 그가 추구한 가치의 이상이다. '이기지묘'란 말은 율곡의 독창어는 아니지만, 그에 의해 하나의 철학적 언어로 태어났다.

이미 중국과 조선에서 간헐적으로 사용되었던 말이지만, 이를 중요한 철학적 언어로 사용하고 논리적으로 심화시켜 사용한 것은 율곡에 의해서라고 할 수 있다. 특히 율곡의 말과 글 속에는 이 이기지묘의 사유가 일관되어 있고, 그의 철학은 이기지묘의 체계로 얽혀져 있다. 그의 이기론, 태극음양론은 철저하게 이기지묘의 체계로 구성되어 설명되고 있다. 즉 자연이나 사물에 대한 그의 이해는 이기지묘를 전제로 한다. 뿐만 아니라 그의 인간관. 즉 심성론도 이기지묘의 틀 속에서 이해되어진다. 이기지묘라는 표현은 그의 문집에 7회 정도 언급되지만, 그 중요성을 자주(自註)로써 부연 설명하고 있다. 이를테면 이기지묘는 '보기도 어렵고 설명하기도 어렵다(難見亦難說)'고 말하는가 하면, '활간(活看)', '체구(體究)', '완색(玩索)', '묵험(默驗)', '심구(深究)' 등으로 그 중요성을 강조하고 있다.

이 세계 모든 것들은 형이상의 리(理)와 형이하의 기(氣)로 되어 있다. 즉 일체 모든 존재는 리와 기의 묘합이다. 리는 어떤 존재의 이치요 이념이다. 그런데 이치만 있다고 그것이 구체적 존재로 드러나지 않고 구상화될 수 없다. 이치대로 만들어지고 구현되어야 한다. 이때 이치대로 실현되는 데 있어 필요한 여러 가지 도구들, 소재들을 기라고 부른다. 리는 기에 실려 있다든가, 기에 담겨 있다든가, 기에 걸려 있다는 식으로 표현된다. 즉 리와 기의 유기체적 모습을 그렇게 표현하는 것이다. 여기서 우리는 존재 성립의 조건으로 리와 기를 반드시 요청하게 된다. 리가 있으면 반드시 기가 있어야 하고, 기가 있으면 반드시 리가 있어야 한다. 또 리 없는 기가 없고 기 없는 리가 없다고 말하게 된다. 리와 기는 이 세계, 모든 사물, 인간을 존재케 하는 가장 근원적인 실체다. 리와 기 어느 하나도 없어서는 존재 성립이 불가하다는 점에서 양자의 위상과 가치는 대등하다. 리도 중요하고 기도 중요한 것이다. 혹자는 성리학이 '성(性)을 곧 리(理)'로 본다는 점에서 성리학은 리학(理學)이고 주리(主理)를 전제한다고 주장하기도 한다. 이러한 견해는 성리학을 매우 좁은 의미로 보는 관점이다. 필자는 이러한 주장에 동의할 수 없다. 성리학이라 했지만 사실은 인간학이고, 인간은 몸과 마음이 하나로 있고 그 속에 마음, 감정, 본성, 의지, 욕망을 지닌 존재다. 그러므로 성리학은 이러한 전인적 인간 내면의 세계를 철학적으로 따져 묻는 학문이라고 보아야 할 것이다. 인간의 마음, 본성, 감정, 욕망 속에서 리를 더 중요하게 보느냐 기를 더 중요하게 보느냐, 아니면 리와 기를 함께 중요하게 보느냐 하는 것은 학자마다 다양하게 다르다고 볼 수 있다. 그러므로 송대에서도 정이천, 정명도, 장횡거, 주자가 세계와 인간을 보는 데 있어서 그 입장과 주장이 조금씩 차이가 있으며, 조선조에 있어서도 퇴계와 율곡 그리고 화담이 똑같지 않다는 것을 알 수 있다. 성리학을 리학으로 단정해 좁게 보는 태도는 성리학의 본질과 정신을 왜곡하는 것이다. 인간을 리(理), 즉 도덕이성 중심으로 보아야 한다는 것은 특정인의 사상이고 주장일 수는 있어도, 그것이 곧 성리학의 본질과 정의를 규정하는 원칙일 수는 없다. 인간의 여러 요소 가운데 어떤 이는 도덕이성이 더 중요하다고 볼 수 있고, 또 어떤 이는 감정이나 욕망이 더 중요하다고 볼 수 있기 때문이다. 그동안 우리는 성리학을 보는 데 있어서도 리학 중심, 도덕이성 중심의 편견 속에 있었고, 그러한 관점에서 조선조 유학자들의 자리매김도 재단하지 않았나 반성해 볼 일이다. 이러한 주리적 성리학, 도덕이성 중심의 성리학에 비판적 대안을 제시한 이가 바로 율곡이고 그 논리가 이기지묘다.

율곡에 의하면 이 리와 기는 항상 하나의 존재양태로 있다. 시간적으로 선후가 없고 공간적으로 빈틈이 없다. 만약 시간과 공간에 간극(間隙)이 생긴다면 하나의 존재로 성립 불가하다. 이처럼 리와 기는 전혀 다른 둘인데 하나로 있다. 하나로 있지만 또 리는 리고 기는 기다. 리는 형이상자요 기는 형이하자다. 리는 이치로서 형상이 없다. 볼 수도 없고 만질 수도 없고 냄새도 없어 없는 것 같다. 없는 것 같지만 분명 있는 것이다. 그러나 기는 리가 실현되는 소재요 리가 있을 시간과 공간으로 형상이 있는 것이다. 마음이나 감정처럼 무형(無形)의 존재일 경우에도 기는 리의 시간과 공간을 제약한다는 점에서 형상이 있는 것으로 간주한다. 또리는 언제 어디서나 변치 않는다. 리는 그 스스로 운동하거나 변화하지 않는다. 사람의 이치는 천 년 전이나 백 년 전이나 오늘날이나 변함이 없다. 또 인종이나 지역에 구별 없이 사람의 이치는 똑같다. 그러나 기는 시시각각으로 변화한다. 변화는 기의 속성이다. 이 세상이 변화하고 사람이 태어나 성장하고 늙어 죽는 것도 기의 변화현상이다. 콩이 싹이 터자라고 꽃이 피고 열매를 맺는 것도 기의 변화현상에 불과하다.

그런데 기의 변화나 작용은 반드시 리에 맞아야 한다. 즉 리에 맞는 기의 변화가 정상이다. 리는 기 변화, 기 운동의 원칙이요 표준이다. 그렇지만 현실은 리에 맞지 않는 기의 운동과 변화가 종종 있다. 사람도 사람의 이치에 맞게 행동하고 마음을 쓰면 군자가 되고 남의 존경을 받지만, 사람의 이치에 반하는 행동을 하고 마음을 쓰면 소인배가 되고 실수를 하여 남의 비난을 받게 되고 처벌을 받게 된다. 이처럼 리와 기는 전혀 다른 것이다. 그런데 전혀 다른 둘이 하나의 존재양태로 있다. 하나로 있지만 리는 리고 기는 기다. 즉 둘이지만 하나로 있고, 하나로 있지만 둘이다(二而一 一而二). 이러한 사유와 논리는 이미 송대 주자에게서도 보이지만 이를 인용해 자신의 논리로 삼고 자신의 철학적 체계로 구성한 이가 바로 율곡이다. 율곡은 이처럼 세계를 이기지묘로 보고, 사물을 이기지묘로 보고, 인간을 이기지묘로 보고 있다. 뿐만 아니라 인간이 추구해야 할 궁극의 가치를 이기지묘로 보아 리와 기의 조화, 리와 기의 균형을 추구하였다. 율곡 자신의 학문이 리학(理學)으로서의 성리학과 기학(氣學)으로서의 경세학을 아우르고 있거니와, 또 그의 삶도 철학자의 삶과 경세가로서의 삶을 병행하고 있다. 이기지묘의 창, 그것으로 세상을 보고 인간을 볼 때 우리는 율곡의 참뜻을 이해할 수 있을 것이다.

3. 열린 눈으로 학문을 하다

율곡은 퇴계와는 달리 개방된 학풍을 지니고 있었다. 퇴계는 순정(醇正)한 주자학의 계승이라는 사명에 충실했다면, 율곡은 보다 열린 마음으로 학문을 했다. 율곡은 16세에 존경하는 어머니 신사임당을 여의고 3년상을 마친 후 금강산에 들어가 1년여 동안 불교에 침잠하였다. 많은 불교서적을 읽고 스님들과 대화하며 불교를 공부했다. 그의 시와 글 속에는 불교적인 자취가 보인다. 특히 그의 철학이 답답하지 아니하고 툭 트인 회통의 경지를 보여 주는 것은 불교적 영향이 없지 않다. 그리고 그의 이기론이 철저하게 상보적 논리로 전개된 것도 불교적 영향이 아닌가 짐작된다.

또한 율곡은 노자, 장자의 도가철학에도 조예가 깊었다. 1974년 류칠로(柳七魯) 교수에 의해 서울대 규장각에서 발견된 『순언(醇言)』은 율곡이 노자의 『도덕경(道德經)』가운데 유교와 가까운 2098언을 취해 유교적 입장에서 해석하고 견해를 붙인 글이다. 당시 보수적인 분위기에서 율곡이 노자의 『도덕경』을 해석하고 긍정적으로 평가한 것은 이채로운 일이다.

또 그가 쓴 「경포대부(鏡浦臺賦)」에서 장자의 얘기가 언급되고 있고, 「이일분수부(理一分殊賦)」에는 노자, 장자가 언급되고 또 노자의 '탁략(橐籥)'이라는 말이 나온다. 「역수책(易數策)」에서는 '자연'이라는 용어가 보이며, 「천도책(天道策)」에서는 장자적 표현이 보인다. 이처럼 율곡은 비록 유학을 하면서도 도가에도 관심을 갖고 열린 마음으로 학문을 했음을 알 수 있다.

또 퇴계는 양명학을 용납하지 않았지만, 율곡은 「학부통변발(學蔀通辨跋)」에서 양명학을 무조건 반대하지 않고, 그 공을 취하고 허물은 생략하는 것이 충후(忠厚)한 도리라 하였다. 또 중국사신 황홍헌(黃洪憲)이 조선에 와서 조선의 학풍을 알아보기 위해 『논어』의 '극기복례(克己復禮)'에 관해서 묻자, 영접사였던 율곡은 "사람이 모두 이 본심을 갖추지 않은 이가 없지만, 어질지 못한 까닭은 사욕(私欲)이 은폐하는 데 말미암은 것이다. 사욕을 제거하고자 하면 모름지기 몸과 마음을 가다듬어 한결같이 예(禮)를 따른 후에야 자기를 이길 수 있고 예로 돌아갈 수 있다"고 하였다. 율곡은 여기서 양명학의 '본심'과 주자학의 '예절'을 적절히 조화시킴으로써 중국의 양명학자를 만족시켰던 것이다.

또한 화담 서경덕의 기학(氣學)에 대해서도 퇴계는 지나치게 평가절하하고 있지만, 율곡은 높이 평가하고 있다. 율곡에 의하면 화담은 독창의 맛이 있고 리와 기가 오묘하게 합해 있는 경지를 통찰했다고 평가한다. 다만 그가 남보다 지나치게 총명해 중후한 맛이 부족하고 기를 리로 잘못 알고 있다고 평가하였다.

이와 같이 율곡은 성리학자였지만, 열린 마음으로 불교를 이해하고 도가를 이해하고 양명학을 이해하였다. 또 화담의 기학에 대해서도 그 장점과 단점을 균형 있게 보려고 노력하였다. 이러한 율곡의 개방된 학풍은 이후 전개된 기호학파 내지 율곡학파의 학풍 형성에도 많은 영향을 미쳤다. 영남유학 내지 퇴계학파가 주리(主理)를 고수하고 순정한 성리학을 지킨 것과는 달리[24], 기호학파는 성리학, 예학, 실학, 양명학, 의리학, 인물성동이론(人物性同異論) 등 다양한 색깔로 전개되었다.

다만 율곡학파의 적통이라 할 수 있는 우암 송시열이 윤휴, 박세당 등을 사문난적(斯文亂賊)으로 몰아 이념적 경직성을 보여 준 것이나, 그의 후손인 연재 송병선(淵齋 宋秉璿)과 그 문인들이 농산 신득구(農山 申得求, 1850~1900)를 사문난적으로 응징한 것도 율곡의 철학정신과는 다른 것이다. 율곡 자신의 학풍은 열려 있었지만 영남 퇴계학파와의 성리논변에 전념했던 송시열, 권상하, 한원진 등 율곡학파 직계들은 율곡의 무실(務實)학풍도 간과한 채 성리학에 매몰되어 경직된 학풍으로 변질된 감이 없지 않다.

---

24) 물론 영남학파에서도 기호남인계열의 실학자들을 포함시켜 볼 수도 있고, 상주 출신의 息山 李萬敷(1664~1732) 같은 실학자도 있으나 기호학파에 비하면 상대적으로 그 학풍이 단조롭고 성리학풍에 치우쳐 있음을 부인할 수 없다.

제2부 율곡의 성리학 이해

율곡의 세계 이해

1. 율곡의 자연관

동양적 전통에 있어서 '자연(自然)'이란 말은 여러 가지 의미를 갖는다. 명사적 의미로 보면 감각, 인식되는 대상세계 전체로서 이른바 우주와 통용되는 용어이다.[1] 즉 곽상(郭象)이 말하는 '천지'로서 만물의 총명(總名)을 일컫는다.[2] 따라서 물질적이든 정신적인 것이든지 천지 사이에 어떤 사물 사건도 이 자연이라는 개념으로 부터 빠져나갈 수 없다.[3] 이렇게 볼 때, 자연이란 우주, 천지, 만물, 환경 등을 가리키는 개념으로 볼 수 있다.[4]

또한 자연은 명사로서의 자연의 형용적 의미를 갖기도 한다. 즉 글자 그대로 '그 스스로 그러함'이라는 뜻으로 명사적 자연의 공능적 표현으로 사용된 경우이다.

그런데 자연이란 용어는 도가철학의 주요 관념 중 하나이다. 선진시대

---

1) 윤사순, 「율곡의 자연관」, 『율곡사상연구』, 제1집, 율곡학회, 1994, 59쪽.
2) 이강수, 『장자의 자연과 인간의 문제』, 고려대 대학원(박사논문), 1982, 49쪽.
3) 이강수, 『장자의 자연과 인간의 문제』, 고려대 대학원(박사논문), 1982, 44쪽.
4) 곽신환, 『주역의 이해』, 서광사, 1990, 50쪽.

이전의 유가 문헌에서는 자연이란 용어가 사용되지 않았다.5) 오히려 천명(天命), 천도(天道), 성(性) 등의 용어가 많이 나타나는데, 이는 모두 자연과 서로 연관된 개념이다.6)

그러면 율곡에 있어 자연은 과연 어떻게 이해되고 있는지 고찰해 보기로 하자. 먼저 자연은 명사적 용법으로 만물 일체를 일컫는다. 율곡은 형이상자를 자연지리(自然之理), 형이하자를 자연지기(自然之氣)라 설명하고 있는데,7) 여기에서의 '자연'이란 명사적 용법으로 우주만물 일체를 의미한다. 자연은 결국 형상과 형하로 구별되기 이전의 존재 자체이므로 이 세계의 만사만물을 모두 형용하는 개념이다.

그런데 율곡은 자연이란 말 대신에 다른 표현을 통해 명사적인 자연을 대신하는 경우를 많이 볼 수 있다. 그 하나가 '천지'라는 용어의 경우이다.

天地之大 事物之變 莫非理氣之妙用也 (卷14, 「易數策」)

天地未生之前 不可謂無天地之理也 (卷10, 書2, 「與成浩原」)

天地之化 卽吾心之發也 (卷10, 書2, 「答成浩原」)

物之最大者 天地也 (卷13, 「別洪表叔浩序」)

人者 天地之心也 (卷14, 「天道策」)

天地是一大器(卷31, 「語錄上」)

且夫盈天地間者 莫非氣也 (卷14, 「天道策」)

天地雖大 不過爲元氣中之一物 (卷31, 「語錄上」)

天地之理 實理而已 (拾遺卷4, 神仙策)

---

5) 곽신환, 『주역의 이해』, 서광사, 1990, 49쪽.

6) 곽신환, 『주역의 이해』, 서광사, 1990, 50쪽.

7) 『栗谷全書』, 卷14, 「易數策」, "夫形而上者 自然之理也 形而下者 自然之氣也."

天地之間 事事物物 安有外理者也 (拾遺, 卷4,「死生鬼神策」)

天地者 人之形體也 人者天地之心也 (拾遺, 卷5,「壽夭策」)

이와 같이 율곡은 '천지'라는 말을 많이 사용하고 있는데, 이는 우리가 일반적으로 사용하는 하늘과 땅의 의미로서 인간의 자연환경을 의미한다. 따라서 우주만물의 총체적 개념으로서의 자연이라는 말보다는 좁은 의미로서 사용된 것이다.

그는 또 '만물'이라는 용어를 사용하기도 하는데, 때로 '천지'와 함께 사용하기도 하고 '사물' 또는 '물물(物物)'이라고도 한다.

天地是一大器 包得許多萬物 (卷31,「語錄上」)

大抵凡物有始 則必有終 (卷10, 書2,「與成浩原」)

天地萬物 本吾一體 (拾遺, 卷5,「神仙策」)

天地之大 事物之變 莫非理氣之妙用也 (卷14,「易數策」)

有是理則不得不有是氣 有是氣則不得不生萬物 (卷14,「易數策」)

天地草木 則不能推移而有定性矣 (卷31,「語錄上」)

物之偏塞 則更無變化之術 (卷21,「聖學輯要3」)

天地又爲人物之父母矣 (卷10, 書2,「答成浩原」)

若萬物則性不能稟全德 心不能通衆理 (卷10, 書2,「答成浩原」)

여기에서의 '물' 내지 '만물'은 천지까지를 포함한 자연의 의미로 사용한 경우도 있고, 자연의 일부로서 천지를 제외한 모든 것을 가리켜 사용된 경우도 있다. 이 경우 인간이 만물의 범주에 포함될 수도 있고 또 인물이라 하는 경우처럼 구별되어 사용되기도 한다.

또한 만물의 보다 구체적인 표현으로 금수, 초목, 일월성신, 우설상로

(雨雪霜露), 뇌전(雷電), 풍운(風雲) 등의 용어가 등장하기도 한다.

　　禽獸之氣如泥土中水 不可以澄治之也 (卷31,「語錄上」)

　　天地草木 則不能推移而有定性矣 (卷31,「語錄上」)

　　草木之理全塞 固不足道矣 禽獸之或通一路者 (卷10, 書2,「答成浩原」)

　　日月星辰之麗乎天, 雨雪霜露之降于地, 風雲之起, 雷電之作, 莫非是氣

　　也(卷14,「天道策」)

이와 같이 여기에서는 만물의 구체적 내용으로 동물, 식물 그리고 해, 달, 별과 함께 비, 눈, 서리, 이슬, 바람, 구름, 우뢰, 번개 등 자연현상에 관해 언급하고 있다.

　　또한 그 밖에 율곡은 천, 천도라는 말로 자연을 표현하기도 한다.

　　未有所爲而然者人也 莫之爲而然者天也 (拾遺, 卷4,「神仙策」)

　　至於死生則在天而已 吾何與焉 (拾遺, 卷4,「神仙策」)

　　天有實理 故氣化流行而不息 (卷21,「聖學輯要3」)

　　天地之格 鬼神之動 人心之服 則在天 (拾遺, 卷6,「誠策」)

　　莫之聚而自聚焉 莫之散而自散焉 豈非天耶 (拾遺, 卷5,「祈禱策」)

　　天道之賦於人者 謂之性 性之所從而出者 謂之天 (卷14,「孔孟言性道軍

　　旅疑」)

　　聖人之德 與天爲一 神妙不測 (卷22,「聖學輯要4」)

　　誠者 天之實理 心之本體 (卷21,「聖學輯要4」)

　　天人一理 感應不差 (拾遺, 卷6,「天道人事策」)

여기에서 사용된 천 내지 천도의 개념은 대체로 명사적 용법으로서의 자연의 개념에 가까운 용례라 할 수 있다. 즉 우주만물 내지 천지만물 일체를 '천'으로 표현한 것이다. 이렇게 볼 때, 자연이란 개념은 명사적 용법으로 우주만물 일체를 일컫는데, 그것은 천, 천도로도 언표되었고 구체적으로는 천지, 만물, 금수, 초목 등의 용어로도 표현되었다.

또한 율곡에 있어 자연은 형용적 용법으로 '그 스스로 그러함'이라는 자연의 공능적(功能的) 표현으로 사용되고 있다.

> 自然而聚 自然而散 豈容人力於其間哉 (拾遺, 卷5, 「神仙策」)
> 陽速陰遲者氣也 陰之所以遲 陽之所以速者則理也
> 愚未知其孰使之然也 不過曰自然而然爾 (卷14, 「天道策」)
> 陰陽旣分 二儀肇闢 二儀旣闢 萬化乃生 其然者氣也 其所以然者理也
> 愚未知孰主張是 不過曰自然而然耳 (卷14, 「易數策」)

이와 같이 '자연'이란 말은 저절로 그렇게 모였다 흩어져 사람의 힘으로는 어찌할 수 없는 자연의 공능, 양은 빠르고 음은 더디게 순환함으로써 자연의 생성변화가 이루어지는데, 그것은 누가 있어 그것을 시키거나 주장하는 것이 아니라 그 스스로 그러해서 그럴 뿐이다. 천지자연, 우주만물의 생성변화에 있어 그것의 원인이나 주재가 그 아닌 타자에 있는 것이 아니라, 자기 안에 스스로 지니고 있는 공능이 곧 '저절로 그러함'이라는 자연현상이다.

이와 같이 율곡에 있어 자연의 의미는 대체로 두 가지 의미로 이해될 수 있는데, 여기에서는 명사적 용법으로 사용된즉 우주만물이라는 개념에 국한하여 다루고자 한다.

이제 율곡은 천지, 만물을 인간과 구별하여 어떻게 이해하고 있는지 구체적으로 살펴보기로 하자. 율곡에 의하면 천지만물의 리는 하나의 태극일 뿐이고 그 기는 하나의 음양일 뿐이라 하고, 그 기라는 것이 크고 작음이 있고, 치우치고 바른 것이 있고, 두텁고 엷은 것이 있고, 맑고 흐린 것이 있다. 맑은 것은 양의 기요 흐린 것은 음의 기인데, 양기(陽氣)의 가장 크고 바르고 두터운 것이 그 움직이는 이치를 다하여 하늘이 되고, 음기(陰氣)의 가장 크고 바르고 두터운 것이 그 고요한 리를 다하여 땅이 되었다. 따라서 천지는 기의 가장 두터운 것을 얻었으니 그 수를 헤아릴 수 없고, 만물은 천지의 나머지뿐이니 그 받은 바에 따라 그 기가 한결같지 아니하여 그 길고 짧은 수가 같지 않음을 볼 수 있다.8) 이처럼 천지만물은 근본적으로 리와 기, 태극과 음양의 묘합체인데, 문제는 기의 차이에 따라 하늘, 땅, 만물이 구별될 수 있다고 본 것이다. 그는 또 천지는 기의 지극히 바르고 지극히 통함을 얻었기 때문에 정해진 성(性)이 있어 변함이 없고, 만물은 기의 치우치고 막힘을 얻었기 때문에 정해진 성이 있어 변함이 없다고 한다.9) 천지나 만물이 모두 정해진 성을 지녀 변화의 가능성이 없음은 마찬가지인데, 천지는 지극히 바르고 통한 기를 얻었고, 만물은 치우치고 막힌 기를 얻어 다르다. 이러한 율곡의 설명은 다음에서도 계속된다. 물(物)의 치우치고 막힘은 다시 변화의 방법이 없고,10) 천지초목은 미루어 옮길 수 없어 정해진 성이 있으며,11) 금수의

---

8) 『栗谷全書』, 拾遺, 卷5, 「壽夭策」, "蓋嘗論之 天地萬物之理 則一太極而已 其氣 則一陰陽而已 其爲氣也 有大小焉 有偏正焉 有厚薄焉 有淸濁焉 淸者陽之氣 而濁者陰之氣也 陽氣之最大最正最厚者 極其動之之理而爲天 陰氣之最大最正最厚者 極其靜之理而爲地 天地得氣之最厚者 故其數不可量已 萬物者天地之餘耳 大小也 偏正也 厚薄也 淸濁也 隨其所受而其氣不一焉 其脩短之數不齊也 可見矣."

9) 『栗谷全書』, 卷10, 書2, 「答成浩原(壬申)」, "天地 得氣之至正至通者 故有定性而無變焉 萬物 得氣之偏且塞者 故有定性而無變焉."

10) 『栗谷全書』, 卷21, 「聖學輯要3」, "物之偏塞 則更無變化之術."

11) 『栗谷全書』, 卷31, 「語錄 上」, "天地草木 則不能推移而有定性矣."

기는 진흙 속의 물과 같아 맑게 할 수 없다.12) 이와 같이 율곡은 천지와 만물이 정해진 성을 지녀 변화 가능성이 없다는 점에서는 마찬가지지만 천지는 지극히 바르고 통한 기를 얻었고, 만물은 치우치고 막힌 기를 얻었다는 점에서 구별된다고 보았다. 따라서 동식물의 경우 정해진 성을 바꿀 수 없다. 다만 동물 가운데 혹 한 길이 통한 것들이 있는데, 범과 호랑이에게는 부자의 관계가 있고, 벌과 개미는 군신의 질서가 있고, 기러기의 나는 행렬에는 형제의 차례가 있고, 물수리는 부부의 분별이 있고, 나무에 집을 짓는 새와 굴에 사는 동물은 비, 바람이 올 줄을 미리 아는 지혜가 있고, 철따라 사는 벌레는 때를 어기지 않는 믿음이 있다. 그러나 이것들은 모두 수양을 통해 변통(變通)할 도리가 없고, 각각 그 성을 이루게 하는 것은 단지 사람의 참찬화육(參贊化育)의 노력에 달려 있을 뿐이다.13) 이와 같이 율곡은 동식물의 변통 가능성에 대해 부정적 견해를 가지고 있었으나, 일부 동물이나 곤충들에게서 보이는 그들의 자연본능적인 삶의 지혜에 대해 주목하고 있다.

다음은 율곡의 천지에 대한 다양한 설명에 대해 정리해 보기로 하자. 율곡은 물 가운데 가장 큰 것이 천지라 하고,14) 천지는 하나의 큰 그릇으로 온갖 만물을 담고 있다고 보았다.15) 그러나 모든 물은 시작이 있으면 반드시 끝이 있어, 천지가 지극히 크지만 그것은 시작이 있기 때문에 변멸(變滅)을 면할 수 없다.16) 아울러 천지도 자주(自主)할 수 없고 조화

---

12) 『栗谷全書』, 卷31, 「語錄 上」, "禽獸之氣 如泥土中水 不可以澄治之也."

13) 『栗谷全書』, 卷10, 書2, 「答成浩原」, "禽獸之或通一路者 有虎狼之父子 蜂蟻之君臣 鴈行有兄弟之序 鵙鳩有夫婦之別 巢穴有預知之智 候蟲有俟時之信 而皆不可變而通之 其各得遂其性者 只在吾人參贊化育之功而已."

14) 『栗谷全書』, 卷13, 「別洪表叔浩序」, "物之最大者 天地也."

15) 『栗谷全書』, 卷31, 「語錄 上」, "先生曰 天地是一大器 包得許多萬物."

16) 『栗谷全書』, 卷10, 書2, 「與成浩原」, "大抵凡物有始 則必有終 天地至大 而惟其有始 故不免變滅."

에 의해 주장되므로 천지도 천지의 천지가 아니라 조화에 맡겨진 기이다.[17)

그는 또 천지는 비록 크지만 원기(元氣) 가운데 일물(一物)에 불과하니, 천지 가운데의 물 또한 대물(大物)가운데 한 소물(小物)에 지나지 않는다 하였다.[18)

또한 율곡은 그의 문인 김진강(金振綱)의 말을 통해, 천지는 원기 가운데에서 나온 기이므로 원기는 천지기(天地氣)의 근저(根柢)라 하고, 천지의 품부(稟賦)된 기가 사라져 모두 없어지면, 천지는 비록 끝나지만 원기는 진실로 항상 변함이 없는 것이라 하였다.[19) 이러한 천지의 유한성은 기에 취산(聚散)이 있기 때문이라고 율곡은 설명한다.[20)

율곡은 자연을 천(天) 내지 천도(天道)로서 표현하기도 하였고 천지만물(天地萬物)이란 표현을 쓰기도 했다. 그러나 대체로 그는 천지, 만물, 인간을 층차적으로 구별하여 설명하고 있으며, 만물 가운데에도 동식물을 구별해 설명하고 있다. 기본적으로 그는 천지, 만물이 모두 정해진 성이 있어 변통의 길이 없다는 면에서는 공통적이나, 다만 동물 가운데 일부에 있어서는 자연 본능적 질서와 지혜가 있음을 인정하였다. 그리고 만물의 개별적 특수성의 차이와 천지의 유한성을 기(氣)에서 찾고 있다.

그러면 율곡에 있어 자연계는 어떻게 생성 변화하는가? 율곡에 의하면 천지지리(天地之理)는 실리(實理)일 뿐이다. 인간과 만물의 낳음이 실

---

17) 『栗谷全書』, 卷13, 「別洪表叔浩序」, "天地不能自主 主之以造化 則天地非天地之天地而造化之委氣也."

18) 『栗谷全書』, 卷31, 「語錄 上」, "天地雖大 不過爲元氣中之一物 則天地中之物亦不過大物中之一小物也."

19) 『栗谷全書』, 卷31, 「語錄 上」, "天地者 元氣中所出之氣也 元氣者 天地氣之所根柢也 是以天地之稟氣消盡 則天地雖終 而元氣則固常自若也."

20) 『栗谷全書』, 拾遺, 卷4, 「死生鬼神策」, "氣有聚散 而理無終始 有聚散 故天地之大亦有限焉."

리에 의하지 않음이 없다.21) 천지가 계속 봄만 될 수 없으므로 사시(四時)가 차례를 바꾸고, 원기가 홀로 운행할 수 없기 때문에 음양이 함께 유행하는 것이나, 해가 가면 달이 오고 추위가 가면 더위가 오며, 왕성함이 있으면 쇠퇴함이 있고 시작이 있으면 끝이 있는 것은 천지의 실리 아님이 없다.22) 또 일음일양(一陰一陽)하면서 천도가 유행하고 원형이정(元亨利貞)하면서 순환 반복하니, 사시가 바뀌며 유행하는 것이 자연의 리 아님이 없다.23) 이처럼 율곡은 자연의 생성변화가 실리(實理) 내지 자연지리(自然之理)에 의해 비롯된다고 보았다. 그는 또 천에는 실리가 있으므로 기화유행(氣化流行)이 그침이 없다 하고,24) 천지 사이에 사사물물이 어찌 리 밖에 있겠느냐고 반문하면서 리에서 태어나고 리에서 죽는데, 아직 태어나기 전에는 단지 이 리만 있을 뿐이고, 이미 죽은 후에도 또한 이 리만 있을 뿐이라 한다.25) 이와 같이 율곡은 자연계의 생성과 변화를 리로써 설명하지만, 또 다른 곳에서는 기를 중심으로 자연계의 생성변화를 설명하기도 한다. 천지 사이에 가득한 것이 기 아닌 것이 없다.26) 그는 문인 김진강의 말을 통해 천지지기와 원기는 하나의 기일 뿐이라 하고, 다만 생하는 바로 기를 논하면 천지는 원기 가운데에 나온 기이니 원기는 천지기(天地氣)의 근본이다. 그러므로 천지의 품부된 기가 사라져 모두 없어지면 천지는 비록 끝나지만 원기는 진실로 항상 자

---

21) 『栗谷全書』, 拾遺, 卷4, 「神仙策」, "對 天地之理 實理而已 人物之生 莫不依乎實理."

22) 『栗谷全書』, 拾遺, 卷4, 「神仙策」, "天地不可以長春 故四時代序 元氣不可以獨運 故陰陽竝行 日往則月來 寒往則暑來 有盛則有衰 有始則有終 莫非天地之實理也."

23) 『栗谷全書』, 拾遺, 卷5, 「節序策」, "對 一陰一陽 天道流行 元亨利貞 周而復始 四時之錯行 莫非自然之理也."

24) 『栗谷全書』, 卷21, 「聖學輯要3」, "臣按 天有實理 故氣化流行而不息."

25) 『栗谷全書』, 拾遺, 卷4, 「死生鬼神策」, "夫天地之間 事事物物 安有外理者也…蓋生于是理 死于是理 未生之前 只有是理而已 旣死之後 亦有是理而已."

26) 『栗谷全書』, 卷14, 「天道策」, "且夫盈天地間者 莫非氣也."

약(自若)하다 하였다.27) 또 원기는 낳고 낳아서 쉬지 아니하므로, 이 천지가 비록 끝나더라도 후천지가 또한 여기에서 나온다는 말에 율곡은 동의하고 있다.28)

이와 같이 율곡은 천지지기를 비롯한 만물의 기의 근원으로서 원기를 일컫고, 그 원기야 말로 자연계의 생성변화에 있어 생생불식(生生不息)하는 근원적인 기라고 보았다. 이처럼 율곡이 자연계의 생성과 변화를 실리나 원기로 설명함은 강조의 측면에서 각기 하는 말이다. 만화(萬化)의 근본은 하나의 음양일 뿐이다. 이 기가 움직이면 양이 되고 고요하면 음이 되니, 한 번 움직이고 한 번 고요함은 기이고, 이것을 움직이게 하고 고요하게 하는 것은 리이다. 무릇 천지 사이에 형상을 가지고 있는 모든 것은 혹 오행의 바른 기가 모여 된 것도 있고, 혹 천지의 어그러진 기를 받은 것도 있고, 혹 음양의 서로 격돌하는 데서 생긴 것도 있고, 혹 음양 두 기운이 발산하는 데서 생기는 것도 있다. 그러므로 해, 달, 별이 하늘에 걸려 있는 것이나, 비, 눈, 서리, 이슬이 땅에 내리는 것이나, 바람, 구름이 일어나는 것이나, 우뢰와 번개가 일어나는 것이 기 아닌 것이 없으나, 그것들이 하늘에 걸리고 땅에 내리고 바람과 구름이 일어나고 우뢰와 번개가 생기는 까닭은 리 아닌 것이 없다.29)

또한 홍몽(鴻濛)30)이 처음 개벽함으로부터 해와 달이 서로 교대로 밝

---

27) 『栗谷全書』, 卷31, 「語錄 上」, "或問 天地之氣 與元氣有二耶 振綱答曰 推其本則一氣而已 但以所生之氣論之 則天地者 元氣中所出之氣也 元氣者 天地氣之所根柢也 是以 天地之稟氣消盡 則天地雖終 而元氣 則固常自若也."

28) 『栗谷全書』, 卷31, 「語錄 上」, "大抵元氣 生生不息 故此天地雖終 而後天地亦從而出也 曰此言是."

29) 『栗谷全書』, 卷14, 「天道策」, "竊謂萬化之本 一陰陽而已 是氣動則爲陽 靜則爲陰 一動一靜者氣也 動之靜之者理也 凡有象於兩間者 或鍾五行之正氣焉 或受天地之乖氣焉 或生於陰陽之相激 或生於二氣之發散 是故 日月星辰之麗乎天 雨雪霜露之降于地 風雲之起 雷電之作 莫非是氣也 其所以麗乎天 其所以降于地 風雲所以起 雷電所以作 莫非是理也."

30) 일종의 자연의 원기

혔는데, 해는 태양의 정기(精氣)이고 달은 태음(太陰)의 정기이다. 양의 정기는 빨리 운행하기 때문에 하루에 하늘을 한 바퀴 돌고, 음의 정기는 더디게 운행하기 때문에 하룻밤 사이에 하늘을 한 바퀴 돌지 못한다. 양이 빠르고 음이 더딘 것은 기지만, 음이 더딘 까닭과 양이 빠른 까닭은 리다.31) 이와 같이 율곡은 자연계의 생성변화 현상 자체는 일음양 내지 기의 소위(所爲)로 보면서도 그 소이는 리에 있다고 이해하였다.

그러면 천 내지 자연의 공능은 어떠한가? 율곡은 도처에서 천과 인간을 비교해 그 공능을 설명하고 있다. 인간의 노력으로 함이 없으면서 그런 것이 천이라 하고, 천지의 감통(感通)과 귀신의 움직임과 인심의 복응(服應)이 천에 있다 한다.32) 또 사람의 태어남은 기의 모임이요 사람의 죽음은 기의 흩어짐인데, 모으지 않아도 저절로 모이고, 흐트리지 않아도 저절로 흩어지는 것은 어찌 천이 아니겠느냐고 반문한다.33) 이어 기가 마땅히 흩어져야 하는데 흩어지지 않는 것은 천이요, 반드시 흩어져 남음이 없는 것 또한 천이라 한다.34) 이와 같이 율곡은 인간의 인위적인 노력이 없이도 저절로 그런 자연적 공능을 천이라 하였다. 그렇지만 「천도책(天道策)」과 「신선책(神仙策)」에서는 직접 '자연'이란 말로 자연의 공능을 다음과 같이 표현하고 있다. 양이 빠르고 음이 더딘 것은 기이고, 음이 더딘 까닭과 양이 빠른 까닭은 리인데, 누가 그것을 빠르고 더디게

---

31) 『栗谷全書』, 卷14, 「天道策」, "自鴻濛初判而兩曜代明 日爲大陽之精 月爲大陰之精 陽精疾運 故一日而周天 陰精遲運 故一夜而不周 陽速陰遲者 氣也 陰之所以遲 陽之所以速者則理也."

32) 『栗谷全書』, 拾遺, 卷6, 「誠策」, "且夫莫之爲而然者天也…天地之格 鬼神之動 人心之服 則在天…."

33) 『栗谷全書』, 拾遺, 卷5, 「祈禱策」, "竊謂人之生也 氣之聚也 人之死也 氣之散也 莫之聚而自聚焉 莫之散而自散焉 豈非天耶."

34) 『栗谷全書』, 拾遺, 卷5, 「祈禱策」, "氣之當散而不散者天也 必散而無餘者亦天也."

하는지 모르겠으나 자연히 그런 것에 불과할 뿐이다.[35] 또 그는 사람의
태어남과 죽음이 기의 모이고 흩어짐에 지나지 않는데, 자연으로 모이고
자연으로 흩어지는 것이니 어찌 그 사이에 사람의 힘이 용납될 수 있겠
느냐고 반문하는 것이다.[36]

이와 같이 율곡은 자연계의 생성변화를 기로 설명하되 그 소이를 리
로 보는 것이며, 그리고 그것은 인간의 힘으로 어찌할 수 없는 자연계의
자연한 힘에 의해 이루어지는 것이라고 보았다.

그러면 율곡은 이 자연계의 존재구조를 어떻게 이해하고 있을까? 기
본적으로 그의 이기론 내지 태극음양론에 기반을 두고 있다. 율곡은 일
리(一理)의 혼성(渾成), 이기(二氣)의 유행, 천지의 큼, 사물의 변화가 리
기의 묘용 아님이 없다 한다.[37] 이는 율곡이 자연계 자체의 존재구조나
자연현상의 변화가 모두 리기의 오묘한 작용에 의한 것임을 분명히 한
것이다.

그런데 율곡은 「역수책(易數策)」에서 형이상자는 자연의 리요 형이하
자는 자연의 기라 하고, 이 리가 있으면 이 기가 있지 않을 수 없고, 이
기가 있으면 만물을 내지 않을 수 없다고 한다.[38]

여기에서 볼 때 율곡은 자연의 존재구조를 형이상자로서의 리와 형이
하자로서의 기가 묘합되어진 것으로 이해하였다. 이러한 리기이원적 존
재관은 여러 곳에서 일관되게 나타나 있다. 그는 만화의 근본은 음양뿐

---

35) 『栗谷全書』, 卷4, 「天道策」, "陽速陰遲者氣也 陰之所以遲 陽之所以速者則理也 愚未知其
孰使之然也 不過曰自然而然爾."

36) 『栗谷全書』, 拾遺, 卷5, 「神仙策」, "人之生也 氣之聚也 其死也 氣之散也 自然而聚 自然而
散 豈容人力於其間哉."

37) 『栗谷全書』, 卷14, 「易數策」, "一理渾成 二氣流行 天地之大 事物之變 莫非理氣之妙用
也."

38) 『栗谷全書』, 卷14, 「易數策」, "夫形而上者 自然之理也 形而下者 自然之氣也 有是理 則不
得不有是氣 有是氣 則不得不生萬物."

이라 하면서, 한 번 움직이고 한 번 고요한 것은 기요 움직이게 하고 고요하게 하는 것은 리라고 한다.39) 또 리기는 혼융하여 원래 서로 떨어져 있지 않은데,40) 기가 동정함에 모름지기 리는 그 근저가 된다 하였다.41) 이처럼 율곡은 자연계는 리와 기로 되어 있는데, 운동변화의 당체(當體)는 기로 보고 그 기 운동의 주재는 리로 보았다.

그런데 율곡은 이러한 자연의 존재구조와 자연현상을 기발리승(氣發理乘)으로 설명하기도 한다. 특별히 인심만 그런 것이 아니라 천지의 변화도 기화리승(氣化理乘) 아닌 것이 없다. 그러므로 음양이 동정함에 태극이 거기에 타는데 이는 선후를 말할 수 없다. 천지의 변화가 곧 내 마음의 발용이다. 천지의 변화에 만약 리화(理化), 기화(氣化)가 있다면 내 마음 또한 마땅히 리발(理發), 기발(氣發)이 있게 될 것이다. 천지에 이미 리화, 기화의 다름이 없은즉, 내 마음에 어찌 리발, 기발의 다름이 있겠느냐고 반문하는 것이다.42) 이와 같이 율곡은 인간의 마음뿐 아니라 자연세계도 기화리승 내지 기발리승의 존재구조임을 밝히고 있다. 즉 발하는 기 위에 리가 올라타 있는 구조로 인식하였다. 따라서 자연세계의 생성과 변화는 일차적으로 기발(氣發)의 소산이다. 그러나 그 기발의 근거가 리에 있으므로 리나 기 어느 하나만으로는 자연계의 생성변화가 불가능하다. 그러므로 율곡은 발하는 것은 기요 발하는 까닭이 리라 한다. 기가 아니면 발할 수 없고 리가 아니면 그 기의 발도 소용없게 된다.43)

---

39) 『栗谷全書』, 卷14, 「天道策」, "竊謂萬化之本 一陰陽而已…一動一靜者氣也 動之靜之者理也."

40) 『栗谷全書』, 卷20, 「聖學輯要2」, "理氣混融 元不相離."

41) 『栗谷全書』, 卷20, 「聖學輯要2」, "第以氣之動靜也 須是理爲根柢."

42) 『栗谷全書』, 卷10, 書2, 「答成浩原(壬申)」: "…非特人心爲然 天地之化 無非氣化而理乘之也 是故 陰陽動靜而太極乘之 此則非有先後之可言也…天地之化 若有理化者氣化者 則吾心亦當有理發者氣發者矣 天地旣無理化氣化之殊 則吾心安得有理發氣發之異乎."

43) 『栗谷全書』, 卷14, 「人心道心圖說」, "發之者 氣也 所以發者 理也 非氣 則不能發 非理 則

특히 퇴계가 '기발'뿐 아니라 '리발'까지도 인정함에 대해 율곡은 인간의 심성세계나 자연세계를 막론하고 리의 발용은 있을 수 없고 오직 기만이 발한다 하여 기발리승(氣發理乘) 하나의 길을 제시한다.

이러한 그의 일관된 설명은 여러 문헌을 통해 산견된다. 그는 천지만물의 리는 일태극일 뿐이고 그 기는 일음양이라 한다. 그리고 그 기는 크고 작음이 있고, 치우치고 바름이 있고, 두텁고 엷음이 있고, 맑고 흐림이 있다.44) 이와 같이 율곡은 태극은 리, 음양은 기로 표현하면서 자연계의 다양한 현상은 기로 말미암는다고 보았다. 리는 형상이 없고 기는 형상이 있으므로 리는 언제 어디에서나 두루 통할 수 있고, 기는 때와 장소에 따라 국한된다.45) 리는 시간과 장소에 구애받지 않는 보편성을 갖는다면 기는 시간과 장소에 따라 제약되므로 모든 차별성은 기의 소산이다.

율곡은 또 주렴계의 「태극도설」을 원용하여 만물의 생성변화를 설명하고 있다. 무극(無極)의 진(眞)과 음양오행의 정(精)이 묘합해 엉기어 건도(乾道)는 '남(男)'을 이루고 곤도(坤道)는 '여(女)'를 이룬다. 이기(二氣)가 교감하여 만물을 화생(化生)하고 만물은 낳고 또 낳아 변화가 끝이 없다.46) 율곡은 주자의 해석에 따라 '무극의 진'을 리로, '음양오행의 정'을 기로 해석한다. 결국 만물 즉 자연의 생성변화를 리기의 묘합에서 찾았다.

이렇게 볼 때, 율곡은 자연의 존재구조와 그 자연의 현상 일체를 리기의 묘합구조로 이해하는 것이며, 이를 달리 기화리승(氣化理乘)이라는

無所發."

44) 『栗谷全書』, 拾遺, 卷5, 「壽夭策」, "蓋嘗論之 天地萬物之理 則一太極而已 其氣 則一陰陽而已 其爲氣也 有大小焉 有偏正焉 有厚薄焉 有淸濁焉."

45) 『栗谷全書』, 卷10, 書2, 「答成浩原」, "理無形而氣有形 故理通而氣局."

46) 『栗谷全書』, 卷20, 「聖學輯要2」, "二五之精 妙合而凝 乾道成男 坤道成女 二氣交感 化生萬物 而變化無窮焉."

표현으로도 사용하고 있다.

여기에서 자연의 생성과 변화의 당체는 기이고, 그 기 운동의 표준 내지 운동의 근거는 리에 있다. 율곡의 자연관에 있어서는 리나 기 홀로서는 자연계의 생성변화가 불가능하고 오로지 리기 양자의 상보적 역할과 기능을 통해서 가능하다.

특히 율곡은 퇴계와는 달리 인간세계와 자연세계를 모두 기발리승의 존재구조로 이해하고, 자연세계의 자연한 질서를 리기론적으로 체계화하고자 노력했다는 점에서 그 의의가 크다.

2. 리(理)는 무엇이고 기(氣)는 무엇인가?

유학은 시대에 따라 여러 가지 이름으로 불리어 왔다. 요(堯). 순(舜)에 연원을 두고 우(禹), 탕(湯), 문왕(文王), 무왕(武王), 주공(周公)을 거쳐 공자에 의해 집대성된 유학은 춘추전국시대의 산물이다. 제자백가들에 의해 혼란했던 시대에 유교는 주류가 아니었다. 오히려 양주(楊朱)의 위아(爲我)사상과 묵자(墨子)의 겸애(兼愛)사상이 가장 인기 있는 사상이었다. 양주의 위아사상은 개인 지상의 사상이고, 묵자의 겸애는 전체 지상의 사상으로 양 극단이었다. 맹자는 이러한 두 극단의 사상을 이단이라하여 비판하고, 공자의 사상을 인간사회에 가장 올바른 사상으로 천명하였다. 뒤이어 순자(荀子)는 공자의 유학을 보다 현실적으로 접근하여 합리적인 철학으로 만들었다. 이 시대의 유학을 우리는 선진(先秦)유학이라 부른다. 이때부터 진나라, 한나라, 위진남북조시대를 거쳐 수, 당까지약 천여 년의 세월 동안 유학은 지식인의 관심에서 벗어나 있었다. 이 시기는 유교 대신 도가와 불교가 융성하였고, 사변적인 철학보다는 문학이사랑을 받았다.

당나라 말, 송나라 초기의 지식인들 사이에서 왜 유교가 지식인들의 사랑을 받지 못하는가에 대한 반성이 일어났다. 사실 유교의 경전이란 애초부터 체계적인 논리를 갖지 못한 것이고, 장마다 절마다 끊어진 담론의 모음집이었다. 이에 도가와 불교의 영향을 받으며 유교 경전을 새롭게 이해하는 운동이 벌어졌다. 보다 논리적이고 사변적인 철학에로의 변신이었다.

중국 송대의 주돈이(濂溪, 周惇頤, 1017~1073), 장재(橫渠, 張載, 1020~1078), 정호(明道, 程顥, 1032~1086), 정이(伊川, 程頤, 1033~1107) 형제, 소옹(康節, 邵雍, 1011~1077)을 거쳐 주희(晦庵, 朱熹, 1130~1200)에 이르러 비로소 성리학의 체계가 이루어졌다.

성리학은 송대에 이루어졌다 해서 송학(宋學)이라 부르기도 하고, 그 형성 과정에서 정이천, 정명도 형제와 주자의 공이 크다 하여 정주학(程朱學) 또는 주자학(朱子學)이라고도 부른다. 또 성리학 자체가 유학이면서 동시에 근원적이고 형이상학적인 도(道), 리(理)를 탐구하고 지향한다는 점에서 도학(道學) 또는 리학(理學)이라 부르기도 한다. 또한 공자, 맹자의 유학 즉 사서오경의 유학을 선진유학(先秦儒學)이라 하는 데 대해, 송대의 성리학(性理學), 명대의 양명학(陽明學), 청대의 실학(實學)을 신유학(neo-Confucianism)이라 구별하기도 한다.

성리학이란 이름은 '성즉리(性卽理)'[47]라는 송유(宋儒)들의 말에서 연유하기도 하고, 『주역』의 '성명지리(性命之理)'[48]에서 연유한 것이라고도 하지만, '인간 본성의 이치를 탐구하는 학문'이라고 정의하는 것이 합당

---

47) 『性理大全』, 卷29, 「性」, "朱子曰 性卽理也.", 『二程全書』, 卷18, "性卽是理 理則自堯舜至於途人一也."

48) 『周易』, 「說卦傳」, "昔者 聖人之作易也 將以順性命之理 是以立天之道曰陰與陽 立地之道曰柔與剛 立人之道曰仁與義 兼三才而兩之."

한 것 같다. 성리학은 인간의 심성, 본성을 철학적으로 탐구하는 학문이다. 즉 인간 존재의 본질을 철학적으로 묻고 분석하고 이해하는 데 목적이 있다. 이때 성리학은 '이기(理氣)'라는 도구를 이용해 자연과 인간을 설명하는데 특징이 있다. 이 점이 선진유학과 성리학이 두드러지게 구별되는 점이다. 앞에서도 언급했지만 혹자는 성리학을 리학으로만 국한시켜 보려는 주장이 종종 있어 왔다. 이는 인간의 도덕이성을 중심으로 인간의 존재와 가치를 해석하고자 하는 입장인데, 이러한 관점은 성리학을 매우 좁게 보는 것이고 성리학의 본질과 정신을 왜곡하는 것으로 옳지 않다.

성리학은 그 자체가 인간학이다. 인간의 존재구조, 인간의 삶을 철학적으로 따져 묻는 학문이다. 그러므로 인간을 보고 해석하는 것은 학자마다 다양한 견해가 있을 수 있다. 오히려 중요한 것은 전인적인 인간 이해가 성리학을 바로 보는 첩경이라고 생각한다.

그러면 왜 성리학은 인간 내면의 심성문제를 그렇게 중요하게 생각하고 지나칠 만큼 몰두했을까? 성리학은 인간 자아에 대한 성찰이요 탐구다. '나는 무엇이며 너는 무엇이냐'라는 논의다. 그것은 세상만사가 인간이 주인공이고, 그 인간의 마음, 정신, 의식이 중요하기 때문이다. 인간의 마음에 따라 정치가 달라지고 사업이 달라지고 삶이 달라지기 때문이다. 그래서 인간의 마음, 정신, 의식을 제대로 알고 깨달아서 올바르게 사는 게 중요하기 때문에 성리의 탐구를 중시했던 것이다.

그런데 인간의 정신세계, 의식의 세계는 그리 간단치 않다. 매우 다양한 양태로 존재한다. 즉 마음, 본성, 감정, 의지, 욕망 등 다양한 모습으로 드러나고 그 역할과 기능도 각기 다르다는 점에서 이해가 쉽지 않다. 더욱이 인간의 본질이란 자연과 무관하지 않고 유기적으로 연계되어 있다는 점에서 인간과 자연, 천인의 관계가 또 하나의 과제로 주어진다. 다시 말하면 인간을 알기 위해 우주자연을 알지 않으면 안 되는 것이다. 그리고 인간과 자연의 오묘한 유기적 구조를 심층적으로 이해하는 일이 매우 중요한 과제로 남는다. 더욱이 우주자연이란 천지라는 말로 대체되고, 이를 더 압축 표현하면 천(天)이라 하는데, 그 천은 단순히 물리적이고 자연적인 천만이 아니라 종교적인 의미의 신의 개념으로도 사용되는 데 어려움이 있다. 인간의 본원, 근원에 대한 자연적 이해와 종교적 이해 그리고 종합적인 철학적 이해를 해야 한다.

성리학은 유교에 대한 주자적 해석이라 해도 틀리지 않는다. 공자, 맹자의 본원 유학에 대한 주자를 비롯한 장횡거, 정명도, 정이천 등 송유(宋儒)들의 해석을 통틀어 성리학이라 한다.

성리학은 이 세계를 형이상자로서의 리(理)와 형이하자로서의 기(氣)로 설명한다. 이는 『주역』「계사전(繫辭傳)」에 '형이상자를 일러 도(道)라 하고, 형이하자를 일러 기(器)라 한다(形而上者謂之道 形而下者謂之器)'라는 말에서 연유한다. 『주역』에서의 도(道)를 리(理)로, 기(器)를 기(氣)로 바꾸어 놓은 것이다. 유학은 이 세계, 모든 사물을 형이상자와 형이하자가 하나의 존재양태로 이루어진 것이라 본다. 즉 도(道)와 기(器), 리(理)와 기(氣)가 하나의 유기체로 되어진 세계요, 하나로 묘합되어진 사물로 인식하는 것이다.

그러면 리는 무엇이고 기는 무엇인가? 리(理)는 어떤 것이 그러한 것으로 존재하는 이치라고 할 수 있다. 성리학은 이 세상의 모든 것은 반드시 그것의 이치가 있다고 생각한다. 예를 들면 자동차의 이치가 곧 리다. 자동차의 설계도가 리다. 리는 형상이 없으므로 보이지도 않고 냄새도 없고 색깔도 없다. 리는 언제 어디서나 있고 변함이 없다. 리는 우리들의 감각적 경험에 와 닿지 않는다. 리는 기가 실현할 목표요 이상이요 표준이다. 기는 리대로 실현되어야 한다. 리는 그 스스로 운동하거나 변하지 않는다. 시간과 공간에 관계없이 리는 항상성을 유지한다. 그러므로 리는 믿을 수 있고 리는 변함이 없는 원칙이요 준거다.

반면에 기(氣)는 리를 담는 그릇과 같다. 리가 머물고 의착할 시간과 공간이 바로 기다. 기는 이치가 실현될 재료요 도구다. 자동차의 경우 그 설계도대로 만들어져야 하는데, 일체의 재료, 도구가 모두 기라 할 수 있다. 자동차는 이치만 있어도 안 되고, 재료만 있어도 안 된다. 이치대로 재료가 주어져 조립될 때 자동차라는 하나의 존재가 탄생한다. 기는 형상이 있으므로 볼 수 있고 만질 수 있고 우리들의 감관으로 인식할 수 있다. 기는 언제나 운동하고 변화한다. 변화는 기의 본질적인 속성이다. 리가 실현되고 우리들 앞에 하나의 존재로 또렷하게 드러나게 되는 것은 기 때문이다. 만약 리만 있다면 그것은 하나의 관념이요 이론이요 이상이다. 이론은 실천되어야 하고, 관념은 사실로 드러나야 하고, 이념은 실현되어야 한다. 이때 실천, 실현의 자구(資具)가 바로 기다. 결국 일체의 존재란 리가 기를 통해 실현되는 것이다. 일체의 존재는 기로 인해 차별화 되고 특수화된다. 왜냐하면 리가 기에 실리든가, 리가 기에 담기든가, 리가 기에 걸려 있는 것이 존재의 실상이기 때문이다.

이러한 이기론의 구조는 자연과 인간을 일관한다. 다만 인간의 심성세계를 이기론적으로 설명할 때 약간의 주의가 필요하다. 왜냐하면 인간의 마음, 본성, 감정, 의지 같은 것도 하나의 존재인데, 그것들은 비물질적 존재이기 때문이다. 그러면 마음을 두고 설명해 보자. 마음에도 리가 있고 기가 있다. 그런데 리는 형상이 없고 기는 형상이 있다고 했다. 마음 자체가 형상이 없는데 마음에 기를 어떻게 설명할 것인가? 이때 마음의 기가 형상이 있다는 말은 마음이 처한 시간과 공간을 의미하는 말이다. 우리의 마음은 시간과 공간에 따라 변화하고 다르다. 어제의 내 마음이 다르고 오늘의 내 마음이 다르다. 또 집에서의 내 마음과 직장에서의 내 마음이 다르다. 그러나 마음의 이치는 변함이 없다. 이처럼 인간의 심성 세계를 설명함에는 유의할 필요가 있다.

그런데 성리학자들의 존재 유형에는 크게 세 가지 유형으로 구별해 볼 수 있다. 첫째는 이 세계를 리의 현현으로 보고자 하는 것인데, 우주 이법이 현실세계로 구현되었다고 보는 일종의 관념론이다. 이 경우도 리와 함께 기를 말하지만 기는 리에 종속된 개념으로 약화된다. 우리나라의 경우 조선 후기 한주 이진상(寒洲 李震相, 1818~1886)이나 노사 기정진(蘆沙 奇正鎭, 1798~1876) 같은 이가 이에 해당된다고 볼 수 있다. 둘째는 이 세계를 기의 현현으로 보고자 하는 것인데, 기의 운동변화에 의해 삼라만상의 세계, 만물이 전개되었다고 보는 것이다. 이 경우도 기와 함께 리를 말하지만 기에 종속된 리 개념으로 약화된다. 이론이 없는 것은 아니지만, 대체로 조선 초의 화담 서경덕(花潭 徐敬德, 1489~1546)이나 실학자들에게서 볼 수 있다.[49] 셋째는 이 세계를 리와 기의 유기적 구조로 설명하는 것인데, 이 경우는 리 없는 기가 없고 기 없는 리가 없다. 이때 리와 기는 상보적이고 상호의존적이다. 리와 기 어느 하나만 있어도 하나의 존재는 성립할 수 없다. 대체로 이를 이기이원론(理氣二元論)이라 하는데, 주자를 비롯해 우리나라의 퇴계, 율곡 등 대부분의 성리학자들이 이 유형에 속한다. 다만 리를 기보다 더 중시하느냐, 아니면 기를 더 중시하느냐, 또 아니면 리와 기의 조화와 균형을 강조하느냐에 따라 그 유형은 달라진다. 회재 이언적, 퇴계 이황, 한말의 화서 이항로(華西 李恒老, 1792~1868) 등이 주리론(主理論)에 속하고, 고봉 기대승(高峰 奇大升, 1527~1572), 율곡 이이 등이 이기 조화론에 해당한다. 이러한 분류는 독

---

49) 화담 서경덕의 세계 이해를 어떻게 볼 것인가 하는 문제는 오늘날 우리 학계에서 이론이 분분하다. 필자는 그의 세계 이해가 氣論에 기초하고 있다고 보지만, 理氣二元의 관점에서 보는 것도 참고할 필요가 있다.

자의 이해를 돕기 위한 것으로 다소 논란의 소지도 없지 않다.

성리학은 존재론으로서 자연에 대한 존재론과 인간에 대한 존재론을 깊이 있게 성찰한다. 흔히 이 자연존재론을 이기론이라 한다. 리는 태극이고 기는 음양이라 보기 때문에 이기론은 곧 태극음양론이 되기도 한다.

또한 인간존재론은 심성론 또는 인성론이라 부른다. 인간의 본질 즉 마음의 세계를 이기론적으로 해명한다. 인간의 심성은 다양하게 설명된다. 마음(心), 본성(性), 감정(情), 의지(意志), 욕망 등 여러 가지로 설명된다.

이 밖에도 성리학은 인식의 문제인 지각론, 수양론, 가치론, 경세론을 포함한다. 성리학이 매우 사변적이고 논리적이지만 궁극의 귀일처는 '인간 되어짐'과 '대동(大同)의 실현'에 있다고 할 때, 성리학이 지나치게 이론과 관념에 치우치는 것은 경계해야 할 것이다.

그러면 율곡은 리와 기를 어떻게 설명하고 있는가? 율곡은 우계와의 성리논변에서 우계가 성리학을 공부한 지 어언 20여 년인데 아직도 이기(理氣)의 개념을 모르고 있다고 힐난한 적이 있다. 성리학에서 이기(理氣)의 이해는 가장 근원적인 과제다. 이기는 성리학에서 인간과 자연, 이 세계를 설명하는 하나의 도구다. 우주자연도 이기로 설명한다. 인간도 이기로 설명한다. 인간의 마음, 감정, 본성도 이기로 설명한다. 인간이 추구해야 할 가치도 이기로 설명한다. 이기를 모르면 성리학을 이해하기 어렵다. 성리학의 대전제는 이 세상의 모든 존재는 리와 기로 되어 있다는 점이다. 이때 리와 기는 일체의 존재를 가능케 하는 필요조건이다. 리만 있어도 안 되고 기만 있어도 안 된다. 반드시 리와 기를 요청한다. 이것이 성리학의 대전제다.

리와 기가 무엇인가 리기의 상호관계 역할, 특성이 무엇인가 하는 것은 이미 송대의 저명한 유학자들에 의해 거의 밝혀졌다. 특히 주자의 공헌은 위대하다. 그래서 우리는 성리학을 감히 주자학이라 부르기도 한다. 『이정전서(二程全書)』, 『주자대전(朱子大全)』, 『주자어류(朱子語類)』, 『성리대전(性理大全)』, 『근사록(近思錄)』 그리고 주자의 사서주(四書註)는 성리학의 교과서라 해도 지나치지 않는다. 송대 유학자들이 성리학의 계발과 체계화에 얼마나 많은 노력을 기울였는가를 이 책들을 통해 잘 알 수 있다. 이기의 개념과 성격에 대한 설명은 이미 송유들에 의해 정밀하게 제시되었지만, 율곡은 이를 바탕으로 이기론의 창신을 다음과 같이 이룩하였다. 이제 율곡의 이에 대한 대표적인 설명을 근거로 그의 이기론을 정리해 보기로 하자.

첫째, 리는 무형(無形)의 형이상자요 기는 유형(有形)의 형이하자다.

리는 형이상자요 기는 형이하자다.50)

대저 형이상자는 자연의 리요 형이하자는 자연의 기다.51)

리는 형상이 없으므로 형이상자라고 하고, 기는 형상이 있으므로 형이하자라고 한다. 이러한 설명은 『주역』 「계사전」의 '형이상을 일러 도(道)라고 하고 형이하를 일러 기(器)라고 한다'에 근거한다. 『주역』에서의 도(道)가 리(理)로, 기(器)가 기(氣)로 바뀌어 표현된 것이다. 리가 형상이 없다는 말은 시간과 공간을 초월해 있다는 말이고, 그 리의 성격이 원리적이고 이념적이며 이상적이고 관념적이라는 것을 말해 준다. 반면 기가

---

50) 『栗谷全書』, 卷10, 書2, 「答成浩原」, "理 形而上者也 氣 形而下者也."
51) 『栗谷全書』, 卷14, 「易數策」, "夫形而上者 自然之理也 形而下者 自然之氣也."

형상이 있다는 말은 시간과 공간에 제약된다는 말이고, 그 기의 성격이 실재적이고 현실적임을 말해 준다. 리는 이치, 원리로서 그 어떤 존재의 본래성이다. 그것이 그러한 존재일 수 있는 까닭이 바로 리다. 이 리는 무형(無形)의 것으로 유형(有形)의 것 너머에 근본해 있다. 기는 리가 실현될 자구요 리가 형상화될 모든 소재다. 이치대로 드러나게 되는 일체의 조건들이 바로 기다. 기(氣)를 기(器)라고 『주역』에서 표현한 것은 매우 의미가 깊다. 기는 리를 담는 그릇과도 같다. 그릇을 통해 리가 드러난다. 기는 리가 어떤 존재로 현실화되는 기반이다. 그 조건이 바로 형상 있음이다.(有形) 기가 없다면 리는 늘 관념으로 감추어져 있을 뿐이다. 아무리 훌륭한 이데아도 실현되지 않으면 별 의미가 없다. 그리고 기가 없다면 리는 있을 곳이 없다. 그 있을 곳이 기다. 기는 리의 의착처요 리가 머물러야 할 시간과 공간이다. 리는 시간과 공간속에서 또렷하게 자기 모습을 드러낸다. 기의 형상 있음이 형이하자라고 비하하기도 하지만, 리의 형이상을 보완해 주고 드러내 주는 고마운 존재다. 이런 논리로 보면 리만 절대적이라고 보는 견해가 얼마나 편견이고 성리학에 대한 왜곡인가를 알게 해 준다.

또한 율곡은 "리는 무형이고 기는 유형이므로, 리는 통하고 기는 국한된다(理無形而氣有形 故理通而氣局)"[52]고 말한다. 리는 형상이 없는 형이상자이므로 시간과 공간에 구애받지 않는다. 즉 리는 시간과 공간을 초월해 언제 어디서든지 두루 통한다. 리가 형이상자이기 때문에 보편성을 갖는 것이다. 반면 기는 형상이 있는 형이하자이므로 시간과 공간에 구애되고 국한된다. 즉 기로 인해 일체의 존재는 차별화되고 구별된다. 사람의 이치는 동서고금을 떠나 모두가 같으니 이것이 리의 통(通)함이다.

---

52) 『栗谷全書』, 卷10, 書2, 「答成浩原」.

그러나 동서고금에 따라 사람의 모습, 성격, 남녀노유는 다르니 이것이 기의 국(局)함이다. 율곡의 저 이통기국설(理通氣局說)이 바로 리 무형(無形), 기 유형(有形)에서 비롯되는 것이다.

또한 율곡은 '기는 본말이 있고 리는 본말이 없다(氣有本末 理無本末)'[53]고 한다. 『대학』에 '물유본말 사유종시(物有本末 事有終始)'란 말이 나오는데, 물건에는 본말이 있고 사건에는 종시가 있다. 이를 합쳐서 보면 사물에는 본말과 종시가 있다는 말이다. 따라서 본말종시란 시간과 공간을 가진 '형상 있음'의 형이하자, 즉 기의 성격을 설명한 말이다.

둘째, 리는 운동하거나 변하는 것이 아니고, 기는 운동하고 변하는 것이다.

> 발(發)하는 것은 기요 발하는 까닭이 리다.[54]

> 리는 작위가 없고 기는 작위가 있으므로, 기가 발함에 리가 타고 음양이 동정함에 태극이 탄다. 발하는 것은 기요 그 기(機)를 타는 것은 리다.[55]

> 리는 변함이 없고 기는 변함이 있다.[56]

> 한번 동(動)하고 한번 정(靜)하는 것은 기요, 동하게 하고 정하게 하

---

53) 『栗谷全書』, 卷31, 「語錄」, 上(金子張錄), "先生曰 大槪近之 但氣有本末 理無本末 只有寓氣 故有不同者耳."

54) 『栗谷全書』, 卷10, 書2, 「答成浩原」, "大抵發之者 氣也 所以發者 理也."

55) 『栗谷全書』, 卷10, 書2, 「答成浩原」, "理無爲而氣有爲 故氣發而理乘 陰陽動靜而太極乘之 發者 氣也 乘其機者 理也."

56) 『栗谷全書』, 卷10, 書2, 「答成浩原」, "理無變而氣有變…"

는 것은 리다.57)

리와 기의 개념과 기능으로 볼 때 매우 중요한 것이 기는 운동, 변화하는 것이고, 리는 운동하거나 변화하지 않는다는 것이다. 학자에 따라 동정(動靜), 발(發), 위(爲)를 달리 사용하는 경우도 있지만, 율곡의 경우는 위에서 보듯이 동정, 발, 위를 함께 혼용하고 있다. 특히 퇴계의 경우 이발(理發), 기발(氣發)에서 그 발(發)의 의미가 무엇인가 하는 것은 오늘날까지도 해결되지 못한 과제라고 할 수 있다. 퇴계 자신이 무슨 의미로 사용한 것인지 밝혀야 할 문제인데, 수많은 후유(後儒)들이 나름대로 해석하는 데서 논란이 가중되고 있다.

이와 달리 율곡의 경우는 이기(理氣)의 발용, 운동, 작위, 변화에 있어서 혼동의 여지가 없다. 그것을 분명하게 지적하고 일관되게 주장한 것이 바로 기발이승일도설(氣發理乘一途說)이다. 율곡은 발하는 것은 기요, 그 기로 하여금 발하게 하는 것이 리라고 한다. 동(動)하고 정(靜)하는 것은 어디까지나 기요, 그 기로 하여금 동하게 하고 정하게 하는 것은 리라고 말한다. 따라서 기는 작위가 있고(有爲), 리는 작위가 없다(無爲)고 단언하고, 리는 변화하는 것이고 기는 변화가 없는 것이다.

이러한 율곡의 운동변화에 대한 이기론은 매우 명료하다. 퇴계의 경우는 이발(理發), 기발(氣發)을 병칭하는가 하면, 실제로 리의 동(動), 리의 도(到)를 말하기도 한다.

율곡에게 있어서 기의 운동, 변화, 작위란 시간과 공간의 변화와 밀접히 연관되어 있고, 모양, 질량, 부피 등 일체의 변화를 의미하는 말이다. 즉 불교에서 이 세상의 모든 것은 시간적 공간적으로 변하지 않는 것은

---

57) 『栗谷全書』, 卷14, 「易數策」, 「天道策」, "一動一靜者 氣也 動之靜之者 理也."

아무것도 없다는 제행무상(諸行無常), 제법무아(諸法無我)와 같은 말이다. 율곡은 그 변화의 주체를 기라고 보았다. 리는 그 자신이 운동하거나 작위하거나 변하지 않는다. 그러므로 기는 늘 변하는 것이지만, 리는 항상 자기 본질을 유지한다. 리는 언제 어디서나 변함이 없으므로 믿을 수 있고, 원칙이 되고 표준이 된다. 사람은 동서고금에 수없이 왔다 가고 수없이 다른 모습으로 살고 있지만, 사람의 이치는 동서고금을 막론하고 똑같다.

또한 인간의 마음이나 감정에 있어서도 움직임, 변화는 기의 하는 바이고, 그 움직임, 변화를 가능케 하고 그 운동변화의 표준, 기준이 되는 것이 바로 리다.

그러면 여기서 율곡이 '기로 하여금 발하게 하는 소이(所以)'가 리라고 하는데, 이 의미가 무엇인지 검토해 보기로 하자. 기 즉 음양은 잠시도 변하지 않는 적이 없다. 기는 운동변화가 그의 속성이요 고유한 기능이다. 그런데 리가 아니면 기의 운동변화도 불가하다고 보는 것이 율곡이다. 아무리 기가 그 스스로 운동변화의 속성을 가지고 있더라도 리와 함께 있어야 가능하다. 이런 측면에서 보면 리는 기 운동의 근거가 되고 원리가 되고 표준이 된다. 기 운동이 아무렇게나 되어서는 안 되고 반드시 리에 맞는 운동변화이어야 한다. 물론 현상세계에서는 리에 맞지 않는 기의 운동변화 현상도 종종 일어난다. 천지재변이나 인간, 식물, 동물에 있어서 돌연변이의 경우가 그렇다. 율곡은 리의 역할을 소이(所以), 주재(主宰), 추뉴(樞紐), 근저(根柢), 본(本), 승(乘) 등 여러 가지로 표현하고 있는데, 서로 상통하는 개념이다. 기 운동변화의 원리라는 의미도 있고, 기 운동변화의 질서라는 의미도 있다. 리 자체는 운동변화하지 않지만 기의 운동변화를 가능케 해주는 역할을 하고, 또 그 운동변화가 질서 있게, 유의미하게 이루어지도록 하는 것이 리다. 다시 말하면 기는 리에 맞게 발하고 작위하고 운동하고 변화해야 한다고 보는 것이다.

성리학에서 리는 태극이고 기는 음양, 오행이므로 기의 발은 음양의 동정으로 대체해 말할 수 있고, '기발이승(氣發理乘)'은 '음양동정이태극승지(陰陽動靜而太極乘之)'로 바꾸어 표현되는 것이다.

셋째, '리는 기의 주재요, 기는 리의 탈 바'[58]라는 해석이다. 율곡은 리를 기에 대한 주재로, 기를 리가 있을 곳으로 규정하였다. 여기서 리가 기를 주재한다는 것은 두 가지 측면에서 해석해 볼 수 있다. 하나는 자연 사물에 있어서 기의 운동변화는 리의 주재를 받는다는 말이다. 리의 주재란 기의 운동변화가 리에 맞도록 하는 일종의 질서개념이다. 리의 본질, 리의 본래성에 합당한 기의 운동이어야 한다는 요청적 성격이 강하다. 예컨대 사람의 마음이나 감정의 발동도 사람의 본성(리)에 맞게 되어야 한다는 말이다. 이때 기에 대한 리의 규제력, 통제력을 주재라 말한 것이다.

그러면 '기는 리의 탈 바'라는 말은 무슨 의미인가? 이 말은 기가 리의 의착처(依着處) 내지 리가 머물러야 할 시간과 공간을 의미한다. 송대 유학자들은 이 기의 리에 대한 의착기능을 여러 가지로 다양하게 표현하고 있다. 예를 들면 리를 담는 그릇(器), 리가 걸려 있는 곳(掛搭), 리가 깃들여 있는 곳(寓), 실려 있는 곳(載) 등으로 표현하고 있다.

그런데 퇴계는 고봉과의 사단칠정논변에서 사단을 리가 발함에 기가 따르는 것(理發而氣隨之), 칠정을 기가 발함에 리가 타는 것(氣發而理乘之)으로 표현 설명하였다. 이것이 퇴계의 사단칠정론의 만년 정론이며 이를 이기호발설(理氣互發說)이라 부른다. 율곡은 퇴계의 인품과 학문태도를 존경하면서도 퇴계의 이발(理發), 호발론(互發論)은 결정적인 실수

---

58) 『栗谷全書』, 卷10, 書2, 「答成浩原」, "夫理者 氣之主宰也 氣者 理之所乘也."

라고 비판한다. 율곡은 주자와 마찬가지로 발하는 것은 기요 리는 발하지 않는 것으로 보기 때문이다. 이러한 관점에서 율곡은 퇴계의 기발이승(氣發理乘)을 차용하여 자설의 종지(宗旨)로 삼았다.

율곡은 이 세상의 모든 것 자연이나 사물이나 인간이나 모두가 기발이승의 존재구조를 갖는다고 보았다. '발하는 기 위에 리가 올라타 있는 것'이 율곡이 본 존재의 모습이다. 이때 탈 승자(乘)는 두 가지 의미를 갖는다. 하나는 리의 의착처라는 말이다. 즉 기가 아니면 리는 있을 곳이 없고, 리는 실현될 수 없다. 또 리가 드러날 수도 없다. 리가 실재로 드러나고 구상화하고 실현되는 것은 기로 인해서다. 이러한 의미가 탈 승자가 담지한 철학적 의미다. 여기서 리가 드러나고 실현되는 것은 시간과 공간에서이다. 시공(時空)이 리가 드러나는 곳이다. 또 하나의 의미는 리가 단순히 기위에 실려 있다는 것이 아니라 위에서 언급했듯이 주재의 의미까지 포함하는 것이다. 그래서 율곡이 '리는 기의 주재요, 기는 리의 탈 바'라고 했던 것이다.

3. 이기(理氣)의 상보적 이해와 역할

주자를 비롯한 송대 유학자들에 의해 이기론은 이미 체계화되고 정립되었다고 볼 수 있다. 다양한 표현으로 리가 무엇인지 기가 무엇인지, 이기의 역할과 성격은 무엇인지 설명되었다. 그리고 이기의 관계에 대해서도 여러 가지 논의가 이루어졌다. 주자 성리학에서 이기를 불가분의 유기체로 보는 것은 매우 중요한 존재이해다. 즉 "이 기(器)가 있으면 이 리(理)가 있고, 이 리가 있으면 이 기가 있으니 일찍이 서로 떨어진 적이 없다. 형기(形器)밖에 따로 이른바 리가 있는 것이 결코 아니다."[100]는 것이다. 마찬가지로 "천하에 리 없는 기가 없고, 또한 기 없는 리가 있지 않다"101)고 한다. 이와 같이 주자는 이 세계 모든 것은 리와 기로 되어 있다는 것을 전제하였다. 그리고 그 리와 기는 불가분의 유기적 관계하에 있다고 보았다. 이러한 주자의 이기론은 성리학에 있어서 자연과 인간을 보는 기본적인 관점으로 매우 중요한 원칙이 된다. 왜냐하면 이러한 존재의 이해는 리와 기가 대등하게 존재 구성의 필수조건이 되기 때문이다. 리 홀로도 부족하고 기 홀로도 부족하다는 것을 의미한다. 반드시 리와 기가 함께 있어야만 일체 존재가 가능하다는 말이다. 결국 이러한 이기론의 방식은 이기 양자를 상보적인 관점에서 보고 있다는 것을 말해준다.

율곡은 이러한 주자의 이기론을 계승하면서도 진일보한 성리학의 면모를 보여 준다. 주자의 경우는 리와 기의 관계에 있어서 상보적인 표현은 하고 있지만, 구체적으로 기능적 측면, 역할이라는 측면에서 이기의 상호관계를 설명하지는 않았다. 그런데 율곡은 이에 대한 명쾌한 논리와 이론을 제시한다.

> 발(發)하는 것은 기(氣)요 발하게 하는 까닭은 리(理)다. 기가 아니면 발할 수 없고, 리가 아니면 발할 바가 없다.61)

이것은 율곡이 리와 기의 속성과 관계를 밝힌 것인데, 기의 운동변화를 중심으로 설명한 것이다. 율곡에 의하면 발하는 것은 오로지 기의 역할이다. 그리고 리는 그 기의 발을 가능케 해주는 역할을 한다. 이때 리

---

59) 『性理大全』, 卷1, "然有此器則有此理 有此理則有此器 未嘗相離 却不是於形器之外 別有所謂理."
60) 『性理大全』, 卷26, "天下未有無理之氣 亦未有無氣之理."
61) 『栗谷全書』, 卷14, 雜著1, 「人心道心圖說」, "發之者 氣也 所以發者 理也 非氣則不能發 非理則無所發."

의 역할을 소이(所以), 주재(主宰), 추뉴(樞紐), 근저(根柢), 본(本), 승(乘) 등으로 언표했는데, 그것들이 담고 있는 함의는 마찬가지다. 하나는 기의 운동변화를 가능케 해준다는 원리적 의미이고, 또 하나는 기의 운동에 있어서 질서, 목표, 원칙을 의미한다. 즉 기의 운동이 아무렇게나 무질서하게 이루어져서는 안 되고 반드시 리에 맞아야 한다는 의미를 갖는다. 그런데 율곡은 현상계에서의 운동변화에 있어서 리의 역할과 기의 역할을 상보적으로 설명하고 있다는 점에서 특징이 있다. 운동변화는 어디까지나 기의 몫이다. 기는 운동변화의 고유기능을 가지고 있다. 그렇지만 리가 없이는 기의 운동변화도 불가하다는 말이다. 리와의 관계에서만 기의 운동변화, 즉 기발(氣發)도 가능하다고 보는 것이다. 따라서 현상계에서의 리의 역할과 기의 역할은 피차 대등하다. 이는 자연현상이나 사물에서만 그런 것이 아니다. 인간존재의 내면에서도 존재론적으로는 마찬가지다. 리 없는 기가 없고 기 없는 리가 없는 것이다. 이기가 불가분의 관계로 있을 때 일체의 현상적 변화는 이루어진다. 율곡이 현상세계에서의 운동변화를 중심으로 이기의 상보적 역할을 설명한 것은 매우 탁월한 것이다. 그리고 성리학을 주리의 관점에서만 보고자 하는 것이 얼마나 잘못된 것인가를 극명하게 보여 준다. 존재론적 관점에서 보면 리도 기도 대등하기 때문이다.

대저 리는 기의 주재(主宰)요 기는 리의 탈 바이다. 리가 아니면 기가 근저(根柢)할 바가 없고, 기가 아니면 리가 의착(依着)할 바가 없다.62)

---
62) 『栗谷全書』, 卷10, 書2, 「答成浩原」, "夫理者 氣之主宰也 氣者 理之所乘也 非理則氣無所根柢 非氣則理無所依著."

이는 율곡이 존재양태를 중심으로 이기의 역할을 상보적으로 설명한 것이다. 위 말은 동적(動的)인 설명이었다면 이것은 정적(靜的)인 설명이다. 율곡에 의하면 리는 기를 주재하는 것이고 기는 리가 깃들어 있는 곳이다. 리가 아니면 기는 근본 할 바가 없고 기가 아니면 리는 의지할 곳이 없다. 여기서 리는 기의 존재근거로 규정된다. 기는 리로 인해 자기 모습이 현현되는 것이므로, 리가 기의 근본, 추뉴(樞紐)라고 말하게 되고 또 주재한다고 표현하는 것이다. 즉 산속에 묻혀 있는 고령토는 기 자체다. 그것은 병이 될 수도 있고 밥그릇이 될 수도 있고 고추장단지가 될 수도 있다. 리에 따라서 기는 실현된다. 리는 기의 존재근거라고 말할 수 있다. 어떤 존재의 내용을 결정하는 것은 리다. 그 리에 맞게 소재가 갖추어지고 만들어지는 것은 기의 역할이다. 그런데 기는 리가 의착할 곳이다. 기가 아니면 리는 하나의 이념이요 이상이요 생각일 뿐 드러나지 못한다. 리가 현실화되는 것은 오직 기의 역할이다. 이렇게 보면 리가 실현되는 것은 기를 통해서이다. 기가 아니면 리가 의착할 곳이 없다는 말은 매우 중요한 의미를 갖는다. 여기서 리는 기와 함께 있음으로 자기를 실현한다. 기 없이는 리는 공허한 것이 되고 만다. 하나의 생각이요 이념이요 뜻이다. 그것은 실현되어야 하고 드러나야 한다. 그래야 하나의 개체로 의미를 가진다. 여기서도 리와 기는 대등한 위상을 갖는다. 리의 기에 대한 주재, 원리적 기능과 기의 리에 대한 의착, 현실화의 기능은 대등한 의미와 가치를 지닌다. 율곡이 이기를 존재양태의 측면에서 상보적으로 설명한 것은 매우 진일보한 철학적 사고라고 할만하다. 율곡이 이처럼 이기를 상보적으로 설명하는 방식은 불교의 논리와 흡사하다. 즉 "이것이 있기 때문에 저것이 있고, 이것이 있기 때문에 저것이 있다"는 연기의 법칙은 율곡의 위 설명과 같은 방식의 설명이다. 율곡이 일찍이 금강산에 입산하여 불교공부를 하였던 것을 감안하면 율곡의 성리학에 미친 불교적 영향을 전혀 배제하기는 어렵다고 생각된다. 율곡의 총명으로 불교의 논리와 사상을 얼마든지 성리학과 접목할 수 있기 때문이다.

다음은 율곡의 이기론에 있어서 체용논리에 대해 검토해 보기로 하자. 체용의 이론은 존재를 본체론에서 보는 경우와 현상계에서 보는 경우를 구분해 보는 이론이다. 우리 몸은 하나지만 이것을 활용하면 여러 가지 작용을 하게 된다. 즉 운동도 하고 춤도 추고 노래도 하고 밥도 먹는다. 그런데 체와 용은 분리될 수 없는 하나이고 용은 체에서 나온다. 바닷물 그 자체는 체라면, 파도가 일고 또 고요한 것은 용이다. 파도는 바닷물의 작용일 뿐이고, 파도는 바다를 떠나 얘기할 수 없다. 송대 성리학에서 이미 이일분수설(理一分殊說)이 제기되었다. 리는 하나지만 그것이 나뉘면 만 가지로 다르다고 한다. 리를 중심으로 체용의 관계를 설명한 말이다. 율곡도 이에 따라 이일분수론을 다음과 같이 전개한다.

> 리에도 진실로 체용이 있다. 일본(一本)의 리는 리의 체요 만수(萬殊)
> 의 리는 리의 용이다. 리가 어떻게 만 가지로 다른가? 기가 같지 아니
> 하므로 기를 타고 유행하니 이에 만 가지로 다른 것이다. 리가 어찌 유
> 행하는가? 기가 유행하므로 리가 그 기틀(機)을 타기 때문이다.63)

이와 같이 율곡은 리에도 체용이 있다 하고, 한 근본의 리는 리의 체이고 분수의 리는 리의 용이라 하였다. 이일지리(理一之理)가 리의 체이고 분수지리(分殊之理)가 리의 용이다. 리를 중심으로 체용을 하나로 보는 논리다. 대체로 율곡에게는 기일분수(氣一分殊)가 없다고 하는데

---

63) 『栗谷全書』, 卷12, 書4, 「答安應休」, "理有體用固也 一本之理 理之體也 萬殊之理 理之用
也 理何以有萬殊乎 氣之不齊 故乘氣流行乃有萬殊也 理何以有流行乎 氣之流行也 理乘其
機故也."

이는 옳지 않다. 율곡은 이일분수와 함께 기일분수도 분명히 말하고 있다.64)

오호라 ! 일기(一氣)가 운화(運化)하여 흩어져 만수(萬殊)가 된다. 나누어 말하면 천지만상(天地萬象)이 각일기(各一氣)요 합해서 말하면 천지만상이 동일기(同一氣)이다.65)

대소장단(大小長短)이 물(物)의 수(數)이다. 그러므로 천지는 크고 또 길지만 인물(人物)은 작고 또 짧다. 합해서 말하면 천지만물이 동일기(同一氣)요 나누어서 말하면 천지만물이 각각 일기(一氣)가 있다.66)

위「천도책(天道策)」과「수요책(壽夭策)」에 나오는 두 글은 율곡의 기일분수(氣一分殊)를 잘 설명해 주고 있다. 일기(一氣)가 운동변화하면 그것이 흩어져서 만 가지로 다르게 된다. 이를 나누어서 말하면 천지만상이 각각 하나의 기를 갖는 것이고, 합해서 말하면 천지만상이 동일한 기가 되는 것이다. 여기서 동일기는 체로서의 기를 말하고, 각 일기는 용으로서의 기를 말한다. 또 만물은 크고 작고 길고 짧고 다양하다. 천지는 크고 길지만 사람이나 사물들은 작고 짧다. 이를 합해서 말하면 천지만물이 같은 하나의 기요, 나누어서 말하면 천지만물이 각각 하나의 기다. 여기서도 체로서의 기는 동일기(同一氣)로, 용으로서의 기는 각일기(各一氣)로 설명되고 있다. 기를 체용 일원의 관점에서 설명하고 있는 것이다.

---

64) 황의동,『율곡철학연구』, 경문사, 1987, 86~88쪽 참조.

65)『栗谷全書』, 卷14,「天道策」,“嗚呼 一氣運化 散爲萬殊 分而言之 則天地萬象 各一氣也 合而言之 則天地萬象 同一氣也.”

66)『栗谷全書』, 拾遺卷5, 雜著2,「壽夭策」,“大小長短 物之數也 故天地大且長 而人物小且短焉 合而言之 則天地萬物 同一氣也 分而言之 則天地萬物 各有一氣也.”

그런데 율곡은 여기서 한 걸음 더 나아가 리의 체용과 기의 체용을 하나로 보는 입체적 사고를 하게 되는데, 이것이 그의 독창으로 일컬어지는 이통기국(理通氣局)이다. 뒤에서 자세히 설명할 것이므로 여기서는 간단히 언급하고자 한다.

　사람의 성(性)이 물(物)의 성 아닌 것이 기(氣)의 국(局)함이요, 사람의 리(理)가 곧 물의 리인 것이 리(理)의 통(通)함이다. 모나고 둥근 그릇이 같지 않으나 그릇 속의 물은 하나요, 크고 작은 병이 같지 않지만 병 속의 공기는 하나다. 기(氣)의 일본(一本)은 리(理)의 통(通)함 때문이고, 리의 만수(萬殊)는 기의 국(局)함 때문이다.67)

　율곡은 리가 무형(無形)의 형이상자이고 기가 유형(有形)의 형이하자라는 점에서 이통기국(理通氣局)의 논리를 창출했다. 즉 리는 무형이므로 언제 어디서나 두루 통한다. 기는 유형이므로 언제 어디서나 국한된다. 그런데 이기(理氣)는 떨어져 있는 것이 아니므로, 리의 체용과 기의 체용이 하나의 지평에서 이해되어야 한다. 다시 말하면 본체상에서는 이일지리(理一之理)와 기일지기(氣一之氣)가 하나로 있어야 하고, 현상계에서는 분수지리(分殊之理)와 분수지기(分殊之氣)가 하나로 있어야 한다. 체에서도 이기는 묘합이어야 하고 용에서도 이기는 묘합이어야 한다. 이일분수와 기일분수 그리고 이기지묘(理氣之妙)가 하나로 융화된 입체적 사고가 율곡의 이통기국이다.

　다음은 이기(理氣)의 선후에 대한 율곡의 견해를 검토해 보기로 하자.

---

67) 『栗谷全書』, 卷10, 書2, 「與成浩原」, "人之性非物之性者 氣之局也 人之理卽物之理者 理之通也. 方圓之器不同 而器中之水一也 大小之瓶不同 而瓶中之空一也 氣之一本者 理之通故也 理之萬殊者 氣之局故也."

일찍이 주자는 말하기를, "이기는 본래 선후를 말할 수 없다. 그러나 반
드시 그 소종래(所從來)를 미루고자 하면 모름지기 이 리가 먼저라고 말
할 수 있다. 그러지만 리 또한 달리 일물(一物)이 되는 것이 아니라 이 기
가운데에 있다.68)고 하였다. 또 다른 곳에서는 "소위 리와 기는 결코 이
물(二物)이다. 단지 사물위에서 보면 혼륜(渾淪)하여 분개(分開)할 수 없
이 각각 한 곳에 있지만, 이물(二物)이 각각 일물(一物)이 됨을 해치지 않
는다. 만약 리 위에서 본다면 비록 물(物)이 아직 없어도 이미 물의 리는
있다. 그렇지만 또한 다만 그 리가 있을 뿐 일찍이 실제로 이 물(物)은 있
은 적이 없다."69)고 하였다. 주자에 의하면 리와 기는 본래 시간적 선후
를 말할 수 없다고 한다. 그러나 만약에 그 존재의 근원을 따져 묻는다면
리가 먼저라고 할 수밖에 없다. 이는 실재의 측면에서 하는 말이 아니라
논리적으로 그 존재의 근원을 말한다면 리가 기보다 먼저라고 보는 것이
다. 즉 자동차를 놓고 보면 자동차의 리, 즉 설계도면이 전제되어야 자동
차를 만들 수 있기 때문이다. 자동차의 리를 기가 실현한다고 보면 리가
먼저라고 논리적으로 말할 수 있다는 것이다. 마찬가지로 주자는 사물위
에서 보면 이기는 하나로 선후가 없다고 한다. 다만 리 위에서 보면 아직
어떤 사물이 존재하지 않아도 그 존재의 리는 이미 있으므로 리가 먼저
라고 해야 한다. 전자는 현상적 관점이라면 후자는 본체적 관점이라고
할 수 있다. 이러한 주자의 설을 계승하여 율곡은 이기의 선후문제를 다
음과 같이 설명한다.

이기(理氣)는 시작이 없으니 실로 선후를 말할 수 없다. 다만 그 소
이연(所以然)을 미루어 보면 리가 추뉴근저(樞紐根柢)가 되므로 리가

---

68) 『朱子語類』, 卷1.
69) 『性理大全』, 卷26.

먼저라고 하지 않을 수 없다. 성현의 말씀이 비록 천만이 쌓이더라도 큰 요점은 불과 이와 같을 뿐이다. 만약 물(物) 위에서 보면 분명 먼저 이 리가 있은 후에 기가 있다. 대개 천지가 아직 생겨나기 전에 천지의 리가 없다고 할 수는 없는 것이니, 이를 미루어 보면 사물마다 다 그렇다.[70]

　율곡에 의하면 본래 이기는 시간적으로 무엇이 먼저라고 말할 수 없다. 다만 어떤 존재가 생기게 된 근원을 추구해 보면 리가 그 추뉴근저가 되기 때문에 리가 먼저라고 하지 않을 수 없다는 것이다. 그런데 여기서 율곡은 사물 위에서 보면 분명 이 리가 있은 후에 기가 있다 하고, 그 예로 천지가 생겨나기 전에 이미 천지의 리는 있다고 부연 설명하였다. 주자는 재물상간(在物上看)과 재리상간(在理上看)을 구별하여 재물상간에서는 이기에 선후가 없다 하고, 재리상간에서는 이선기후(理先氣後)라고 하였는데, 율곡은 재물상간과 재리상간을 하나로 설명하면서, 주자와 같이 현상적 관점에서는 이기가 선후가 없으나, 본체론적 관점에서 그 소이연을 추구해 보면 리가 먼저라고 하지 않을 수 없다 하였다.
　율곡은 이기의 선후문제를 극본궁원(極本窮源)의 차원에서 다음과 같이 해명한다. 당시 회재 이언적(晦齋 李彦迪)이나 퇴계와 같은 주리론자들은 음양 이전에 태극의 존재를 인정하였고, 화담 서경덕의 이론에 동의했던 사암 박순(思庵 朴淳, 1523~1589)은 음양보다 앞서 태허담일청허지기(太虛澹一淸虛之氣)가 선재한다고 주장하였다. 이러한 주장에 대해 율곡은 다음과 같이 비판하였다.

---

70) 『栗谷全書』, 卷10, 書2, 「與成浩原」, "理氣無始 實無先後之可言 但推本其所以然 則理是樞紐根柢 故不得不以理爲先 聖賢之言 雖積千萬大要 不過如此而已 若於物上觀 則分明先有理而後有氣 蓋天地未生之前 不可謂無天地之理也 推之物物皆然."

오호라! 음양(陰陽)은 시작도 없고 끝도 없고 밖도 없어서, 일찍이 동(動)하지 않고 정(靜)하지 않은 때가 있은 적이 없고, 한 번 동하고 한 번 정하고 한 번 음하고 한 번 양함에 리가 있지 아니함이 없다. 성현의 극본궁원(極本窮源)의 이론이란 태극이 음양의 근본이 되지만, 실은 본래 음양이 아직 생기지 않았는데 태극이 독립한 때란 없는 것이다.71)

이처럼 율곡은 본체상에서 태극이 비록 음양의 근본이 되지만, 그렇다고 음양이 아직 생기지 아니했을 때 먼저 독립해 존재하는 리란 없다고 단언하였다. 근본이란 말은 리가 기의 추뉴근저가 되고 소이가 된다는 의미에서 논리적 의미이지 실제로 리(태극)가 기(음양)보다 먼저라는 말은 아니라 하였다. 음양의 양끝은 끊임없이 순환하여 본래 그 시작이 없다. 음이 다하면 양이 생기고 양이 다하면 음이 생기어, 한 번은 음이 되고 한 번은 양이 되었다가 하지만, 태극이 거기에 있지 아니함이 없다. 이것이 태극이 만화(萬化)의 추뉴(樞紐)가 되고 만품(萬品)의 근저(根柢)가 되는 까닭이다.72)

또한 율곡은 박순이 장재나 서경덕의 설에 기울어 우주의 근원을 음기(陰氣) 즉 태허담일지기(太虛澹一之氣)로 보는 데 대해서도 다음과 같이 비판하였다.

만약 "참으로 충막(沖漠)한 때가 있어서 음양이 생겼다"고 한다면 이

---

71) 『栗谷全書』, 卷9, 書1, 「答朴和叔」, "嗚呼 陰陽無始也無終也無外也 未嘗有不動不靜之時 一動一靜一陰一陽 而理無不在 故聖賢極本窮源之論 不過以太極爲陰陽之本 而其實本無陰陽未生 太極獨立之時也."

72) 『栗谷全書』, 卷9, 書1, 「答朴和叔」, "大抵陰陽兩端循環不已 本無其始 陰盡則陽生 陽盡則陰生 一陰一陽 而太極無不在焉 此太極所以爲萬化之樞紐 萬品之根柢也."

것도 음양의 시초가 있는 것이다. 이 점을 모름지기 충분히 이해하여야 하고 소홀히 지나쳐서는 아니 된다. 서화담의 공부가 깊지 않은 것은 아니지만, 다만 이것을 지나치게 생각하여 도리어 기를 음양의 본원이라고 하니, 마침내 한쪽에 집착하는 데 돌아가 리와 기를 분변하지 않고 혼잡시켜서 성현의 뜻에 묘합할 수 없으니, 어찌 가석하지 않겠는가?73)

이와 같이 율곡은 '기가 생기지 않았을 때 다만 리만 있을 뿐이다'라고 생각하는 것도 하나의 병폐요, '태허(太虛)는 담일청허(湛一淸虛)하여 음양을 낳는다'라고 하는 것도 하나의 병폐라고 비판하였다.74) 전자는 회재 이언적(晦齋 李彦迪), 퇴계 이황(退溪 李滉)류의 주리론(主理論)에서 말하는 이생기(理生氣)의 논리를 비판한 것이고, 후자는 화담 서경덕(花潭 徐敬德), 사암 박순(思菴 朴淳) 등 기학파(氣學派)들의 태허담일지기(太虛湛一之氣)가 음양(陰陽)을 낳는다는 이론을 비판한 것이다. 이렇게 볼 때, 율곡은 박순과의 극본궁원론에 대한 논의에서도 일관되게 이기지묘의 입장에서 본체상에서도 이기는 동시동재(同時同在)라고 보았고, 현상계에서도 마찬가지로 이기는 동시동재라고 보았다.

4. 율곡 세계 이해의 논리

율곡은 세계와 사물을 설명하고 인간을 이해함에 있어서 3개의 존재

---

73) 『栗谷全書』, 卷9, 書1, 「答朴和叔」, "若曰實有冲漠之時 而乃生陰陽 則此亦陰陽有始也 此處須著十分理會 不可草草放過 花潭用功非不深 而但思之過中 反以氣 爲陰陽之本 終歸滯於一邊 理氣雜糅無辨 不能妙契聖賢之旨 豈不可惜哉."

74) 『栗谷全書』, 卷9, 書1, 「答朴和叔」, "是故緣文生解者 曰氣之未生也 只有理而已 此固一病也 又有一種議論曰 太虛澹一淸虛 乃生陰陽 此亦落於一邊 不知陰陽之本有也 亦一病也."

틀을 제시하였다. 그것이 바로 이기지묘(理氣之妙), 기발이승(氣發理乘), 이통기국(理通氣局)이다. 이 세 명제는 율곡의 존재 설명의 방식이며 사유의 기본 틀이다. 그리고 그의 인식론이나 가치론, 수양론에 있어서도 일관되고 있다. 그런데 이 이기지묘, 기발이승, 이통기국은 이론적으로 상호 소통되는 것이고 이기지묘의 다른 표현이 곧 기발이승이요 이통기국이라고 말할 수 있다. 이 세 가지 명제의 이해야 말로 율곡철학, 율곡 성리학 이해의 관건이며 또 특징이라고 할 수 있다.

1) 이기지묘(理氣之妙)

'이기지묘(理氣之妙)'란 일체의 존재에 있어서 리(理)와 기(氣)가 오묘하게 함께 있는 존재자체를 표현한 말이다. 율곡이 이기지묘를 특별히 강조한 것은 그의 철학적 기본 입장이기도 하지만, 당시 학계를 주도했던 퇴계 성리학에 대한 도전이요 대안이었다고 볼 수 있다. 따라서 이기지묘는 퇴계 비판의 핵심적인 화두라 해도 지나치지 않는다. 이기지묘는 율곡의 독창어는 아니고 이미 당대(唐代) 아부구공(亞父丘公)이 풍수지리를 설명함에 사용한 바 있고,[75] 우리나라에 있어서도 조광조(趙光祖), 유숭조(柳崇祖), 이황(李滉), 송기수(宋麒壽), 기대승(奇大升), 정계청(鄭介淸) 등에 의해 간헐적으로 사용되어 온 말이다.[76]

율곡이 이기지묘를 언급한 것은 7회에 불과하지만, 그 내용상의 의미에 있어서는 율곡의 철학적 관심이 여기에 있음을 의심할 수 없다. 특히

---

75) 徐善繼, 徐善述, 『人子須知資孝地理心學統宗』, 卷7, 「太極圖說」

76) 『一蠹集』, 「理氣說」; 『靜菴集』, 「春賦」; 『退溪全書』, 卷39, 「答李公浩問目」; 『高峰集』, 「高峰答退溪論四端七情書」, 第一節 『愚得錄』, 卷1, 「理氣說」; 『秋坡集』, 卷7, 「答鄭北窓」

그는 이기지묘의 설명에 있어서는 '묵험(默驗)',[77] '심구(深究)',[78] '완색(玩索)',[79] '체구(體究)', '활간(活看)',[80] '난견역난설(難見亦難說)'[81] 등으로 부연 설명함으로써 이기지묘의 체득이야말로 고도의 철학적 사색이 요구됨을 밝히고 있다.

또한 이러한 표현뿐 아니라 실제로 율곡철학을 전반적으로 살펴보면 우주론이든 인성론이든 가치론이든 이기지묘의 구조로 일관되어 있음을 알 수 있다.[82] 그의 철학의 주된 관심이 이기지묘에 있었고, 그의 철학의 난해처(難解處), 난득처(難得處)가 바로 여기에 있음을 알 수 있다. 특히 퇴계가 고봉과의 논변에서 '사단은 리가 발함에 기가 따르는 것이고, 칠정은 기가 발함에 리가 탄 것(四端 理發而氣隨之 七情 氣發而理乘之)'이라 하여, 사단과 칠정의 이기론적 구조를 달리 설명하고, 사단의 경우에는 리가 발한 후에 기가 따르는 형식이 되어 이선기후(理先氣後)의 혐의가 없지 않았던 것이다. 또한 퇴계에 있어서는 심성에서 리의 주도적 역할을 강조하여 이발(理發)을 실제로 주장하기도 하고, 절대리(絕對理)와

---

77) 『栗谷全書』, 卷10, 書2, 「理氣詠呈牛溪道兄」, "元氣何端始 無形在有形 窮源知本合(理氣本合也 非有始合之時 欲以理氣二之者 皆非知道者也) 沿派見群精(理氣原一 而分爲二五之精) 水逐方圓器 空隨小大瓶(理之乘氣流行 參差不齊者如此 空瓶之說 出於釋氏 而其譬喩親切故用之) 二岐君莫惑 黙驗性爲情."

78) 『栗谷全書』, 卷10, 書2 「答成浩原」, "…天下安有理外之氣耶(此段最可深究 於此有得 則可見理氣不相離之妙矣)."

79) 『栗谷全書』, 卷20, 「聖學輯要2」, "有問於臣者曰 理氣是一物是二物 臣答曰考諸前訓 則一而二二而一者也 理氣渾然無間 元不相離 不可指爲二物 故程子曰 亦道 道亦器 雖不相離 而渾然之中 實不相雜 不可指爲一物 故朱子曰 理自理氣自氣 不相挾雜 合二說而玩索 則理氣之妙 庶乎見之矣."

80) 『栗谷全書』, 卷20, 「聖學輯要2」, "朱子曰 眞 以理言 無妄之謂也 精 以氣言 不二之名也 妙合者 太極二五 本混融而無間也(理氣元不相離 豈有合哉 只是混融無間 故曰妙合 亦可活看)."

81) 『栗谷全書』, 卷10, 書2, 「答成浩原」, "理氣之妙 難見亦難說."

82) 황의동, 『율곡사상의 체계적 이해1』, 서광사, 1998. 참조

상대리(相對理)의 이중개념을 보여 주기도 하였다. 이러한 퇴계의 이기론에 대해 율곡은 비판하였던 것이고, 이기의 시간적 선후와 공간적 간극(間隙)을 허용하지 않는 이기지묘의 특징을 보여 주었다.

그러면 율곡의 이기지묘란 무엇이며 어떤 의미를 갖는 것인지 검토해 보기로 하자.

첫째, 이기지묘는 일체존재의 내면구조를 설명하는 말로써 이기의 오묘한 관계성을 일컫는다. 그것은 우주자연에 있어서나 인성에 있어서나 마찬가지다. 율곡은 태극을 리로, 음양을 기로 설명하면서,[83] 태극음양의 묘합 구조를 말하고 있다. 즉 '음양이 동정함에 태극이 거기에 탄다'[84]든지, '한 번 음하고 한 번 양함에 태극이 거기에 있지 아니함이 없다'[85]든지, '음양이 변역(變易)하는 가운데 태극의 이치가 있다'[86]든지 하는 말로 표현하고 있다.

율곡은 시간적으로 음양보다 태극이 먼저라거나 음양이 태극보다 먼저라는 견해에 반대하고, 오직 태극과 음양은 시간적으로 선후가 없고 공간적으로 이합(離合)이 없는 오묘한 관계라고 주장한다.[87] 마찬가지로 그는 리와 기는 서로 섞여 있어 원래 서로 떨어져 있는 것이 아니라 하고,[88] 이기는 본래 합해 있는 것이니, 비로소 합한 때가 있는 것이 아니라 한다. 리와 기를 둘로써 생각하는 사람은 모두 진리를 모르는 사람

---

83) 『栗谷全書』, 卷20, 「聖學輯要2」, "理者, 太極也, 氣者, 陰陽也."
84) 『栗谷全書』, 卷10, 書2, 「答成浩原」, "陰陽動靜而太極乘之."
85) 『栗谷全書』, 卷9, 書1, 「答朴和叔」, "一陰一陽而太極無不在焉."
86) 『栗谷全書』, 卷31, 「語錄上」, "…其釋當曰, 於陰陽變易之中, 有太極之理, 是生兩儀云爾."
87) 『栗谷全書』, 卷9, 書1, 「答朴和叔」, "聖賢之說 果有未盡處 以但言太極生兩儀 而不言陰陽本有 非有始生之時故也 是故緣文生解者 乃曰氣之未生也 只有理而已 此固一病也 又有一種議論 曰太虛澹一淸虛乃生陰陽 此亦落於一邊 不知陰陽之本有也 亦一病也."
88) 『栗谷全書』, 卷20, 「聖學輯要2」, "理氣 渾然無間 元不相離."

이라고 하였다.[89] 율곡은 '원(元)'이니 '본(本)'이니 하는 표현을 통해 이 기가 본래부터 함께 있는 것임을 강조하고 있다. 아울러 리와 기가 떨어져 있다가 어느 시간적 계기에 갑자기 합한 것으로 보는 것은 율곡의 본의에 어긋나는 것이다. 율곡은 하나의 존재 속에서 그 리와 기가 시간적 선후나 공간적 이합(離合)이 없이 본래부터 함께 있는 관계성을 묘(妙)로써 표현했던 것이다.

둘째, 이기지묘는 이기 양자의 상호의존적 관계를 말해 주고 있다. 율곡의 이기설에 있어서 하나의 특징은 리만을 설명하든가 아니면 기만을 설명하지 않고, 항상 리와 기를 병칭하여 상호의존적 관점에서 설명하고 있다는 점이다.

> 발하는 것은 기요 발하는 까닭은 리다. 기가 아니면 발할 수 없고 리
> 가 아니면 발할 바가 없다[90]

여기에서 보는 것처럼 발하는 당체는 기지만 그 기발의 소이는 리라 한다. 따라서 기가 아니면 발할 수 없고 리가 아니면 발할 바가 없다. 이는 리를 본래성, 기를 현실성으로 보았을 때, 리 없는 기란 본래성이 없는 현실성이요, 기 없는 리란 현실성이 없는 본래성이 되는 것이다. 이 말은 율곡이 존재를 현상적 관점에서 리와 기의 상호 역할을 상보적으로 설명한 말이다. 이 세상의 모든 생성변화는 기의 몫이다. 기는 운동, 변화, 작용의 주체다. 리는 그 자신은 운동하거나 변화하지 않으면서도 기

---

89) 『栗谷全書』, 卷10, 書2, 「理氣詠呈牛溪道兄」, "理氣本合也 非有始合之時 欲以理氣二之者 皆非知道者也."

90) 『栗谷全書』, 卷14, 「人心道心圖說」, "發之者氣也 所以發者理也 非氣則不能發 非理則無所 發."

의 운동변화를 주도한다. 즉 기의 운동변화란 리에 맞게 되어야 하기 때문이다. 그러므로 기가 아니면 그 무엇도 생성 변화할 수 없고, 리가 아니면 그 무엇도 어떻게 생성 변화해야 할지의 내용이 없으므로 생성변화 자체가 불가능한 것이다. 리와 기 어느 하나만으로는 미흡하고 불완전한 것이다. 그는 또 이러한 상호의존적 관계를 다음과 같이 말한다.

> 기는 리가 아니면 근본 할 바가 없다.[91]

> 무릇 리는 기의 주재요 기는 리의 탈 바다. 리가 아니면 기가 근저
> (根柢)할 바가 없고, 기가 아니면 리가 의착(依著)할 바가 없다.[92]

여기에서도 리와 기는 상호의존적이다. 리는 기에 대해서 주재기능 내지 근원적 의미를 갖는 것이고, 기는 리에 대해서 리의 의착처 내지 있어야 할 바가 된다. 여기서 리가 기의 주재가 된다는 말은 리가 기의 실현에 있어서 표준이 되고 원칙이 된다는 의미다. 즉 기는 리에 맞게 실현되어야 하기 때문이다. 리에 맞는 기의 운동변화만이 참된 기의 모습이고 역할이다. 그렇지만 아무리 리가 어떤 이념이나 이상을 가지고 있어도 기가 아니면 실현될 수 없다. 기가 아니면 리는 어떤 모습으로 구상화되지도 못하고 실현되지도 못한다. 하나의 존재가 세상에 창조되고 드러나는 것은 기를 통해 실현되어진다. 이러한 기의 역할과 위상을 제자리로 환원시킨 이가 율곡이다. 즉 퇴계에 있어서 가치적으로 경시되고 부정적으로 이해되었던 기를 존재론적으로 복원시키고, 나아가 '기도 리만큼

---

91) 『栗谷全書』, 卷12, 書1, 「答安應休」, "理雖無形無爲 而氣非理 則無所本."

92) 『栗谷全書』, 卷10, 書2, 「答成浩原」, "夫理者氣之主宰也 氣者理之所乘也 非理則氣無所根
柢 非氣則理無所依著."

중요하다'고 그 가치를 인정한 이가 율곡이다. 이 점이 조선 성리학사에서 율곡이 크게 기여한 바라고 생각한다. 율곡에 의하면 리만으로는 있을 곳이 없고 기만으로는 기 자체의 능력이 발휘될 수 없다. 리도 기도 홀로서는 불완전한 것이다. 리는 기를 통해 자기의 불완전성을 보완하고 기는 리를 통해 자기의 불완전성을 보완한다. 리와 기는 상호 요청적 관계하에 있다. 리 없는 기, 기 없는 리는 적어도 율곡성리학에 있어서는 미흡한 것이다. 이처럼 리와 기가 하나의 존재성립에 있어서 반드시 요구된다는 점, 그리고 이들 양자의 관계는 상호의존적 관계하에 있어 잠시도 떨어질 수 없다는 것이 그의 근본정신이다. 그러므로 율곡철학에 있어서는 리와 기가 대등한 위계를 갖는다.

셋째, 이기지묘는 '일이이 이이일(一而二 二而一)'의 사유방식을 제시하고 있다. '일이이 이이일'이란 말은 율곡의 독창적인 용어는 아니다. 율곡 이전의 선유들에 의해서 사용된 말인데 율곡은 이를 그의 이기론을 전개하는 데 원용하고 있다.

리(理)와 기(氣)는 이물(二物)도 아니고 또한 일물(一物)도 아니다. 일물이 아니기 때문에 하나인 듯하지만 둘이요, 이물이 아니기 때문에 둘인 듯하지만 하나이다. 왜 이기가 일물이 아니라 하는가? 이기가 비록 서로 떠나지 못하나 묘합한 가운데에서도 리는 스스로 리이고 기는 스스로 기이어서 서로 협잡하지 아니하므로 일물(一物)이 아니다. 왜 이물이 아니라 하는가? 비록 리는 스스로 리요 기는 스스로 기지만 혼륜무간(渾淪無間)하여 선후(先後)도 없고 이합(離合)도 없어 그것이 이물(二物)이 됨을 보지 못하기 때문에 이물이 아니다.[93]

---

93) 『栗谷全書』, "夫理者氣之主宰也 氣者理之所乘也 非理則氣無所根柢 非氣則理無所依著 旣非二物 又一物 非一物 故一而二 非二物 故二而一也 非一物者何謂也 理氣雖相離不得 而妙合之中 理自理氣自氣 不相挾雜 故非一物也 非二物者何謂也? 雖曰理自理氣自氣 而渾淪無間 無先後無離合 不見其爲二物 故非二物也."

율곡은 또 『성학집요』에서 다음과 같이 설명하고 있다. 리와 기는 혼륜무간(渾淪無間)하여 원래 서로 떨어져 있는 것이 아니므로 이물(二物)이 된다고 가리킬 수 없다. 비록 서로 떨어질 수 없으나 혼연한 가운데 실로 서로 섞일 수 없으니 일물(一物)이 된다고 가리킬 수도 없다. 이 두 말을 합해서 깊이 생각하면 이기지묘를 거의 볼 수 있다.[94]

리와 기는 형이상자와 형이하자, 무형무위(無形無爲)와 유형유위(有形有爲)로 엄격히 구별되는 둘이다. 그런데 리는 자기의 불완전성을 기에서 보완하고, 기는 자기의 불완전성을 리에서 보완해야 하므로 양자는 서로 요청적 관계가 된다. 리는 기를 요구하고 기는 리를 요구하게 되어 둘이지만 하나가 된다(二而一). 이때 '둘이지만 하나'라 함은 일(一)과 이(二)가 같다는 말이 아니라, 둘이지만 하나로 있다는 말이요 둘인 듯하지만 하나인 채로 있다는 말이다.

그런데 하나인 채로 있는 가운데에서 리는 리이고 기는 또 기이어서 둘이므로, 하나인 듯하지만 둘이다(一而二). 이와 같이 대립되는 양자가 영원한 대립으로 결별하는 것도 아니요, 하나로 합했다 해서 어느 일방이 타방을 정복하는 것도 아니며, 그렇다고 둘을 적당히 혼합한 어중간한 합도 아니다. 하나로 있는 가운데에서도 리는 리로, 기는 기로 자기 고유성을 잃지 않는 합이다. 이러한 사유논리는 동양의 전통적인 것으로 단군신화, 『주역』의 음양묘합, 원효(元曉)의 화쟁(和諍)에서도 볼 수 있다. 이는 주자가 말한 이른바 합간(合看)과 이간(離看)으로써[95] 일면 합해서 보기도 하고 일면 나누어 볼 줄도 아는 입체적 사유라 하겠다. 또

---

94) 『栗谷全書』, 卷20, 「聖學輯要2」, 修己上, "有問於臣者曰 理氣是一物是二物 臣答曰 考諸前訓 則一而二二而一者也 理氣渾然無間 元不相離 不可指爲二物 故程子曰 器亦道道亦器 雖不相離 而渾然之中 實不相雜 不可指爲一物 故朱子曰 理自理氣自氣 不相挾雜 合二說 而玩索 則理氣之妙 庶乎見之矣."

95) 『朱子語類』, 卷74, 「易10」.

이는 달리 말하면 분석적 사고와 종합적 사고를 아울러 하는 입체적 사고로써, 어느 일방에 붙들리지 않으면서 자기의 불완전성을 스스로 인정할 줄 아는 겸허의 미덕까지도 지니는 것이다. 아울러 이러한 사유논리야 말로 양극단에 치우치거나 편견과 독단 그리고 아집으로부터 해방되는 자유로운 사고의 형식이며 개방적 사유라 할 것이다.

2) 기발이승일도(氣發理乘一途)

퇴계가 이기의 호발(互發)을 주장한 데 대하여, 율곡은 기발이승일도(氣發理乘一途)를 자설의 중심으로 삼고 있다. 본래 '기발이승(氣發理乘)'이란 표현은 송대 성리학에서는 보이지 않고 퇴계가 고봉과의 성리논변에서 칠정을 '기발이이승지(氣發而理乘之)'로 설명한 데서 연유한다.[96] 율곡은 이를 차용하여 자설의 이론으로 정립시켰다.

그러면 기발이승이란 무엇을 의미하는가? 기발이승은 이기지묘의 다른 표현으로 '발(發)하는 기에 리가 올라타 있음'을 말한다. 율곡에 의하면 우주자연과 사물과 인간이 모두 기발이승의 존재이다.[97] 일체 존재는 이기의 묘합체인데, 그 리와 기가 합해 있는 묘를 '발(發)'과 '승(乘)'으로 표현한 것이다. 여기에서 '발'은 가변으로써의 국한(局限), 국정(局定)의 뜻을 갖기도 하고, 리가 실현되고 구체화되어지는 기의 속성 내지 기능을 표현한 말이다. 그리고 '승'은 단순한 의미가 아니라 기의 동정 작용을 주재하는 원리적 의미를 갖는다. 즉 발하는 기와 그 기의 발을 주재

---

96) 『退溪全書』, 卷16, 「答奇明彦論四端七情第二書」, "雖滉亦非謂七情不干於理 外物偶相湊著而感動也 且四端感物而動 固不異於七情 但四則理發而氣隨之 七則氣發而理乘之耳."

97) 『栗谷全書』, 卷10, 書2, 「答成浩原」, "非特人心爲然 天地之化 無非氣化而理乘之也 是故陰陽動靜而太極乘之…天地之化卽吾心之發也 天地之化 若有理化者氣化者 則吾心亦當有理發者氣發者 天地旣無理化氣化之殊 則吾心安得有理發氣發之異乎 若曰吾心異於天地之化 則非愚之所知也(此段 最可領悟處 於此未契 則恐無歸一之期矣.)."

하는 리의 묘합적 구조를 기발이승으로 표현한 것인데, 결국 이기가 묘합된 그것은 존재 자체가 아닐 수 없다.

그런데 기발이승에서 리와 기의 묘합이라 하여 마치 리와 기가 따로 떨어져 있다가 어떤 시간적 계기에 합해졌다는 의미가 아니다. 율곡에 있어서는 이기가 본래부터 하나로 합해 있는 것이지 떨어진 적도 없고 합해진 적도 없다. 공간적으로도 이기가 나뉘어졌다가 합쳤다 하는 것이 아니다. 본래부터 이기는 하나로 있다는 것이야말로 율곡 성리학의 대전제이다. 다만 리와 기의 묘합이라 하여 나누어 설명하는 것은 어디까지나 우리의 관념상의 구별이요 개념상의 구별일 뿐이다. 이런 점에서 율곡은 퇴계의 '이발이기수지(理發而氣隨之)'가 이선기후(理先氣後)의 시간적 선후 혐의를 면키 어렵다 보고98) 퇴계의 '호발(互發)' 두 글자는 말의 실수가 아닌 듯싶다고 말하고, 이기가 서로 떨어져 있지 아니한 묘처를 보지 못한 듯하다99)고 평가하였다. 율곡이 기발이승이라고 한 표현은 기가 리보다 먼저라는 말이 아니라, '기유위 리무위(氣有爲 理無爲)'이기 때문에 부득불 그렇게 표현한 것이라 하였다.100) 아울러 율곡이 퇴계의 이발(理發), 기발(氣發)의 호발(互發)을 부정하고 오직 '기발이승' 한 길만을 주장하는 근거는 '리무위 기유위'101)라는 이기 개념에서 비롯된 것이다. 이 문제는 율곡과 퇴계가 그 견해를 달리하는 것이었고 후유들의 논란거리가 되기도 했다. 율곡은 퇴계의 호발 주장이야말로 그의 결정적 실수라 규정하고,102) 퇴계가 호발의 논거를 주자에게서 찾은 데 대해 주

---

98) 『栗谷全書』, "理發氣隨之說 則分明有先後矣 此豈非害理乎."
99) 『栗谷全書』, "若退溪互發二字 則似非下語之失 恐不能深見理氣不相離之妙也."
100) 『栗谷全書』, "所謂氣發理乘者 非氣先於理也 氣有爲而理無爲 則其言不得不爾也."
101) 『栗谷全書』, 卷20, 「聖學輯要2」, "理無爲而氣有爲 故氣發而理乘."
102) 『栗谷全書』, 卷10, 書2, 「答成浩原」, "若退溪互發二字 則似非下語之失 恐不能深見理氣不相離之妙也."

자가 만약 이기의 호발을 주장했다면 주자 또한 틀렸고 어찌 주자가 되겠느냐[103]고 하였다. 또한 "발하는 것은 기요 발하는 까닭은 리라" 하고 부연하기를, 이는 "성인이 다시 태어나도 바꿀 수 없다"[104]고 하여, 리는 결코 발하지 않는 것임을 확고히 하였다.

이와 같이 율곡이 이발(理發)을 부정하는 것은 만약 리가 기처럼 발용하거나 작용하는 것이라면 형이상자로써의 리라고 할 수 없기 때문이다. 예컨대 사람의 리가 백 년 전과 지금이 다르고 미국 사람과 한국 사람이 다르다면 그것은 리라고 할 수 없는 것이다.

또한 율곡의 기발이승은 우주자연과 인간을 일관하고 있는데, 이는 바꾸어 말하면 천인합일의 관점에서 기발이승을 체오(體悟)함을 의미한다. 율곡은 말하기를, "천지의 변화가 곧 오심(吾心)의 발용이니, 천지의 변화에 만약 이화(理化) 기화(氣化)가 있다면, 내 마음 또한 마땅히 이발(理發) 기발(氣發)이 있을 것이다. 천지가 이미 이화 기화의 다름이 없은즉, 내 마음에 어찌 이발 기발의 다름이 있겠는가?"[105]라고 하였다. 율곡에 의하면 천지자연의 원리가 기화이승(氣化理乘)이듯이, 인간의 마음 또한 기발이승(氣發理乘)이라는 것이다. 이는 퇴계가 이발이기수지(理發而氣隨之)와 기발이이승지(氣發而理乘之)의 두 길을 제시한 것과는 다른 것이다.

이러한 관점에서 율곡은 태극음양론에 있어서도 '음양이 동정함에 태극이 탄다(陰陽動靜而太極乘之)'[106]고 하여 기발이승을 말하고 있다. 음양

---

103) 『栗谷全書』, "若朱子眞以爲理氣互有發用 相對各出 則是朱子亦誤也 何以爲朱子乎."

104) 『栗谷全書』, "大抵發之者氣也 所以發者理也 非氣則不能發 非理則無所發(發之以下二十三字 聖人復起 不易斯言)."

105) 『栗谷全書』, 卷10, 書2, 「答成浩原」, "天地之化卽吾心之發也 天地之化 若有理化者氣化者 則吾心亦當有理發者氣發者 天地旣無理化氣化之殊 則吾心安得有理發氣發之異乎."

106) 『栗谷全書』, 卷10, 書2, 「答成浩原」.

은 기요, 태극은 리이며 동정 작용은 발(發)로 볼 수 있기 때문에 기발이 승이 되는 것이다. 또한 인성론에 있어서도 리가 본연의 기를 탄 것이 도 심이요 리가 소변지기(所變之氣)를 탄 것이 인심이라 하여,107) 인심도심 모두를 기발이승의 구조로 이해하고 있다.

이러한 율곡의 기발이승은 한국 성리학사에 있어서 중요한 의미가 있 다. 퇴계는 한국 성리학의 정초기(定礎期) 윤리적 입장에서 이기호발을 주장했던 것인데, 존재론의 측면에서 보면 이기의 시간적 선후와 공간적 이합(離合)의 문제를 안고 있었다. 이는 퇴계가 가치론적 시각에서 이기 의 엄격한 구별을 강조하는 데에서 부득이 한 것이지만, 율곡의 존재론 적 시각에서는 문제로 지적되었던 것이다.

그러나 이러한 문제점은 그의 학술논쟁의 상대였던 기대승(奇大升)과 의 토론을 통해 시간적 선후관념은 어느 정도 극복되었던 것이다.108) 그 렇지만 공간적 이원(二元)의 문제는 역시 남는 것이었다. 여기에 율곡의 기발이승은 공간적 이합의 문제까지도 해결하면서 철학적 사유의 진일 보를 이룩했다. 퇴계의 호발에서 고봉을 거쳐 다시 율곡의 기발이승으로 이어지는 철학적 사유의 발전과정을 이해할 수 있다.

요컨대 존재론적 측면에서 일체존재의 내면구조를 파악함에 있어 이 기가 시간적으로도 선후가 없고 공간적으로도 이합이 없는 묘합적 구조 라고 보는 철학적 사유는 시대적 한계를 넘어선 탁월한 것이라 평가할 수 있다.

이제 율곡의 기발이승일도설의 철학적 의의에 대해 생각해 보기로 하

---

107) 『栗谷全書』, 卷10, 書2, 「答成浩原」, "…故理乘其本然之氣而爲道心焉…理亦乘其所變之 氣而爲人心."

108) 『高峰集』, 「高峰答退溪再論四端七情書」, "且四則理發而氣隨之 七則氣發而理乘之 兩句 亦甚精密 然鄙意以爲此二箇意思 七情則兼有 而四端則只有理發一邊爾 抑此兩句 大升欲 改之 曰情之發也 或理動而氣俱 或氣感而理乘 如此下語又未知於先生意如何."

자. 율곡에 의하면 이 세상 모든 존재는 기발이승의 존재다. 하늘도 땅도 인간도 사물도 기발이승의 존재다. 퇴계처럼 '이발기수(理發氣隨)'와 '기발이승(氣發理乘)'의 두 가지 길이 있는 것이 아니다. 여기에서 율곡이 '발하는 것은 오직 기뿐이라'는 선언은 매우 중요한 의미를 갖는다. 이는 일체 존재가 현실에 기반해 있고, 항상 활활발발하게 생동하는 현 실태임을 말해 주는 것이다. 기를 떠난 리의 세계를 인정하지 않는다는 말이다. 어떠한 이념도 현실에 기반해야 하고, 어떠한 이론도 실천성을 가질 때 온전하다는 말이다. 여기에는 인간과 세계를 동적(動的), 진보적으로 보는 그의 세계관이 자리해 있다. 그리고 그 기의 역동성과 가변성이 자칫 원칙 내지 본래성에서 일탈할 위험성을 지니고 있지만, 리와의 공존 속에서 일탈의 경계선을 오고 간다고 보는 것이다. 이것이 인간의 현실적 모습이고, 역사의 진정한 모습이라는 것이다. 이러한 율곡의 기발이승의 철학은 완성된 이념, 온전한 선을 향해 인간은 오로지 묵묵히 올라가야 한다는 퇴계의 철학과는 대조적이다. 율곡의 기발이승은 어디까지나 두 발을 땅에 딛고 하늘을 향해 묵묵히 걸어가는 인간을 의미한다. 감성과 욕구가 발동하지만, 도덕 이성과의 끊임없는 교감과 상호 줄다리기가 계속된다. 이상을 추구하지만 현실을 떠나지 않는다. 양자의 조화와 균형은 기발이승의 성공을 위한 관건이지만, 때론 부조화와 일방적 전횡으로 실패할 경우도 생긴다. 여기에서 율곡의 철학은 리로 하여금 기를 어떻게 조정하고 다스리느냐가 중요하게 된다.

3) 이통기국(理通氣局)

이통기국의 연원에 대해서는 불교 화엄(華嚴)의 이사(理事)와 통국(通局)에서 유래되었다고 보는 견해도 있고,[109] 또 주자의 '이동기이(理同氣

異)'나 '이통(理通)', '이색(理塞)' 그리고 정주(程朱)의 '이일분수(理一分殊)'에서 연유된 것으로 보기도 한다.110)

그런데 율곡의 '이통기국'이라는 말이 불교 화엄의 이사통국(理事通局)에서 차용한 것이라 할지라도, 불교의 '이사(理事)'와 율곡의 '이기(理氣)'는 그 개념에 있어서 엄연히 다르다.111) 율곡이 이미 청년기에 불교에 깊이 침잠(沈潛)한 바 있고 불교서적을 많이 접했다는 점에서 보면, 그의 이기론 형성이나 이통기국의 사고 형성에 미친 불교적 영향을 전혀 배제하기는 어렵다.

그럼에도 불구하고 율곡이 충실한 주자학도라는 점을 감안하면, 주자의 수많은 언설 속에 비치는 '이동기이(理同氣異)', '이통(理通)', '이색(理塞)' 등에서 이통기국의 단서가 짐작되기도 한다.

율곡은 정주(程朱)의 이일분수(理一分殊)를 계승하여 이일분수를 설명한다. 율곡에 의하면 "대개 본연(本然)이란 '이일(理一)'이요 유행(流行)이란 '분수(分殊)'다. 유행의 리를 버리고 따로 본연의 리를 구하는 것은 진실로 옳지 않다. 만약 리에 선악이 있다는 것으로써 리의 본연을 삼는다면, 이것 역시 옳지 않다. '이일분수(理一分殊)' 네 글자는 가장 체인(體認)하고 연구해야 할 것이니, 한갓 '이일'만 알고 '분수'를 알지 못한다면 이는 불교에서 작용을 성(性)으로 생각하여 함부로 방자한 것과 같은 것이요, 한갓 '분수'만 알고 '이일'을 알지 못한다면, 순자(荀子)와 양웅(揚雄)이 성이 악하다든가 혹은 선악이 혼효(混淆)되어 있다든가 하는 것과

---

109) 이병도, 『율곡의 생애와 사상』, 서문당, 1979, 69쪽.
110) 황의동, 「율곡의 철학사상에 관한 연구 −이기지묘를 중심으로−」, 충남대대학원(박사), 1987, 66쪽.
『性理大全』, 卷1, 「太極圖」, " 惟人得其正 故是理通而無所塞 物得其偏 故是理塞而無所知."
111) 배종호, 『한국유학의 철학적 전개』, 중, 연세대출판부, 1985, 168~177쪽 참조.

같다"112)고 하였다. 본연에서 말하면 리는 본래 하나다. 즉 이일지리(理
一之理)를 말한다. 유행에서 보면 리는 나뉘어 각기 다르다. 즉 분수지리
(分殊之理)를 말한다. 본체상에서 리는 하나지만, 현상계에서는 다양한
리가 가능하다. 체와 용이 한 근원이고 본체와 현상이 하나인 한, 이일과
분수의 양 측면을 함께 보아야 한다. 율곡은 인간의 성을 보는 관점에서
도 이일만 알고 분수를 모른다든가, 분수만 알고 이일을 몰라서는 안 된
다고 하였다. .

그런데 이일분수가 비록 리를 중심으로 체용을 하나로 본 이론이라
하더라도, 그 속에는 이미 이기지묘 내지 이기묘합을 전제한 것이다. 리
의 체와 용을 말하지만, 기와 유기적 관계에서 하는 말이다. 왜냐하면 리
의 분수라는 것 자체가 기와의 관계에서 비롯되기 때문이다.

율곡의 이일지리(理一之理)와 분수지리(分殊之理)는 각각 기일지기(氣
一之氣)와 분수지기(分殊之氣)에 의착된 리다. 특히 율곡의 이일지리는
퇴계처럼 기와 관계없이 초월적으로 실재하는 것이 아니라 기일지기와
함께 묘합해 있는 리다.113) 율곡은 이에 관해 다음과 같이 설명한다.

리는 비록 하나지만 이미 기에 탔으므로 그 나뉨이 만 가지로 다르
다. 그러므로 천지에 있어서는 천지의 리가 되고, 만물에 있어서는 만
물의 리가 되며, 사람에 있어서는 사람의 리가 되니, 이렇게 만 가지로
고르지 못한 것은 기의 소위다. 비록 기의 하는 바라 하더라도 반드시
리가 있어 주재하는 것이니, 만 가지로 고르지 못한 소이는 역시 리가

112) 『栗谷全書』, 卷9, 書1, 「答成浩原」, " 夫本然者 理之一也 流行者 分之殊也 捨流行之理
而別求本然之理 固不可 若以理之有善惡者 爲理之本然則亦不可 理一分殊四字 最宜體究
徒知理之一而不知分之殊 則釋氏之以作用爲性而猖狂自恣 是也 徒知分之殊而不知理之一
則荀・揚以性爲惡 或以爲善惡混者 是也."

113) 황의동, 『율곡사상의 체계적 이해 1』, 서광사, 1998, 159쪽.

마땅히 그러한 것이요, 리가 그렇지 아니한데 기만 홀로 그러한 것은 아니다. 천지와 사람과 만물이 비록 각각 그 리가 있으나 천지의 리가 곧 만물의 리요, 만물의 리가 곧 사람의 리니, 이것이 이른바 '통체일태극(統體一太極)'이다. 비록 하나의 리라 하더라도 사람의 성이 만물의 성이 아니며, 개의 성이 소의 성이 아니니, 이것이 이른바 '각일기성(各一其性)'이다.114)

천지지리(天地之理), 만물지리(萬物之理), 오인지리(吾人之理)가 하나의 리라는 점에서 통체일태극(統體一太極)이라 하고, 하나의 리라 하더라도 사람의 성, 만물의 성, 개의 성이 구별되는 성은 각일기성(各一其性)이다.

리는 본래 하나지만 리가 기를 타자마자 다양한 리로 전개된다. 즉 천지지리, 만물지리, 오인지리 등으로 다르게 나타나는데 그 까닭은 기에 있다. 그러나 기가 분수의 책임이기는 하나 여기에서도 리의 주재는 여전하다. 율곡에게 있어 '리는 기의 주재요 기는 리의 탈 바',115) '발(發)하는 것은 기요, 발하는 소이는 리'116)라는 그의 이기에 대한 기본개념은 변하지 않는다. 기가 현실화, 실현의 주체라고 하더라도 리의 주재 없이는 불가하다. 여기에서 율곡의 리와 기에 대한 상보적 역할과 기능 나아가 상보적 위상을 볼 수 있다.

---

114) 『栗谷全書』, 卷10, 書2, 「答成浩原, 壬申」, "理雖一 而旣乘於氣 則其分萬殊 故在天地而爲天地之理 在萬物而爲萬物之理 在吾人而爲吾人之理 然則參差不齊者 氣之所爲也 雖曰氣之所爲 而必有理爲之主宰 則其所以參差不齊者 亦是理當如此 非理不如此而氣獨如此也 天地人物 雖各有其理 而天地之理 卽萬物之理 萬物之理 卽吾人之理也 此所謂統體一太極也 雖曰一理 而人之性 非物之性 犬之性 非牛之性 此所謂各一其性者也."

115) 『栗谷全書』, 卷10, 書2, 「答成浩原」, "夫理者 氣之主宰也 氣者 理之所乘也 非理則氣無所根柢 非氣則理無所依著."

116) 『栗谷全書』, 卷10, 書2, 「答成浩原」, "發之者 氣也 所以發者 理也 非氣則不能發 非理則無所發."

위에서 말했듯이 율곡의 이통기국은 그 이전에 이일분수(理一分殊)와 함께 기일분수(氣一分殊)의 사유가 전제되어야 논리적으로 맞는다.117) 율곡의 이일분수에 대해서는 이미 많은 언급이 있어 왔고 자세한 논의가 있었지만 기일분수에 대해서는 이론이 분분했다.

1980년대 율곡학계에서는 기일분수의 사고 흔적이 보인다는 신중한 견해118)로부터 율곡에게서는 아직 기일분수의 사상까지는 이르지 못했다119) 등 다양한 견해가 있었다. 그러나 율곡의 「천도책(天道策)」과 「수요책(壽夭策)」에서는 이미 율곡의 기일분수에 대한 견해가 분명히 나타나 있다.120)

율곡은 「수요책」에서 "합해서 말하면, 천지와 만물이 한 기를 함께 하고, 나누어 말하면 천지와 만물이 각각 한 기를 갖는다. 한 기를 함께 하기 때문에 리가 하나가 된 것이요, 각각 한 기를 갖기 때문에 나뉘어 달라지게 된 것이다. 두텁고 엷은 기와 길고 짧은 수가 같지 않은 것은 그 나뉘어 달라짐에 있는 것이 아니겠는가?"121)라고 하였다.

천지만물이 같은 일기(一氣)는 기일지기(氣一之氣)이고, 천지만물이 각각 다른 일기(一氣)는 분수지기(分殊之氣)다. 율곡은 동일기(同一氣)이므로 이일(理一)일 수 있고, 각일기(各一氣)이므로 분수(分殊)가 된 것이

---

117) 배종호, 『한국유학사』, 연세대출판부, 1978, 113쪽.
송석구, 「율곡의 철학사상연구 −성의정심을 중심으로−」, 동국대대학원(박사), 1980, 64쪽.
118) 안병주, 「율곡의 천재적 자질과 율곡사상의 자득지미」, 『한국사상의 본질과 율곡학』, 율곡사상연구원, 1980, 59~60쪽.
119) 배종호, 『한국유학의 철학적 전개』, 중, 연세대출판부, 1985, 228~229쪽 참조.
120) 황의동, 「율곡의 철학사상에 관한 연구 −이기지묘를 중심으로−」, 충남대대학원(박사), 1987, 64~65쪽 참조.
121) 『栗谷全書』, 拾遺, 卷5, 「壽夭策」, "大小長短 物之數也 故天地大且長 而人物小且短焉 合而言之 則天地萬物 同一氣也 分而言之 則天地萬物 各有一氣也 同一氣 故理之所以一也 各一氣 故分之所以殊也 厚薄之氣 脩短之數 所以不同者 其不在分殊乎?"

라 하였다. 여기서 기일분수가 이일분수에 기반하고 있음을 알 수 있다.

율곡은 또 「천도책」에서 다음과 같이 기일분수의 이론을 보여 주고 있다. 일기(一氣)가 운행 변화하여 흩어져 만수(萬殊)가 되니, 나누어서 말하면 천지만상이 각기 하나의 기이지만, 합해서 말하면 천지만상이 동일한 기이다.122) 여기에서 '일기가 운동변화하여 흩어져 만수가 된다'는 이 말은 율곡의 기일분수를 분명히 말한 것이다. 율곡은 나누어서 말하면 천지만상이 각각 하나의 기이지만, 합해서 말하면 천지만상이 동일한 기라고 하였다. 여기서 동일기는 체로서의 기일지기요 각일기는 용으로서의 분수지기다. 율곡은 이처럼 「천도책」과 「수요책」에서 기일분수의 사고를 분명히 보여 주고 있다.

위에서 율곡의 이일분수와 기일분수에 대해 검토해 보았거니와, 이 바탕 위에서 창출된 것이 이통기국이다. 율곡은 리는 무형(無形)이고 기는 유형(有形)이기 때문에 리는 통(通)하고 기는 국(局)한다고 하였다.123) 여기서 이통이란 리 무형에서 연역된 것이고, 기국이란 기 유형에서 연역된 것임을 알 수 있다. 율곡은 자신이 독창이라고 자부하는 이통기국에 관해 다음과 같이 상세한 설명을 하고 있다. 율곡은 리 무형을 근거로 리는 본말(本末)이 없고 선후가 없다고 한다. 리가 공간적으로 본말이 없고 시간적으로 선후가 없기 때문에 리는 언제 어디서나 통한다. 여기서 통한다는 말은 시간과 공간의 제약으로부터 자유롭다는 것을 의미한다. 리가 기를 타고 유행하여 들쭉날쭉 같지 아니해도 본연의 묘리(妙理)는 있지 아니한 곳이 없다. 예컨대 기가 치우치면 리도 또한 치우치지만, 치우친 바는 리가 아니라 기다. 반대로 기가 온전하면 리도 역시 온전한데,

---

122) 『栗谷全書』, 卷14, 「天道策」, "嗚呼! 一氣運化 散爲萬殊 分而言之 則天地萬象 各一氣也 合而言之 則天地萬象 同一氣也."
123) 『栗谷全書』, 卷20, 「聖學輯要2」, "理無形而氣有形 故理通而氣局."

온전한 바는 리가 아니라 기다. 심지어 지게미, 썩은 흙, 불탄 재 같이 조잡하고 더러운 가운데에도 리가 있지 아니한 바가 없다.

또한 율곡은 기 유형을 근거로 기는 본말이 있고 선후가 있다고 한다. 기가 공간적으로 본말이 있고 시간적으로 선후가 있기 때문에 기는 때와 장소에 따라 국한된다. 여기서 국(局)한다는 말은 시간과 공간의 제약하에 있음을 의미한다. 기의 본연은 담일청허(湛一淸虛)할 뿐인데, 기가 오르고 내리고 드날려 일찍이 운동변화를 그침이 없으므로 천차만별의 차별상이 드러나고 온갖 변화가 생기게 된다. 따라서 기가 유행함에 그 본연을 잃지 않는 것도 있고 그 본연을 잃는 것도 있다. 이미 그 본연을 잃으면 기의 본연이 있는 바가 없다. 치우친 것은 편기(偏氣)이지 전기(全氣)가 아니며, 맑은 것은 청기(淸氣)이지 탁기(濁氣)가 아니다.124)

이렇게 볼 때, 리가 무형하다 함은 본말선후가 없다 함이요, 기가 유형하다 함은 본말선후가 있다 함인데, 이를 달리 말하면 이통(理通)과 기국(氣局)이 되는 것이다.125) 통(通)이란 리가 무형하여 시간과 공간의 제약을 벗어나 두루 통할 수 있음을 말하고, 국(局)이란 기가 유형하여 시간

---

124) 『栗谷全書』, 卷10, 書2, 「答成浩原」, "理氣元不相離 似是一物 而其所以異者 理無形也 氣有形也 理無爲也 氣有爲也 無形無爲而爲有形有爲之主者 理也 有形有爲而爲無形無爲之器者 氣也 理無形而氣有形 故理通而氣局 理無爲而氣有爲 故氣發而理乘 理通者何謂也 理者 無本末也 無先後也 無本末無先後 故未應不是先 已應不是後【程子說】是故 乘氣流行 參差不齊 而其本然之妙 無乎不在 氣之偏則理亦偏 而所偏非理也 氣也 氣之全則理亦全 而所全非理也 氣也 至於淸濁粹駁 糟粕煨燼 糞壤汚穢之中 理無所不在 各爲其性 而其本然之妙 則不害其自若也 此之謂理之通也 氣局者何謂也 氣已涉形迹 故有本末也 有先後也 氣之本則湛一淸虛而已 曷嘗有糟粕煨燼糞壤汚穢之氣哉 惟其升降飛揚 未嘗止息 故參差不齊 而萬變生焉 於是氣之流行也 有不失其本然者 有失其本然者 旣失其本然 則氣之本然者 已無所在 偏者 偏氣也 非全氣也 淸者 淸氣也 非濁氣也 糟粕煨燼 糟粕煨燼之氣也 非湛一淸虛之氣也 非若理之於萬物 本然之妙 無乎不在也 此所謂氣之局也."

125) 『栗谷全書』, 卷10, 書2, 「答成浩原」, "理通者何謂也 理者 無本末也 無先後也…氣局者何謂也? 氣已涉形迹 故有本末也 有先後也."

과 공간에 제약되어 국한됨을 말한다.126) 이와 같이 율곡이 이통과 기국을 상세히 설명하고 있는데, 그가 통(通)을 '무본말무선후(無本末無先後)', 국(局)을 '유본말유선후(有本末有先後)'로 설명하는 것은 리 '무형무위(無形無爲)', 기 '유형유위(有形有爲)'에 비해 매우 진전된 이론이다.

또한 율곡은 마른 나무와 식은 재를 인용해 이통기국을 설명하면서, 마른 나무와 식은 재의 기는 산 나무와 산 불의 기가 아니지만, 마른 나무와 식은 재의 리는 곧 산 나무와 산 불의 리와 같다고 하였다. 그리고 리가 기를 타서 국한된 측면을 주자의 '이절부동(理絶不同)'을 인용해 설명하고, 리가 비록 기에 국한되었더라도 본체는 스스로 같음을 주자의 '이자리(理自理) 기자기(氣自氣)'를 인용해 설명하였다.127)

율곡은 순자(荀子)와 양웅(揚雄)은 다만 영쇄(零碎)한 리가 각각 한 개체에 있는 것만 보고 본체를 보지 못하였기 때문에 '성이 악하다', '선악이 혼효(混淆)되어 있다'는 설이 있고, 맹자는 다만 본체만 들고 기를 타서 국한되는 설에는 미치지 못하였기 때문에 고자(告子)를 굴복시키지 못하였다고 한다. 그러므로 정명도는 "성(性)만 논하고 기(氣)를 논하지 않으면 불비(不備)한 것이요, 기만 논하고 성을 논하지 않으면 불명(不明)하니, 이것을 둘로 갈라 놓으면 옳지 않다"고 하였다 한다.128)

---

126) 황의동, 「율곡의 철학사상에 관한 연구 -이기지묘를 중심으로-」, 충남대대학원(박사), 1987, 56쪽.

127) 『栗谷全書』, 卷10, 書2, 「答成浩原」, "枯木有枯木之氣 死灰有死灰之氣 天下安有有形無氣之物乎 只是旣爲枯木死灰之氣 則非復生木活火之氣 生氣已斷 不能流行爾 以理之乘氣而言 則理之在枯木死灰者 固局於氣而各爲一理 以理之本體言 則雖在枯木死灰 而其本體之渾然者 固自若也 是故枯木死灰之氣 非生木活火之氣 而枯木死灰之理 卽生木活火之理也 惟其理之乘氣而局於一物 故朱子曰 理絶不同 惟其理之雖局於氣 而本體自如 故朱子曰 理自理氣自氣 不相挾雜 局於物者 氣之局也 理自理 不相挾雜者 理之通也."

128) 『栗谷全書』, 卷10, 書2, 「答成浩原」, "荀揚徒見零碎之理各在一物 而不見本體 故有性惡善惡混之說 孟子只擧本體 而不及乘氣之說 故不能折服告子 故曰論性不論氣 不備 論氣不論性 不明 二之則不是."

그러므로 율곡은 '이통기국'은 요컨대 본체상에서 말해야 하지만, 본체를 떠나서 따로 유행을 구할 수 없다고 한다. 사람의 성이 사물의 성이 아닌 것이 기국(氣局)이고, 사람의 리가 곧 사물의 리인 것이 이통(理通)이다. 모나고 둥근 그릇은 같지 않지만 그릇속의 물은 한 가지요, 크고 작은 병은 같지 않지만 병속의 공기는 한 가지이다. 기가 근본이 하나인 것은 리가 통하기 때문이요, 리가 만 가지로 나뉘는 것은 기가 국한되기 때문이다. 본체 가운데 유행이 갖추어 있고, 유행 가운데 본체가 내존(內存)해 있으니, 이것으로 미루어 보면 이통기국의 설이 과연 한쪽에 떨어질 수 있겠느냐고 반문하였다. 129) 여기서 중요한 것은 율곡이 이통기국을 본체상에서 논해야 한다고 전제하면서도 결국 본체를 떠나서 유행을 찾을 수 없기 때문에 본체와 현상, 체와 용을 아울러 보아야 한다고 한 점이다. 즉 본체 가운데 유행이 있고 유행가운데 본체가 있으니, 이통기국은 어느 일변에 치우쳐서는 안 된다는 것이다.

그런데 혹자는 율곡의 이통기국론이 본체와 현상, 리와 기를 분리했다고 비판하지만,130) 이는 이통기국에 대한 오해요 잘못된 인식이다. 이통기국은 리와 기 어느 한 면으로 치우쳐 보는 관점을 지양하고, 이일(理一)과 기일(氣一), 이분수(理分殊)와 기분수(氣分殊)를 체용일원(體用一源)과 이기지묘(理氣之妙)의 논리로 창출한 것이다.131) 다시 말하면 이일분수와 기일분수를 지양하여 이기의 격단(隔斷)과 체용의 분리를 반대하

---

129) 『栗谷全書』, 卷10, 書2, 「與成浩原」, "理通氣局 要自本體上說出 亦不可離了本體 別求流行也 人之性非物之性者 氣之局也 人之理卽物之理者 理之通也 方圓之器不同 而器中之水一也 大小之瓶不同 而瓶中之空一也 氣之一本者 理之通故也 理之萬殊者 氣之局故也 本體之中 流行具焉 流行之中 本體存焉 由是推之 理通氣局之說 果落一邊乎."

130) 정원재, 「지각설에 입각한 이이철학의 해석」, 서울대대학원(박사), 2001, 52쪽.

131) 황의동, 「율곡의 철학사상에 관한 연구 −이기지묘를 중심으로−」, 충남대대학원(박사), 1987, 65쪽.

는 종합적인 사고방식이라 하겠다.132)

이러한 율곡의 이통기국에 대해 혹자는 기존 주자학의 형이상학체계인 이일분수설의 해석에 불과하다든가,133) 성리학에서의 이일분수설의 또 다른 표현에 불과하다고134) 과소평가하기도 하지만 논자의 견해는 이와 다르다. 그것은 이통기국이 정주의 이일분수에서 비롯됨은 사실이지만 체용일원(體用一源), 이기지묘(理氣之妙)를 종합한 입체적인 사유로 발전시킨 것이다. 물론 주자도 이일분수를 말하였고 기일분수의 사고 흔적도 볼 수 있다.135) 또 이기가 결코 떨어져서는 안 된다는 이기불상리(理氣不相離)의 유기적 설명도 하고 있다. 그러나 리의 체용과 기의 체용 그리고 이기의 묘융(妙融)을 종합해 하나로 정립한 이론은 보이지 않는다. 적어도 율곡은 이일분수로 리의 체용일원을 말하고 기일분수로 기의 체용일원을 말하면서, 이기는 본래 하나로 있다는 이기지묘를 전제하여 리의 체용과 기의 체용 그리고 이기지묘를 아울러 이통기국의 설을 세웠다. 따라서 이통기국은 이일분수와 기일분수의 차원을 넘어서서 리의 체와 기의 체, 리의 용과 기의 용이 본체와 현상에서 각각 하나로 있고, 본체상의 이기지묘에서는 이통(理通)만 가능한 것이 아니라 기통(氣通)도 가능하고, 현상계에서는 기국(氣局)만 가능한 것이 아니라 이국(理局)도 가능한 지평이 열린다. 이렇게 이통기국은 이기와 체용을 자유롭게 넘나드는 회통(會通)의 논리가 가능한 것이다.

---

132) 황의동, 「율곡의 철학사상에 관한 연구 -이기지묘를 중심으로-」, 충남대대학원(박사), 1987, 67쪽.

133) 최영진, 「율곡 이기론에 있어서의 의양과 자득」, 『율곡학연구총서(논문편2)』, 율곡학회, 2007, 72쪽.

134) 이동희, 「율곡은 주기적이 아니면서 주기적이다」, 『율곡학연구총서(논문편2)』, 율곡학회, 2007, 215쪽.

135) 『朱子大全』, 卷46, 「答黃商伯」, "論萬物之一原 則理同氣異 觀萬物之異體 則氣猶相近 而理絶不同也 氣之異者 粹駁之不齊 理之異者 偏全之或異."

율곡의 이통기국에 담겨 있는 철학적 의의는 개체와 전체가 조화를 이루고 자존(自存)과 공존(共存)의 상생에 있다. 이통(理通)의 관점에서 보면 이 세계는 하나의 진리, 하나의 도덕, 하나의 세계를 지향한다. 삼라만상의 존재가 저마다 생존을 영위하지만 궁극적으로는 전체가 서로 돕고 함께 살아간다. 또 인간의 관점에서 보면 비록 인종이 다르고 나라가 다르고 이념이 다르고 역사와 배경이 달라도 전 세계 인류는 보편적으로 인간존엄, 평화, 자유, 정의, 행복 등의 이상적 가치를 추구한다.

지구촌의 관점에서 보면 온 세상은 하나의 지구촌이다. 우리 삶의 영역을 더 확장하면 우주로까지 확대해 생각할 수 있다. 나라와 나라, 인종과 인종, 개인과 국가가 모두 지구촌의 평화와 안전, 자유와 평등 그리고 복지가 보장되는 행복한 사회를 염원한다. 이처럼 모두가 개인과 국경, 이념과 종교를 뛰어넘어 하나로 통하는 길이 이통의 지평이다.

또 인간뿐만이 아니라 인간과 더불어 생존을 영위하는 수많은 동식물들, 그리고 생명 없는 자연, 사물에 까지도 하나로 통할 수 있는 이념, 가치가 있다면 그것이 이통의 길이다. 오늘날 지구촌의 인류가 지구환경을 걱정하고, 핵무기의 재앙을 통제하고, 과학기술의 후유증을 최소화하고자 노력하는 것들이 바로 이통의 질서라고 할 수 있다.

반면 이 세계는 분명 내가 존재하고, 나와 마주 서 있는 수많은 그들이 존재한다. 인종이 다르고 정치체제가 다르고 역사적, 문화적 배경이 다르다. 또 종교가 다르고 관습이 다르고 도덕이 다르다. 전체성도 중요하지만 차이성, 개별성도 중요한데 이것이 바로 기국성(氣局性)이다. 인간만 그런 것이 아니라 식물도 천차만별로 다양하며, 동물세계도 다양하게 존재한다. 저마다의 생존방식이 있고 질서가 있고 문화가 있다. 이 차이를 인정하는 것이 기국성의 의의다. 전체만 중요한 것이 아니라 개체도 중요하다. 국가만 중요한 것이 아니라 개인도 중요하다. 나만 중요한 것이 아니라 나와 마주 서 있는 너도 중요하다. 인간만 중요한 것이 아니라 자연도 중요하다. 흙, 돌멩이, 바람, 공기, 물까지도 중요한 존재라는 인식이야말로 기국성이 갖는 의미다.

또한 이통(理通)이란 이 세상 모든 것에 존재하는 보편성을 말하고, 기국(氣局)이란 만물에 편재(遍在)하는 보편성이 구체적인 모습으로 표현되는 것을 말한다. 구체성이 없이는 보편성이 있을 자리가 없고, 보편성을 잃어버린 구체성은 의미를 잃어버린 고립적 존재가 되어 버린다.[136] 즉 구체성이 없는 보편성은 공허하고, 보편성이 없는 구체성은 고립주의가 되고 만다.[137]

이런 관점에서 이통기국의 함의는 전통문화의 독자성과 정체성을 존중하며, 다른 측면에서는 자국의 한계를 뛰어넘는 세계적 보편성을 존중해야 한다. 또 인간의 보편성과 함께 각 개인의 개성을 함께 존중해야 한다. 예의나 관습도 전 세계 인류의 보편적인 인간존중의 예의 정신을 추구하지만, 나라나 지역마다 지니는 예의와 관습의 특수성도 존중해야 한다.[138]

이렇게 볼 때, 율곡의 이통기국은 개별성과 전체성의 조화를 의미한다. 또 주체와 객체의 상생을 추구한다. 개체의 자존과 함께 전체의 공존을 추구한다. 개체를 위해 전체를 무시하거나 전체를 위해 개체가 희생되어서는 안 된다. 자존과 공존이 갈등하지 아니하고, 또 어느 하나도 소외되지 않는데서 자존과 공존의 상생이 가능하다. 이것이 율곡의 이통기국이 담지(擔持)한 철학적 함의의 하나다.

---

136) 노영찬, 「현대사회의 가치와 율곡의 사고 구조」, 『율곡학연구』, 제1집, 한림대율곡학연구소, 2005, 106쪽.
137) 노영찬, 「현대사회의 가치와 율곡의 사고 구조」, 『율곡학연구』, 제1집, 한림대율곡학연구소, 2005, 106쪽.
138) 황의동, 『율곡 이이』, 살림출판사, 2007, 85쪽.

또한 이통(理通)의 '통(通)'은 인간의 의지나 행위와 상관없이 항상 존재하는 보편의 원리지만, 특수 존재가 기국성(氣局性)을 극복하고 통할 수 있는 가능 근거이며, 기국(氣局)의 '국(局)'은 유한성을 지닌 존재로서의 특수의 원리지만, 변화를 통해 상황에 따라 제한시켜 갈 수 있는 가변의 가능 근거다. 그러므로 현실에 절대선의 실현이 불가능한 듯하지만 실현가능성은 항상 열려 있으며, 현실은 창업(創業), 수성(守成), 쇠퇴(衰退)라는 필연성의 지배를 받지만, 언제나 절대선의 실현을 향해 필연성을 극복할 수 있는 가변의 가능성 또한 항상 열려 있다.139) 이통의 세계는 가능의 지평이라면 기국의 세계는 그 가능성을 현실화시키는 지평이다.140) 또한 이통의 세계가 본질과 초월 그리고 보편적인 정신의 자유로운 왕국이라면, 기국의 세계는 실존과 내재 그리고 정신의 자유를 제한시키는 무의지, 무반성의 세계이다.141)

인간을 포함한 모든 존재는 이 세상에 운명적으로 주어졌다. 보이지 않는 절대자의 손에 얽혀진 이통의 그물 속에 산다. 그런 점에서 천지지리(天地之理), 만물지리(萬物之理), 오인지리(吾人之理)가 하나라고 말한다. 또 인간과 자연이 하나라고 말한다.142) 이 절대적 보편의 리는 존재하는 모든 것들의 존재지리(存在之理)요 그들이 각기 가야 할 마땅한 길로서의 당위지리(當爲之理)다. 일체 존재가 저마다 자기 존재의 방식대로 살아가는 것이 곧 지선(至善)이요 이통의 질서다. 또 인간세계에서 볼 때

139) 김교빈, 「율곡철학에서의 필연성과 가변성에 대한 연구」, 『율곡학연구총서(논문편2)』, 율곡학회, 2007, 93쪽.

140) 김형효, 「율곡과 메를리-뽕띠와의 비교 연구」, 『율곡학연구총서(논문편1)』, 율곡학회, 2007, 537쪽.

141) 김형효, 「율곡과 메를리-뽕띠와의 비교 연구」, 『율곡학연구총서(논문편1)』, 율곡학회, 2007, 537쪽.

142) 『栗谷全書』, 拾遺, 卷5, 「神仙策」, "蓋聞天地萬物 本吾一體."

이통으로서의 인간은 보편적이다. 만인 평등, 성선의 인간 존재다. 그러나 기국성을 지닌 인간 존재는 능력, 외모, 성격 등 모든 면에서 차이를 갖는다. 이기를 떠날 수 없는 인간이기 때문에 성선, 평등의 이통성은 기국성의 제약하에 있다. 그러나 기국성이 비록 선악, 긍정과 부정의 양면성을 갖지만, '능변화(能變化)'의 유위성(有爲性)을 갖는다. 여기에 인간은 주어진 운명 앞에 그대로 살지 않고 스스로 기획하고 변화하는 삶을 영위할 수 있다. 이것이 기국의 국한성을 넘어서서 자유에로 가는 길이다. 어차피 이통성과 기국성은 공동운명체다. 서로 상호의존하에 있고 또 상호 영향을 미친다. 이통성으로서의 절대선(絕對善), 지선(至善)의 가치는 우리가 가야 할 목표요 이상이다. 그 이상을 실현하고 가치를 실현하는 것은 기국성의 몫이다. 이통성이 없는 기국성은 맹목이고, 기국성이 없는 이통성은 공허하다. 이통과 기국이 소통되고 조화되는데서 이상은 현실화되고 국한을 뛰어넘어 자유의 왕국은 실현된다.

율곡의 인간 이해

1. 율곡의 인간관

　제1장에서 율곡이 자연과 이 세계를 어떻게 보았는가를 검토해 보았다. 이제 여기에서는 율곡이 인간을 어떻게 보고 있는지 검토해 보기로 하자. 율곡은 장횡거(張橫渠)의 「서명(西銘)」을 인용하여 인간은 천지의 '수(帥)'를 받아 성(性)을 삼고 천지의 '색(塞)'을 나누어 가져 형(形)을 삼았다 한다.[1] 율곡은 주자의 해석에 따라 '수'를 리(理)로, '색'을 기(氣)로 해석한다. 인간은 천지의 리(理)를 받아 성(性)을 삼고 천지의 기(氣)를 받아 형(形)을 삼아 되어진 존재이다. 율곡은 기본적으로 인간 존재가 천지자연의 소산임을 확신하고 인간 존재의 근거가 천지자연에 있다고 보았다. 그리고 인간의 본성은 천지의 리(理)에서, 인간의 형체는 천지의 기(氣)에서 연원하는 것으로 보았다. 결국 인간은 천지의 리와 천지의 기가 묘합 일체화된 존재이다. 이렇게 보는 관점은 그대로 천지의 변화와 내 마음의 발용이 기발이승(氣發理乘) 아님이 없다는 그의 말에서도 분명해진다.[2] 자연세계의 생성변화가 모두 기발이승이듯이, 우리들 마

---

1) 『栗谷全書』, 卷10, 書2, 「答成浩原(壬申)」, "稟天地之帥 以爲性 分天地之塞 以爲形."

2) 『栗谷全書』, 卷10, 書2, 「答成浩原(壬申)」, "是故天地之化 吾心之發 無非氣發而理乘之也."

음의 변화현상도 발하는 기 위에 리가 올라타 있는 구조라고 보았다. 즉 인간의 마음이 대상적 외물에 따라 움직이는 것은 기이지만, 그 기의 운동변화를 주재하는 것은 리라고 보았다. 이러한 입장에서 그는 인심도심(人心道心)도 모두 기발이승의 존재구조라고 이해한다. 인심도심이 모두 기의 발인데, 기가 본연의 리에 순함이 있는 것은 기 또한 본연의 기이므로, 리가 본연의 기를 타게 되어 도심이 된다고 하였다. 또 기가 본연의 리에 변함이 있게 되면 또한 본연의 기에도 변함이 있으므로, 리 또한 변한 바의 기를 타게 되어 인심이 되어 혹 지나치고 혹 미치지 못하게 된다고 보았다.[3] 이와 같이 인심과 도심이 모두 기발이승의 존재구조인데, 다만 도심은 리가 본연의 기를 탄 것이고, 인심은 리가 변한 바의 기를 탄 것이다.

또한 율곡은 인간의 감정(情)도 기발이승의 구조라고 이해한다. 무릇 감정의 발함에 있어서 발하는 것은 기이고 발하는 까닭은 리다. 기가 아니면 발할 수 없고 리가 아니면 발할 바가 없다.[4] 희노애락의 감정이 발하는 것은 기의 역할이다. 그러나 그 감정의 발은 리에 맞아야 한다. 리에 맞는 기의 발 그것이 진정한 의미의 감정의 발이다. 이러한 관점에서 그는 사단과 칠정 모두를 기발이승으로 이해하였다.[5] 퇴계처럼 사단은 리가 발함에 기가 따르는 것이고, 칠정은 기가 발함에 리가 타는 것이라 보지 않고,[6] 양자를 모두 기발이승 하나의 길로 보았다.

<hr>

3) 『栗谷全書』, 卷10, 書2, 「答成浩原(壬申)」, "人心道心 俱是氣發 而氣有順乎本然之理者 則氣亦是本然之氣也 故理乘其本然之氣而爲道心焉 氣有變乎本然之理者 則亦變乎本然之氣也 故理亦乘其所變之氣而爲人心 而或過或不及焉."

4) 『栗谷全書』, 卷20, 「聖學輯要2」, "凡情之發也 發之者氣也 所以發者理也 非氣則不能發 非理則無所發."

5) 『栗谷全書』, 卷10, 書2, 「答浩原」, "非特七情爲然 四端 亦氣發而理乘之也."

6) 『退溪全書』, 卷7, 「心統性情圖說」, "四端之情 理發而氣隨之…七者之情 氣發而理乘之."

그러면 율곡은 본성(性)을 어떻게 이해하고 있는가? 율곡에 의하면 본성도 이기(理氣)가 합해진 것이다. 대개 리가 기 가운데 있은 연후에 성이 된다. 만약 형질 가운데에 있지 아니하면 마땅히 리(理)라고 해야지 성(性)이라고 해서는 안 된다. 단지 형질 가운데에 나아가 단지 그 리만을 가리켜 말하면 본연지성이다.7) 율곡은 주자와 마찬가지로 기질지성 중심의 성론을 펴고, 형질을 떠난 성은 성(性)이 아니라 리(理)라고 해야 옳다고 하였다. 이는 본연지성이란 사실상 성이 아니라 리라고 보는 관점인데, 이를 통해 율곡이 인간의 성을 현실적 인간을 중심으로 이해하고 있음을 알 수 있다. 기질지성으로서의 성은 곧 이기 묘합의 구조요 기발이승의 구조다. 이렇게 볼 때, 율곡은 인간의 정신세계 즉 마음, 본성, 감정 모두를 이기묘합 내지 기발이승의 존재구조로 이해하였다.

그는 또 인간을 심신일체(心身一體)의 존재로 설명하기도 한다. 마음은 몸의 주인이 되고 몸은 마음의 그릇이라 하여,8) 심신의 상호의존적 관계를 말해 준다. 그는 또 주자의 말을 인용하여 인간의 형체는 음(陰)에서 생기고 정신은 양(陽)에서 발한다 한다.9) 여기에서 형(形)과 신(神)은 인간의 양 측면인데 음양의 소산임을 말하고 있다.

특히 율곡은 「사생귀신책(死生鬼神策)」에서 맹자의 소체(小體), 대체(大體), 이목지관(耳目之官), 심지관(心之官)의 이론보다 진전된 인간관을 전개한다. 무릇 사람에게 형상이 있는 것은 신체요, 형상이 없는 것은 지각(知覺)이다. 형상이 있는 것은 그 사라져 없어짐을 보지만, 형상이 없는 것은 모이거나 흩어지는 일이 없으니 사람이 죽은 뒤에도 지각이 있

---

7) 『栗谷全書』, 卷10, 書2, 「理氣詠呈牛溪道兄」, "性者 理氣之合也 蓋理在氣中然後爲性 若不在形質之中 則當謂之理 不當謂之性也 但就形質中 單指其理而言之 則本然之性也."

8) 『栗谷全書』, 卷21, 「聖學輯要3」, "臣按 心爲身主 身爲心器."

9) 『栗谷全書』, 卷20, 「聖學輯要2」, "然形生於陰 神發於陽."

을 것 같다. 대개 사람의 지각은 정기(精氣)에서 나온다. 이목(耳目)의 총명(聰明)한 것은 백(魄)의 영(靈)이며 심관(心官)의 사려(思慮)하는 것은 혼(魂)의 영(靈)이다. 그리고 이목이 총명하고 심관이 사려하는 것은 기(氣)이며, 그 총명 사려하는 소이는 리(理)다.10)

이와 같이 율곡은 인간을 유형(有形), 무형(無形)에 따라 신체와 지각으로 구별하였는데, 이는 신체와 정신으로 본 것과 다르지 않다. 그리고 그는 인간의 지각은 정기(精氣)에서 나온다 하고, 이목의 감각은 백(魄)의 영(靈)함이고 심관의 사려는 혼(魂)의 영(靈)함이라 하였다. 이는 율곡이 인간의 지각능력을 이목지관(耳目之官)에서 나오는 감각기능과 심지관(心之官)에서 나오는 사려기능으로 구분하고 있음을 말한다. 이때 감각기능은 인간의 신체에서 나오는 백(魄)의 영특함이고, 사려기능은 인간의 마음에서 나오는 혼(魂)의 영특함이라 이해하였다. 이것은 인간을 심신(心身), 영육(靈肉), 혼백(魂魄)이 일체화된 존재로 이해하면서도 감각기능은 신체에서, 사려기능은 마음에서 찾고 있음을 알 수 있다. 또한 여기에서도 율곡은 이목이 총명하고 심관이 사려하는 것은 기이지만, 그것들이 총명 사려하는 까닭은 리라 하여 이기론적 설명을 잊지 않는다.

그는 또 이것과 연관하여 사람의 한 몸은 혼백의 부곽(郛郭)이라 한다. 혼(魂)은 기(氣)의 신령(神靈)한 것이고 백(魄)은 정(精)의 신령한 것이다. 그것이 살았을 때는 펴져서 신(神)이 되고, 죽었을 때에는 굽혀져 귀(鬼)가 된다. 혼기(魂氣)가 하늘로 올라가고 정백(精魄)이 땅으로 돌아가면 그 기는 흩어지더라도 금방 흔적마저 없어져 버리지는 않는다. 그러나

---

10) 『栗谷全書』, 拾遺, 卷4, 「死生鬼神策」, "夫人之有形者 身體也 無形者 知覺也 有形者 見其潰滅 而無形者 不見聚散 則死後疑若有知矣⋯蓋人之知覺 出於精氣焉 耳目之聰明 魄之靈也 心官之思慮者 魂之靈也 其聰明思慮者 氣也 其所以聰明思慮者 理也."

그 기가 위로 발양(發揚)한 지 오래되면 또한 소멸된다.11) 이와 같이 율곡은 사람의 몸이 혼백을 감싸고 있는 부곽(郛郭)과 같다고 보고, 혼은 기의 신(神)으로, 백은 정(精)의 신으로 구별해 보았다. 그리고 그것이 살아 있을 때는 신(神)이 되고 죽었을 경우에는 귀(鬼)가 되는데, 혼기(魂氣)는 하늘로 올라가고 정백(精魄)은 땅으로 돌아간다고 보았다.

특히 그는 칠규백해(七竅百骸)가 비록 흩어지지 않았다 하더라도 오히려 지각할 수 없는데, 하물며 허공의 어둡고 아득한 가운데에 어찌 일물이 있어, 귀가 없이도 들을 수 있고, 눈이 없이도 볼 수 있고, 마음이 없이도 사려할 수 있겠느냐고 말한다. 이미 지각이 없다면 비록 천당과 지옥이 있다 하더라도 누가 그 괴로움과 즐거움을 알겠느냐고 하였다.12) 이렇게 볼 때, 율곡은 인간의 지각이란 죽음 이후에는 불가하다는 관점이고, 인간의 지각이 없다면 비록 천당과 지옥이 있다 해도 그 괴로움과 즐거움을 알 수 없다고 보았다. 율곡의 이러한 인간관은 경험적이고 현실적인 관점에서 인간을 보는 태도다. 그것은 그가 인간을 신체 속에 정신이 깃들고, 이기가 묘합 되어진 존재로 인식하는 데서 잘 나타난다. 더욱이 인간의 마음, 본성, 감정을 이해하는 데 있어서도 기발이승 내지 이기묘합의 존재구조로 이해하여 현실적 인간을 중심으로 한 인간이해에 접근하고 있는 데서 분명해진다.

일반적으로 유가철학은 인간을 우주경영의 주체로 삼고 인간의 지위를 특수화시켜 본다. 율곡도 만물 가운데 가장 영특한 존재로서 빼어난

---

11) 『栗谷全書』, "人之一身 魂魄之郛郭也 魂者 氣之神也 魄者 精之神也 其生也 伸而爲神 其死也 屈而爲鬼 魂氣升于天 精鬼歸于地 則其氣散矣 其氣雖散 而未遽泯滅…然其發揚于上者 久而亦消矣."

12) 『栗谷全書』, "七竅百骸 雖不潰散 而尚無知覺 則而況太虛杳茫之中 安有一物無耳而能聞無目而能見 無心而能思慮者哉 旣無知覺 則縱有天堂地獄 誰知苦樂哉."

것이 인간이라 규정한다.13) 대개 인물(人物)이 생겨남에 태극지도(太極之道)를 가지고 있지 아니함이 없는데, 음양오행의 기질(氣質)이 교운(交運)함에 있어 사람의 품수(稟受)한 바가 홀로 뛰어남을 얻어 그 마음이 가장 영특하여 그 성의 온전함을 잃지 않게 되었다.14) 이와 같이 율곡은 인간을 만물 가운데 가장 영묘(靈妙)한 존재로 이해하기 때문에, 그의 대민관(對民觀)에 있어서도 백성이란 지극히 어리석은 것 같으나 신령한 존재로 규정된다.15)

그러면 율곡이 인간을 만물의 영장으로 그 지위를 특수화시켜 보는 이유는 어디에 있을까? 그 첫째 이유는 인간의 주체적인 유위성(有爲性)에 있다. 일찍이 율곡은 기발이승(氣發理乘)을 설명하는 가운데 『논어』를 인용하여 "인심(人心)은 지각(知覺)이 있고 도체(道體)는 무위(無爲)하기 때문에, 공자가 사람이 도를 넓힐 수 있지 도가 사람을 넓히는 게 아니라" 하였다.16) 인간은 지각할 수 있기 때문에 인간이 도를 넓혀가는 존재이다. 이러한 관점에서 그는 천과 인간을 비교하여 그 유위성(有爲性)에 주목한다.

하는 바가 있어서 그런 것은 인간이요, 함이 없으면서 그런 것은 천이다.17) 천지가 감통(感通)하고 귀신이 감동(感動)하고 인심이 감응(感應)

---

13) 『栗谷全書』, 卷13, 「別洪表叔浩序」, "物之最大者 天地也…最靈者吾人也."
　　『栗谷全書』, 卷20, 「聖學輯要2」, "推人也 得其秀而最靈."

14) 『栗谷全書』, 卷20, 「聖學輯要2」, "蓋人物之生 其不有太極之道焉 然陰陽五行 氣質交運 而人之所稟獨得其秀 故其心爲最靈 而有以不失其性之全."

15) 『栗谷全書』, 卷25, 「聖學輯要7」, "斯民也 至愚而神 豈得以口舌相欺乎."

16) 『栗谷全書』, 卷20, 「聖學輯要2」, "(小註) 陰陽動靜而太極乘之 發者 氣也 乘其機者 理也 故人心有覺 道體無爲 孔子曰 人能弘道 非道弘人."

17) 『栗谷全書』, 拾遺, 卷5, 「神仙策」, "未有所爲而然者人也 莫之爲而然者天也."
　　『栗谷全書』, 「祈禱策」, "莫之爲者天也 有所爲者人也."
　　『栗谷全書』, 拾遺, 卷5, 「誠策」, "且夫莫之爲而然者天也 有所爲而然者人也."

하는 것은 천에 달려 있지만, 천지로 하여금 감통케 하고 귀신으로 하여금 감동케 하고 인심으로 하여금 복응(服應)케 하는 것은 사람에 달려 있다.18)

또한 천지가 제자리에 위치하고 만물이 육성됨이 어찌 임금 한 사람의 수덕(修德)에 달린 것이 아니겠으며,19) 리의 떳떳함과 리의 변화를 한결같이 천도에만 맡길 수 있겠느냐고 말하게 된다.20) 아울러 신(神)이 있느냐 없느냐 하는 것도 사람이 그 정성이 있으면 그 신이 있어 있다고 할 수 있고, 그 정성이 없으면 그 신도 없어 없다고 할 수 있으므로, 있고 없는 기틀이 사람에 달려 있다는 것이다.21)

또한 성인의 덕은 하늘과 더불어 하나가 되어 신묘(神妙)하여 헤아릴 수 없어 비록 미칠 수 없을 것 같으나, 진실로 능히 공부를 쌓는다면 이르지 못할 것이 없다. 그러므로 사람이 하지 아니함을 근심해야 할 수 없음을 근심해서는 안 된다.22) 이러한 관점에서 정치가 잘되고 못 되는 것도 임금 자신이 하지 않는 것이지 할 수 없는 것이 아니다.23)

이와 같이 율곡은 인간의 주체적 능력을 신뢰하고 인간의 노력을 강조했다. 그는 천지가 제자리를 지키고 만물이 저마다 육성되는 것도 인간의 노력을 통해 가능하고, 수양을 통해 성인이 되고 정치를 잘하고 못하는 것 또한 인간 자신의 노력 여하에 달려 있다고 보았다.

---

18) 『栗谷全書』, 拾遺, 卷5, 「誠策」, "天地之格 鬼神之動 人心之服 則在天 能使天地格 鬼神動 人心服者在人."

19) 『栗谷全書』, 卷14, 「天道策」, "天地之位 萬物之育 豈不繫於一人之修德乎."

20) 『栗谷全書』, 卷14, 「天道策」, "理之常 理之變者 其可一委於天道乎."

21) 『栗谷全書』, 拾遺, 卷4, 「死生鬼神策」, "有其誠 則有其神而可謂有矣 無其誠 則無其神而可謂無矣 有無之機 豈不在人乎."

22) 『栗谷全書』, 「聖學輯要4」, "臣按 聖人之德 與天爲一 神妙不測 雖似不可企及 誠能積累工夫 則未有不至者也 人患不爲 不患不能."

23) 『栗谷全書』, 卷7, 「司諫院乞變通弊法箚」, "今日之不治 是殿下不爲也 非不能也."

율곡이 인간을 위대한 존재로 보아 만물의 영장이라고 하는 또 하나의 이유는 인간의 가변성, 즉 문화능력에 있다. 천지만물은 다시 수양의 방법이 없으나 사람만은 기(氣)의 바르고(正) 통함(通)을 얻었다. 그렇지만 맑고 흐리고 순수하고 잡박하여 같지 않음이 있어 천지의 순일(純一)함과는 같지 않다. 다만 인간의 마음이란 허령통철(虛靈洞徹)하여 만리(萬理)를 모두 갖추고 있어 흐린 것은 변해 맑게 할 수 있고, 잡박한 것은 변해 순수하게 할 수 있다. 그러므로 수양의 노력이 오직 사람에게만 있어, 수양의 지극함이 천지가 제자리에 있게 하고 만물을 육성하게 한 후에야 인간의 할 일을 다 했다고 할 수 있다.24) 인간은 기의 바르고 통함을 얻어 수양의 가능성이 있어 노력에 따라 흐린 것을 맑게 할 수 있고 잡박한 것을 순수하게 할 수 있다. 마찬가지로 인간은 기를 받아 태어남이 만 가지로 같지 않으나, 힘써 알고 힘써 행하면 성공하는 것은 마찬가지다. 지혜롭지 못한 자는 스스로 자질이 부실(不實)하다 여겨 퇴보하는 것을 편히 여기고 한 걸음도 나아가지 아니하여, 나아가면 성인도 되고 물러서면 불초한 자도 되는 것이 모두 자기의 하는 바임을 알지 못한다.25) 이와 같이 사물의 편색(偏塞)된 것은 다시 변화의 도리가 없으나, 오직 사람만은 청탁수박(淸濁粹駁)의 다름이 있더라도 마음이 텅 비고 밝아 변화할 수 있다.26)

이와 같이 인간은 도덕적으로나 지적으로 변화 가능성이 있다는 점에

---

24) 『栗谷全書』, 卷10, 書2, 「答成浩原」, "天地萬物 更無修爲之術 惟人也 得氣之正且通者而 淸濁粹駁 有萬不同 非若天地之純一矣 但心之爲物 虛靈洞徹 萬理具備 濁者可變而之淸 駁者可變而之粹 故修養之功 獨在於人 而修養之極至於位天地育萬物 然後吾人之能事畢 矣."

25) 『栗谷全書』, 卷20, 「聖學輯要2」, "人生氣稟 有萬不齊 而勉知勉行 則成功一也 … 彼不智者 自分資質之不美 安於退託 不進一步 殊不知惟則爲聖爲賢 退則爲愚爲不肖 皆所自爲也."

26) 『栗谷全書』, 卷21, 「聖學輯要3」, "物之偏塞 則更無變化之術 惟人則雖有淸濁粹駁之不同 而方寸虛明 可以變化."

서 인간의 특수한 지위가 가능하다. 이러한 변화 능력이야말로 인류가 예로부터 지금까지 그리고 먼 미래에 이르기까지 무한히 발전해 오고 또 발전해 나갈 수 있는 가능성을 보여 주는 것이기도 하다. 이 문화 능력이야말로 인간이 신의 능력에 버금가는 것이다. 다른 동식물들은 주어진 환경을 벗어나지 못한 채 본능적 삶을 그대로 살고 있지만, 오직 인간만은 자신을 돌아보며 내일을 기획하고 보다 발전된 삶을 창조해 간다. 이러한 인간의 유위성(有爲性) 내지 변화능력이야말로 인간만이 지닌 위대한 능력이다. 그러나 인간이 결코 오만불손할 수는 없다. 왜냐하면 근본적으로 인간은 유한한 존재이기 때문이다.

율곡은 사람의 삶과 죽음이 기(氣)의 취산(聚散)에 불과한데, 그것이 자연히 모이고 자연히 흩어지니 어찌 그 사이에 인력(人力)을 용납할 수 있겠느냐고 말한다.[27] 인간의 자연한 삶과 죽음에 인간의 힘으로는 어찌할 수 없는 유한성을 말하고 있다. 마찬가지로 그는 사람의 태어남은 기의 모임이요 사람의 죽음은 기의 흩어짐인데, 모임이 없는데도 저절로 흩어지는 것이 어찌 천리가 아니겠느냐고 반문한다.[28] 이와 같이 삶과 죽음에 어찌할 수 없는 천리 내지 자연의 질서를 말하면서 인간의 한계를 인정하였다.

또한 율곡은 기(氣)의 두텁고 엷음은 기를 수 있으나 수(數)의 길고 짧음은 인력으로 어찌할 수 없다 하여,[29] 인간의 죽음에 대한 한계를 분명히 하고 있다. 이렇게 볼 때, 율곡의 인간관을 통해 인간의 자연 내지 천에 대한 양면적 태도를 엿볼 수 있다. 하나는 인간은 자연 내지 만물의

---

27) 『栗谷全書』, 拾遺, 卷5, 「神仙策」, "人之生也 氣之聚也 其死也 氣之散也 自然而聚 自然而散 豈容人力於其間哉."
28) 『栗谷全書』, 拾遺, 卷5, 「祈禱策」, "竊謂人之生也 氣之聚也 人之死也 氣之散也 莫之聚而自聚焉 莫之散而自散焉 豈非天耶."
29) 『栗谷全書』, 拾遺, 卷5, 「壽夭策」, "氣之厚薄 可以培養 而數之修短 不容人力矣."

영장으로서 '진인사 대천명(盡人事 待天命)'의 자세로 당당히 살아야 한다는 점이다. 또 하나는 인간은 천 내지 자연 앞에 유한한 존재로서 겸손하게 살아야 한다는 점이다. 즉 인간은 자연이나 신 앞에 오만해서도 안되고, 또 지나치게 위축되어 자신의 할 일을 온통 자연 내지 신에게 맡겨서도 곤란할 것이기 때문이다. 인간의 자연(神)에 대한 태도는 공자의 말대로 공경하면서도 멀리해야 한다. 즉 인간은 천 내지 자연을 공경하되 그렇다고 너무 가까이 해서도 곤란하다. 요컨대 율곡은 인간을 자연 가운데 위대한 존재로 규정하고 인간의 고유한 능력에 대해 평가하면서도, 또 어느 일면에 있어서는 자연 내지 신 앞에 겸손해야 한다는 점을 일깨워 주고 있다. 주체적 인간의 길과 종교적 신앙의 길을 함께 아우르고 있다는 점에서 율곡의 인간 이해가 빛나 보인다.

또한 율곡은 유가의 전통적 견해에 따라 만인평등의 입장에서 인간을 본다. 대개 중인과 성인은 그 본성은 같다. 비록 기질에 맑고 흐리고 순수하고 잡박한 다름이 없을 수 없으나, 진실로 능히 참되게 알고 실천하여 그 낡은 버릇을 버리고 그 본성의 처음을 회복한다면, 털끝만큼을 보태지 않고서도 온갖 선이 다 만족해질 수 있다. 그런데 중인이 어찌 성인으로 스스로 기약하지 않을 수 있으랴. 그러므로 맹자가 인간의 본성은 선하다고 말하면서 반드시 요, 순을 일컬어 실증하면서 말하기를, "사람은 모두 요, 순이 될 수 있다"고 하였으니 어찌 나를 속이랴.[30] 이와 같이 율곡은 사람은 모두 같은데 그 기가 같지 않다 하였다.[31] 즉 나와 성인이 성(性)도 한 가지로 같고 형(形)도 한 가지로 같다. 중인이 성인과

---

30) 『栗谷全書』, 卷27, 「擊蒙要訣」, "蓋衆人與聖人 其本性則一也 雖氣質不能無淸濁粹駁之異 而苟能眞知實踐 去其舊染 而復其性初 則不增豪末 而萬善具足矣 衆人豈可不以聖人自期 乎 故孟子道性善 而必稱堯舜以實之曰 人皆可以堯舜 豈欺我哉."
31) 『栗谷全書』, 拾遺, 卷5, 「壽夭策」, "均是人也 而其氣不同."

같은 것은 성이요 성인과 다른 것은 기다. 성은 한 이치이므로 닦으면 모두 성인에 이르지만, 기는 청탁(淸濁)으로 나뉘므로 방탕하면 혹 광망(狂妄)에 빠지기도 하니, 나의 여기에 이른 것은 기가 그렇게 한 것이라 한다.[32] 인간은 누구나 선성(善性)을 지니고 태어났다는 점에서 평등하다. 중인과 성인이 차이가 없다. 다만 기질의 차이에서 중인과 성인의 구별이 있을 뿐이다. 성인의 혈기도 사람과 같을 뿐이다. 주리면 먹고 싶고, 목마르면 마시고 싶고, 추우면 입고 싶고, 가려우면 긁고 싶은 것은 또한 면할 바가 없기 때문에 성인도 인심이 없을 수 없다.[33]

이렇게 볼 때, 율곡은 성인과 중인이 도덕 가능의 존재라는 점에서도 같지만, 자연 본능적 성을 함께 가지고 있다는 점에서도 같다고 이해한다. 인간은 맹자가 말하는 인의예지(仁義禮智)로서의 본성을 지닌 존재인 동시에, 순자(荀子)가 말하는 배고프면 먹고 싶고 추우면 따뜻해지고 싶은 성도 지니고 있다. 이런 점에서 인간은 성인과 중인이 평등한 것이다.

그런데 율곡은 그 가운데에서도 성인과 군자 그리고 학자를 이렇게 구별한다. 물(物)이 궁구되기를 극진히 하고, 지(知)가 이르게 되기를 극진히 하고, 뜻이 참되기를 극진히 하고, 마음이 바르기를 극진히 한 것은 성인이요, 격물치지 성의정심(格物致知 誠意正心)하여도 아직 극진한데 가지 못한 것은 군자요, 군자위에 나아가 가장 성인에 가까우면서도 아직 한 칸을 도달하지 못한 이는 안자(顏子)요, 아직 격물치지를 못하여 격물치지를 하고자 하고, 아직 성의정심을 못하여 성의정심을 하고자 하

32)『栗谷全書』, 卷13,「別洪表叔浩序」, "吾與聖人 性一也 形一也…衆人之同於聖者 性也 異於聖者氣也 性同一理也 修之則皆至於聖 氣分清濁 盪之則或陷於狂 吾之至此者 氣之所使也."

33)『栗谷全書』, 卷10, 書2,「答成浩原」, "聖人之血氣 與人同耳 飢欲食渴欲飮 寒欲衣 癢欲搔 亦所不免 故聖人不能無人心."

는 이는 학자라 하였다.[34] 이와 같이 성인, 군자, 학자의 차이가 본래 있는 것이 아니라 인간의 노력에 따라 그 차이가 있을 뿐이다. 그것은 성인을 아득히 멀고 높아 보통 사람이 감히 이르지 못할 경지로 보지 않고, 누구나 갈고 닦아 노력하면 성인이 될 수 있다는데서 인간의 본래적 평등은 분명해진다. 이렇게 인간의 본질 내지 정신에 대한 낙관적이고 긍정적 신념을 갖는 데서 교육의 가능성, 수양의 가능성, 왕도정치의 가능성, 대동(大同)세계의 가능성이 주어진다. 이러한 율곡의 견해는 비록 전통 유가의 입장을 계승한 것이지만, 인간의 무한한 가능성에 대한 신념을 바탕으로 인문세계 창조의 주체로서 인간의 위치를 확고히 규정하고 있다는 점에서 그 의의가 크다.

2. 인간 정신 일반에 관한 이해

성리학은 인간 자신에 대해 그 본질을 묻는 학문이며, 인간의 내면적 세계를 심층 이해하는 학문이다. 인간은 몸과 마음으로 되어 있고, 영혼과 육신으로 되어 있다. 그런데 몸과 마음, 영혼과 육신은 밀접히 연관되어 있다. 성리학은 이러한 인간의 정신영역에 대한 탐구를 본질로 한다. 인간의 정신영역은 여러 가지로 설명된다. 정신, 마음, 영혼, 감정, 본성, 의지 등 여러 가지 유형으로 나뉘어 설명되기도 하고, 또 이들은 서로 유기적으로 연관되어 있다. 이제 율곡의 인간 정신 일반에 대한 이해를 검토해 보기로 하자.

율곡이 47세에 쓴 「인심도심도설(人心道心圖說)」은 만년 정론으로서

---

34) 『栗谷全書』, 卷9, 書1, 「答成浩原」, "愚則以爲物極其格 知極其至 意極其誠 心極其正者 聖人也 格致誠正 而未造其極者 君子也 就君子上最近聖人 而未達一間者 顏子也 未格致 而欲格致 未誠正而欲誠正者 學者也."

그의 심성론이 잘 정리되어 있다. 먼저 마음(心)에 대한 율곡의 견해를 정리해 보기로 하자. 첫째로 마음은 본성, 감정, 의지를 주재하는 주체로 파악된다.[35] 이는 장횡거(張橫渠)의 '마음이 성정(性情)을 통괄한다'[36]는 말과 주자의 '마음은 성정(性情)의 주재'[37]라는 말을 계승한 것이지만, 율곡은 의(意)까지 마음의 주재 하에 두어 생각한 점에서 다르다. 또 주자가 마음을 '한 몸의 주재'[38]로 본 것과 같이, 율곡 역시 마음이 한 몸을 주재하는 것이라 한다.[39] 그리고 마음은 몸의 주체가 되고 몸은 마음의 그릇이라 하여, 주체가 바르면 그릇 또한 마땅히 바르다[40] 하여, 육신보다 마음에 우위성을 두어 마음의 주재성을 명백히 하였다.

둘째로 마음은 본성을 담는 그릇으로 이해된다.[41] 율곡은 소강절(邵康節)의 '마음은 성의 부곽(郛郭)'이라는 말을 인용하면서,[42] 마음은 성의 의착처, 성이 있는 곳으로 설명된다. 이러한 마음의 이해는 주자가 마음을 '신명(神明)의 집'[43] 내지 '리(理)가 모이는 곳'[44]라고 본 것과 같은 의미이다.

셋째로 마음은 본성, 감정, 의지를 포괄하는 개념이다. 율곡은 정, 지,

---

35) 『栗谷全書』卷9, 書1, 「答成浩原」(壬申), "心爲性情意之主."
36) 『性理大全』, 卷33, 「性理5」.
37) 『朱子大全』, 卷67, 「雜著」.
38) 『朱子大全』, 卷67, 「雜著」, "心則人之所以主於身, 而具是理者也."
　　『性理大全』, 卷33, 「性理5」, "心者, 一身之主宰."
39) 『栗谷全書』, 卷14, 雜著1, 「人心道心圖說」, "合性與氣, 而爲主宰於一身者, 謂之心."
40) 『栗谷全書』, 卷21, 「聖學輯要3」, "心爲身主, 身爲心器, 主正則器當正."
41) 『栗谷全書』, 卷9, 書1, 「答成浩原」, "心則盛貯性之器也."
42) 『栗谷全書』, 卷20, 「聖學輯要2」, "心者, 性之郛郭也."
43) 『性理大全』, 卷33, 「性理」5, "神明之舍."
44) 『朱子語類』, 卷5, 「性理」2, "理之所會之地."

의(情, 志, 意)가 모두 한 마음의 작용이라 하여,45) 감정, 의지의 작용 모두를 마음의 일면으로 파악하였다. 또한 마음이 아직 발하지 아니한 성(性), 이미 발한 정(情), 이미 발하여 계산하고 비교하는 의(意)가 모두 마음이라 하였다.46) 이와 같이 마음은 본성, 감정, 의지 일체를 포괄하는 우리의 정신능력 일반을 의미하고, 그 마음을 현상에 따라 구별해 보는 데서 각기 다른 이름이 생기게 된다. 율곡은 마음, 본성, 감정, 의지의 관계와 개념을 다음과 같이 명료하게 설명하고 있다.

성(性)은 심(心)의 이치요 정(情)은 심의 움직임이다. 정이 움직인 후 정에 비롯되어 계산하고 비교한 것이 의(意)다. 만약 심(心)과 성(性)을 둘이라 한다면 도(道)와 기(器)가 서로 떠날 수 있을 것이며, 정(情)과 의(意)가 둘이라면 인심에도 두 근원이 있을 것이니 어찌 크게 어긋나지 않겠는가? 모름지기 성(性), 심(心), 정(情), 의(意)가 단지 한 길인데, 각각 경계가 있음을 안 연후에야 그릇됨이 없다 할 것이다. 무엇을 한 길이라 하는가? 심(心)이 아직 발하지 아니한 것은 성(性)이요, 이미 발한 것은 정(情)이며, 정(情)이 발한 후에 헤아리는 것이 의(意)로서 이것이 한 길이다.

무엇을 각각 경계가 있다 하는가? 심(心)이 고요해서 움직임이 없는 때가 성(性)의 경계요, 느끼어 마침내 통하는 때가 정(情)의 경계이며, 느낀 바에 인해서 계산하고 비교하고 헤아리는 것이 의(意)의 경계이다. 단지 한 마음인데 각각 경계가 있을 뿐이다.47)

---

45) 『栗谷全書』, 卷20, 「聖學輯要」2, "情志意, 皆一心之用也."

46) 『栗谷全書』, 卷9, 書1, 「答成浩原」, "心爲性情意之主 故未發已發及其計較 皆可謂之心也."

47) 『栗谷全書』, 卷14, 「雜記」, "性是心之理也 情是心之動也 情動後緣情言計較者爲意 若心性分二 則道器可相離也 情意分二 則人心有二本矣 豈不大差乎 須知性心情意 只是一路 而

이와 같이 율곡은 근본적으로 본성, 마음, 감정, 의지 일체를 단지 한 길로 보았고, 다만 각각 경계가 있는 데서 마음, 본성, 감정, 의지의 다른 이름이 있다고 생각하였다. 이 또한 주자의 설에 크게 벗어나는 것은 아니지만, 역시 주자에 있어서의 마음은 본성, 감정을 포괄하여 설명됨에 비해, 율곡은 의지까지 포함하여 설명하는 것이 다른 점이다. 특히 마음과 본성, 감정, 의지의 관계를 하나로 보기도 하고 나누어 구별해 보기도 하여 명료히 설명함은 율곡의 진일보한 일면이다.

넷째로 마음은 주자의 말처럼 '허령지각(虛靈知覺)'한 것이며 담연허명(湛然虛明)하여 온갖 이치를 갖춘 것이다.[48] 그런데 마음의 허령함은 특히 성(性)이 있어서만 그런 것이 아니라, 지극히 통(通)하고 지극히 정밀한 기(氣)가 모여서 마음이 되기 때문에 허령한 것이라 하였다.[49] 마음을 담연허명한 것으로 온갖 이치를 구비한 인간의 지각능력으로 보는 것은 주자와 대동소이하지만,[50] 마음의 허령함을 지극히 통하고 지극히 정밀한 기가 엉기어 모인 것으로 설명하는 것은 율곡의 특징이다.

다섯째로 마음은 곧 기로서 이해되고 있다.[51] 물론 주자도 '심(心)은 기(氣)의 정수(精粹)'[52]라 하여, 심을 일종의 순수한 기로 본 것은 사실

各有境界 然後可謂不差矣 何謂一路 心之未發爲性 已發爲情 發後商量爲意此一路也 何謂 各有境界 心之寂然不動時 是性境界 感而遂通時 是情境界 因所感而紬繹商量 爲意境界 只是一心 各有境界."

48) 『栗谷全書』, 卷20, 「聖學輯要2」, "人之一心 萬理全具."
　　『栗谷全書』, 卷21, 「聖學輯要3」, "心之本體 湛然虛明."

49) 『栗谷全書』, 卷31, 「語錄上」, "心之虛靈 不特有性而然也 至通至正之氣凝而爲心 故虛靈也."

50) 『性理大全』, 卷33, 「性理5」, "心之全體 湛然虛明 萬理具足."
　　『朱子大全』, 卷14, "心之爲物 至虛至靈 神妙不測."

51) 『栗谷全書』, 卷10, 書2, 「答成浩原」, "心是氣."
　　『栗谷全書』, 卷12, 書4, 「答安應休」, "性 理也 心 氣也 情 是心之動也."

52) 『性理大全』, 卷32, 「性理4」.

이지만, 율곡이 심을 곧 기라 하여 직접적으로 설명하는 것은 율곡의 특징이다.

그런데 율곡이 심을 기로 설명하는 것은 다음과 같은 의미로 생각해 볼 수 있다. 하나는 심을 마음의 이치로서의 성을 담는 그릇 내지 성의 의착처로 보는 데서 '심을 곧 기'라고 생각하는 것이다.[53] 즉 이기설에 있어서 기가 리의 의착처로서 이해되듯이,[54] 마음의 이치로서의 성이 있어야 할 바가 곧 심이다. 성은 심이 아니면 의착할 바가 없는 것이요 심의 지각작용도 불가한 것이다. 지각할 수 있는 심이란 마음의 이치인 성만으로는 불가한 것이요, 마음의 이치가 담겨질 마음의 그릇인 기를 통해서만 심 자체의 존재가 가능하다. 또한 '심시기(心是氣)'로 보게 되는 까닭은 심을 발용 내지 지각하는 것으로 보는 데 있다. 심은 허령하지만 지각작용을 하는 것이므로 유위적(有爲的)인 기라 할 수 있다.[55] 이는 마음이 허령한 근거를 지극히 통하고 지극히 정밀한 기가 엉기어 모인 것[56]에서 찾고 있는 데서도 잘 알 수 있다.

여섯째로 율곡의 심은 이기지묘(理氣之妙) 내지 기발이승(氣發理乘)의 구조를 갖는다. 이기(理氣)는 본래 섞이어 서로 떨어질 수 없다. 심(心)이 움직여 정(情)이 되는데, 이때 발하는 것은 기(氣)요 발하는 까닭은 리

---

53) 『栗谷全書』, 卷9, 書1, 「答成浩原」, "心則盛貯性之器也."

54) 『栗谷全書』, 卷10, 書2, 「答成浩原」, "氣者 理之所乘也."
   『栗谷全書』, 卷14, 「人心道心圖說」, "氣者 盛理之器也."
   『栗谷全書』, 卷12, 書4, 「答安應休」, "有形有爲 而爲無形無爲之器者 氣也."

55) 『栗谷全書』, 卷10, 書2, 「答成浩原」, "發者 氣也 乘其機者 理也 故人心有覺 道體無爲."
   『栗谷全書』, 卷31, 「語錄上」, "心之知覺 氣耶理耶 曰能知能覺者 氣也 所以知所以覺者 理也."
   『栗谷全書』, 拾遺, 卷4, 「雜著1」, "其聰明思慮者 氣也 其所以聰明思慮者 理也…有心然後可以思慮矣."

56) 『栗谷全書』, 卷31, 「語錄上」, "心之虛靈 不特有性而然也 至通至正之氣 凝而爲心 故虛靈也."

(理)다. 기가 아니면 발할 수 없고, 리가 아니면 발용 자체가 불가능하니, 어찌 이발(理發) 기발(氣發)의 다름이 있겠는가?57) 율곡의 이러한 설명을 통해서 볼 때, 그는 이기지묘를 전제로 하여 심을 보는 것이고, 심은 발하는 기와 기발(氣發)의 원칙인 리가 묘융(妙融)됨으로써 심의 현상이 구체화될 수 있다고 본다. 율곡의 입장에서 보면 심도 이기(理氣)가 반드시 함께 있어야 하는 것이요, 발하는 것은 기이고 그 기 발용의 표준이 리라고 본다. 이러한 율곡의 심에 대한 이해는 확실히 주자보다 명료한 것으로 볼 수 있고, 인심과 도심 또한 기발이승으로 일관해 보았다.58) 율곡은 천리가 사람에게 부여된 것을 일러 성이라 하였다.59) 심은 곧 성(性)과 기(氣)가 묘합된 것으로 한 몸을 주재하는 것이지만, 여기에서도 심은 본래 성과 기의 묘합인 것이지 성과 기의 시간적, 공간적 이합(離合)을 의미하는 것은 아니다. 율곡의 심은 단순히 '마음의 이치'로서 성의 의착처일 뿐 아니라 '마음의 리'와 '마음의 기'가 묘합된 이기지묘 자체라 할 수 있다. 이러한 설명은 율곡이 이기지묘의 논리로 일관하여 심의 내면구조를 파악하고 있는 것이며, 주자의 설명보다 더욱더 명확한 설명이다. 율곡이 여러 가지 측면에서 심을 설명하지만 근본적으로는 이기지묘를 전제로 한 심의 설명이다. 천인일체가 이기지묘이듯이, 나의 마음도 여기에서 예외는 아니라고 보는 것이다.

다음은 율곡의 본성(性)에 대한 이해를 보기로 하자. 첫째로 성은 '마

---

57) 『栗谷全書』, 卷14, 「人心道心圖說」, "理氣渾融 元不相離 心動爲情也 發之者 氣也 所以發者 理也 非氣 則不能發 非理 則無所發 安有理發氣發之殊乎."

58) 『栗谷全書』, 卷10, 書2, 「答成浩原」, "人心道心俱是氣發…故理乘其本然之氣 而爲道心焉…故理亦乘其所變之氣 而爲人心."

59) 『栗谷全書』, 卷14, 「人心道心圖說」, "臣按天理之賦於人者 謂之性 合性與氣 而爲主宰於一身者 謂之心."

음 가운데의 이치'60)로 이해된다. 이는 주자가 '마음의 이치'61)로 파악한 것과 같이, 율곡도 성을 '마음 가운데 가지고 있는 이치'62)로 이해하였다.

둘째로 성은 심이 아직 발하지 아니한 상태를 일컫는다.63) 이는 심과의 관련하에서 볼 때 성은 마음의 이치로서 마음이 아직 발하지 아니한 것이요, 마음이 고요하여 움직이지 아니한 때에 해당한다.64) 이와 같이 성을 마음의 이치로 보고 또 마음의 미발(未發)로 보는 관점에서는 성(性)은 리(理)로서 순선(純善)한 것65)이다. 아울러 이러한 미발로서의 성은 사실 성의 본연이며 '태극지묘(太極之妙)', '중(中)', '대본(大本)'이고,66) 이것이 바로 주자가 말하는 천지지성(天地之性) 내지 본연지성(本然之性)이다. 이러한 성은 기가 배제된 순수 리(理)로서 순선무악(純善無惡)한 성이다.

셋째로 율곡의 성은 이기지묘(理氣之妙)로서의 기질지성(氣質之性)을 의미한다. 율곡이 천지지성 내지 본연지성을 말하고는 있으나 율곡성리학에 있어서는 기질지성이 문제가 된다. 율곡은 여기에 대해서 이렇게 말한다.

성(性)이란 이기(理氣)의 합이다. 대개 리(理)가 기(氣) 가운데 있은

---

60) 『栗谷全書』, 卷9, 書1, 「答成浩原」, "性則心中之理也."
　　『栗谷全書』, 卷10, 書2, 「答成浩原」, "心中所有之理乃性也."
61) 『朱子大全』, 卷67, 「雜著」, "心之理."
62) 『栗谷全書』, 卷10, 書2, 「答成浩原」, "心中所有之理."
63) 『栗谷全書』, 卷14, 「雜記」, "心之未發爲性."
　　『栗谷全書』, 卷9, 書1, 「答成浩原」, "未發則性也."
64) 『栗谷全書』, 卷14, 「雜記」, "心之寂然不動時 是性境界."
65) 『栗谷全書』, 卷12, 書4, 「答安應休」, "性卽理也 理無不善."
66) 『栗谷全書』, 卷9, 書1, 「答成浩原」, "未發者 性之本然也 太極之妙也 中也 大本也."

연후에 성(性)이 된다. 만약 형질 가운데 있지 않으면 리(理)라 부르는 것이 마땅하지 성이라 부르는 것은 마땅치 않다.[67]

　율곡은 주자의 설을 계승하여[68] 리(理)와 성(性)을 구별해 보는 입장이다. 인간의 형질을 배제한 성(性)이란 성이 아니라 리(理)라 할 수 있고, 성이란 반드시 이기(理氣)가 묘합된 것으로 리가 기 가운데 내재된 후에야 성이라 할 수 있다. 이러한 입장에서 보면 리는 기 없이 독립할 수 없고, 반드시 기 가운데 있은 후에야 비로소 성이 된다.[69] 인간의 성을 말한다면 반드시 그 성도 리와 기가 분리되어서는 생각될 수 없다. 그러므로 그는 정명도(程明道)의 '성(性)이 곧 기(氣)요 기가 곧 성'이라는 '생지위성(生之謂性)'의 설에 찬성하고[70], '성(性)을 논하면서 기(氣)를 논하지 아니하면 갖추지 못한 것이고, 기를 논하면서 성을 논하지 아니하면 밝지 못한 것'이라는 설을 계승하여 기질지성만을 그의 성 개념으로 삼고 있다. 이것은 주자도 마찬가지여서 기가 있지 않아도 성은 오히려 항상 있다고 하여[71] 인성에 있어서도 이선기후(理先氣後)를 말하지만, 또한 정명도의 말을 인용하여 인·물(人·物)이 아직 태어나기 이전은 리(理)라 할 수 있지 성(性)이라 이름할 수 없다[72]고 하였다.

---

67) 『栗谷全書』, 卷10, 書2, 「理氣詠呈牛溪道兄」, "性者 理氣之合也 蓋理在氣中然後爲性 若不在形質之中 則當謂之理 不當謂之性也."
68) 『近思錄』, 卷1, 「道體類」, "朱子曰 人生而靜以上 是人物未生時 只可謂之理 未可名爲性."
69) 『栗谷全書』, 卷12, 書4, 「答安應休」, "但理不能獨立 必寓於氣然後爲性."
70) 『栗谷全書』, 卷10, 書2, 「答成浩原」, "氣質之性 只是此性 墮在氣質之中 故隨氣質而自爲一性 程子曰性卽氣氣卽性 生之謂也 以此觀之 氣質之性 本然之性 決非二性."
71) 『朱子語類』, 卷4, 「性理1」, "論天地之性 則專指理言 論氣質之性 則以理與氣雜而言之 未有此氣 已有此性 氣有不存 而性却常在."
72) 『近思錄』, 卷1, 「道體類」, "朱子曰 人生而靜以上 是人物未生時 只可謂之理 未可名爲性."

또한 기질이 없으면 이 성은 편안히 머물 곳이 없게 된다[73]고 하여, 무릇 성을 말하는 자가 모두 기질로 인해서 말하게 된다[74]고 하였다. 이러한 주자의 성론은 율곡에게 충실히 계승되었다. 율곡은 본연지성과 기질지성은 두 개의 성이 아니라 하고, 기질지성에 나아가 단지 그 리만을 가리켜 말하면 본연지성이 되고, 리와 기질을 합해서 말하면 기질지성이라 하였다.[75] 결국 성은 본연지성과 기질지성의 두 개의 성이 있는 것이 아니라 리와 기질이 묘합된 기질지성뿐인데, 다만 그 가운데 리(理)를 가리켜 말한다면 본연지성이라고 하였다. 율곡의 이러한 본성 이해는 현실적 인간존재 속에서 성을 파악하는 태도로서 관념적 한계의 극복이라는 의미를 갖는다. 그리고 그의 성 개념 또한 이기지묘 내지 기발이승의 구조를 견지하고 있는 데서 율곡 성리학의 특성을 알 수 있다.

다음은 율곡의 감정(情)에 대한 견해를 검토해 보기로 하자. 첫째로 감정은 '마음의 움직임'[76] 내지 '마음이 이미 발한 것'[77]이다. 마음과의 연관에서 볼 때 감정은 마음이 느낀 바가 있어 움직인 것[78]으로 마음이 이미 발한 상태요 느끼어 마침내 통한 때를 의미한다.[79] 성(性)은 마음의 본체요 정(情)은 마음의 작용이다.[80] 마음이 아직 발하지 아니한 성은 마음의 본체가 되고, 마음이 이미 발한 정은 마음의 작용이 된다.

둘째로 감정은 '합이기(合理氣)'요 '기발이승'으로서 이기지묘의 구조

---

73) 『朱子語類』, 卷4, 「性理1」, "若無氣質 則這性亦無安頓處."

74) 『朱子大全』, 卷61, "非氣 無形 無形 則性善無所賦 故凡言性者 皆因氣質而言."

75) 『栗谷全書』, 卷20, 「聖學輯要2」, "臣按本然之性 氣質之性 非二性也 就氣質上單指其理 曰本然之性 合理與氣質而命之 曰氣質之性."

76) 『栗谷全書』, 卷12, 書4, 「答安應休」, "心之動."

77) 『栗谷全書』, 卷9, 書1, 「答成浩原」, "心之已發."

78) 『栗谷全書』, 卷20, 「聖學輯要2」, "情者 心有所感而動者也 纔動便是情."

79) 『栗谷全書』, 卷14, 「雜記」.

80) 『栗谷全書』, 卷20, 「聖學輯要2」.

라 할 수 있다.81) 이는 율곡이 '정(情)'자를 설명하기를, '성(性)'자와 '육(肉)'자의 합자(合字)로서 '혈기(血氣)에 리가 행하는 것'82)이라 한 데서도 알 수 있다. 율곡은 여기에 대해서 이렇게 말하고 있다.

> 천리(天理)는 함이 없는 것인데 반드시 기의 기틀을 타고 움직인다.
> 기가 움직이지 않는데 리가 움직이는 것은 있을 수 없다. 성이 기를 타
> 고 움직여 정이 된다.83)

정(情)이란 다름 아닌 작위가 없는 무위(無爲)의 천리가 기(氣)의 기틀을 타고 움직인 것이며, 성(性)이 기를 타고 움직인 것이다. 정은 기가 발함에 리가 올라탄 것(氣發理乘)이요 '성이 기를 타고 움직인 것'으로서 성과 기의 묘합임이 분명하다. 심(心)을 이기(理氣)의 묘합이라 보는 율곡은 그것의 작용인 정(情)도 이기지묘(理氣之妙)로 이해한다. 마음의 움직임이 정인데, 그 정은 기발이승으로서 역시 움직이는 것은 기요 그 기가 움직이는 원칙을 리라고 한다.

그러면 의(意)란 무엇인가? 율곡은 의(意)란 정(情)이 움직인 후에 정에 비롯되어 계산하고 비교하는 것,84) 마음의 느낀 바에 인해서 헤아린 것85)을 의미한다고 하였다. 의(意)가 마음이 발한 상태라는 점에서는 정(情)과 마찬가지지만, 의는 정에서 한 걸음 더 나아가 헤아리고 비교하고 계산하는 마음의 작용을 의미한다. 율곡의 심성론에 있어서는 마음

---

81) 『栗谷全書』, 卷12, 書4, 「答安應休」, "情是心之動也 氣機動而爲情 乘其機者乃理也."

82) 『栗谷全書』, 卷12, 書4, 「答安應休」, "情字命名之意 從性從肉 是血氣行理之名也."

83) 『栗谷全書』, 卷12, 書4, 「答安應休」, "天理者 無爲也 必乘氣機而乃動 氣不動 而理動者 萬無其理 性之乘氣而動者 乃爲情."

84) 『栗谷全書』, 卷14, 「雜記」, "情動後緣情計較者爲意."

85) 『栗谷全書』, 卷20, 「聖學輯要」, "心之因所感 而紬繹商量者 謂之意."

가운데 계산하고 비교하고 헤아리는 의의 측면이 매우 중요하게 대두되는 동시에, 장횡거나 주자가 '심은 성정을 통괄한다(心統性情)' 내지 '심은 성정의 주(主: 心者性情之主)'라 한 것에서 의(意)까지도 포괄하여 설명한 데 특징이 있다.

그러면 의(意)와 지(志)는 어떻게 구별되는가? 의(意)는 정(情)으로 말미암아 마음이 느낀 바를 계산하고 비교하고 헤아리는 것으로, 아직 일정한 방향과 목표가 설정되지 않은 것이다. 그러나 지(志)는 의(意)에서 한 걸음 더 나아가 계산하고 비교하고 헤아림이 결정되어 마음의 갈 바가 정해진 것으로서, 이를테면 선악, 옳고 그름, 좋고 싫음이 이미 정해진 것이다.86) 여기에 대하여 율곡은 또 이렇게 설명하고 있다.

> 지(志)와 의(意)는 어느 것이 먼저이고 어느 것이 뒤인가? 답하기를, 지는 의가 정하여진 것이요 의란 지가 아직 정해지지 않은 것이다. 지가 의의 뒤에 있는 듯하나 지가 먼저 서면 의가 뒤따라 생각하는 것도 있고, 의가 먼저 경영되고 지가 따라 정해지는 것도 있으니 일률적으로 논할 수 없다.87)

이러한 율곡의 설명은 주자의 '마음이 가는 바를 일러 지(志)라 한다'88)에서 연유하는 것이지만, '지는 의가 정해진 것이고, 의는 지가 아직 정해지지 않은 것'이라 한 설명은 양자의 개념 분변을 명료하게 한 것

---

86) 『栗谷全書』, 卷20, 「聖學輯要2」, "志者 心有所之之謂 情旣發而定其趨向也 之善之惡皆志也."

87) 『栗谷全書』, 卷20, 「聖學輯要2」, "問曰志與意 孰先孰後 答曰志者 意之定者也 意者志之未定者也 似乎志在意後 然或有志先立 而意隨而思者 或有意先經營 而志隨而定者 不可以一概論也."

88) 『性理大全』, 卷33, 「性理5」, "心之所之謂之志."

이며, 특히 지와 의의 선후관계의 설명 또한 진일보한 견해다.

3. 전인적 인간 이해

1) 마음의 이해

성리학에서는 인간의 마음을 매우 중요하게 생각한다. 마음이란 넓게
는 인간의 정신 모두를 포괄해 부르는 것이고, 좁게는 감정, 본성, 의지와
구별해 말하는 것이기도 하다. 선진유학에서는 이러한 인간의 정신을 세
부적으로 구별해 보지 않고 대체로 통용해 사용하였다. 즉 마음, 본성, 감
정을 엄격히 구별해 보지 않고 하나로 통용해 본 것을 알 수 있다.[89]

그런데 송대 성리학에 와서는 이러한 인간의 정신세계를 세부적으로
구별하고, 이를 이기론적으로 설명하며, 각기 그 역할을 설명하게 된다.
아울러 마음, 본성, 감정, 의지의 상호 연관성에 대해서도 깊이 있는 연구
가 이루어졌다.

성리학에서는 인간의 마음을 인심과 도심으로 나누어 설명한다. 율곡
이 마음, 본성, 감정, 의지 전반을 이기(理氣)와 연관하여 폭넓게 다루고
있지만, 그중에서도 인심도심(人心道心)에 대한 관심은 인성론의 중요한
비중을 차지한다. 율곡과 우계 성혼(牛溪 成渾)과의 논변에 있어서 인심
도심의 문제가 중심 주제이거니와, 그가 47세(1582년)에 쓴 「인심도심도
설(人心道心圖說)」은 이기심성(理氣心性)에 대한 총결산인 동시에 만년
정론이다. 율곡은 인심도심에 관해 많은 양의 논의를 하여 왔고, 주자에
있어서 다소 미진했던 바를 명료하게 보완하고 있다. 또한 율곡의 인심

---

89) 선진 유가경전인 사서삼경에서는 인간의 심성세계에 관해 정밀한 분석을 하지 않고 心,
性, 情을 통용하고 있다.

도심론은 훗날 후유(後儒)들의 관심사가 되었고 비판을 받기도 하였다.

인심도심이란 본래『서경』의 "인심은 위태하고 도심은 미묘하니, 오직 정밀하고 오직 한결같이 하여 진실로 그 중(中)을 잡으라(人心惟危 道心惟微 惟精惟一 允執厥中)"는 말에서 유래되었다. 이것이 성리학의 중요한 문제로 제기된 것은 주자의『중용장구』해석에서 비롯되었다.[90] 율곡은 인심도심설을 천인합일의 관점에서 전개하고 있다. 인간은 천지의 수(帥)를 품수하여 성(性)으로 삼고, 천지의 색(塞)을 나누어 형(形)을 삼았다. 그러므로 내 마음의 작용이 곧 천지의 변화이다. 천지의 변화가 두 근본이 없으므로 내 마음의 작용도 두 근원이 없다.[91] 그는 장횡거(張橫渠)의『서명(西銘)』에 '천지의 색(塞)은 내 몸이 되고 천지의 수(帥)는 내 성이 된다'는 말을 인용하여 인간이 천지와 동일체임을 밝히고 있다. 여기에서 '색'이란『맹자』호연장(浩然章)에서 연유한 것으로 기(氣)를 말하고, '수'란 주재의 의미로서 리(理)를 말한다.[92] 인간은 천지의 리를 받아 성이 되고, 천지의 기를 받아 형을 이룬 것이다. 결국 인간은 이기(理氣)의 묘합이요 성(性)과 형(形)의 묘합이다. 이렇게 묘합 자재한 인간 존재의 구조 원리를 율곡은 천인합일의 관점에서 체득하였다.

그러므로 율곡은 "이기설과 인심도심설이 모두 일관되는 것으로, 만약 인심도심에 투철하지 못하면 이기(理氣)에도 투철할 수 없다. 이기지묘(理氣之妙)를 만약 이미 밝게 보았다면 인심도심에 두 근원이 없음을 이

---

90)『中庸章句』序, "心之虛靈知覺一而已矣 而以爲有人心道心之異者 則以其或生於形氣之私 或原於性命之正 而所以爲知覺者不同 是以或危殆而不安 或微妙而難見耳."

91)『栗谷全書』, 卷10, 書2,「答成浩原」, "夫人也 稟天地之帥 以爲性 分天地之塞 以爲形 故吾心之用 卽天地之化也 天地之化 無二本 故吾心之發 無二原矣."

92)『性理大全』, 卷4,「西銘」, "故天地之塞 吾其體 天地之帥 吾其性,(朱子曰…塞是說氣 孟子所謂以直養而無害 而塞乎天地之間 卽用這箇塞字 張子此篇 大抵皆古人說話集來 塞只是氣 吾之體 卽天地之氣 帥是主宰 乃天地之常理也 吾之性 卽天地之理)"

로 미루어 알 수 있을 것이다"라고 하였다.[93] 인심도심의 원리를 아는 것과 이기의 원리를 아는 것이 둘이 아닌 하나다. 왜냐하면 근본적으로 천인일체(天人一體)요 천인일관(天人一貫)이기 때문이다. 다만 그 천(天)이 인간을 통해 내면화되어 있으므로, 구체적으로 알게 되는 계기는 인간에 있다. 율곡은 천인합일의 경지에서 이기지묘를 체득하여 인심도심이 두 근원이 없음을 이미 20대 후반부터 10여 년의 사색을 통해 터득했다고 자부하는 것이다.[94]

그러면 인심과 도심은 어떻게 구별되는가? 그는 먼저 인심과 도심이 결코 두 마음으로 다른 것이 아니라 한다.[95] 인심이나 도심은 결국 하나인데 이름이 다른 것은 마음이 어떠한 의지적 정향을 가지고 작용하느냐에 따라 인심과 도심이 구별되는 것이다. 즉 인심과 도심이 비록 두 이름이나 그 근원은 단지 한 마음인데, 발함에 혹 이의(理義)를 위한 것과 혹 식색(食色)을 위한 것이 있기 때문에 발함에 따라 이름이 달라진다.[96] 여기에서 도의를 위해 발한 마음은 도심이 되고, 식색을 위해 발한 마음은 인심이 된다. 달리 말하면 도심과 인심의 구별이 성명(性命)과 형기(形氣)의 구별에 불과하다는 말이요,[97] 특별히 무엇을 주로 하여 발하느냐에 따라 두 이름이 있게 되는 것이다.[98] 율곡의 인심도심설은 그 근

---

93) 『栗谷全書』, 卷10, 書2, 「答成浩原」, "理氣之說 與人心道心之說 皆是一貫 若人心道心 未透 則是於理氣未透也 理氣之不相離者 若已灼見 則人心道心之無二原 可以推此而知之耳."

94) 『栗谷全書』, 卷10, 書2, 「答成浩原」, "珥則十年前 已窺此端 而厥後漸漸思繹 每讀經傳輒取以相準 當初或有不合之時 厥後漸合以至今日 則融會脗合 決然無疑 千百雄辯之口 終不可以回鄙見."

95) 『栗谷全書』, 卷12, 書4, 「答安應休」, "人心道心 非二心也."

96) 『栗谷全書』, 卷10, 書2, 「答成浩原」, "人心道心 雖二名 而其原 則只是一心 其發也 或爲理義 或爲食色 故隨其發 而異其名…"

97) 『栗谷全書』, 卷9, 書1, 「答成浩原」, "心一也 而謂之道 謂之人者 性命形氣之別也."

98) 『栗谷全書』, 卷20, 「聖學輯要2」, "心一也 豈有二乎 特以所主而發者 有二名耳."

원에 있어서는 한 마음으로서 동일하지만, 단지 그 마음의 발용에 있어서 무엇을 지향한 것이냐에 따라 인심과 도심의 양변으로 대별하는 데 특징이 있다.99)

다음은 율곡의 인심도심을 좀 더 구체적으로 검토해 보자. 율곡에 의하면 도심은 도의를 위해 발용된 마음으로, 그 어버이에 효도하고자 하고 그 임금에 충성하고자 하는 마음이고, 인심은 구체(口體)를 위해 발용된 마음으로 배고프면 먹고 싶고 추우면 입고 싶고 피곤하면 쉬고 싶은 마음이다.100) 도심은 마음의 작용에 있어서 도의로 인하여 감발(感發)된 마음으로 순수한 천리의 소산인 까닭에 선하여 악함이 없고, 인심은 마음의 발용에 있어서 형기로 감발된 마음으로 천리적인 면과 인욕의 면이 함께 있기 때문에 선할 수도 있고 악할 수도 있다는 것이다.101)

그러면 율곡의 인심도심설을 이기(理氣)와 연관하여 고찰해 보자. 그는 천인일관의 입장에서 이기설과 인심도심설을 일관하여 생각한다. 인심과 도심이 모두 마음은 하나인데 그것의 구조는 이기지묘(理氣之妙)요 기발이승(氣發理乘)이라고 생각한다.

율곡은 처음에는 도심을 기(氣)와 관계없이 올바른 리(理)에서 직접 나와 발하는 것으로 생각했으나,102) 후에는 이기지묘의 입장에 따라 도심 또한 인심과 마찬가지로 기와의 관계 속에서 발용되는 심으로 고쳐

---

99) 『栗谷全書』, 卷10, 書2, 「答成浩原」, "但人心道心 則或爲形氣 或爲道義 其原雖一 而其流旣歧 固不可不分兩邊說下矣."

100) 『栗谷全書』, 卷14, 「人心道心圖說」, "情之發也 有爲道義而發者 如欲孝其親 欲忠其君… 此則謂之道心 有爲口體而發者 如飢欲食 寒欲衣…此則謂之人心."

101) 『栗谷全書』, 卷14, 「人心道心圖說」, "道心 純是天理 故有善而無惡 人心也 有天理也 人欲也, 故有善有惡."

102) 『栗谷全書』, 卷9, 書1, 「答成浩原」, "其發直出於正理 而氣不用事 則道心也 七情之善一邊也."

보았다.103) 마음은 이기가 혼융하여 원래 떨어질 수 없는 이기지묘로서, 그 마음의 동정(動靜)현상은 발하는 기와 그 기발(氣發)의 소이가 되는 리로서 가능하다. 기가 아니면 발할 수 없고 리가 아니면 기의 발용 자체가 불가능하다. 퇴계처럼 서로 발하는 것이 아니라 기만 발하고 리가 거기에 타는 것이다. 도심의 경우 발하는 것은 기(氣)지만 성명(性命)이 아니면 도심이 생길 수 없고, 인심의 본원은 리(理)지만 형기(形氣)가 아니면 인심이 생길 수 없어104) 인심과 도심이 모두 이기를 떠나는 게 아니다. 인심과 도심은 모두가 기발이승(氣發理乘)의 마음이다. 이는 율곡이 인심도심을 통해서 이기를 설명하고 있으며, 인심도심이 기발이승 내지 이기지묘의 구조임을 천인합일의 경지에서 체오(體悟)한 것이다.

또한 율곡은 인심도심을 사람이 말을 타는 것에 비유하여 설명한다. 즉 사람은 성(性)으로, 말(馬)은 기질로 보아, 사람이 문 밖을 나갈 때 혹은 말이 사람의 뜻을 좇아서 나가기도 하고 혹은 사람이 말의 발을 믿고 나가기도 하는데, 말이 사람의 뜻에 따라 나가는 것은 인간이 주체가 되므로 도심이 되고, 사람이 말의 발을 믿고 나가게 되면 이는 말이 주체가 되니 인심이 된다고 한다. 사람이 말을 타고서 아직 문 밖을 나가지 아니했을 때에는, 사람이 말의 발을 믿는 것과 말이 사람의 뜻을 따르는 것이 모두 시작과 끝이 없으니, 인심도심도 본래 상대의 묘맥(描脈)이 없다는 것이다.105) 이와 같이 인심과 도심 모두가 이기(理氣)를 떠나 있는 것이

---

103) 『栗谷全書』, 卷10, 書2, 「答成浩原」, "人性之本善者 理也 而非氣 則理不發 人心道心夫孰非原於理乎."

104) 『栗谷全書』, 卷14, 「人心道心圖說」, "理氣渾融 元不相離 心動爲情也 發之者 氣也 所以發者 理也 非氣則不能發 非理則無所發 安有理發氣發之殊乎 但道心雖不離乎氣 而其發也爲道義 故屬之性命 人心雖亦本乎理 而其發也爲口體 故屬之形氣 方寸之中初无二心 故發道心者氣 而非性命 則道心不生 原人心者理也 而非形氣 則人心不生 此所以或原或生公私之異者也."

105) 『栗谷全書』, 卷10, 書2, 「答成浩原」, "且以人乘馬喩之 則人則性也 馬則氣質也 馬之性

아니라 묘합 관계에 있으며, 그 근원에 있어서는 하나지만 발용 이후의 의지 여하에 따라 인심도심이 구별된다고 보았다. 이처럼 인심과 도심이 모두 기발(氣發)인데 기(氣)가 본연의 리(理)에 잘 순응하면 기 또한 본연의 기가 되므로, 리가 본연의 기를 탄 것이 바로 도심이 된다. 또한 기가 본연의 리에 변함이 있으면 본연의 기에도 변함이 있게 되어, 리 또한 변한 바의 기에 타게 되어 인심이 되니 지나치거나 부족함이 있게 된다.106)

　　율곡은 도심도 또한 기발이승(氣發理乘)임을 전제하면서 퇴계의 호발(互發)을 부정하고 인심도심을 모두 기발이승한 길로 이해하였다. 다만 리가 본연의 기(本然之氣)에 탄 것이 도심이요 변한 바의 기(所變之氣)에 탄 것이 인심이 된다고 보았다. 이와 같이 율곡의 인심도심은 리 없는 기라든지 기 없는 리가 아니라, 이기가 묘합된 마음의 발용에 따라 성명(性命) 내지 이의(理義)의 마음인 도심과 형기(形氣) 내지 구체(口體)의 마음인 인심으로 대별되는 것이다.

　　율곡에 의하면 기가 본연의 리에 순응한다 함은 진실로 기가 발함인데, 그 기가 리의 명령을 듣는 것이므로 중요한 바가 리에 있어 '주리(主理)'로 말할 수 있고, 기가 본연의 리에 변한다 함은 진실로 리에 근원하였지만 이미 기의 본연이 아니어서 리의 명령을 들을 수 없으므로 중요한 바는 기이기 때문에 '주기(主氣)'로 말할 수 있다. 주자의 '혹원(或原)'

或馴良 或不順者 氣稟淸濁粹駁之殊也 出門之時 或有馬從人意而出者 或有人信馬足而出者 馬從人意而出者 屬之人乃道心也 人信馬足而出者 屬之馬乃人心也 門前之路 事物當行之路也 人乘馬 而未出門之時 人信馬足 馬從人意 俱無端倪 此則人心道心本無相對之苗脈也."

106)『栗谷全書』, 卷10, 書2,「答成浩原」, "道心原於性命而發者氣也 則謂之理發不可也 人心道心俱是氣發 而氣有順乎本然之理者 則氣亦是本然之氣也 故理乘其本然之氣而爲道心焉 氣有變乎本然之理者 則亦變乎本然之氣也 故理亦乘其所變之氣而爲人心 而或過或不及焉."

이란 리를 소중히 해서 말한 것이고, '혹생(或生)'이란 기를 소중히 해서 말한 것일 뿐, 처음부터 이기(理氣)의 두 묘맥(苗脈)이 있어 인심도심이 이원적으로 그 유래를 가져 전개된 것은 아니라 하고, 주자의 진의를 올바르게 파악해야 한다고 보았다.107)

그런데 율곡은 인심과 도심이 결코 겸할 수 없고 상대적인 것으로 보면서도108) 인심과 도심의 상호 종시(終始)를 주장한다.

인심도심이 서로 끝이 되고 시작이 된다 함은 무엇을 말하는가? 지금 우리의 마음이 처음에는 성명(性命)의 바름에서 바로 나오다가도 혹 순할 수 없어 마침내 그 사이에 사의(私意)가 섞이면 이것은 도심으로 시작해서 인심으로 끝마치게 되는 것이다. 혹은 형기에서 나왔으나 올바른 리에 어긋나지 않으면 진실로 도심에 틀리지 않는 것이다. 혹 바른 이치에 어긋나더라도 그릇된 줄 알고 고치어 욕심에 따르지 않으면 이것은 인심으로 시작해서 도심으로 끝나는 것이다.109)

이와 같이 인심과 도심은 이미 결과한 마음이지만, 의지를 겸한 까닭에110) 고정된 것이 아니라 인심의 도심화와 도심의 인심화가 가능하다.

---

107) 『栗谷全書』, 卷10, 書2, 「答成浩原」, "氣順乎本然之理者 固是氣發 而氣聽命於理 故所重在理 而以主理言 氣變乎本然之理者 固是原於理 而已非氣之本然 則不可謂聽命於理也 故所重在氣 而以主氣言…或原者 以其理之所重而言也 或生者 以其氣之所重而言也 非當初有理氣二苗脈也."

108) 『栗谷全書』, 卷9, 書1, 「答成浩原」, "人心道心相爲終始者何謂也 今人之心直出於性命之正 而或不能順而逐之間之以私意 則是始以道心而終以人心也 或出於形氣 而不咈乎正理 則固不違於道心矣 或咈乎正理 而知非制伏 不從其欲 則是始以人心 而終以道心矣."

109) 『栗谷全書』, 卷10, 書2, 「答成浩原」, "蓋人心道心相對立名 旣曰道心 則非人心 旣曰人心 則非道心 故可作兩邊說下矣."

110) 『栗谷全書』, 卷12, 書4, 「答安應休」, "人心道心通情意而言也."
『栗谷全書』, 卷9, 書1, 「答成浩原」, "蓋人心道心兼情意而言也."

처음에는 도심으로 출발해도 의지의 하는 바가 잘못되면 인심으로 전락하게 되고, 처음에는 인심으로 출발해도 의지의 하는 바가 이의(理義)와 정리(正理)를 좇게 되면 도심으로 결과된다. 인심과 도심은 의지의 정향(定向) 여하에 따라 가변적으로 결과 되는 것이니, 여기에 의지의 중요성이 율곡철학의 특징이 된다. 율곡 인심도심상위종시설(人心道心相爲終始說)의 이론적 근거가 바로 의(意)에 있는 것이다.111)

이러한 율곡의 마음에 대한 견해는 인간을 주체적 존재로 파악하는 것이며, 인간을 고정적, 정태적(靜態的) 존재가 아닌 자유의 가능성을 갖는 가변적, 생장적(生長的) 존재로 파악하는 것이다. 그리고 인심 도심의 관건이 기의 하는 바에 있기 때문에112) 기의 '정찰(精察)' 여부가 중시되고, 또한 이는 의지의 하는 바이기 때문에 자기 몸을 닦는 것은 성의(誠意)보다 우선할 것이 없게 된다.113)

그런데 주자가 지혜가 아주 높은 사람도 인심이 없을 수 없고 성인 또한 인심이 있는 것이라 한 것처럼,114) 율곡도 성인의 혈기는 보통사람과 같을 뿐이라 하고, 주리면 먹고 싶고, 추우면 입고 싶은 것은 성인도 면할 수 없으니 성인이라 하여 인심이 없을 수 없다고 한다.115) 그러므로 율곡은 인심을 곧 인욕으로 보지 않는다. 형색(形色)이 곧 천성(天性)이니, 인심 또한 어찌 선하지 않겠는가? 다만 지나치고 부족함이 있어 악

---

111)『栗谷全書』, 卷9, 書1,「答成浩原」, "知其氣之用事精密而趨乎正理 則人心聽命於道心 不能精察而惟其所向 則情勝慾熾而人心愈危道心愈微矣 精察與否 皆是意之所爲 故自修莫先於誠意."

112)『栗谷全書』, 卷10, 書2,「答成浩原」, "氣之聽命與否 皆氣之所爲也."

113)『栗谷全書』, 卷9, 書1,「答成浩原」, "精察與否, 皆是意之所爲 故自修莫先於誠意."

114)『栗谷全書』, 卷14,「人心道心圖說」, "朱子旣曰雖上智不能無人心 則聖人亦有人心矣 豈可盡謂之人欲乎."

115)『栗谷全書』, 卷10, 書2,「答成浩原」, "聖人之血氣與人同耳 飢欲食渴欲飮…故聖人不能無人心."

에 흐를 뿐이라고 하였다.116) 도심은 순전히 천리이므로 순선(純善)한 것이지만, 인심은 천리(天理)와 인욕(人欲)의 양면을 겸하는 것이므로 선할 수도 있고 악할 수도 있다.117) 이처럼 인심을 인욕으로만 보아 악으로 보지 않는 것도 그가 인심도심을 정(情), 의(意)를 통해서 보기 때문이며, 인심의 도심화를 주장하는 것도 이 때문이다. 이러한 인심에 대한 긍정적 관점은 율곡이 그의 이기설에서 기를 적극적으로 긍정하는 태도와 일치한다.

이러한 관점에서 율곡은 인심의 절제와 도심의 확충을 주장한다.118) 즉 도심은 다만 지킬 뿐 아니라 확충해 나아가야 하고, 인심은 인욕에 흐르기 쉬우므로 반드시 정밀히 살펴서 도심으로써 절제하여, 항상 인심이 도심의 명령에 좇도록 해야 인심의 도심화가 가능하다.119)

이렇게 볼 때, 율곡의 인심도심설은 그의 인성론에 있어서 중심 내용일 뿐 아니라, 그가 『인심도심도설』을 별도로 쓸 만큼 중시했던 것이며, 우계와의 논변에 있어 중심적 과제 또한 인심도심의 문제였다 해도 과언이 아니다.

정·주(程·朱)의 인심도심설이란 그 양도 적을 뿐 아니라 그 내용도 부족한 바 없지 않았다. 도심과 인심을 천리와 인욕, 성명(性命)과 형기(形氣)로써 그 내원(來源)을 분석 설명하였고, 주자가 인심 도심의 가변적 가능성을 시사했을 뿐이다. 그러나 율곡에 있어서는 천인일관의 입장

---

116) 『栗谷全書』, 卷10, 書2, 「答成浩原」, "夫形色 天性也 人心亦豈不善乎 由其有過有不及 而流於惡耳."

117) 『栗谷全書』, 卷14, 「人心道心圖說」, "道心 純是天理 故有善而無惡 人心也 有天理也 有 人欲 故有善有惡."

118) 『栗谷全書』, 卷31, 「語錄上」, "大抵人心 不可滋長 而節約爲貴 道心 宜保養 而推廣爲美."

119) 『栗谷全書』, 卷14, 「人心道心圖說」, "道心 只可守之而已 人心 易流於人欲 故雖善亦危 治心者 於一念之發 知其爲道心 則擴而充之 知其爲人心 則精而察之 必以道心節制 而人 心常聽命於道心 則人心亦爲道心矣."

에서 인심도심을 이기설과 일체화시켜 그 논리를 전개하고, 또한 본연지성, 기질지성, 사단, 칠정 그리고 의(意)에까지 연관시켜 설명함으로써 어느 누구보다도 정밀한 이론을 전개하였다. 이는 율곡 성리학의 공헌이며 정·주 성리학에서 일보 진전된 것이라 할 수 있다.

2) 본성의 이해

인간의 본성은 긍정적으로 볼 수도 있고 부정적으로 볼 수도 있는 데서 역사적으로 성론에 대한 시비가 끊이지 않았다. 또한 인간의 본성을 어떻게 보느냐에 따라 인간의 변화, 교육, 훈련, 수양의 문제도 달라진다.

인간의 본성이 무엇인가? 전통적으로 맹자는 도덕성에 초점을 두어 인간의 본성을 말한다. 송대 정이천(程伊川)이나 퇴계의 경우에도 이러한 입장에 서 있다. 반면 순자(荀子)나 청대 실학자들, 그리고 조선조 실학자들의 경우 인간의 욕구욕망이나 생리적인 본성을 인간의 본성으로 적극 주장해 왔다. 그러나 주자를 비롯해 율곡의 경우는 전인적 입장에서 인간의 본성을 말한다. 즉 인간의 본성이란 인간의 마음속에 내재해 있는 모든 것들, 도덕성, 지성, 감성, 의지 일체를 함께 보아야 한다는 입장이다. 유학의 개조인 공자의 경우도 인(仁)을 중심으로 인간의 본성, 본심을 전인적으로 보았다고 볼 수 있다.

위에서 율곡의 성(性)에 대한 기초개념을 설명한 바 있는데, 성리학에 있어서 성의 설명은 흔히 본연지성(本然之性)과 기질지성(氣質之性)으로 구별해 말하게 된다. 율곡이 인간의 성을 어떻게 이해하느냐 하는 문제는 그에 있어서의 대전제, 즉 리(理)와 성(性)의 개념적 구별이 선행되어야 한다.

성(性)은 이기(理氣)의 합이다. 대개 리가 기 가운데 있은 연후에 성이 된다. 만약 형질가운데에 있지 않으면 마땅히 리라 해야지 성이라 하는 것은 옳지 않다. 다만 형질 중에 나아가 단지 그 리만을 가리켜 말한다면 본연지성이다. 본연지성은 기와 섞일 수 없다.120)

이와 같이 율곡은 성(性)을 이기(理氣)의 합 내지 이기지묘(理氣之妙)로 보기 때문에 형질 중에서 성을 파악하는 관점에 서 있다.121) 형질(形質)을 떠나 있는 것은 리(理)이지 성(性)이라 할 수 없다. 본연지성이란 단지 형질 중에서 리만을 가리켜 부르는 이름으로 기가 배제된 순수한 리를 의미한다. 이는 율곡이 기질지성 하나만을 성으로 보는 것으로 본연지성의 성을 곧 리로 이해하는 것이다. 본연지성과 기질지성은 두 가지의 성이 아니라, 기질 위에 나아가 단지 그 리만을 가리켜 말해 본연지성이라 하고, 리와 기질이 묘합된 것을 기질지성이라 한 것이다.122)

이러한 율곡의 견해는 주자의 "인물(人物)이 아직 태어나지 아니 했을 때는 단지 리(理)라고 할 수 있지 성(性)이라 이름 할 수 없다"는 말을 계승한 것이다. 성리학에서 송대 장횡거(張橫渠), 주자 이래 성을 천지지성(본연지성)과 기질지성으로 나누어 말하지만, 실제로는 성은 오로지 기질지성 하나뿐인 것이다. 본연지성, 천지지성은 성이 아니라 리일 뿐이다. 왜냐하면 본연지성이란 기질, 형질을 떠나 오직 리만을 지칭하기 때문이다. 인간이란 세상에 태어나자마자 육신을 벗어날 수 없기 때문이다. 형체를 가진 인간이요 육신을 지닌 물질적 존재다. 그래서 욕망, 감성

---

120) 『栗谷全書』, 卷10, 書2, 「理氣詠呈牛溪道兄」, "性者 理氣之合也 蓋理在氣中然後爲性 若不在形質之中 則當謂之理 不當謂之性也 但就形質中單指其理而言之 則本然之性也 本然之性 不可雜以氣也."

121) 『栗谷全書』, 卷10, 書2, 「答成浩原」, "…以此觀之 氣質之性 本然之性 決非二性 特就氣質上 單指其理 曰本然之性 合理氣而命之 曰氣質之性耳."

122) 『栗谷全書』, 卷20, 「聖學輯要2」, "本然之性 氣質之性 非二性也 就氣質上 單指其理 曰本然之性 合理與氣質而命之 曰氣質之性."

이 수반된다. 지성이나 덕성도 육신을 완전히 배제하고는 불가능하다. 소위 본연지성, 천지지성이란 관념적인 성이요 이상적인 성이다. 육신, 형기 때문에 지성과 덕성이 더러워지고 타락하기 때문에 오직 순선의 천리만을 성으로 보고자 하는 관점이다. 율곡에 의하면, 본연지성은 기질을 겸해 말할 수 없으나 기질지성은 오히려 본연지성을 겸할 수 있다.[123] 또한 본연지성은 오로지 리로서 기에 미치지 않는 것이나, 기질지성은 기를 겸한 것으로서 리가 그 가운데 포함되어 있으므로 주리(主理), 주기(主氣) 양변으로 나누어 말할 수 없다. 본연지성과 기질지성을 양변으로 구분한다면 모르는 사람은 어찌 두 가지의 성이라 하지 않겠느냐[124]고 반문하였다.

그런데 율곡이 이렇게 이기(理氣)의 합인 기질지성을 성으로 보아 본연지성을 기질지성 속에서 파악하는 것은 정명도(程明道)의 성론을 계승한 것이다.

기질지성은 단지 이 성(본연지성)이 기질가운데 떨어진 것이므로 기질에 따라 스스로 하나의 성(기질지성)이 된 것이다. 정자(程子)가 말하기를, '성(性)이 곧 기(氣)요 기가 곧 성이니 태어난 것을 말한다'고 하였는데, 이로 보건대 기질지성과 본연지성이 결코 두 가지 성이 아니다. 특별히 기질 위에 나아가 단지 그 리만을 가리켜 말하면 본연지성이라 하고, 이기(理氣)를 합해서 이름하면 기질지성일 뿐이다.[125]

---

123) 『栗谷全書』, 卷9, 書1, 「答成浩原」, "本然之性 則不兼氣質而言也 氣質之性 則却兼本然之性."

124) 『栗谷全書』, 卷10, 書2, 「答成浩原」, "本然之性 則專言理 而不及乎氣矣 氣質之性 則兼言氣 而包理在其中 亦不可以主理主氣之說 泛然分兩邊也 本然之性 與氣質之性兩邊 則不知者 豈不以爲二性乎."

125) 『栗谷全書』, 卷10, 書2, 「答成浩原」 "氣質之性 只是此性(此性字 本然之性也)隨在氣質之中 故隨氣質 而自爲一性(此性字 氣質之性) 程子曰 性卽氣 氣卽性 生之謂也 以此觀

이와 같이 율곡은 그의 이기설에 있어서 이기지묘를 전제로 하듯이, 성론에 있어서도 이기의 합으로서의 기질지성으로 보았는데, 이는 정명도의 '성이 곧 기요 기가 곧 성(性卽氣 氣卽性)'이라는 생지위성(生之謂性)에서 영향받은 것이다. 여기에 대해서 율곡은 또 이렇게 말한다.

> 정자가 말하기를, '사람이 태어나 기를 품수하니 리에 선악이 있다' 하였으니, 이것은 사람을 깨우침에 매우 밝은 것이다. 소위 리는 기에 탄 유행의 리를 가리킨 것이지 리의 본연을 가리킨 것이 아니다. 본연의 리는 진실로 순선(純善)이나 기의 유행을 타면 그 나뉨이 만 가지로 달라서 기품에 선악이 있다. 그러므로 리 또한 선악이 있다.126)

여기에서도 정명도의 '사람이 태어나 기를 품수하니 리에 선악이 있다'는 말을 매우 분명한 것이라 하면서, '리에 선악이 있다'의 리는 본연지리가 아니라 기를 탄 유행의 리인 까닭에 기품에 선악이 있으니 그 리에도 선악이 있는 것이라 하여, 기품 속에서의 리를 성으로 보아 정명도의 생지위성설에 동의하고 있다.

또한 정이천(程伊川)의 '성(性)을 논하면서 기(氣)를 논하지 아니하면 갖추지 못한 것이고, 기를 논하면서 성을 논하지 아니하면 밝지 못한 것이다'라는 말을 인용하여, 성과 기를 본래부터 서로 떨어질 수 없는 하나의 관계로 인식하고, 만약 성과 기를 둘로 나누어 본다면 이는 잘못이라고 한다.127) 이는 율곡이 인간 심성의 내면구조를 본래 이기의 묘합체로

之 氣質之性 本然之性 決非二性 特就氣質上 單指其理 曰本然之性 合理氣而命之 曰氣質之性耳 性旣一 則情豈二源乎."

126) 『栗谷全書』, 卷9, 書1, 「答成浩原」, "程子曰 人生氣稟 理有善惡 此曉深切八字 打開處也 其所謂理者 指其乘氣流行之理 而非指理之本然也 本然之理 固純善 而乘氣流行 氣分萬殊 氣稟有善惡 故理亦有善惡也."

127) 『栗谷全書』, 卷20, 「聖學輯要2」, "程子曰 性出於天 才出於氣 氣淸則才淸 氣濁則才濁 才

이해하는 관점을 분명히 한 것이다.

그런데 이처럼 율곡이 이기지묘로서의 기질지성 속에서 본연지성을 보는 것은 퇴계의 관점과는 대조적인 것이다. 퇴계에 있어서는 오히려 '성(性)이 곧 리(理)'라는 입장에서 천지지성, 천명지성, 본연지성만이 참다운 의미의 성으로 간주되고, 군자의 입장에서는 기질지성은 성이라 할 수 없다고 본다. 그러나 장횡거, 정명도, 율곡으로 이어지는 기질지성 중심의 성론은 '성(性)이 곧 기(氣)'라는 명제를 바탕으로 하고 있다.

이렇게 볼 때, 율곡의 기질지성 중심의 성론은 인간을 천지의 리와 천지의 기의 묘합체로 이해하는 그의 입장에서 연유하는 것이다. 우주자연이 그렇듯이 인간존재 자체를 성(性)과 형(形), 수(帥)와 색(塞), 리(理)와 기(氣)의 묘합적 존재로 파악하기 때문에, 기를 떠난 인간의 성을 말하기보다는 이기가 떨어질 수 없는 성을 일컫게 된다. 뿐만 아니라 이는 율곡이 말하는 기질지성이 결코 성과 기질 내지 이기의 묘합 구조만을 의미하는 것이 아니라, 인간의 순수한 본래성이 기질을 통해 완전히 구현되어짐을 의미하는 것이다. 기질이 본래성의 주재에 순응하지 않은 경우의 기질지성이란 율곡 이기지묘의 근본정신에 반하는 것이다. 또한 율곡의 성설은 현실적으로 존재하는 인간을 중심으로 하여 인간의 성을 말하는 것이지 관념의 성이나 개념상의 성을 일컫는 것이 아니다. 여기에 율곡의 성리철학이 결코 현실을 떠나지 아니하고, 또한 관념적 한계를 극복할 수 있는 철학적 특성이 발휘된 것이라 하겠다.

3) 감정과 욕망의 이해

인간의 마음에서 감정은 욕망과 함께 특이한 역할을 한다. 감정은 흔

則有善有不善 性則無不善 又曰論性不論氣不備 論氣不論性不明 二之則不是."

히 기쁨, 슬픔, 노여움, 사랑함, 미워함, 두려워 함, 하고자 함 등으로 설명
된다. 넓게 보면 욕망도 감정의 하나라고 볼 수 있다. 감정은 인간의 감
각기관을 통해 접수되어 나타난다. 감정은 다양한 형태로 표출되는데 덕
성이나 지성과는 달리 인간의 멋을 보여 준다. 흔히 말하는 인간미란 감
정에서 우러나온다. 지성이나 덕성은 냉철하고 반듯한 것이라면, 감성은
따뜻하고 둥근 것이다. 일체의 예술문화는 감성의 소산이다. 우리들의
기쁨, 슬픔, 분노, 욕망 등을 글로 쓰면 문학이 되고, 그림으로 그리면 미
술이 되고, 노래로 표현하면 음악이 되고, 율동으로 표현하면 무용이 된
다. 이렇게 감성은 인간의 삶에 매우 중요한 요소지만, 지나치고 부족하
면 천박하기 때문에 알맞은 표출이 중요하다. 욕망도 마찬가지다. 유학
에서는 일반적으로 욕망을 부정적으로 보지만, 유학 자체의 정신으로 돌
아가 보면 결코 그렇지 않다는 것을 깨닫게 된다. 일찍이 맹자는 인간의
순수의욕을 선이라 하여 긍정하였거니와128) 주자를 비롯한 성리학자들
도 인간의 욕구욕망을 부정하였던 것은 아니다. 그래서 인심(人心)과 인
욕(人欲)을 구별해 사용했던 것이며, 인심에서 인욕으로 떨어지는 것을
막아야 한다고 보았다. 욕망은 인간의 삶에서 죄악의 근원으로 비판되지
만, 욕망은 인간 삶의 원동력이라는 점에서 긍정되기도 한다. 실학자 다
산 정약용(茶山 丁若鏞)의 말대로 우리 인간의 영체(靈體) 안에는 본래 원
욕(願欲)의 한 끝이 존재한다. 만약 우리에게 이 욕심이 없다면 천하만사
가 도무지 아무것도 할 수 없는 것이다.129) 다산은 인간의 욕망을 삶의
활력으로 보고 긍정적으로 이해하였다. 이러한 인간의 욕망을 긍정적으
로 보아 구성한 이념이 바로 자본주의라고 할 수 있다. 율곡이 본성론에

---

128) 『孟子』, 「盡心 下」, "孟子曰 可欲之謂善…"

129) 『與猶堂全書』, 第2冊, 「大學講義」, 卷2, "案吾人靈體之內 本有願欲一端 若無此欲心 即
天下萬事都無可做."

서 기질지성 중심의 입장을 견지했듯이, 감정론에서도 칠정(七情) 중심의 입장을 지킨다. 물론 본성에서도 본연지성이 인간이 지향해야 할 목표였듯이, 감정에서도 사단(四端)은 인간이 추구해야 할 이상이다. 문제는 율곡이 현실적인 인간관에서 인간이 추구해야 할 인간의 감정을 말하고 있다는 데 특징이 있다.

성리학에서 감정의 문제는 대체로 사단과 칠정으로 나뉘어 설명된다. 사단칠정의 문제가 중국 성리학에서는 별로 문제되지 않았으나, 한국 성리학에서는 매우 중요한 철학적 과제로 대두되었다. 사단칠정을 이기(理氣)와 연관시켜 생각하는 데서 복잡한 철학적 문제가 제기되는 것이며, 실로 조선조 성리학에 있어서 대표적인 관심사로 되어 온 것이 사실이다.

앞에서 설명한 바 있듯이, 사단(四端)이란 맹자가 성선(性善)의 근거를 설명하기 위해 제시한 "측은지심(惻隱之心)은 인(仁)의 단서요, 수오지심(羞惡之心)은 의(義)의 단서요, 사양지심(辭讓之心)은 예(禮)의 단서요, 시비지심(是非之心)은 지(智)의 단서이다"[130]에서 연유한 것이다. 주자는 여기서의 측은지심, 수오지심, 사양지심, 시비지심을 곧 감정으로 해석하여, 이 감정이 인의예지(仁義禮智)의 네 성(性)에서 비롯된다고 보았다.

칠정(七情)은 『예기(禮記)』 「악기(樂記)」편의 희(喜), 노(怒), 애(哀), 구(懼), 애(愛), 오(惡), 욕(欲)의 7가지 감정을 일컫는다. 사단도 칠정도 모두 인간의 감정을 말한다. 사단과 칠정이 각각 다른 전거(典據)에서 나왔기 때문에 양자의 해석과 성격이 비교되어 설명된 것이다. 이 문제는 송대 성리학에서는 별로 문제가 되지 않았지만, 조선 성리학에서는 주요 과제로 등장해 수백 년 동안 유학자들의 관심사가 되었다. 특히 1559년

---

130) 『孟子』, 「公孫丑 上」.

부터 1566년까지 벌어졌던 퇴계 이황(退溪 李滉, 1501~1570)과 고봉 기대승(高峰 奇大升, 1527~1572)간의 성리 논쟁이 사단칠정론의 시비에 계기를 마련하였고, 이어 1572년 율곡 이이(栗谷 李珥, 1536~1584)와 우계 성혼(牛溪 成渾, 1535~1598) 사이에 벌어진 성리논쟁에서 다시 이 문제가 심도 있게 다루어져 영남, 기호의 많은 학자들이 이에 대한 논평과 자설을 주장하게 되었던 것이다.

이 사단칠정 논변을 통해 퇴계와 고봉의 성리설이 보다 정밀하게 심화됨은 물론, 이후 후유(後儒)들의 성리설 전개에 있어서 하나의 이론적 기초를 제공하였다. 사단칠정론의 발단은 정지운(鄭之雲)이 그의 『천명도설(天命圖說)』에서 '사단은 리(理)에서 발하고 칠정은 기(氣)에서 발한다(四端發於理 七情發於氣)'고 한 표현을 퇴계가 '사단은 리의 발이고 칠정은 기의 발이다(四端理之發 七情氣之發)'라고 정정하였는데, 이것이 인간의 심성을 지나치게 이기(理氣)로 이원화(二元化)시켜 본 것이 아닌가하는 고봉의 질문에서 비롯된 것이다.[131] 퇴계와 고봉이 모두 이기(理氣)의 발(發)을 주장한 것은 같지만, 퇴계는 실제로 리와 기의 발을 주장하였고 고봉은 엄밀히 말하면 리의 발을 부정하였다. 고봉은 퇴계가 '사단은 리의 발이고 칠정은 기의 발이다'라고 한 표현이 결국 사단칠정의 내원(來源)을 각기 리와 기로 이원화하고 있는 것으로 생각하였다.[132] 오랜 동안의 왕복 토론을 거쳐 퇴계는 자기 학설의 일대 수정을 하였는데, 이것이 그의 만년 정론인 '사단은 리가 발함에 기가 따르는 것(四端理發而氣隨之)', '칠정은 기가 발함에 리가 탄 것(七情氣發而理乘之)'이라는

---

131) 유명종, 『한국철학사』, 일신사, 1982, 171쪽.

132) 『退溪全書』, 卷16, 「附奇明彦非四端七情分理氣辯」, "…非七情之外復有四端也…然則以四端七情對擧互言 而謂之純理兼氣可乎."
『高峰集』, 「高峰上退溪四端七情說」, "…今若以爲四端發於理而無不善 七情發於氣理有善惡 則是理與氣 判而爲兩物也."

이기호발설(理氣互發說)이다.133) 이와 같이 퇴계는 사단을 밖으로부터 느낌이 없이 안에서 나온즉 리의 발(發)로 보고, 단지 기가 거기에 따를 뿐이어서 순선무악(純善無惡)한 것으로 규정한다. 그리고 칠정은 밖으로부터 느껴 기가 발하여 리가 거기에 탄 것으로, 선하기도 하고 악하기도 한 것으로 규정하였다. 퇴계가 종래의 이론을 수정한 것이지만, 사단은 이발(理發), 칠정은 기발(氣發)이라 한 견해는 변함없음을 알 수 있다. 율곡은 퇴계와 고봉의 사단칠정에 관한 논변에 대해 다음과 같은 견해를 밝힌다.

> 내가 강릉에 있을 때 기명언(奇明彦: 奇大升)과 퇴계의 사단칠정을 논한 글을 보니, 퇴계는 사단은 리에서 발하고 칠정은 기에서 발하는 것으로 생각하였고, 명언은 사단칠정이 원래 두 가지 정이 아니고 칠정 가운데에 리에서 발한 것이 사단이 될 뿐이라고 생각하였다. 왕복한 만여 말이 마침내 서로 합하지 못하였으니 나로 말하면 명언의 이론이 나의 뜻과 꼭 맞는다. 대개 성(性)가운데에는 인, 의, 예, 지, 신(仁, 義, 禮, 智, 信)이 있고 정(情) 가운데에는 희, 노, 애, 락, 애, 오, 욕(喜, 怒, 哀, 樂, 愛, 惡, 欲)이 있으니 이와 같을 뿐이다. 오상(五常) 밖에 다른 성이 없고 칠정 밖에 다른 정이 없다. 칠정 중에 인욕이 섞이지 않고 순수하게 천리에서 나온 것이 사단이다.134)

여기에서 율곡은 이기지묘의 입장에서 퇴계설에 반대하고 고봉설에

---

133) 『退溪全書』, 卷16, 「答奇明彦論四端七情」, 第二書.

134) 『栗谷全書』, 卷14, 「論心性情」, "余在江陵 覽奇明彦與退溪論四端七情書 退溪則以爲四端發於理七情發於氣 明彦則以爲四端七情 元非二情 七情中之發於理者爲四端耳 往復萬餘言 終不相合 余曰明彦之論 正合我意 蓋性中有仁義禮智信 情中有喜怒哀樂愛惡欲如斯而已 五常之外無他性 七情之外無他情 七情中之不雜人欲 粹然出於天理者 是四端也."

동의하는 입장을 분명히 하였다. 이제 율곡의 퇴계 호발설(互發說) 비판과 사단칠정론의 요점을 검토해 보기로 하자.

율곡에 의하면 심(心), 성(性)이 하나이듯이 인간의 정(情)도 하나인데,[135] 그것은 발하는 기 위에 리가 올라탄(氣發理乘) 구조로 설명될 수 있다. 사단·칠정이 모두 하나의 정인데, 칠정 중에 선한 정만을 가리켜 사단이라 한다.[136]

그런데 이 정은 '성이 발하여 정이 된다(性發爲情)'는 것이고, '발하는 기 위에 올라탄 리(氣發理乘)'라 할 수 있는데 이는 천인합일의 경지에서 체득된 것이다. 천지의 변화가 곧 내 마음의 작용이므로, 천지의 변화가 '변화하는 기에 리가 올라탄(氣化理乘)' 형식이듯이, 내 마음의 발용도 '발하는 기 위에 리가 올라탄(氣發理乘)' 형식이다.[137]

이처럼 그가 인간의 감정을 기발이승의 구조로 이해함은 천인합일의 입장에서 연유하는 것이지, 퇴계 호발설(互發說)의 범주에서 하는 말이 아니다. 율곡은 퇴계가 사단을 밖으로부터 느낌이 없이 안에서 나온 것으로 본 초기의 주장과는 달리, 사단칠정이 모두 밖으로부터의 느낌에 의해 기가 발한 것이고 그 기가 발하는 까닭은 리라 하였다. 어린아이가 우물에 빠지려는 것을 보고 측은한 마음이 생기는 것은 외감(外感)으로서의 '기발(氣發)'이고, 측은한 마음이 있을 수 있는 근본은 인(仁)으로서 내출(內出)이요 그것이 바로 '이승(理乘)'이다. 만일 퇴계의 사단처럼 외

---

135) 『栗谷全書』, 卷12, 書4, 「答安應休」, "人心道心 旣非二心 則四端七情 亦非二情也."

136) 『栗谷全書』, 卷10, 書2, 「答成浩原」, "夫人之性 有仁義禮智信五者而已 五者之外無他性 情有喜怒哀懼愛惡欲七者而已 七者之外無他情 四端 只是善情之別名 言七情 則四端在 其中矣."

137) 『栗谷全書』, 卷10, 書2, 「答成浩原」, "天地之化 卽吾心之發也 天地之化 若有理化者 氣化者 則吾心亦當有理發者氣發者 天地旣無理化氣化之殊 則吾心安得有理發氣發之異 乎."

감(外感)을 기다리지 않고 마음으로부터 스스로 나오는 것이라 한다면, 이는 어버이가 없이도 효(孝)가 발하고 임금이 없이도 충(忠)이 발하며 형이 없이도 경(敬)이 발하는 것이니 어찌 사람의 진정이겠느냐[138]고 하였다. 이와 같이 그는 사단칠정이 모두 하나의 정으로, 이는 성(性)이 기(氣)를 타고 움직인 것, 즉 기발이승(氣發理乘)이라 이해하였다.[139]

또한 퇴계가 호발(互發) 주장의 중요한 논거로 삼고 있는 '리에서 발하고 기에서 발한다(發於理 發於氣)'는 말의 본래적인 의미가 '사단은 오로지 리를 말하고 칠정은 기를 겸해 말한 것(四端專言理 七情兼言氣)'에 불과한 것으로,[140] 사단을 주리(主理)라고 하는 것은 옳지만, 칠정을 주기(主氣)라고 하는 것은 불가하다 하여, 칠정은 이기(理氣)를 포함해서 말한 것이지 주기가 아니라[141]고 하였다.

그러나 퇴계는 '사단은 리가 발함에 기가 따르는 것이고, 칠정은 기가 발함에 리가 탄 것'으로 보았으니, 성현의 말도 해석을 잘못하면 도리어 해가 된다고 하였다. 주자의 이른바 '발어리(發於理)'에 대한 해석에서도 율곡과 퇴계는 서로 다른 견해를 보이고 있다. 퇴계는 '발어리'를 리의

---

138) 『栗谷全書』, 卷10, 書2, 「答成浩原」, "竊詳退溪之意 以四端爲由中而發 七情爲感外而發 以此爲先入之見 而以朱子發於理 發於氣之說主張 而伸長之做 出許多葛藤 每讀之未嘗 不慨嘆 以爲正見之一累也 易曰寂然不動 感而遂通 雖聖人之心 未嘗有無感而自動者也 必有感而動 而所感 皆外物也 何以言之 感於父則孝動焉 感於君則忠動焉 感於兄則敬動 焉 父也君也兄也者 豈是在中之理乎 天下安有無感而由中自發之情乎 特所感有正有邪 其動有過不及 斯有善惡之分耳 今若以不待外感 由中自發者 爲四端 則是無父而孝發 無君而忠發 無兄而敬發矣 豈人之眞情乎."

139) 『栗谷全書』, 卷12, 書4, 「答安應休」, "性之乘氣而動者 乃爲情 則離氣求情 豈不謬乎."

140) 『栗谷全書』, 卷10, 書2, 「答成浩原」, "朱子發於理發於氣之說 意必有在 而今者未得其意 只守其說 分開拖引 則豈不至於輾轉失眞乎 朱子之意 亦不過曰 四端專言理 七情兼言氣 云爾耳 非曰四端 則理先發 七情 則氣先發也 退溪因此而立論 曰四端 理發而氣隨之 七情 氣發而理乘之."

141) 『栗谷全書』, 卷12, 書4, 「答安應休」, "朱子發於理發於氣云者 只是指四端之主理 七情之 兼言氣耳."

발로 정정하여 리가 능발능생(能發能生)하는 것으로 해석하지만, 율곡은 '발어리'를 이발(理發)이 아닌 '성이 발하여 정이 된다(性發爲情)'는 말과 같이, 성·정을 체용관계로 보아 성이 정으로 되는 논리적 개념으로 이해하였다.142) 아울러 퇴계의 호발설은 사단은 리가 먼저 발하고, 칠정은 기가 먼저 발하는 것이 되어 시간적 선후가 있게 된다. 즉 '이발이기수지(理發而氣隨之)'는 리가 발함에 기가 따르는 것이므로 이선기후(理先氣後)가 분명해진다. 이는 율곡의 이기지묘의 입장에서 볼 때 이해될 수 없는 설명이다. 율곡의 '기발이승(氣發理乘)'은 기발(氣發)과 이승(理乘)이 동시적인 것이지 '기가 먼저 발한 후에 리가 타는 것'이 아니다.143)

그러나 율곡의 이러한 비판의 타당성은 퇴계의 표현상의 불비(不備)에서 찾아야 할 것이다. 퇴계 자신이 이기(理氣)의 불가분성을 말하면서 호발설(互發說)을 전제하였기 때문이다.144)

또한 율곡은 말하기를, 퇴계가 기발(氣發)을 주장함은 옳지만 이발(理發)을 주장함은 잘못이라고 지적하였다. 왜냐하면 리가 형상도 없고 작위도 없는 형이상자인 한, 그것 자체의 발용은 있을 수 없기 때문이다. 율곡은 '호발(互發)' 두 글자는 퇴계 성리학의 결정적 실수라고 지적하였다.145)

---

142) 蔡茂松, 「퇴율 성리학의 비교연구」, 122쪽.
『栗谷全書』, 卷10, 書2, 「答成浩原」, "此所謂發於理者 猶曰性發爲情也."
143) 『栗谷全書』, 卷10, 書2, 「答成浩原」, "所謂氣發理乘者 非氣先於理也 氣有爲 而理無爲 則其言不得不爾也."
144) 『退溪全書』, 卷16, 「答奇明彦論四端七情」, 第二書, "蓋人之一身 理與氣合而生 故二者 互有發用 而其發用 又相須也 互發 則各有所主可知 相須 則互在其中可知 互在其中 故 渾淪言之者 固有之 各有所主 故分別言之 而無不可."
『退溪全書』, 卷16, 「答奇明彦論四端七情」, 第二書, "大抵有理發而氣隨之者 則可主理而 言耳 非謂理外於氣 四端是也 有氣發而理乘之者 則可主氣而言耳 非謂氣外於理 七情是 也."
145) 『栗谷全書』, 卷10, 書2, 「答成浩原」, "退溪之病 專在於互發二字 惜哉 以老先生之精密於

그러면 율곡은 사단칠정과 본연지성 기질지성과의 관계를 어떻게 이해하고 있는가? 그는 말하기를, 사단과 칠정은 본연지성 기질지성과 같다고 한다. 본연지성은 기질을 겸해서 말할 수 없으나 기질지성은 오히려 본연지성을 겸할 수 있다. 사단은 칠정을 겸할 수 없으나 칠정은 사단을 겸할 수 있다.146) 이와 같이 율곡은 기질지성 속에서 본연지성을 보았던 것처럼, 칠정 속에서 사단을 이해하였다. 그것은 성(性)이 하나이듯이 정(情)도 하나라는 것이요, 정은 성의 발용에 지나지 않기 때문이다.

율곡은 사단칠정과 인심도심의 관계를 설명하면서 사단은 오로지 도심을 말하는 것이고, 칠정은 인심과 도심을 합해서 말하는 것이라 한다.147) 퇴계와 같이 사단은 도심, 칠정은 인심에 각각 배속하지 않고, 칠정은 인심도심, 선악의 총명(總名)으로 파악하고, 사단은 도심과 인심의 선을 의미한다고 생각하였다.148) 여기에서 도심을 사단으로 이해함은 물론 인심 중의 선을 도심과 같은 사단으로 보아 인심을 인욕으로만 돌리지 않는 율곡의 입장을 알 수 있다. 사단을 도심이라 하는 것은 옳지만 칠정을 인심이라고만 부를 수는 없다고 하였다. 칠정 밖에 다른 정이 없는데, 만약 인심만을 가리켜 말한다면, 이는 반만 들고 반은 버리는 것이 되어 올바른 설명이 될 수 없기 때문이다. 율곡은 칠정 속에서 사단을 이해하는 까닭에 칠정을 인심만이 아니라 도심까지도 포함하는 것으로 이해하였다. 칠정이 사단을 겸하듯이 인심이 도심을 겸할 수 없는 것은 율

大本上 猶有一重膜子也."

146) 『栗谷全書』, 卷9, 書1, 「答成浩原」, "四端七情 正如本然之性氣質之性 本然之性 則不兼氣質而爲言也 氣質之性 則却兼本然之性 故四端 不能兼七情 七情 則兼四端."

147) 『栗谷全書』, 卷10, 書2, 「答成浩原」, "四端 專言道心 七情 合人心道心而言之也."

148) 『栗谷全書』, 卷14, 「人心道心圖說」, "以此觀之 則七情 卽人心道心善惡之摠名也 孟子就七情中剔出善一邊 目之以四端 四端卽道心及人心之善者也…四端 固可謂之道心矣 七情 豈可只謂之人心乎 七情之外 無他情 若偏指人心 則是擧其半 而遺其半矣."

곡이 인심과 도심을 상대로 보았기 때문이다. 그렇다고 심이 두 개라는 것이 아니라 본원에 있어서는 한 마음이지만, 발용 이후에 있어 인심과 도심의 두 마음을 결과하게 된다고 보았다. 그러므로 율곡은 인심이나 도심을 결코 단순히 정(情)으로만 보지 않고 의(意)를 겸한 것으로 보는 데서 인심과 도심이 서로 끝이 되기도 하고 시작이 되기도 한다. 즉 사단칠정은 그것이 모두 기발이승의 감정이지만, 인심도심은 감정일 뿐 아니라 그것이 의지까지 겸한 것이므로 인심의 도심화, 도심의 인심화가 가능하다. 결국 사단칠정이나 인심도심이 기발이승임은 공통점이지만, 다만 인심도심은 정(情)에서 한 걸음 더 나아가 의(意) 까지 포함하여 계산하고 비교하고 헤아리는 것이다.

4. 인성의 이기지묘 심층 이해

 − 본연지리(本然之理), 본연지기(本然之氣), 호연지기(浩然之氣) −

율곡은 인간의 마음, 본성, 감정을 이기지묘의 관점에서 심층적으로 이해하였다. 즉 본연지리와 본연지기가 하나로 묘용되는 것을 호연지기로 해석하였다. 인간의 마음속에서 리와 기가 유기적으로 관계하고 작용하는 데 따라 선악이 나타나고 군자와 소인의 인격이 형성되는 데 대해 심층적인 이해를 하고 있다. 인간은 육신과 정신의 결합체이며, 지성, 덕성, 감성, 욕망, 의지 등 다양한 본성을 아울러 가지고 있는 전인적 인격체이다. 근본적으로는 리와 기가 어떻게 관여하고 작용하는가에 따라 본성, 마음, 감정, 의지의 양태가 달라지고 선악이 결정되게 된다. 더욱이 인간은 고정적인 불변의 존재가 아니라 노력 여하에 따라 얼마든지 변화 가능한 존재라는 점에서 인성의 내면적인 구조와 작동의 원리는 매우 중요한 의미를 갖는다. 율곡은 이기지묘의 입장에서 인성을 이해하기 때문에 심성 내에서 리와 기의 역할과 상호 영향에 주목하게 된다. 이러한 문제를 잘 보여 주는 것이 그의 호연지기(浩然之氣)에 대한 성리학적 이해이며, 이것은 본연지리(本然之理), 본선지리(本善之理), 본연지기(本然之氣), 담일청허지기(湛一淸虛之氣)와 맞물려 율곡 성리학의 진수를 유감없이 보여 준다.

율곡은 본연지리, 본연지기, 본선지리, 담일청허지기, 호연지기 등의 다양한 용어들을 구사하여 그의 성리학을 전개하고 있는데, 여기에서는 인성론의 영역에서 본연지리(本善之理), 본연지기(湛一淸虛之氣), 호연지기의 설명을 통해 인성 본연의 이기지묘적 구조에 관해 고찰하고자 한다.

율곡철학의 근본구조로 볼 때 우주자연의 원리가 그렇듯이 인성에 있어서도 리와 기는 분리되어 생각될 수 없다. 즉 리의 근원도 하나요 기의 근원도 하나로서 기는 리를 떠날 수 없고 리는 기를 떠날 수 없어, 결국 존재상에 있어서는 이기(理氣)가 하나의 존재양태로 있는 것이다.149) 리와 기가 본체상에 있어서 하나로 있는 이기지묘를 설명함은 그의 표현대로 매우 어려운 일이다

그러나 표현상의 난해에도 불구하고 이 묘(妙)의 경지를 분석하고 리(理)와 기(氣)의 상호관계에 대해 검토해 보기로 하자. 율곡은 본연지리는 진실로 순수한 선(善)이라고도 하고150) 리의 본연이 진실로 순수한 선이라고도 하여,151) '본연지리(本然之理)'와 '이지본연(理之本然)'을 혼용하고 있다. 리(理)는 본래 완전한 것이므로 리 위에는 한 글자도 더 보탤 수

---

149) 『栗谷全書』, 卷10, 書2, 「答成浩原」, "理氣之妙 難見亦難說 夫理之源 一而已矣 氣之源 亦一而已矣 氣流行 而參差不齊 理亦流行 而參差不齊 氣不離理 理不離氣 夫如是 則理 氣一也 何處見其有異耶."

150) 『栗谷全書』, 卷9, 書1, 「答成浩原」, "本然之理固純善."

151) 『栗谷全書』, 卷10, 書2, 「答成浩原」, "理之本然者 固是純善."

없고 한 터럭만큼의 노력도 보탤 수 없다. 리는 본래 선한 까닭에 애당초 닦는 노력이 필요 없다.152) 이처럼 리는 본래 선한 것이요 완전하지만 문제는 기(氣)에 있다. 율곡은 '이통기국(理通氣局)'의 기국(氣局)을 설명하는 가운데 이렇게 말한다.

> 기가 이미 형적(形迹)을 접하였으므로 본말이 있고 선후가 있다. 기의 본연은 담일청허(湛一淸虛)할 뿐이니, 어찌 지게미나 불에 탄 재나 썩은 흙과 같이 더러운 기가 있겠는가? 오직 기가 오르고 내리고 드날려 그침이 없기 때문에 들쭉날쭉 같지 아니해서 온갖 변화가 생긴다. 여기에 기의 유행에 그 본연을 잃지 않는 것도 있고 그 본연을 잃는 것도 있다. 이미 그 본연을 잃으면 기의 본연은 이미 있는 바가 없다.153)

율곡에 의하면 기의 본연은 맑고 한결같이 텅 비어서 지게미나 불에 탄 재나 썩은 흙과 같이 더러운 기가 없다고 본다. 다만 기가 이미 형적에 접한 이후에는 비로소 본말선후(本末先後)로 들쭉날쭉 같지 아니한 온갖 변화가 있게 된다. 이렇게 본다면 기 본연의 담일청허는 리와 다를 바 없는 것으로 간주될 수 있는데 다음 설명을 보기로 하자.

> 신이 살피건대, 한 기(氣)의 본원(本源)은 맑고 텅 비었는데, 오직 양 (陽)이 움직이고 음(陰)이 고요하여 혹은 오르고 혹은 내리고 드날리

---

152) 『栗谷全書』, 卷10, 書2, 「答成浩原」, "夫理上不可加一字 不可加一毫修爲之力 理本善也 何可修爲乎."

153) 『栗谷全書』, 卷10, 書2, 「答成浩原」, "氣已涉形迹 故有本末也 有先後也 氣之本 則湛一 淸虛而已 曷嘗有糟粕煨燼糞壤汙穢之氣哉 惟其升降飛揚 未嘗止息 故參差不齊 而萬變 生焉 於是 氣之流行也 有不失其本然者 有失其本然者 旣失其本然 則氣之本然者已無所 在."

고 어지러워 합해서 질(質)이 되니, 마침내 같지 않음이 있게 된다. 사물의 치우치고 막힘은 다시 변화의 방법이 없다. 오직 사람은 비록 맑고 흐리고 순수하고 잡박하여 같지 않음이 있으나 마음이 허명(虛明)하여 변화할 수 있다. 그러므로 맹자가 사람은 모두 요(堯), 순(舜)이 될 수 있다 하였으니 어찌 빈 소리이겠는가?[154]

여기에서도 한 기의 본원은 맑고 텅 비었는데, 음양의 동정에 따라 마침내 같지 아니한 현상이 있게 된다. 또한 화담 서경덕(花潭 徐敬德)의 '담일청허지기(湛一清虛之氣)'를 그의 '이통기국(理通氣局)'으로 비판하는 가운데에서 말하기를, "계선성성(繼善成性)의 리(理)는 사물마다 있지 아니함이 없으나, '담일청허(湛一清虛)의 기(氣)'는 있지 아니한 것이 많다"[155]고 하였다.

이렇게 볼 때, 율곡은 '기의 근본(氣之本)'이라고도 하고 '한 기의 근원'이라고도 하지만 같은 뜻으로 해석해도 좋고, '담일청허(湛一清虛)'라 하고 '담연청허(湛然清虛)'라고도 하지만 같은 의미로 이해해도 좋을 것 같다. '기지본(氣之本)'이나 '일기지원(一氣之源)'이 '담일청허'하고 '담연청허'하다 함은 기 자체의 유형유위(有形有爲)에도 불구하고 기의 잡박성이 배제된 본연의 기를 일컫는 말이다.[156] 담연청허지기는 사실상 그 내용에 있어서는 리와 다를 바 없는 것[157]이 되는 데서 설명의 어려움이

---

154) 『栗谷全書』, 卷21, 「聖學輯要3」, "臣按一氣之源 湛然清虛 惟其陽動如陰靜 或升或降飛揚 紛擾 合而爲質 遂成不齊 物之偏塞 則更無變化之術 惟人 則雖有清濁粹駁之不同 而方寸 虛明 可以變化 故孟子曰 人皆可以爲堯舜 豈虛語哉."

155) 『栗谷全書』, 卷10, 書2, 「答成浩原」, "繼善成性之理 則無物不齊 而湛一清虛之氣 則多有 不在者也."

156) 『栗谷全書』, 卷10, 書2, 「答成浩原」, "氣之本 則湛一清虛而已 曷嘗有糟粕煨燼糞壤汙穢 之氣哉" "氣之本然者 浩然之氣也 浩然之氣 充塞天地 則本善之理 無少掩藏."

157) 金敬琢은 『율곡의 연구』(한국연구원, 1960)에서 율곡의 湛一清虛之氣의 설명이 투철

따른다. 리는 '무형무위(無形無爲)'요 기는 '유형유위(有形有爲)'로서 엄격히 구별되는데 어떻게 기(氣)가 리(理)와 같은 것일 수 있는가?

그러나 율곡의 이기지묘의 입장에서는 충분히 이해될 수 있다. 즉 하나의 존재란 반드시 이기(理氣)의 본래적 묘합을 전제로 한다. 이론적으로는 이기가 엄격히 분변되지만, 존재 자체는 이기가 혼연하여 하나이듯이 상자상수(相資相須)의 관계하에 있다. 율곡은 이를 일컬어 '하나이면서 둘이요 둘이면서 하나(一而二 二而一)'의 이기지묘라 했다. 결국 이기가 잠시도 떠날 수 없는 까닭에 리의 근원과 기의 근원이 하나요 이기는 곧 하나가 되는 것이다. 또한 기 본원의 담일청허는 리 본원의 주재에서만 가능한 것이요, 리 본원의 순선(純善)도 사실은 기 본원의 담일청허에 의착해서만 가능하다. 이는 율곡이 인심도심을 설명하는 가운데 잘 나타나 있다. 즉 본연지기(本然之氣)란 기(氣)가 본연지리(本然之理)에 순응한 기요,[158] 본연지리 또한 본연지기와의 만남을 통해서만 가능하다. 이와 같이 율곡이 말하는 본연의 기인 담일청허지기(湛一淸虛之氣)란 이기지묘의 입장에서 이해될 수 있는 것이지 리 없는 기만의 순수성을 의미함은 아니다.

그러면 율곡이 "계선성성(繼善成性)의 리(理)는 사물마다 있지 아니함이 없으나 담일청허(湛一淸虛)의 기(氣)는 있지 않은 것이 많이 있다"[159]고 한 말은 어떻게 설명해야 할까? 이는 율곡이 이통기국(理通氣局)을 설명함에 있어서 리는 '계선성성지리(繼善成性之理)'로, 기는 '담일청허지

치 못한 듯하다고 하면서도, 그 이유의 설명에서는 湛一淸虛之氣와 無形無爲의 理가 同實異名의 느낌을 주기 때문이라 하였다.

158) 『栗谷全書』, 卷10, 書2, 「答成浩原」, "人心道心 俱是氣發 而氣有順乎本然之理者 則氣亦 是本然之氣也."

159) 『栗谷全書』, 卷10, 書2, 「答成浩原」, "繼善成性之理 則無物不在 而湛一淸虛之氣 則多有 不在者也."

기(湛一淸虛之氣)'로 설명한 것인데, 리는 사물마다 있지 아니함이 없이 자약(自若)하므로 이통(理通)이라 하겠으나, 본연의 기는 이와 달리 현상계에 있어서는 없는 경우도 많다는 말이다.

그런데 '계선성성지리'와 '담일청허지기', '본연지리'와 '본연지기'는 그것이 각기 리와 기라는 점에서 엄격히 구별되지만, 존재 자체로 보면 양자가 하나로 묘합 자재한 것이다. 물론 리는 형상도 없고 작위도 없는 형이상자요, 기는 형상도 있고 작위도 있는 형이하자로서 이 원칙은 변함이 없지만, 가치상에 있어서는 '담일청허지기'와 '계선성성지리'가 다를 바 없는 것이다. 왜냐하면 담일청허지기도 형상이 있고 작위가 있는 기지만 잡박성이 배제된 순수한 기로서 맑고 깨끗한 것이므로 순선의 리와 다를 바 없다. 그러나 이는 담일청허지기의 소이가 되는 리를 전제해서만 가능한 것이므로 리의 주재 하에 있다 할 것이다. 바꾸어 말하면 리는 리이고 기는 기라고 하는 대전제를 인정하면서도, 또한 '기가 곧 리'라고 하는 논리적 모순이 뒤따른다. 그러나 이기의 근본구별은 유지하면서 가치상에 있어서의 동일성을 인정하는 논리라 하겠으니, 이는 이기지묘의 관계성에서만 가능하고, 또한 이 묘처(妙處)가 보기도 어렵고 설명하기도 어려운 이기지묘의 경지라 하겠다.

율곡에 있어서는 본연지기(本然之氣)로서의 담연청허(湛然淸虛)가 인정되는 까닭에, 일면 '기질을 고친다(矯氣質)'는 것과 함께 '그 기를 회복한다(復其氣)'는 것이 가능하고, 아울러 기질을 교정함으로서 본성이 회복되는 것이므로[160] '교기질(矯氣質)' '복기기(復其氣)' '복기성(復其性)'이 하나로 상통되는 것이다.

그러면 호연지기(浩然之氣)를 통해서 그의 이기지묘 이론을 검토하고

---

160) 『栗谷全書』, 卷10, 書2, 「答成浩原」, "聖賢之千言萬言 只使人撿束其氣 使復其氣之本然而已 氣之本然者 浩然之氣也 浩然之氣 充塞天地 則本善之理 無少掩蔽."

아울러 본연지기, 본연지리, 담일청허지기와 연관하여 고찰해 보기로 하자. 율곡은 호연지기와 본연지기를 연관시켜 다음과 같이 말하고 있다.

대저 리(理) 위에는 한 글자도 보탤 수 없고 한 터럭만큼도 닦는 노력을 보탤 수 없다. 리는 본래 선한 것이니 어찌 닦을 수 있는가? 성현의 천 마디 만 마디 말이 단지 사람으로 하여금 그 기(氣)를 검속하여 기의 본연을 회복할 뿐이다. 기의 본연은 호연지기(浩然之氣)이다. 호연지기가 천지에 꽉 차면 본선지리(本善之理)가 조금도 가려짐이 없는 것이니, 이것이 맹자의 기를 기르는 이론이 성문(聖門)에 공이 있는 까닭이다.161)

리는 본래 완전하고 선한 것이므로 거기에 한 글자의 보탬도 필요 없고 닦는 노력도 필요 없다. 문제는 기에 있어 성현의 천 마디 만 마디 말의 입론 요지가 기를 검속하여 기의 본연을 회복함에 있다고 한다. 여기에서 율곡이 '기의 본연을 회복한다(復其氣之本然)'고 한 말은 주목할 만하다. 왜냐하면 율곡의 말대로 선유의 전통으로 보면 '기질을 고친다(矯氣質)'고 말하지 '그 기를 회복한다(復其氣)'고는 말하지 않기 때문이다.162) 그러나 율곡은 '교기질'과 함께 '복기기'라고 말하고 있다. 이는 『맹자』에 있어서 '그 본심을 잃는다(失其本心)'고 말하듯이 본연지기를 잃은 소변지기(所變之氣)에 있어서도 본연지기를 회복해야 한다(復其氣)

---

161) 『栗谷全書』, 卷10, 書2, 「答成浩原」, "夫理上不可加一字 不可加一毫修爲之力 理本善也 何可修爲乎 聖賢之千言萬言 只使人撿束其氣 使復其氣之本然而已 氣之本然者 浩然之氣也 浩然之氣 充塞天地 則本善之理 無少掩蔽 此孟子養氣之論 所以有功於聖門也."

162) 『栗谷全書』, 卷31, 「語錄 上」, "問先儒每言復其性 而不言復其氣何也 曰本然之性 雖物蔽氣拘 而惟其本 則純善無惡 故曰復其性也 至於氣 則或濁或駁 已判於有生之初 故不曰復其氣 而曰矯氣質也."

고 말할 수 있다는 것이 율곡의 지론이다.163) 이는 율곡이 기를 유형유위(有形有爲)한 것이므로 가치적으로 잡박하고 악한 것으로 간주하는 것이 아니라, 기 자체의 고유성을 인정하면서 동시에 기의 본연을 담일청허한 것으로 인정하는데서 가능한 것이다.

그런데 율곡은 단적으로 기(氣)의 본연을 호연지기(浩然之氣)로 보고, 이것이 천지에 꽉 차면 본선지리(本善之理)가 조금도 가림이 없이 온전하게 발현된다고 한다. 그렇다면 본선지리는 무엇이라 할 수 있는가? 이는 곧 본연지리(本然之理)를 의미하는 것으로 본연지기 내지 호연지기와의 만남에서 가능한 것이다. 본연지리가 본연지리일 수 있음은 기의 본연하에서 가능한 것이니, 리의 본래적 순선(純善)에도 불구하고 리는 기의 영향을 받는다. 이기지묘의 관점에서 보면 본연지기와 본연지리, 호연지기와 본선지리는 상자상수(相資相須)의 관계 속에서 상호 영향하에 있다 할 것이고, 그 내용에 있어서는 이기지묘인 까닭에 본연지기, 호연지기, 본연지리, 본선지리가 상통하는 것이다. 또한 호연지기는 그것이 기(氣)임에도164) 불구하고, 도의(道義)와의 관계 속에 있는 기이므로 이기지묘라 할 수 있다. 이는 주자의 설명을 통해서도 알 수 있는데, 호연지기는 천지의 바르고 큰 기로서 인간이 이를 그대로 가질 수 있다고 본다. 그리고 지극히 크고 굳센 기와 도의가 묘합된 천지의 바른 기로서의 호연지기는 곧 리(理)와 기(氣)가 합일된 것이다.165) 율곡은 여기에 대해

---

163) 『栗谷全書』, 卷9, 書1, 「與成浩原」, "…以偏塞爲失其本然之氣者 雖似不當 但以孟子失其本心之語 求之則恐不悖理 本心不可失 而猶謂之失 則況湛一之變爲汙澱者 不可謂之失乎 更思之如何."

164) 『栗谷全書』, 卷31, 「語錄」上, "眞元浩然 本非二氣 而以道義養之 則爲浩然之氣…蓋以道義善養仁義之心 則浩然之氣自生…"

165) 『近思錄』, 卷1, 「道體類」, "欄外書曰去猶言脫出 又猶言一層 孟子所發揮浩然之氣 蓋其所以終日乾乾在此 氣之至大至剛 配義與道 乃天地之正氣也 於是工夫無餘蘊 故曰可謂盡矣 又曰浩然之氣 便是理與氣合一."

서 다음과 같이 설명하고 있다.

> 진원(眞元)과 호연(浩然)은 본래 두 기(氣)가 아니다. 도의(道義)로써
> 이를 기르면 호연지기(浩然之氣)가 되고 단지 혈기(血氣)를 보양(保養)
> 하면 진원지기(眞元之氣)가 된다. 그러므로 『집요(輯要)』 양기장(養氣
> 章)에 오로지 인의(仁義)의 마음을 잘 길러서 마침내 호연지기를 기르
> 는 것으로서 논한 것이다. 대개 도의로써 인의(仁義)의 마음을 잘 기르
> 면 호연지기가 스스로 생겨서 진원(眞元)의 보양(保養) 또한 그 가운데
> 에 있다. 그러므로 인의의 마음을 잘 기르는 것은 진원지기를 기르는
> 것을 겸하게 된다. 단지 진원지기를 기른다고 반드시 인의의 마음을
> 잘 기를 수는 없는 것이다.166)

율곡은 진원지기(眞元之氣)와 호연지기(浩然之氣)를 구별하는데, 진원
지기는 몸에서의 기(氣)요167) 호연지기는 마음에서의 기로서, 전자는 신
체상의 혈기라면 후자는 도의(道義)로 말미암아 생기는 기다. 그런데 도
의로써 인의(仁義)의 마음을 잘 기르면 호연지기는 물론 진원지기의 보
양(保養)도 저절로 이루어진다. 호연지기는 진원지기를 겸할 수 있으나
진원지기는 호연지기를 겸할 수 없다.

이렇게 볼 때, 호연지기가 기는 기이지만 그것은 도의가 쌓이고 인의
의 마음을 잘 기르는 데서 생기는 기요, 여기에 따라서 신체상의 혈육지
기(血肉之氣)인 진원지기도 자연히 보존되고 길러지는 것이라 할 때, 이

---

166) 『栗谷全書』, 卷31, 「語錄 上」, "眞元浩然 本非二氣 而以道義養之 則爲浩然之氣 只保養
血氣 則爲眞元之氣也 故輯要養氣章專論善養仁義之心 而終之以養浩然之氣矣 蓋以道義
善養仁義之心 則浩然之氣自生 而眞元之保養 亦在其中矣 故善養仁義之心者 兼養眞元
之氣 只養眞元之氣者 未必善養仁義之心也."
167) 『栗谷全書』, 卷31, 「語錄 上」, "眞元之氣 專旨身上氣也 非論心之剛柔也."

호연지기는 이기(理氣)의 본연지묘처(本然之妙處)라 하지 않을 수 없다.168) 기는 신(身)의 주(主)로서 형이하자가 되고, 도의는 심(心)의 주(主)로서 형이상자가 된다. 호연지기는 심신(心身), 형이상하(形而上下), 이기(理氣)의 묘합임이 확연하다.169) 천지의 기화(氣化)는 낳고 낳음이 끊이지 아니하고 다함이 없어 잠시도 멈춤이 없다. 사람의 기는 천지와 더불어 상통하기 때문에 양심(良心)과 진기(眞氣)가 또한 이와 더불어 함께 자라는 것이다.170) 여기에서 양심이란 호연지기이고 진기란 진원지기를 의미하는 말인데, 이 모두가 천지지기와 상통하여 이해되고 있다.

이렇게 볼 때, 율곡은 본연지리와 본연지기의 묘합처를 천인합일의 경지에서 호연지기로 설명했던 것이며, 이 묘처(妙處)는 사실 본연지리라고도 할 수 있고 본연지기라고도 할 수 있다. 이는 공손추(公孫丑)가 맹자에게 호연지기를 물었을 때, '말하기 어렵다(難言)'171)고 한 것과 율곡이 또한 이기지묘(理氣之妙)를 '보기도 어렵고 또한 설명하기도 어렵다(難見亦難說)'고 한 것을 함께 미루어 생각할 수 있다. 특히 율곡이 본연지기 내지 본원지기(本源之氣)를 담일청허(湛一淸虛)로 보는 것도 계선성성(繼善成性)의 본연지리와의 만남을 전제로 해서 가능한 것이니, 담일청허의 존재는 이기지묘의 입장에서 가능한 것이다. 호연지기가 곧 본연지기이므로 본연지기인 담일청허지기는 호연지기와 같은 것이다.172)

---

168) 황의동, 「理通氣局의 인성론적 고찰」, 『동방사상논고』, 1983. 11. 20, 447쪽.

169) 『朱子大全』, 卷48, "若反諸身而驗之 則氣主乎身者也 道義主乎心者也 氣形而下者也 道義形而上者也 雖其分之不同 然非謂氣在身中 而道義在皮外也."

170) 『栗谷全書』, 卷21, 「聖學輯要3」, "天地氣化 生生不窮 無一息之停 人之氣 與天地相通 故良心眞氣亦與之俱長…"

171) 『孟子』, 「公孫丑章 上」.

172) 『栗谷全書』, 卷10, 書2, 「答成浩原」, "氣之本 則湛一淸虛而已." "氣之本然者 浩然之氣也."
『栗谷全書』, 卷21, 「聖學輯要3」, "臣按一氣之源 湛然淸虛."

또한 담일청허지기는 순수한 기인데 이것이 현상계에 있어서 있지 않은 것도 많다는 말은[173] 동식물을 지칭해 한 말로서, 이것들은 본래 본연의 기가 아닌 치우치고 막힌 기를 타고난 까닭에 변통(變通)의 여지가 없다는 말이다.[174] 그러나 율곡이 기의 본연이 있을 때도 있고 없을 때도 있다고 함은[175] 인간은 기의 맑고 흐리고 순수하고 잡박한 차이가 있기 때문에 본연지기(本然之氣)로서의 맑고 순수함을 지닐 수도 있고, 소변지기(所變之氣) 내지 비본연(非本然)의 기로서 탁하고 잡박함을 지닐 수도 있다는 말이다. 인간은 수양의 가능성이 주어지게 되는데, 이 가능성은 순수기(純粹氣)의 지극히 바르고 지극히 통함에서 심(心)의 허령(虛靈)이 가능하고, 또한 지각작용이 가능하다는 인간관[176]에 기초하는 것이다.

요컨대 율곡의 이기지묘의 입장에서 보면 본연지기, 본연지리, 담연청허지기, 본선지리, 호연지기가 하나로 상통되는 것이요,[177] 나아가 도심(道心)까지도 이와 상통되는 것이다.[178] 이 말은 리와 기가 곧 하나라는 말인데, 이기(理氣)의 엄격한 구별과 결코 모순되지 않는데 그 묘미가 있다. 즉 '이무형무위(理無形無爲) 기유형유위(氣有形有爲)'의 형이상하의

---

173) 『栗谷全書』, 卷10, 書2, 「答成浩原」, "繼善成性之理 則無物不在 而湛一淸虛之氣 則多有不在者也."

174) 『栗谷全書』, 卷10, 書2, 「答成浩原」, "天地 得氣之至正至通者 故有定性 而無變焉 萬物得氣之偏且塞者 故亦有定性 而無變焉."

175) 『栗谷全書』, 卷10, 書2, 「答成浩原」, "…於是氣之流行也 有不失其本然者 有失其本然者 旣失其本然 則氣之本然者 已无所在…"

176) 『栗谷全書』, 卷31, 「語錄 上」, "心之虛靈 不特有性而然也 至通至正之氣 凝而爲心 故虛靈也."

177) 『栗谷全書』, 卷10, 書2, 「答成浩原」, "人心道心 俱是氣發 而氣有順乎本然之理者 則氣亦是本然之氣也." "氣之本然者 浩然之氣也 浩然之氣 充塞天地 則本善之理 無少掩蔽." 김종문, 「율곡의 이기철학 체계에 대한 연구」, 『철학연구』, 제22집, 1976, 146쪽.

178) 『栗谷全書』, 卷10, 書2, 「答成浩原」, "…以道心爲本然之氣者 亦似新語 雖是聖賢之意 而未見於文字."

구별에도 불구하고, 이기(理氣)가 상자상수(相資相須)하고 상호 영향하에 있는 한, 본연지기 하에서의 리 또한 그 본연을 온전히 유지한다. 또 리에 순한 기는 담일청허한 것으로 본연지기가 되어 리와 기가 사실상 가치적으로는 다를 바 없다. 이 경지의 체득이 어려운 것이고, 율곡철학의 난해처(難解處)가 되는데, 그의 철학적 영명성(穎明性)으로 천인일관의 경지에서 이를 체득한 것이다.

그런데 우리는 여기에서 중요한 시사를 받게 된다. 그것은 율곡이 말하는 이기지묘의 근본 의미가 우주자연에 있어서나 인간에 있어서나 리와 기의 단순한 합의 구조가 아니라, 리의 본연과 기의 본연이 조금도 괴리(乖離)됨이 없이 완전 합일되어야 하는 동시에, 또한 반드시 그렇게 되지 않으면 안 된다는 이법성(理法性)까지도 가지고 있음이다. 즉 본연지리(本然之理)와 소변지기(所變之氣)의 묘합이란 그것이 존재의 형식에 있어서는 합의 구조를 의미하지만, 진정한 의미에 있어서는 이기지묘라 하기 어렵다. 왜냐하면 인간에 있어서 본연지리와 본연지기의 묘합 구조가 아니고서는 리도, 기도 본연의 상실을 초래할 뿐 아니라 엄밀한 의미에 있어서의 묘합 구조가 될 수 없기 때문이다. 이는 달리 말하면 이기지묘의 근본정신이 온전히 구현됨은 인간 본래성의 완전실현과 일치하는 것이라 할 수 있다.

제3장

율곡의 지각론(知覺論) 이해

철학에 있어서 인식의 문제는 존재 문제와 더불어 매우 중요하다. 서양철학에서 사용하는 '인식'이라는 용어를 동양에서는 '지각(知覺)'이라는 말로 사용하고 있다. 인간은 알기를 욕구하는 동물일 뿐 아니라 참되게 알아야만 우리의 삶도 바를 수 있다. 유가철학에도 인식의 영역이 분명히 있고, 또 역사적으로도 이에 대한 논의가 끊임없이 있어 왔다. 그러나 일반적으로 서양철학에 비하면 인식의 문제가 상대적으로 경시되어 온 것이 사실이다.

율곡의 지각론에 관한 연구는 매우 부진한 편이다.[1] 유가철학에서의 격물치지(格物致知)를 오늘날 서양철학에서 일반적으로 사용하는 '인식'이라는 말로 일치시켜 사용할 수 있느냐 하는 데는 다소 문제가 없지 않다. 그러나 격물치지(格物致知) 문제가 곧 앎의 문제요, 동서의 회통(會通)이 시대적 요청이라 할 때 인식이라는 용어 사용에 인색할 필요는 없다.

우리는 일반적으로 유가 철학자들이 인식 내지 지각의 문제를 등한히

---

1) 장성재, 「율곡의 격물치지에 관한 연구」, 동국대대학원(석사논문), 1984.
  백은기, 「퇴·율의 격물치지에 관한 고찰」, 한국정신문화연구원대학원(석사논문), 1985.
  김도기, 「조선조 유학에 있어서 인식이론에 대한 연구」, 성균관대대학원(박사논문), 1986.

한 것으로 오해하지만 결코 그렇지 않다. 율곡의 경우만 하더라도 그의 지각체계는 양과 질에 있어서 매우 훌륭하다. 기본적으로 율곡철학의 지각체계가 유가경전과 특히 주자의 격물치지설에 근거하고 있지만, 이를 바탕으로 정밀한 이론구조를 지니고 있음에 놀라게 된다. 아울러 율곡철학의 지각체계는 서양철학의 인식체계와도 비교할 만한 충분한 논거를 가지고 있다.

1. 인간의 지각능력과 방법

지각론에 있어서 앎의 주체와 대상은 근본문제가 된다. 율곡은 지각의 주체인 인간의 지각능력을 어떻게 이해하고 있는가? 율곡에 의하면, 인간의 지각(知覺)은 정기(精氣)에서 나온다.2) 지각의 주체인 정기는 다시 두 가지로 나누어 생각할 수 있는데, 하나는 혼(魂)이고 또 하나는 백(魄)이다. 혼은 심관(心官)의 사려(思慮)기능을 맡고, 백은 이목지관(耳目之官)의 총명(聰明)기능을 맡는다.3) 여기에서 '혼'의 사려기능이란 마음이 생각하고 분별하는 기능을 의미하고, '백'의 총명기능이란 눈, 코, 입, 귀 등 감각기관이 대상을 인식하는 감각기능을 의미한다. 율곡이 이렇게 지각의 주체를 몸과 마음으로 나누어 마음은 사려작용, 몸은 지각작용을 하는 것으로 본 것은 맹자의 설에 근거한다. 즉 맹자는 대체(大體)를 좇으면 대인(大人)이 되고 소체(小體)를 좇으면 소인(小人)이 된다 하고, 소체인 이목지관(耳目之官)은 감각기능을, 대체인 심지관(心之官)은 사유기능을 담당한다고 보았다.4)

---

2) 『栗谷全書』, 卷4, 「死生鬼神策」, "蓋人之知覺 出於精氣焉."

3) 『栗谷全書』, 卷4, 「死生鬼神策」, "耳目之聰明者 魄之靈也 心官之思慮者 魂之靈也."

4) 『孟子』, 「告子 上」, "孟子曰 從其大體爲大人 從其小體爲小人…. 曰耳目之官 不思而蔽於物

그런데 율곡은 다시 심기(心氣)와 신기(身氣)의 용어를 사용하여 인간의 지각능력을 설명한다. '심기와 신기는 서로 표리(表裏)관계가 되느냐'는 물음에 대해, '심기와 신기는 하나이면서 둘이요 둘이면서 하나의 관계에 있다'고 한다. 그리고 '심기는 신기 가운데에 포함되어 있고, 신기는 심기 속에 뿌리를 박고 있다'고 한다.[5]

이렇게 볼 때, 인간은 심신(心身), 영육(靈肉)이 일체화된 존재로서 마음에도 이기(理氣)가 있고 몸에도 이기가 있는데, 마음의 기가 곧 심기요 몸의 기가 곧 신기라고 볼 수 있다. 다시 이것을 정기(精氣), 혼백과 연관하여 설명할 수 있는데, 심기는 심관의 혼과 같은 것으로 사려하는 것이고, 신기는 이목지관의 백과 같은 것으로 보고 듣는 감각작용을 하는 것이다. 따라서 심기와 신기, 혼과 백은 모두 정기라 할 수 있다.

또한 율곡은 사람의 한 몸은 혼백(魂魄)의 집인데, 혼은 기(氣)의 신(神)이요 백은 정(精)의 신(神)이라고 한다.[6] 이러한 견해는 이미 송대 면재(勉齋) 황씨(黃氏)와 서산(西山) 진씨(陳氏) 등의 글에서도 보인다. 면재 황씨에 의하면, 정(精)의 신(神)이 백(魄)이고 기(氣)의 신(神)이 혼(魂)인데, 귀나 눈이 보고 들을 수 있는 것은 백이 하는 일이고, 이 마음이 사려할 수 있는 것은 혼이 하는 일이라 하였다.

또한 서산 진씨도 눈이 밝게 보고 귀가 총명하게 들을 수 있는 것은 정(精)의 하는 일로 이것이 백(魄)이고, 인심이 사려할 수 있고 지식이 있는 것은 기의 하는 일로 이것이 혼(魂)이라 하였다.[7] 이렇게 볼 때, 율곡

物交物 則引之而已矣 心之官則思 思則得之 不思則不得也."

5) 『栗谷全書』, 卷31, 「語錄上」, "曰心氣身氣 相爲表裏耶 曰其氣一而二二而一也 心氣 包於身氣之中 身氣 根於心氣之中矣."

6) 『栗谷全書』, 拾遺, 卷4, 「死生鬼神策」, "人之一身 魂魄之城廓也 魂者 氣之神也 魄者 精之神也."

7) 『性理大全』, 卷28, "勉齋黃氏曰, …精之神 謂之魄 氣之神 謂之魂 耳目之所以能視聽者 魄爲

의 정기, 혼백에 관한 이론들은 이미 송대 유학자들에 있어 보편화되었던 것임을 알 수 있다.

그러면 율곡에 있어서 이렇게 다양한 지각능력들은 각기 어떠한 기능을 맡고 있으며 그것들의 상호관계는 어떠한지 생각해 보자. 율곡의 지각론에 있어서의 대 전제는 인간존재를 심신일체(心身一體) 내지 영육쌍전(靈肉雙全)의 존재로 파악하고 있다는 점이며, 또한 모든 지각이란 심신의 상호협력과 불가분의 관계 속에서 이루어진다는 점이다. 율곡에 의하면 인간은 귀가 있은 후에 소리를 들을 수 있고, 눈이 있은 후에 색을 볼 수 있고, 마음이 있은 후에 생각할 수 있다. 만일 정기(精氣)가 흩어지면 귀는 소리를 들을 수 없고, 눈은 색을 볼 수 없고, 마음은 생각할 수 없다.8) 이 말은 인간의 지각이란 일단 눈, 코, 입, 귀, 살갗 등 감각기관의 수용 내지 접촉이 없이는 불가하다는 말로서 경험적 성격을 분명히 하고 있다.

또한 그는 '혈기(血氣)의 몸이 있은 후에야 지각의 심도 있다'는 그의 문인 김진강(金振綱)의 말에 동의한 것으로 보아,9) 역시 지각에 있어 신기(身氣)의 감각적 기능을 중요하게 생각한 것으로 보인다. 이는 어떠한 앎이든지 그것은 반드시 우리들의 감각을 통해서만이 가능하다는 것으로 감각적 경험의 중요성을 강조한 것이다. 그러나 아무리 눈이 꽃을 보고 귀가 소리를 들어도 심관(心官)의 사유작용이 없다면 그것은 하나의 희미한 감각적 느낌일 뿐이다. 여기에 심기(心氣) 내지 혼(魂)의 역할과 기능이 요구되는데 다음 율곡의 설명이 이를 뒷받침해 준다.

之也 此心之所以能思慮者 魂爲之也….西山眞氏曰….目之所以明 耳之所以聽者 卽精之爲也 此之謂魄 氣充乎體 凡人心之能思慮有知識….卽氣之所爲也 此之謂魂."

8) 『栗谷全書』, 拾遺, 卷4,「死生鬼神策」, "…故有耳然後 可以聞聲 有目然後 可以見色 有心然後 可以思慮矣 精氣一散 而耳無聞 目無見 心無思慮…."

9) 『栗谷全書』, 卷31,「語錄上」, "….曰有血氣之身然後 有知覺之心也."

안에 심기(心氣)의 허령한 것이 없으면 몸의 아픈 것이나 가려운 것
도 알 바가 없어 모래나 돌이 사물을 보는 것과 같은 것이 된다.10)

몸이 송곳에 찔리거나 가려운 일이 있더라도 심관의 사려작용이 없이
는 아프다거나 가려움을 지각할 수 없다는 말이다. 이로 보면 율곡은 일
차적으로 감각기관 내지 신기(魄)의 보고 듣고 냄새를 맡는 감각작용을
인정한 것이다. 이는 지각대상의 수용이며 일종의 인식과정에 해당한다.
그러나 보고 듣고 한 것을 마음이 분별하거나 정리하거나 판단해 주지
않는다면 감각경험의 내용은 또렷하게 알려질 수 없을 것이다. 여기에
심관 내지 심기(魂)의 사려작용이 요청된다. 율곡의 격물치지론에 있어
서 올바른 지각이란 심관의 사려작용을 거쳐서 완료된다.

이렇게 볼 때, 이목지관도 중요하지만 심관도 매우 중요한 역할과 기
능을 갖게 된다. 이제 사려하는 기능을 갖는 마음에 대한 율곡의 설명을
보기로 하자.

율곡은 인간의 한 마음은 온갖 이치를 온전히 갖추었다고 한다.11) 이
는 인간의 마음속에 모든 이치를 갖추고 있다기보다는, 모든 이치를 알
수 있는 능력을 가지고 있다는 말이다. 그래서 인간의 마음을 가리켜 허
령(虛靈)하다고 한다.12) 인간의 마음은 텅 비어 있지만 신령(神靈)하고
영명(靈明)한 것이다. 이 영명의 능력이 온갖 이치를 알 수 있는 능력이
다. 물론 이러한 율곡의 심 이해는 주자의 설에 근거하는 것이며,13) 더
올라가서는 맹자에 까지도 근원하는 것이니, '만물의 이치가 모두 나에

---

10)『栗谷全書』, 卷31,「語錄上」, "內無心氣之虛靈 則身之疾痛痾痒無所知 而同於砂石之頑物
也."

11)『栗谷全書』, 卷20,「聖學輯要2」, "臣按人之一心 萬理全具."

12)『栗谷全書』, 卷31,「語錄上」, "心之虛靈."

13)『朱子大全』, 卷14, "心之爲物 至虛至靈 神妙不測."

게 갖추어 있다'14)는 말이 이를 의미한다.

그런데 율곡이 심의 본질을 허령하다고 보는 것은 마음의 이치로서의 성(性)뿐만 아니라, 지극히 통하고 지극히 바른 기가 엉기어 마음이 되었다고 보기 때문이다.15) 심의 역할과 기능은 여러 가지가 있지만 한 몸을 주재하면서 대상세계를 알 수 있는 이 능력이야말로 인간이 만물의 영장이기에 족한 이유가 된다. 율곡은 지각이 곧 심이라 하고, 인, 의, 예, 지(仁, 義, 禮, 智)의 성을 싣고 있기 때문에 사단의 정이 소속된 바에 따라 나타나는데 이것이 심의 지각이라 하였다.16)

그러면 심의 본체와 작용은 어떠한 것인가? 율곡에 의하면 마음이 아직 발동되지 아니한 본체는 담연히 텅 비고 밝아 빈 거울과 같고 평평한 저울대와 같으며, 마음이 이미 발동되어진 작용상태에서는 외물에 감응되어 움직임으로 나타난다. 우리는 이 마음의 본체를 성(性)이라 하고, 이 마음의 작용을 정(情)이라 한다. 그리고 이 성은 『주역』「계사(繫辭)」의 이른바 '고요하여 움직이지 아니 함(寂然不動)'에 해당하는 것이고, 정은 '느끼어 드디어 통함(感而遂通)'에 해당하는 것이다.17)

그러면 정(情)은 무엇인가? 율곡에 의하면 마음이 느낀 바 있어 움직인 것으로,18) 절도에 맞는 경우와 맞지 않는 경우가 있다. 즉 성(性)은 마음이 아직 발하지 아니한 상태라면, 정(情)은 마음이 이미 발한 상태이다. 지각이란 정 이후의 문제이다. 또한 정에서 한 걸음 더 나아간 것이

---

14) 『孟子』, 「盡心章 上」.

15) 『栗谷全書』, 卷31, 「語錄上」, "心之虛靈 不特有性而然也 至通至正之氣 凝而爲心 故虛靈也."

16) 『栗谷全書』, 卷31, 「語錄上」, "知覺卽心也 該載仁義禮智之性 故四端之情隨所寓而發見 此其心之知覺也."

17) 『栗谷全書』, 卷20, 「聖學輯要2」, "…故朱子曰 意緣有情而後用 故心之寂然不動者 謂之性 心之感而遂通者 謂之情."

18) 『栗谷全書』, 卷20, 「聖學輯要2」, "情者 心有所感而動者也."

의(意)로서 이는 마음에 계산과 비교가 있는 것이다. 정이 이미 발하여 생각도 하고 운용도 하는 것이다. 지(志)는 의(意)에서 또 한 걸음 더 나아간 것으로 마음의 가는 바가 있는 것이다. 즉 정이 이미 발하여 선악으로 나아갈 방향을 정한 것을 말한다.[19]

이렇게 볼 때, 의(意)나 지(志)는 모두 정(情)에서 한 걸음 더 나아간 마음의 다른 형태이다. 여기에서 심(心), 심기(心氣), 신기(身氣), 혼(魂), 백(魄), 정기(精氣)는 어떻게 구별되고 관련되는지 검토해 보기로 하자. 앞에서 설명한 것처럼 심은 리(理)와 기(氣)의 구조로 이루어진 것인데, 심의 리가 성(性)이고 그 성을 담는 그릇과 같은 것이 기로서 심기(心氣)가 된다. 그리고 이것은 곧 혼(魂)이라 할 수 있고 기(氣)의 신(神)이라 할 수 있다. 그러므로 심이 곧 심기는 아니며 신기나 정기와도 구별된다.

요컨대 율곡의 지각론에 있어서의 지각 능력은 몸과 마음 양면에 걸쳐 있는 것으로 심기(心氣: 魂, 氣의 神)와 신기(身氣: 魄, 精의 神)이다. 심기는 사려기능을 갖고 있고 신기는 감각기능을 갖는데, 양자의 상호 협력 작용과 상보적 관계 속에서 지각이 가능하다. 신기는 대상을 감관에 수용하여 내용을 삼고, 심기는 그것을 사려함으로서 지각작용을 완수한다. 신기가 아니면 심기는 그 무엇도 사유할 수 없어 공허할 것이며, 심기가 사유하지 않는다면 신기에 의해 수용된 어떤 경험 대상도 우리에게 지각될 수 없을 것이다. 우리의 지각은 심신, 심기와 신기, 혼과 백의 상보적 역할 분담과 협력의 소산이다. 그리고 정기란 바로 심기와 신기를 합한 것으로 심신양면에 걸쳐 있는 인간의 지각능력이다.

---

19) 『栗谷全書』, 卷20, 「聖學輯要2」, "志者 心有所之之謂 情旣發 而定其趨向也 之善之惡 皆 志也 意者 心有計較之謂也 情旣發而商量運用者也."

2. 지각의 이기(理氣)구조와 철학적 근거

율곡은 지각이 이루어지는 과정을 성리학적 시각으로 다음과 같이 설명하였다. 총명사려(聰明思慮)하는 것은 기(氣)요 총명사려하는 까닭은 리(理)다. 리는 지(知)가 없으나 기는 지가 있다.[20] 여기서 볼 때 총명사려 하는 자체는 기의 역할이다. 그러나 기로 하여금 총명사려하게 하는 주재적 역할은 리에 있다. 리는 지(知)가 없고 기는 지가 있다는 말에 유의할 필요가 있다. 이는 지각작용 자체는 어디까지나 기의 역할이지만, 그 기로 하여금 어떻게 지각하느냐 하는 내용은 리의 몫이라고 보는 것이다. 지각에 담겨질 내용은 리의 역할이다.

이처럼 그는 이기론의 입장에서 지각의 구조를 설명하고 있다. 이목(耳目)이 총명하게 감각하는 것은 신(身)의 기(氣)이지만 감각하는 까닭은 신(身)의 리(理)이고, 심관(心官)이 사려하는 것은 심(心)의 기(氣)이지만 사려하는 까닭은 심(心)의 리(理)이다. 기는 지각하는 당체(當體)지만 리는 그 자신은 지각하지 않으면서 기의 지각작용을 주재하고 또 그것을 가능케 하는 원인이 된다. 이러한 지각의 이기 구조는 다음 율곡의 설명에서 분명해진다. 율곡은 이기론의 대원칙에 입각해 지각의 문제를 이해하는 것이다. 총명(聰明)의 지각작용은 신기(身氣: 耳目之官)의 역할이지만, 그 총명의 내용에 무엇을 담을 것인가는 신리(身理)의 역할이다. 또 사려(思慮)의 지각작용은 심기(心氣: 心之官)의 역할이지만, 그 사려의 내용에 무엇을 담을 것인가는 심리(心理)의 역할이다. 따라서 몸의 총명작용은 신기와 신리의 협력에 의해 가능한 것이고, 마음의 사려작용은 심기와 심리의 협력에 의해 가능한 것이다. 총명이든 사려든 모두가 이기

---

20) 『栗谷全書』, 拾遺, 卷4, 「死生鬼神策」, "其聰明思慮者 氣也 其所以聰明思慮者 理也 理無知 而氣有知."

(理氣)의 유기적 협력하에서만 가능한 것이다.

율곡은 또 다음과 같이 설명한다. 능히 알 수 있고 깨달을 수 있는 것은 기이고, 아는 까닭과 깨달을 수 있는 까닭은 리이다.[21] 알고 깨달을 수 있는 것은 기 자체지만, 그 기로 하여금 알고 깨닫게 할 수 있는 까닭은 리다. 이는 율곡이 '발하는 것은 기요 발하는 까닭은 리'[22]라고 한 이기(理氣)의 설명을 그대로 지각론에 적용한 것이다. 앞에서 우리는 율곡의 지각이라는 것이 정기(精氣)로부터 나온다는 것을 알았고, 또 그 정기는 심기(心氣)와 신기(身氣), 혼(魂)과 백(魄)을 아울러 의미하는 것으로 양자의 협력 작용을 통해 지각이 가능함을 알았다.

그러나 엄밀히 말하면 정기 내지 심기(魂), 신기(魄)는 모두 하나의 기로써 지각할 수 있는 것일 뿐, 그 자체로서 지각이 이루어지는 것은 아니다. 왜냐하면 정기 내지 심기, 신기는 모두 리에 근거하고 있기 때문이다. 즉 리가 아니면 심기가 사려하거나 신기가 감각할 수 없기 때문이다. 또 리가 아니면 기의 사려나 지각은 맹목일 수밖에 없다. 심의 리나 신의 리는 그 자체가 생각하거나 감각할 수는 없지만, 심기, 신기가 생각하고 감각할 수 있는 근거가 되기 때문이다.

이렇게 볼 때, 율곡의 지각론에 있어서 지각이란 매우 복잡한 구조를 갖는다는 것을 알 수 있다. 즉 먼저 신기(身氣)가 경험대상을 수용하여 감각하게 되지만, 그것을 가능하게 하는 것은 신(身)의 리(理)가 있기 때문이다. 또한 심기(心氣)가 감각되어진 소재를 사려할 수 있지만, 그것을 가능하게 하는 것은 심(心)의 리(理)이다. 따라서 지각이란 심(心)과 신(身), 심기(心氣)와 신기(身氣), 혼(魂)과 백(魄), 리(理)와 기(氣)의 상호

---

21) 『栗谷全書』, 卷31, 「語錄 上」, "心之知覺 氣耶理耶 曰能知能覺者 氣也 所以知所以覺者 理也."

22) 『栗谷全書』, 卷9, 書1, 「答成浩原」, "發者 氣也 所以發者 理也."

협력과 조화를 통해 이루어진다.

그런데 이러한 지각의 이기 구조는 율곡의 기발이승일도설(氣發理乘一途說)에 근거를 두고 있다. 기발이승이란 발하는 기 위에 리가 올라타 있는 존재구조를 의미한다. 이때 기는 발하지만 리는 발하지 않으면서 기발(氣發)의 원인이 되고 기를 주재한다.

발하는 것은 기요 발하는 까닭은 리다. 기가 아니면 발할 수 없고 리가 아니면 발할 바가 없다.23)

이러한 율곡의 존재 이해는 인간, 자연, 사물에 이르기까지 일관된다. 그리고 발하는 기와 그 표준으로서의 리의 관계는 시간적으로 선후가 없고 공간적으로 이합(離合)이 없는 묘합 구조라 하여,24) '이기지묘(理氣之妙)'라는 표현을 쓴다.

이제 율곡의 지각론에서 문제가 되고 있는 심(心)의 작용을 지각과 연관하여 생각해 보기로 하자. 이는 달리 말하면 정(情)의 문제로서 심이 외물을 수용하여 지각하는 구조를 기발이승일도설(氣發理乘一途說)에 근거하여 설명하는 것이기도 하다.

이제 측은(惻隱)을 가지고 말하더라도 어린아이가 우물에 빠진 것을 본 뒤에야 이 마음이 발하는 것이니, 느끼게 하는 것은 어린아이요, 어린아이는 외물이 아닌가? 어찌 어린아이가 우물에 빠지는 것을 보지

---

23) 『栗谷全書』, 卷14, 「人心道心圖說」, "發之者 氣也 所以發者 理也 非氣 則不能發 非理 則無所發."
24) 『栗谷全書』, 卷10, 書2, 「理氣詠呈牛溪道兄(小註)」, "理氣本合也 非有始合之時 欲以理氣二之者 皆非知道者也."

않고 스스로 측은한 마음이 발하겠는가?25)

이는 율곡이 측은지심을 가지고 설명한 것인데 측은지심은 정(情)이
다. 정이란 이미 발한 마음으로서 외물에 따라 마음이 움직여 나타난 것
이다. 아무리 선한 정인 측은지심이라 하더라도 외물에 의한 마음의 움
직임이지, 마음 안에서 저절로 일어나는 마음일 수는 없다. 우물에 빠지
는 어린아이는 마음의 본체를 움직이게 한 외물이다. 눈이 어린아이를
보면 신기(身氣)의 감각작용이 발생한다. 여기에 따라 심기(心氣)가 작용
하여 지각이 이루어지고 마음은 측은지심이 된다. 그리고 이것은 기발이
승(氣發理乘)의 구조인데, 우물에 빠지는 어린아이에 따라 마음의 기가
발하고 그 기의 발을 주재하는 것이 리다. 측은지심의 경우에는 리의 주
재에 따라 기가 발한 경우이므로 순수한 선이 된다. 이처럼 기발이승을
존재 설명의 원칙으로 삼는 율곡에 있어서는 외물 없는 감응이나 발용은
부정하는 것이다. 그러므로 율곡은 성인의 마음이라 하더라도 느끼지 않
고서는 스스로 움직일 수 없고, 반드시 느낌이 있어야 움직이게 되는데,
이 느끼게 되는 것이 모두 외물 때문이라 하였다. 예를 들면 부모에게 느
끼면 효(孝)가 발동하고, 임금에게 느끼면 충(忠)이 발동하고, 형에게 느
끼면 경(敬)이 발동하는데, 부모, 임금, 형이란 바로 외물로서 천하에 밖
에서 느낌이 없이 마음 안에서 저절로 발하는 감정은 없는 것이다.26)
　율곡은 만약 밖에서 느끼기를 기다리지 않고 안으로부터 스스로 발하
는 것이 사단(四端)이라고 한다면, 이는 부모가 없이도 효(孝)가 발하고,

25) 『栗谷全書』, 卷10, 書2, 「答成浩原」, "今以惻隱言之 見者孺子入井然後 此心乃發 所感者
　　孺子也 孺子非外物乎 安有不見孺子之入井 而自發惻隱者乎."
26) 『栗谷全書』, 卷10, 書2, 「答成浩原」, "雖聖人之心 未嘗有無感而自動者也 必有感而動而所
　　感 皆外物也 何以言之 感於父則孝動焉 感於君則忠動焉 感於兄則敬動焉 父也君也兄也者
　　豈是在中之理乎 天下安有無感 而由中自發之情乎."

임금이 없이도 충(忠)이 발하고, 형이 없이도 경(敬)이 발한다는 말이니, 어찌 사람의 진정(眞情)이겠느냐고 반문한다.27) 여기에서 느낀다 함은 두 가지 문제를 전제하는 것이다. 하나는 느끼게 되는 이목지관(耳目之官)이요 또 하나는 느껴지는 대상이다. 아무리 성인의 마음이라도 그것은 외물에 의해 느껴진 마음이다. 효, 충, 경의 마음도 부모, 임금, 형이라는 외적 대상에 의해 우리의 이목이 감각작용을 하고, 또한 심관에 의해 다시 사려됨으로써 알게 된 마음이다. 여기에서도 우리는 감각기관과 사유기관, 신기(身氣)와 심기(心氣)의 협력에 의해서 지각이 가능함을 알게 된다. 그러면 율곡이 지각의 과정을 어떻게 이해하고 있는지 살펴보기로 하자.

어떤 이가 묻기를, "인심이 사물에 응할 때에는 마음이 사물 위에 있는가?" 하니, 진강(振綱)이 답하기를, "마음의 본체는 항상 안에서 주재하고 있고, 그 용은 밖으로 나가는 것이다" 하였다. 묻기를, "사물에 접촉할 때에 체(體)는 안에 있고 용(用)은 밖에 있다면 마음은 두 개의 마음인가?" 하고 물었다. 답하기를, "허령한 본체의 마음은 안에서 주재하고 있다가 사물이 옴에 느낌에 따라서 비추어 응할 뿐이다. 비유하면 거울이 물건을 비출 적에 물건이 오기에 거울이 비추는 것이지, 거울이 물건을 따라서 비추는 것이 아닌 것과 같다"고 하였다. 묻기를, "그러면 허령(虛靈)의 체가 안에 있기 때문에 비추어 응하는 작용이 밖으로 나타나는 것인가?" 하니, 답하기를, "그렇다"고 하였다. 선생께서 옳다고 말씀하였다.28)

---

27) 『栗谷全書』, 卷10, 書2, 「答成浩原」, "今若以不待外感 由中自發者 爲四端 則是無父而孝發 無君而忠發 無兄而敬發矣 豈人之眞情乎."
28) 『栗谷全書』, 卷31, 「語錄上」, "或問 人心應物之時 心在事物上耶 振綱答曰 人之體常主乎

이와 같이 인간의 지각이란 거울이 어떤 대상을 비추듯이, 본체의 마음이 안에서 주재하고 있다가 어떤 대상이 주어지면 거기에 따라 느끼어 알게 된다. 이는 거울이 물건을 따라가서 비추는 것이 아니라, 물건이 오기 때문에 거울이 비추는 것과 마찬가지로, 마음의 본체는 본래 고요하고 밝은데, 외물이 주어짐에 따라 그 작용이 일어나게 되는 것이다. 그리고 여기에서 심의 작용이란 허령한 본체가 안에 있기 때문에 가능하다 하였으니, 체를 바탕으로 용이 있게 되는 것을 의미한다. 만약 어떤 대상이 밖에서 주어지지 않는다면 마음은 본체 그대로 고요하여 느끼거나 움직이지 않을 것이다. 율곡에 있어서의 지각이란 일단 외물을 수용하여 감각하는 이목지관(耳目之官)의 기능이 기초가 된다. 그렇지만 심관(心官)에 의한 사려기능 없이는 감각으로 경험되어진 그 내용도 또렷이 알려질 수 없다는 점에서 양자의 기능적 협력이 요구되는 것이다.

그러면 마음이 아직 발동되지 않은 경우에도 감각작용은 가능한지 살펴보고, 이 경우를 이기론(理氣論)의 구조로 검토해 보자.

　　누가 묻기를, "미발(未發)할 때도 또한 보고 듣는 것이 있는가?" 하니, 신이 답해 말하기를, "만약 사물을 보기도 하고 소리를 듣기도 할 때에 염려(念慮)가 따라 발하면 이는 진실로 이발(已發)에 속하는 것이요, 만약 사물이 눈에 지나가도 듣기만 할 뿐 듣는 마음이 일지 않았거나, 비록 보고 들음이 있더라도 사유를 하지 않았다면 그것이 미발이

中 而其用達於外也 曰接物之時 體在內 而用在外 則心爲二心也 曰虛靈本體之心 主宰乎
內 而事物之來 隨感照應而已 譬如鏡之照物也 物來而照之也 非鏡逐物而照管也 曰然則
虛靈之體 在於內 故照應之用 發於外也 曰然 先生曰 是也."

되는 데 방해되지 않는다."29)

　율곡에 의하면 심(心)의 미발(未發)과 이발(已發)은 그 경계가 오직 마음이 생겼는가 생기지 않았는가 하는 데 있다. 우리는 눈으로 무엇을 보고 귀로 무엇을 들으면서도 마음이 전혀 작용하거나 움직이지 않는 경우가 있는데 율곡은 이러한 경우도 미발이라 한다. 이는 율곡이 이목(耳目)의 감각기관은 작용을 해도 심(心)의 사유작용은 하지 않는 경우를 상정(想定)하고 있음을 말한다. 예를 들면 어린애가 엄마가 주는 밥을 먹으면서 텔레비전을 보고 있으면, 마음은 텔레비전에 가 있고 음식의 맛을 모르고 씹기만 하는 경우와 같다.

　대개 우리들의 지각이란 일단 대상이 주어지면 이목지관이 이를 맞아들여 감각하게 되고, 그것이 심관에 의해 사려 됨으로서 지각이 완료된다. 그런데 지금 이 경우는 눈과 귀는 각기 대상을 맞아 보고 듣지만, 마음은 사려작용을 하지 않는 경우라 하겠다. 이것을 기발이승(氣發理乘)의 이기(理氣) 구조로 생각해 보자. 앞서 대상을 맞아 눈이 보고 귀가 듣는 감각작용은 신기(身氣) 그 자체가 하는 것이지만, 그것을 주재하고 가능케 하는 까닭은 신(身)의 리(理)에 있다. 이목의 감각작용도 기발이승의 원리를 바탕으로 한다. 심의 사려작용은 감각되어진 내용이 소재가 되어 그것에 따라 심기(心氣)가 발하게 되고, 그 심기의 발은 심의 리(理) 때문에 가능하다. 심의 사려작용 또한 기발이승의 구조하에 있는 것이다.

　그러면 우리들이 사물을 아직 접촉하지 않아 느낀 바가 없을 때에도

---

29)『栗谷全書』, 卷21,「聖學輯要3」, "或問 未發時 亦有見聞乎 臣答曰 若見物聞聲 念慮隨發
　　則固屬已發矣 若物之過乎目者 見之而已 不起見之之心 過乎耳者 聞之而已 不起聞之之心
　　雖有見聞 不作思惟 則不害其爲未發也."

염려(念慮)가 생기는 것은 무엇 때문인지 생각해 보기로 하자. 내가 지금 당장 어떤 대상을 접하지 않았는데에도 마음이 움직이는 경우 이것을 어떻게 볼 것인가 하는 문제다. 여기에 대해 율곡은 이렇게 답한다.

> 이 또한 옛날에 발한 바의 정을 모아서 찾은 것이다. 그때를 당하여 비록 아직 사물에 접촉하지 아니 하였다 하더라도, 실은 옛날에 느꼈던 사물을 생각하는 것이니, 어찌 이른바 정에 의하는 것이라 하지 않겠는가?[30]

이는 현재로는 눈이 보거나 귀가 듣는 것도 아닌데, 마음이 과거의 경험적 지각을 소재로 작용함을 의미한다. 율곡은 이 경우에도 과거의 경험이 하나의 외물이 되어, 신기의 감각작용과 심기의 사려작용이 일어난 것으로 보았다. 이는 일종의 기억으로서 율곡은 여기에서도 외물 없는 지각은 있을 수 없다는 것을 명백히 한 것이다.

요컨대 율곡은 기발이승일도설을 철학적 근거로 하여 그의 지각론을 전개하고 있다. 능히 알 수 있고 깨달을 수 있는 것은 기이고, 아는 까닭과 깨달을 수 있는 까닭은 리이다. 총명사려 하는 것은 기이고, 총명사려 하는 까닭은 리로서 양자의 묘합 구조하에서만 지각은 가능하게 된다. 리 없는 기, 기 없는 리에서는 지각은 불가능하다. 이는 기발이승의 구조에서만 지각이 가능함을 말하는 것이다. 보다 구체적으로 말하면 신기(身氣)는 외물을 받아들여 감각하지만 그 까닭은 신(身)의 리(理)에 있다. 또 심기(心氣)는 감각되어진 소재를 받아들여 사려하지만 그 까닭은 심

---

30) 『栗谷全書』, 卷20, 「聖學輯要2」, "或問 意固是緣情計較矣 但人未與接物 而無所感時 亦有念慮之發 豈必緣情乎 答曰 此亦紬繹舊日所發之情也 當其時 雖未接物 實是思念舊日所感之物 則豈非所謂緣情者乎?"

(心)의 리(理)에 있다. 심(心)에서나 신(身)에서나 이기묘합(理氣妙合), 기발리승(氣發理乘)의 구조가 전제되는 것이고, 이기(理氣)의 상보적 관계 속에서만 참된 지각은 가능하다. 그리고 신기(身氣)의 감발(感發)과 심기(心氣)의 감발이라는 이중구조를 통해 지각은 이루어지는 것이며, 특히 심기의 사유과정을 통해서 지각은 완성되는 것이다.

3. 지각의 방법

율곡의 격물치지론은 정이천(程伊川), 이연평(李延平), 주자의 설을 근본으로 삼아 전개된다. 이는 그가 "격물치지의 설은 경문(經文)에는 자세하지 않은데 선현들이 많이 발명한 바 있으나, 정이천, 이연평(李延平: 李侗), 주자 세 선생의 설이 가장 명백하고 적절하다"고 말한 데서도 분명해진다.31) 율곡은 주자가 '격물(格物)'을 '물(物)에 즉해 이치를 궁구함(卽物窮理)'으로 해석한 것처럼,32) '격물치지(格物致知)'를 '궁리(窮理)'로 해석한다.33) 그러므로 격물치지론이 곧 궁리론이 된다. 이제 여기에서는 율곡의 격물치지론을 그 방법적인 면에서 다루고자 한다. 율곡의 격물치지론에 있어서도 앎의 주체와 객체가 규정되지 않으면 안 된다.

대개 만사만물은 리(理)가 있지 아니함이 없고, 사람의 한 마음은 온갖 이치를 관섭(管攝)하고 있다. 그러므로 궁구하지 못할 리는 없다.34)

---

31) 『栗谷全書』, 卷20, 「聖學輯要2」, "臣按 格物致知之說 經文不詳 先賢多所發明 而程子李氏 朱子三先生之說 最爲明切."
32) 『大學』, 「格物致知補亡章」, "所謂致知在格物者 言欲致吾之知 在卽物而窮其理也."
33) 『栗谷全書』, 卷7, 「萬言封事」, "窮理 乃格物致知也."
34) 『栗谷全書』, 卷20, 「聖學輯要2」, "蓋萬事萬物 莫不有理 而人之一心 管攝萬理 是以無不可

신이 살피건대, 사람의 한 마음에는 온갖 리(理)가 모두 갖추어져 있으니, 요(堯), 순(舜)의 인(仁)과 탕(湯), 무(武)의 의(義)와 공(孔), 맹(孟)의 도(道)가 모두 성분(性分)의 고유한 것이다.[35]

이는 인식의 주체인 나의 마음에는 온갖 이치를 알 수 있는 지(知)가 선천적으로 주어져 있고, 인식의 대상인 만사만물에는 이치(理)가 있지 아니함이 없다는 말이다. 내 마음의 이러한 선천적 앎의 능력으로 말미암아 천하 만물의 리를 알지 못할 것이 없다. 그럼에도 불구하고 궁리함에 있어서 혹 한 번 생각하여 바로 체득하는 자도 있고, 혹 정미(精微)하게 생각하여 비로소 깨닫는 자도 있고, 혹 고생해서 생각해도 투철하지 못하는 자가 있는 것은 무슨 까닭인가? 율곡은 우리의 마음이 열리고 닫힘이 한결같지 아니하고 밝고 어둠의 때가 있기 때문이라 한다.[36] 본래 인간의 한 마음은 허령(虛靈)하여 모든 이치를 알 수 있는 능력을 가지고 있다. 그러나 한 마음의 영명(靈明)한 능력을 가리 우는 장애가 문제되는 것이다.

다만 이 기품(氣稟)이 앞에서 구애되고 물욕(物欲)이 뒤에서 어지럽혀, 밝은 사람이 어두워지고, 바른 사람이 간사하게 되므로, 혼미해서 중인의 어리석음이 되어 실상 금수와 다름이 없으나, 본래 갖추어져 있는 이치는 그대로 밝고 바르다. 다만 가리어 있을 뿐이며, 끝내 이는

窮之理也."

35) 『栗谷全書』, 卷20, 「聖學輯要2」, "臣按 人之一心 萬理全具 堯舜之仁 湯武之義 孔孟之道 皆性分之所固有也."

36) 『栗谷全書』, 卷20, 「聖學輯要2」, "蓋萬事萬物 莫不有理 而人之一心 管攝萬理 是以無不可 窮之理也 但開蔽不一 明暗有時 於窮格之際 或有一思而便得者 或有精思而方悟者 或有苦 思而未徹者."

없어지지 않기 때문에 진실로 어두운 것을 제거하거나 그 사(私)됨을 끊어 버린다면 요, 순, 탕, 무, 공, 맹의 성인을 밖에서 빌리지 않더라도 될 수 있다.37)

이와 같이 우리의 밝은 지(知)가 기품이나 물욕에 가리어졌을 때 격물치지의 결과가 부족하고 미흡하게 되므로, 한 마음을 가리 우는 장애는 제거되지 않으면 안 된다. 비유하면 어두운 방안에서 책은 시렁 위에 있고, 옷은 옷걸이 위에 있으며, 상자는 벽 아래에 있지만, 어둠으로 인하여 물건을 볼 수 없으면, 책과 옷과 상자가 어느 곳에 있다고 말할 수 없다. 누가 등불을 가져다 비추어 보면, 비로소 책, 옷, 상자가 각각 있는 곳을 분명히 볼 수 있다. 그런 후에야 책은 시렁 위에 있고, 옷은 옷걸이에 있으며, 상자는 벽 아래에 있다고 말할 수 있다. 따라서 나의 지(知)가 밝기도 하고 어둡기도 함이 있기 때문에, 이치가 이르기도 하고 이르지 않기도 함이 있는 것이다.38) 율곡의 지각론에 있어서 한 마음의 개방성(開放性)과 엄폐성(掩蔽性), 나의 지의 밝고 어둠은 앎의 관건이 되는 것이며, 한 마음을 가리우는 장애의 제거 또한 매우 중요한 것이다.

그런데 율곡의 격물치지론에 있어서 그 방법론은 정이천이나 주자의 설에 근거하는 것임은 물론이다. 주자는 『대학』의 「격물치지보망장(格物致知補亡章)」에서 인심의 영명(靈明)함은 앎이 있지 아니함이 없고, 천하

---

37) 『栗谷全書』, 卷20, 「聖學輯要2」, "惟是氣稟拘於前 物欲汩於後 明者昏 正者邪 迷而爲衆人 之蚩蚩 實與禽獸無異 而本具之理 則其明自如 其正自如 但爲所掩蔽 而終無息滅之理 誠 能去其昏 絶其私 則堯舜湯武孔孟之聖 非外假而成."

38) 『栗谷全書』, 卷32, 「語錄下」, "曰此問固然 譬如暗室中 册在架上 衣在桁上 箱在壁下 緣黑 暗不能見物 不可謂之册衣箱在某處也 及人取燈以照見 則方見册衣箱各在其處分明 然後 乃可謂之册在架衣在桁箱在壁下矣 理本在極處 非待格物始到極處也 理非自解到極處 吾 之知有明暗 故理有至未至也."

의 사물은 이치를 가지고 있지 아니함이 없다고 한 바 있다.39)

그러면 앎은 어떻게 이루어지는가? 율곡은 정이천의 말을 인용하여 다음과 같이 설명한다.

묻기를, "격물이란 반드시 사람마다 궁구하는 것인가? 한 사물을 궁구하여 그치면 온갖 이치가 다 통하는 것인가?" 하니, 답하기를(程子), "한 사물을 궁구해서 온갖 이치가 통하는 것은 비록 안자(顔子)라도 역시 이에 이르지 못하였다. 다만 오늘 한 사물을 궁구하고 내일 또한 사물을 궁구하여, 익힌 것이 쌓여 이미 많아진 연후에 탈연(脫然)히 관통하는 곳이 있을 것이다"라고 하였다.40)

또 말하기를, "한 몸으로부터 만물의 이치에 이르기까지 이해가 많아지면 자연 활연(豁然)하게 깨닫는 곳이 있을 것이다"라고 하였다.41)

또 말하기를, "궁리라는 것은 반드시 천하의 이치를 다 궁구하는 것을 이르는 것은 아니나, 또 한 이치만 궁구하여 그치면 곧 이른다고 말하는 것도 아니다. 다만 쌓인 것이 많은 후에 저절로 탈연(脫然)히 깨닫는 곳이 있을 것이다"라고 하였다.42)

---

39) 『大學』, 「格物致知補亡章」, "蓋人心之靈 莫不有知 而天下之物 莫不有理."

40) 『栗谷全書』, 卷20, 「聖學輯要2」, "曰格物者 必物物而格之耶 將止格一物 而萬理皆通耶 曰一物格而萬理通 雖顔子亦 未至此 惟今日而格一物焉 明日又格一物焉 積習旣多然後 脫然有貫通處耳."

41) 『栗谷全書』, 卷20, 「聖學輯要2」, "…又曰 自一身之中 以至萬物之理 理會得多 自然豁然貫通處耳."

42) 『栗谷全書』, 卷20, 「聖學輯要2」, "又曰 窮理者 非謂必盡窮天下之理 又非謂止窮得一理便到 但積累多後 自當脫然有悟處."

격치궁리(格致窮理)란 나의 지(知)와 사물의 리(理)가 만남을 통해 이루어지는데, 먼저 나의 지가 일물 일물의 리를 궁구하여 앎이 축적되어야만 한다. 그러나 많고 많은 사사물물을 언제 모두 궁구할 수 있는가 하는 의문이 뒤따른다. 여기에 대해 율곡은 정이천의 말에 따라 오늘 한 사물을 궁구하고 또 내일 한 사물을 궁구하여 앎이 쌓이고 많아지면, 어느 단계에서는 일시에 활연관통(豁然貫通)하여 앎이 툭 트이게 된다고 한다. 율곡은 한 사물의 한 이치만 궁구하여도 온갖 이치가 다 알아진다는 것도 부정하고, 또 한 사물, 한 사물의 격물 궁리 과정이 없이 곧장 모든 이치가 툭 트여 알게 된다는 것도 부정한다. 설사 안연(顏淵) 같은 사람이라 하더라도 한 사물을 궁구하여 온갖 이치를 통할 수는 없다고 한다. 반드시 한 사물, 한 사물을 궁구하여 앎이 축적된 후에야 나머지 이치까지 일시에 툭 트여 알게 되는 경지에 이를 수 있다고 한다. 이러한 정이천의 격물치지론은 주자 격물치지론의 이론적 근거가 되어 「격물치지보망장(格物致知補亡章)」에 나타난다.

이 때문에 『대학』의 처음 가르침은, 반드시 학자로 하여금 천하 만물에 즉하여, 이미 그 알고 있는 이치에 의거하여 그것을 더욱 궁구하여 그 극치에 이르도록 추구하지 않음이 없다. 이렇게 힘씀이 오래되어 하루아침에 툭 트여 꿰뚫어 보게 되면, 모든 사물의 안 밖과 세밀하고 성근 데에 이르지 않음이 없으며, 내 마음의 전체(全體)와 대용(大用)이 밝혀지지 않음이 없다.43)

---

43) 『大學』, 「格物致知補亡章」, "是以大學始敎 必使學者 卽凡天下之物 莫不因其已知之理 而益窮之 以求至乎其極 至於用力之久 而一旦豁然貫通焉 則衆物之表裏精粗無不到 吾心之全體大用 無不明矣."

이와 같이 율곡의 격물치지 방법은 정이천, 주자의 설에 따라 격물치지법(格物致知法)과 활연관통법(豁然貫通法)으로 정리할 수 있다. 전자는 경험적 방법이라면 후자는 소위 감통적(感通的)인 방법이라 할 수 있다. 그렇지만 율곡은 이 두 가지 방법을 각기 분리시켜 보지 않고 종합적, 유기적으로 이해하고 있다. 즉 먼저 오늘 한 사물을 궁구하고 내일 또 한 사물을 궁구하는 경험지(經驗知)의 축적이 반드시 요구된다. 이러한 경험지의 축적은 어느 단계에 이르러 활연관통의 지(知)로 드러난다. 활연관통의 앎이란 경험적 격물치지의 노력 없이는 생기지 않는다.

그러면 어떻게 천하 만물을 하나하나 궁구하지 않고서도 격물치지의 어느 단계에서는 일시적 앎이 가능한 것일까? 여기에 대해 율곡은 정이천의 말을 다음과 같이 인용하여 설명하고 있다.

> 대개 만물은 각각 하나의 이치를 갖추고 있는데, 온갖 이치는 똑같이 한 근원에서 나왔기 때문에 이것이 미루어서 통하지 않을 수 없는 까닭이다.[44]

만물은 모두 한 이치를 가지고 있지만, 또 온갖 이치는 모두 한 근원에서 나온 것이다. 즉 이일분수(理一分殊)를 근거로 하여 이통(理通)의 가능성을 설명하고 있는 것이다. 사물 하나하나의 경험지가 쌓이게 되면 소위 직관적 앎이 가능한 것이다. 다음은 여기에 대한 율곡의 견해를 보기로 하자.

이제 사물을 만나 이해하거나 또 성현의 말을 볼 때에, 만약 심려(心

---

44) 『栗谷全書』, 卷20, 「聖學輯要2」, "蓋萬物各其一理 而萬理同出一原 此所以可推 而無不通也."

慮)가 깨끗하여 한 번 보고도 문득 마음에 이해되어 조금도 의심이 없으면, 이것은 한 번 생각하여 문득 얻는다는 것인데, 만일 다시 의심하는 마음이 생기면 도리어 진실한 견해를 어둡게 하는 것이다.…만일 생각해서 얻지 못하면 마음을 오로지 하고 뜻을 다하여 죽도록 싸워 침식도 잊는데 이르러야 비로소 깨닫는 바가 있게 된다.…또 혹은 힘들여 생각하기를 오래하고서도 끝내 밝게 풀지 못하여 생각이 막히고 어지러우면, 모름지기 모든 것을 던져 버리고 마음속을 비워서 일물(一物)도 없게 한 뒤에 들추어 정미(精微)하게 생각하고, 그래도 오히려 환히 얻지 못하면 또한 이 일은 놓아두고 따로 다른 일을 궁구할 것이며, 궁구하고 궁구하여 점점 마음이 밝아지면 전일에 환히 얻지 못한 것도 갑자기 저절로 깨달을 때가 있다.[45]

율곡은 앞서 정이천, 주자의 말과 같이, 사물의 앎이나 성현의 말을 이해함에 있어서 한 번 보고 즉시 알고 깨닫는 것을 부정한다. 오히려 생각해도 잘 모르겠으면 마음과 뜻을 모아 죽도록 그 이치를 궁구함에 전력해야만 깨달을 수 있다는 것이다. 또 고생스럽게 생각하고 또 생각해도 앎이 투철하지 못하고, 생각이 막히고 어지러우면 마음속을 비우고 정미하게 생각해 보아야 한다. 그래도 안 되면 이 일을 놓아두고 다른 일로 옮겨 궁구해야 한다. 다른 일을 궁구하고 또 궁구하다 보면 어느 단계에서는 전에 미처 알지 못했던 것까지도 환히 깨달을 수 있는 때가 온다는 것이다.

---

45) 『栗谷全書』, 卷20, 「聖學輯要2」, "今遇事理會 及看聖賢之語 若心慮澄然 略綽一見 便會於心 無少可疑 則此一思便得者也 若更生疑慮 則反晦眞見….如或思而未得 則事心致志 抵死血戰 至忘寢食 方有所悟….又或苦思之久 終未融釋 心慮窒塞紛亂 則須是一切掃去 使胸中空無一物 然後却擧起精思 猶未透得 則且置此事 別窮他事 窮來窮去 漸致心明 則前日之未透者 忽有自悟之時矣…."

이렇게 볼 때, 율곡의 격물치지 방법은 경험적인 격물치지법을 기초로 하면서도 직관적인 관통의 방법을 취하고 있음을 알 수 있다.

다음은 격물치지법의 구체적 방법에 관해 살펴보기로 하자. 율곡은 궁리의 방법으로서 몇 가지를 제시한다. 이를테면 글을 읽어 그 의리를 생각하고, 일에 임하여 그 옳고 그름을 생각하고, 인, 물(人, 物)을 강론하여 그 사정(邪正)을 구별하고, 고사(古史)를 역람(歷覽)하여 그 득실을 구하는 것이다. 그리하여 한 마디 말, 하나의 행동에 이르기까지 모두 이치에 맞는지 여부를 생각하여, 반드시 마음으로 하여금 허명통철(虛明洞徹)하게 하여 사물마다 그 이치를 밝히지 않는 것이 없어야 한다.46) 그것은 이치를 궁구하고 선을 밝힌 후에야 마땅히 행할 길이 밝게 앞에 보여서 나갈 수 있기 때문이다. 따라서 도에 들어가는 데는 궁리보다 먼저 할 것이 없고, 궁리는 독서보다 먼저 할 것이 없는 것이다.47)

그러면 독서는 어떻게 해야 할 것인가? 책을 읽는 순서는 먼저 『소학』으로 근본을 배양하고, 다음에는 『대학』 및 『근사록(近思錄)』으로서 그 규모를 정하고, 다음에는 『논어』, 『맹자』, 『중용』, 오경(五經) 그리고 『사기』 및 선현의 성리서를 틈틈이 읽어 뜻을 넓히고 식견을 정밀히 해야 한다.48)

또한 스승을 따라 수업하되 배우기는 반드시 넓게, 질문은 반드시 자세하게, 생각은 반드시 신중하게, 분별은 반드시 명확하게 하되, 깊이깊

---

46) 『栗谷全書』, 卷15, 「東湖問答」, "如欲格物致知 則或讀書 而思其義理 或臨事 而思其是非 或講論人物 而辨其邪正 或歷覽古史 而求其得失 至於一言一動 皆當思其合理與否 必使方寸之地 虛明洞徹 無物不格."

47) 『栗谷全書』, 卷27, 「擊蒙要訣」, "學者…必須窮理明善 然後當行之道 曉然在前 可以進步 故入道莫先於窮理 窮理莫先乎讀書."

48) 『栗谷全書』, 卷15, 「學校模範」, "其讀書之序 則先以小學 培其根本 次以大學及近思錄 定 其規模 次讀論孟中庸五經 間以史記及先賢性理之書 以廣意趣 以精識見."

이 생각하여 반드시 마음으로 체득하기를 기약해야 한다. 언제나 글을 읽을 때에는 태도를 정숙히 하고 단정히 앉아서 마음과 생각을 한 곳으로 모아, 한 책에 이미 익숙해진 뒤에야 비로소 다른 책을 읽는다. 아울러 널리 보기에 힘쓰지 말고 억지로 기억하기를 일삼지 말아야 한다.[49] 특히 그는 독서가 지식을 넓히고 이치를 찾는 수단으로 머물러서는 안 되고 실천으로 나아가야 한다고 강조하였다.[50]

그런데 율곡의 지각론에는 이들 격물치지법(格物致知法)과 활연관통법(豁然貫通法)으로 이해되지 않는 부분이 있어 우리의 관심을 끈다. 율곡에 의하면 돌아가신 조고(祖考)의 경우 우리의 관심이 지극하면 이미 육신은 없지만 마음속에 느끼어 통할 수 있다고 한다. 이때 나와 조고가 감통될 수 있는 계기를 성(誠)으로 삼고 있다. 여기에 관한 율곡의 말을 보기로 하자.

대개 오래된 먼 조상은 그 기(氣)는 비록 멸하였지만, 그 리(理)는 없어진 것이 아니다. 그러므로 또한 성(誠)으로서 느낄 수 있다.[51]

먼 조상은 진실로 느낄 수 있는 기는 없지만, 한 마음으로 정성이 지극하면 마침내 느끼어 이르게 되는 것은, 비록 느낄 수 있는 기는 없지만 역시 느낄 수 있는 이치가 있기 때문이다. 그러므로 그가 죽은 지 오래되지 않으면 기로서 느끼고, 그가 죽은 지 이미 오래면 리로서 느

---

49) 『栗谷全書』, 卷15, 「學校模範」, "從師受業 學必博 問必審 思必愼 辨必明 沈潛涵泳 必期心得 每讀書時 必肅容危坐 專心致志 一書已熟 方讀一書 無務汎覽 毋事彊記."

50) 『栗谷全書』, 卷15, 「東湖問答」, "彼讀書者 格致中一事耳 讀書而無實踐者 何異於鸚鵡之能言耶?"

51) 『栗谷全書』, 拾遺 卷4, 「死生鬼神策」, "若其世系之遠者 則其氣雖滅 而其理不亡 故亦可以誠感矣."

끼는 것이다. 혹은 기가 있고 혹은 기가 없지만, 그 느끼어 이르는 것
은 마찬가지다.52)

율곡에 의하면 죽은 지 오래되지 않은 경우는 기로서 느끼게 되지만,
먼 조상의 경우는 그 기는 없어졌어도 그 리는 있기 때문에 나의 지성(至
誠)에 의해 느끼어 통할 수 있다고 한다. 일반적으로 지각의 경우 일단
감각적 경험의 대상이 되어야만 가능하다. 이는 율곡의 경우에도 마찬가
지였다. 그런데 이런 경우 우리는 어떻게 이해해야 할 것인가? 율곡의
지각론에서도 감각적 경험은 외물이 주어져야 하는 것이고, 그것을 이목
지관(耳目之官)이 받아들여 감각하게 되는 것이다. 만약 죽은 지 얼마 안
되는 경우에는 내가 볼 수도 있었고 기억도 있었을 것이다. 그렇다면 현
실적으로는 존재하지 않는 대상이지만, 간접적 경험에 의한 지각이 가능
할 수 있다. 이는 율곡이 비록 사물에 접촉하지 아니하였다 하더라도 마
음이 움직이는 것은, 옛날에 느꼈던 사물을 생각하는 것이므로 정(情)에
의한 느낌으로 보아야 한다53)고 한 데서도 알 수 있기 때문이다.
　그러나 먼 조상의 경우는 이런 경우와도 구별되기 때문에 지성(至誠)
에 의한 조고(祖考)와의 감통(感通) 형식은 특이한 바 있다. 율곡은 말하
기를, 저 이미 흩어져 버린 기는 듣지도 못하고 보지도 못하고 생각하지
도 못하지만, 나의 성(誠)으로 그가 거처하던 곳을 생각하고, 그 웃고 말
하던 것을 생각하며, 조고가 항상 눈앞에 있는 듯이 하면, 이미 흩어졌던

---

52) 『栗谷全書』, 拾遺 卷4, 「死生鬼神策」, "遠代先祖 固無能感之氣矣 而一念至誠 遂致感格者
　　雖無感之氣矣 而亦有能感之理故也 是故 其死不久 則以氣而感 其死已久 則以理而感 或
　　有氣 或無氣 而其感格則一也."

53) 『栗谷全書』, 拾遺 卷4, 「死生鬼神策」, 卷20, 「聖學輯要2」, "或問 意固是緣情計較矣 但人
　　未與物接 而無所感時 亦有念 慮之發 豈必緣情乎 答曰此亦紬繹舊日所發之情也 當其時
　　雖未接物 實是思念舊日所感之物 則豈非所謂緣情者乎?"

기가 여기에 모이게 되어 조상을 느끼게 된다고 한다.54) 조고의 흩어졌던 기를 모이게 하는 것은 나의 지성에 있다. 문제는 내가 한 번 본적도 없고 전혀 알지 못하는 먼 조상의 감통문제이다. 이는 현실적으로 존재하지도 않으려니와 과거의 경험적 지각도 전혀 없기 때문이다. 아마도 율곡은 이 경우 지각의 주체인 나의 지성(至誠)에 따라 감통하고 못하는 것으로 보았던 것 같다. 이것은 그가 그 성(誠)이 있으면 그 신(神)이 있어 있다고 할 수 있고, 그 성이 없으면 그 신이 없어 없다고 할 수 있다55)는 말에서도 알 수 있기 때문이다. 지각하는 주체의 성(誠)이 지극하면 조고(祖考)의 신이 있다고 볼 수 있고, 성이 부족하면 조고의 신이 없다고도 볼 수 있다. 이는 지성에 따라 나의 지가 밝아졌는가 어두워졌는가의 문제이기도 한 것이다. 조고와의 감통이란 엄밀히 말하면 내가 대상으로서의 조고를 지각하는 형식이라기보다는, 나 자신 속에서 지성에 따라 느끼는 일종의 주관적 앎이라 생각된다. 율곡은 이를 가리켜 리(理)로서 느끼는 경우라고 본 것이라 생각된다.

이렇게 볼 때, 이러한 감통의 형식은 그의 격물치지론과 구별되는 것이며, 유교의 조상숭배의식과 깊은 관련이 있는 것으로 일종의 종교적 믿음이라고 볼 수 있을 것이다.

4. 지각의 3층과 목표

율곡은 지각에는 3층의 질적 구별이 있음을 말한다. 격물치지를 통해

---

54) 『栗谷全書』, 拾遺, 卷4, 「死生鬼神策」, "彼已散之氣 固無聞見思慮矣 而以吾之誠 思其居處 思其笑語 思其所樂 思其所嗜 而宛見祖考 常在目前 則已散之氣 於斯亦聚矣."
55) 『栗谷全書』, 拾遺, 卷4, 「死生鬼神策」, "有其誠 則有其神 而可謂有矣 無其誠 則無其神 而可謂無矣."

알려진 우리의 앎은 세 가지의 질적 층 차가 있다고 한다. 먼저 이에 관한 율곡의 말을 인용해 보기로 하자.

사람이 보는 바에는 세 가지 층이 있으니, 성현의 글을 읽어서 그 명목을 아는 것이 한 층이요, 이미 성현의 글을 읽고 그 명목을 알고서도 또 깊이 생각하고 정밀히 살펴서 환히 깨달음이 있어 그 명목의 이치가 명료하게 심목(心目)사이에 있어서, 그 성현의 말이 과연 나를 속이지 않음을 아는 것이 또 한 층이다. 다만 이 한층 중에는 여러 가지 차이가 있다. 그 한 끝만 깨달은 자가 있고, 그 전체를 깨달은 자가 있고, 전체 중에도 그 깨달은 것이 또한 깊고 얕은 것이 있으니, 요컨대 입으로 말하고 눈으로 보는 것에 비교할 수 있는 것이 아니다. 마음에 깨달은 바가 있기 때문에 함께 한 층으로 돌아가는 것이다. 이미 명목의 이치를 깨달아서 요연하게 심목 사이에 있는데, 또 실천할 수 있고 역행(力行)하여서 그 아는 바를 채우고, 그 지극한 데에 미쳐서는 친히 그 경지를 밟고 몸소 그 일을 친히 하여서, 한갓 눈으로 보는 것뿐이 아니니, 이같이 한 연후에야 비로소 참으로 안다고 이를 수 있다.56)

율곡은 성현의 글을 읽고 체득하는 정도에 따라 앎의 정도를 세 가지로 구별하고 있다. 하층은 성현의 글을 읽고 겉으로만 아는 것이니, 이것이 가장 낮은 단계의 앎이다. 중층은 명목의 이해 뿐 아니라 깊이 생각하

---

56) 『栗谷全書』, 卷10, 書2, 「答成浩原」, "人之所見 有三層 有讀聖賢之書 曉其名目者 是一層也 有旣讀聖賢之書 曉其名目而又能潛思精察 豁然有悟 其名目之理 瞭然在心目之間 知其聖賢之言 果不我欺者 是又一層也 但此一層殺有層級 有悟其一端者 有悟其全體者 全體之中 有悟亦有淺深 要非口讀目覽之比 而心有所悟 故俱歸一層也 有旣悟名目之理曉然在心目之間 而又能眞踐力行實其所知 及其至也則親履其境 身親其事 不徒目見而已也 如此然後 方可謂之眞知也."

고 정밀히 살펴서 그 명목의 이치를 명료히 깨달은 경계를 의미한다. 이 중층에는 다시 여러 단계가 있다. 그 일부만 깨달은 자, 그 전체를 깨달은 자, 깊이 깨달은 자, 얕게 깨달은 자의 구별이 있다. 앎의 정도가 가장 높은 상층은 깨달음의 단계에서 실천으로까지 나아가 체득한 경지이다. 율곡은 다시 이를 산의 앎에 비유하여 설명한다.

> 최하의 한 층은 사람의 말만 듣고 좇는 자요, 가운데의 한 층은 바라보는 자요, 위의 한 층은 그 경지를 밟아서 친히 본 자이다.[57]

여기에서도 앎의 정도는 3층으로 구별된다. 하층은 남의 말만 믿고 좇는 자요, 중층은 멀리서나마 그 산을 바라보고 아는 자이며, 상층은 직접 그 산을 밟고 올라가서 아는 자이다. 보지도 않고 올라가지도 않고 남의 말만 듣고 그 산을 안다는 것은 가장 낮은 단계의 앎이다. 남의 말만 듣고 산을 아는 자보다는 멀리서라도 바라다보는 자가 그 산을 더 잘 안다고 할 것이다. 그러나 이 경우에도 앎의 내용과 정도에 있어 부족한 것은 마찬가지다. 참으로 산을 알기 위해서는 몸소 그 산을 밟고 올라가 구경해야 할 것이니, 남의 말만 듣고 안 경우나 바라보기만 하고 안 경우와는 다르다. 이는 율곡이 산에 대한 앎의 비유를 통해 3층의 앎을 설명한 것인데, 참된 앎의 경지는 상층의 경우라 하겠다. 그리고 이는 앞의 성현의 글을 읽어 아는 경우와 연관하여 볼 수 있으니, 성현의 글을 읽고 명목만 아는 것은 남의 말만 듣고 산을 아는 자와 같은 하층의 지각이고, 명목을 알고 깊이 생각하고 살펴서 그 이치까지 명료히 깨달아 아는 것은 산을 바라다보고 아는 것과 같은 중층의 지각이며, 깨달아 알 뿐 아니라 실천

---

57) 『栗谷全書』, 卷10, 書2, 「答成浩原」, "最下一層 聞人言而從之者也 中一層望見者也 上一層履其地而親見者也."

으로까지 나아가 체득한 경지는 직접 산을 밟고 올라가 아는 자와 같은 상층의 지각이다. 지각의 정도에 있어서 하층보다는 중층, 중층보다는 상층의 지각을 추구함이 최선이라 하겠다. 이러한 상층의 지각이 곧 율곡이 추구하는 진지(眞知)이다.

이제 율곡의 지각론에 있어서 그 목표는 무엇인지 고찰해 보기로 하자. 율곡에 있어서 격물치지나 궁리의 목표는 궁극적으로 참된 앎(眞知)에 이르는 데 있다. 앞에서 율곡은 3층의 지각의 단계를 제시하고 있거니와 가장 이상적인 지각은 상층에 있다. 율곡은 참된 앎과 거짓된 앎을 이렇게 설명한다.

대개 만사만물은 이치가 있지 아니함이 없고, 사람의 한 마음은 온갖 이치를 관섭(管攝)하고 있다. 그러므로 궁구하지 못할 이치는 없다. 다만 열리고 닫힘이 한결같지 않고, 밝고 어둠의 때가 있어서, 궁리하고 격치할 때에 혹 한 번 생각하여 바로 체득하는 것도 있고, 혹 자세히 생각하여 비로소 깨닫는 것도 있으며, 혹 마음을 써서 애를 태워도 투철하지 못하는 것도 있다. 생각하다 얻음이 있어서 밝게 자신하고, 시원하게 즐거우며, 분명하게 말로서 형용할 수 없게 된다면, 이것은 진실로 체득한 것이다. 비록 체득한 것이 있는 듯하더라도, 믿는 가운데 의문이 있으며, 위태롭고 편안하지 못하여 얼음이 풀리는 듯한 경지에 이르지 못한다면, 이것은 억지로 추측한 것일 뿐 진실로 얻은 것이 아니다.58)

---

58) 『栗谷全書』, 卷20, 「聖學輯要2」, "蓋萬事萬物 莫不有理 而人之一心 管攝萬理 是以無不可窮之理也 但開蔽不一 明暗有時 於窮格之際 或有一思而便得者 或有精思而方悟者 或有苦思而未徹者 思慮有得 渙然自信 沛然說豫 灑然有不可以言語形容者 則是眞有得也 若雖似有得 而信中有疑 危而不安 不至於氷消凍釋 則是强惴度耳 非眞得也."

율곡은 진실로 체득한 경지를 '밝게 자신하고 시원하게 즐거우며 분명하게 말로서 형용할 수 없는 경지'라고 표현하였다. 이는 앎의 미진함이나 부족함이 조금도 없어 진실로 아는 체득의 즐거움을 표현한 것으로 자연스러운 경지이다. 그러나 체득한 듯하면서도 의문이 있고 불안하며 편치 못하다면, 이는 진실로 체득한 경지는 못된다. 따라서 진실로 체득하지 못한 경우에 있어서는 마음의 평화, 안정을 기대할 수 없고 부자연스러울 수밖에 없는 것이다.

또한 참된 앎의 경지는 지식의 차원을 넘어서서 실천하는 것이다. 율곡은 주자의 말을 인용하여 진지(眞知)와 부진지(不眞知)를 이렇게 설명한다.

지금 사람들이 선하지 않은 것은 마땅히 해서는 안 될 줄 알면서도 일을 당하면 또 하게 되니, 다만 이것은 아는 것이 아직 극진하지 못했기 때문이다. 사람이 부자는 사람을 죽이므로 먹지 못 할 것을 알기 때문에 단연코 끝내 먹지 아니하니, 이것은 진실로 안 것이다. 선하지 않은 것을 해서는 안 된다는 것을 알면서도 그래도 혹 한다면 이것은 진실로 알지 못한 것이다.[59]

불선(不善)인 줄 알았으면 불선을 행하지 않고, 부자가 못 먹는 것인 줄 알았으면 안 먹는 것이 진지(眞知)의 차원이다. 그러나 불선을 알면서도 불선을 행하게 되는 것은 참으로 아는 것이 아니다. 이는 주자가 진지를 단지 지식의 차원으로 생각한 것이 아니라 체득의 경지로까지 이해한

---

59) 『栗谷全書』, 卷20, 「聖學輯要2」, "…又曰 今人 有知不善之不當爲 及臨事又爲之 只是知之未至 人知烏喙之殺人 不可食 斷然終於不食 是眞知之也 知不善不可爲 而猶或爲之 是特未能眞知也."

것이라 할 수 있다. 그리고 참으로 아는 것은 행하지 않을 수 없는 것이
요, 알기만 하고 행하지 못함은 그 앎이 완전하지 못하기 때문임을 의미
한다. 율곡은 이러한 주자의 설을 인용하고 있으며, 미숙지(未熟知) 내지
부진지(不眞知)가 아닌 진지를 격물치지의 궁극 목표로 삼았다.

그런데 진지의 문제를 율곡은 지선(至善)과 연관시켜 다음과 같이 논
하고 있다.

대저 지선(至善)이라는 것은 다만 사물의 당연한 법칙일 뿐이다. 그
법칙은 다른 것이 아니라 다만 아무 부족함이 없는 가장 적합한 곳이
다. 통괄해서 말하면, 지(知)와 행(行)이 함께 하나의 흠도 있지 아니하
여, 온갖 이치가 밝고 극진함에 도달한 뒤에야 비로소 지선(至善)에 머
물렀다고 말할 수 있다. 나누어서 말하면, 지(知)에도 하나의 지선이
있고 행(行)에도 또한 하나의 지선이 있는 것이다. 지(知)가 아무 부족
함이 없는 가장 적합한 곳에 도달하여 다시 옮김이 없으면 이것을 지
가 지선에 머물렀다고 하는 것이요, 행이 아무 부족이 없는 가장 적합
한 경지에 도달하여 다시 옮기고 움직임이 없으면 이것을 행이 지선에
머물렀다고 이르는 것이니 무슨 해가 있겠는가?60)

지선(至善)은 『대학』에 나오는 용어로서 사물의 당연한 법칙이다. 즉
아무 부족함이 없는 가장 적합한 경지가 지선처(至善處)라 하겠다. 합해
서 말하면 지행(知行)이 모두 하나도 부족함이 있지 않아 가장 적합한 경
지가 지선이고, 나누어서 말하면 지에 아무 부족함이 없어 가장 적합한

---

60) 『栗谷全書』, 卷9, 書1, 「與奇明彦」, "夫至善云者 只是事物當然之則也 其則非他 只是十分
恰好處耳 統而言之 則知行俱到一疵不存 萬理明盡之後 方可謂之止至善 分而言之 則於知
亦有箇至善 於行亦有箇至善 知到十分恰好處 更無移易 則謂之知之止於至善 行到十分恰
好處 更無遷動 則謂之行之止於至善 何害哉."

경지가 지의 지선처이고, 행에도 아무 부족함이 없어 가장 적합한 경지가 행의 지선처이다. 지의 지선도 율곡의 인식체계에서 지향해야 할 지각의 목표이지만, 나아가서는 행의 지선까지도 포함한 지행의 완전한 합치처야말로 지각의 최종 목표다. 그리고 이 지행(知行)의 지선(至善)이야말로 체득(體得)의 경지요 지선의 경지로서 율곡 인식체계의 최종 목적이다.

제4장

율곡의 마음공부 이해

1. 마음공부의 가능성과 목적

『대학』은 격물(格物), 치지(致知), 성의(誠意), 정심(正心), 수신(修身), 제가(齊家), 치국(治國), 평천하(平天下)의 순서로 유학의 체계를 설명하고 있다. 여기에서 격물, 치지는 앎의 문제요 성의, 정심은 실천의 문제로서, 이는 곧 수신의 과정이요 공부의 방법이라 할 수 있다. 임금으로부터 서인에 이르기까지 모두 '수신'으로 근본을 삼는데, 제왕의 학문도 수기보다 먼저 할 것이 없는 것이다.[1] 그리고 성현의 학문 또한 수기치인(修己治人)에 지나지 않을 뿐이다.[2] 이와 같이 수신 내지 공부는 유학에 있어서 학문됨의 근본으로 여겨왔을 뿐 아니라 율곡에 있어서도 마찬가지다. 유학에 있어서 학문한다 함은 곧 '인간 되어짐'을 의미한다. 그것은 곧 수기요 공부라 하겠다. 인간은 한 개체로 살아갈 뿐 아니라 가정, 사회, 국가, 세계의 일원으로 살아간다. 여기에 정치, 경제, 문화, 교육 등 여러 가지 영역의 삶이 엮어진다. 그러나 이러한 모든 일들은 궁극적으로 개체의 정립을 전제로 한다. 인간으로서의 내가 참되고 바르고 깨끗할

---

1) 『栗谷全書』, 卷20, 「聖學輯要2」, 修己 第2上, "臣按 大學曰 自天子以至於庶人 壹是皆以修身爲本 其本亂而末治者否矣 是故帝王之學 莫先於修己."

2) 『栗谷全書』, 卷19, 「聖學輯要1」, 統說 第1, "臣按 聖賢之學 不過修己治人而已."

때 남과 우리의 문제까지도 해결할 수 있다.

이러한 관점에서 '인간 되어짐'으로서의 마음공부는 매우 중요한 의미를 갖는다. 왜냐하면 도덕적 실천이 결여된 인간이야말로 부족한 인간일 뿐 아니라, 또 그러한 학문이야말로 진정한 의미에서의 학문일 수 없기 때문이다.

인간의 마음공부는 어떻게 가능한가? 이를 위해서는 인간의 변화 가능성이 전제되어야 한다. 만일 인간에게 지적(知的)인 변화 가능성과 도덕적 변화 가능성이 주어지지 않는다면 공부론 자체가 성립될 수 없다. 여기에 율곡이 인간을 어떻게 이해하고 있는가 하는 문제가 수반된다.

율곡에 의하면, 천지는 기(氣)의 지극히 바르고 통한 것을 얻었으므로 정해진 성이 있어 변함이 없고, 만물은 기의 치우치고 막힌 것을 얻었으므로 정해진 성이 있어 변함이 없다. 천지만물은 다시 닦고 행할 방법이 없고 오직 사람만이 기의 바르고 통함을 얻었는데, 맑고 흐리고 순수하고 잡박한 것이 만 가지로 달라서 천지의 순일(純一)함과는 같지 못하다. 다만 그 마음 됨이 허령통철(虛靈洞徹)하여 온갖 이치가 갖추어져 있으므로 탁한 것은 맑게 변할 수 있고, 잡박한 것은 순수하게 변할 수 있다. 그러므로 수위(修爲)의 공부는 홀로 사람에게만 있으며, 그 수양의 극치는 천지가 각각 제자리에 있게 하고, 만물이 잘 육성되게 한 후에야 사람의 할 일을 다 했다고 할 수 있다.[3] 이처럼 동물은 기가 치우치고 식물은 막힌 것과는 달리, 인간은 그 기의 바름과 통함을 얻었고, 또 마음이 허령통철하여 온갖 이치를 갖추고 있어 공부의 가능성이 주어진 것이다.

---

3) 『栗谷全書』, 卷10, 書2, 「答成浩原(壬申)」, "天地 得氣之至正至通者 故有定性而無變焉 萬物 得氣之偏且塞者 故亦有定性而無變焉 是故 天地萬物 更無修爲之術 惟人也 得氣之正且通者 而淸濁粹駁有萬不同 非若天地之純一矣 但心之爲物 虛靈洞徹 萬理具備 濁者可變而之淸 駁者可變而之粹 故修爲之功 獨在於人 而修爲之極 至於位天地育萬物 然後吾人之能事畢矣."

율곡은 또 「격몽요결(擊蒙要訣)」에서 대개 중인과 성인은 그 본성이 하나로 같다 하고, 비록 기질이 맑고 흐리고 순수하고 잡박한 차이가 없지 않으나, 진실로 참으로 알고 실천하여 그 낡은 버릇을 버리고 그 본성의 처음을 회복하면 털끝만큼을 보태지 않고서도 온갖 선이 다 만족해질 것이니, 중인이 어찌 성인을 스스로 기약하지 않을 수 있겠느냐고 반문하였다.4) 율곡은 맹자의 성선관에 입각해서 인간의 본질에 대해 긍정적인 신념을 갖는다. 누구나 도덕 가능의 존재임을 확신하고 중인과 성인은 평등하다고 이해한다. 다만 기질의 차이로 인해 본성이 온전히 드러날 수 없다고 보았다. 그러므로 기의 변화를 통해 본성이 온전히 드러날 수 있도록 하는 것이 중요하다.

또한 율곡은 인간의 변화 가능성에 대해 이렇게 설명한다. 사람의 용모는 추한 모습을 곱도록 고칠 수 없으며, 힘은 약한 것을 강하게 고칠 수 없으며, 신체는 작은 것을 크게 고칠 수 없다. 이는 이미 정해진 분한을 고칠 수 없기 때문이다. 다만 심지(心志)에 있어서는 어리석음을 지혜롭게 고칠 수 있으며, 불초함을 현명함으로 바꿀 수 있다. 이는 마음의 허령함이 타고난 것에 구애되지 않기 때문이다.5)

여기에서 율곡은 인간의 신체적 타고남은 바꿀 수 없다고 보았다. 키가 작은 사람을 크게 할 수 없고, 눈이 작은 사람을 크게 할 수 없으며, 코가 낮은 사람을 높게 할 수 없다고 하였다. 이러한 율곡의 얘기는 오늘날 성형이 일반화 되는 현실에서 맞지 않는 측면도 있다. 그것은 현대 과

---

4) 『栗谷全書』, 卷27, 「擊蒙要訣」, "蓋衆人與聖人 其本性則一也 雖氣質不能無淸濁粹駁之異 而苟能眞知實踐 去其舊染 而復其性初 則不增毫末 而萬善具足矣 衆人豈可不以聖人自期乎."

5) 『栗谷全書』, 卷27, 「擊蒙要訣」, "人之容貌 不可變醜爲姸 膂力不可變弱爲强 身體不可變短爲長 此則已定之分 不可改也 惟有心志 則可以變愚爲智 變不肖爲賢 此則心之虛靈 不拘於稟受故也."

학기술의 발전에 따른 것이지만 오늘날에도 부모가 준 신체를 전면적으로 바꾸는 것은 한계가 있다고 볼 수 있다.

율곡은 인간의 신체적 변화는 어려워도 정신적 변화는 가능하다고 보았다. 여기에서 어리석음을 지혜롭게 바꾼다는 것은 지적(知的)인 변화이며, 불초(不肖)를 현명함으로 바꾼다는 것은 도덕적인 변화를 의미한다. 이와 같이 율곡은 인간의 도덕적 변화 가능성과 지적 변화의 가능성을 함께 인정하였다. 이러한 인간관에서 그의 공부론이 가능한 것임을 알 수 있다.

그러면 율곡에 있어 마음공부의 목표는 무엇일까? 그것은 바로 '성인'이 되는 데 있다. 율곡은 「격몽요결」에서 처음으로 배우는 사람은 먼저 모름지기 뜻을 세우고 반드시 성인이 되기를 스스로 기약해야 된다고 하였다.6) 또 「동호문답(東湖問答)」에서는 임금이 진실로 이 뜻을 세웠다면 성인으로서 표준을 삼으라고 권고하고, 성인을 표준으로 삼아서 반드시 배우고 한 후에 하, 은, 주 삼대의 정치가 회복될 수 있다고 하였다.7)

또 「학교모범(學校模範)」에서도 배우는 이는 먼저 모름지기 뜻을 세워 도(道)로써 자신의 임무를 삼아야 한다 하고, 분발하고 힘써서 반드시 성인이 되어야만 한다 하였다.8) 이와 같이 율곡의 공부론에 있어서 추구하는 목표는 한결같이 '성인 됨'에 있다.

그런데 율곡은 성인, 군자, 학자를 구별하여 설명하기도 하는데, 격물치지 성의정심에 지극한 경지에 이른 이가 성인이요, 격물치지 성의정심이 아직 지극함에 이르지 못한 이가 군자인데, 또한 군자 위에 나아가 성

---

6) 『栗谷全書』, 卷27, 「擊蒙要訣」, "初學 先須立志 必以聖人自期."

7) 『栗谷全書』, 卷15, 「東湖問答」, "主上誠立此志 則以聖人爲標準矣 以聖人爲標準而必欲學之 然後三代之治可復也."

8) 『栗谷全書』, 卷15, 「學校模範」, "一曰立志 謂學者先須立志 以道自任…奮發策勵 必要作聖人而後已."

인에 가장 가까워 조금 미달했던 이가 안자(顏子)라고 하였다. 그리고 격물치지가 아니 되어 격물치지 하고자 하고 성의정심이 아니 되어 성의정심하고자 하는 이가 곧 학자라고 하였다.[9] 여기에서 율곡은 성인, 군자, 학자라는 공부의 위계를 설정하고 있음을 알 수 있다. 그런데 공자의 제자인 안연이야말로 군자 위에 나아가 성인에 가장 가까웠으나 조금 못 미쳤던 것이라고 평가하였다.

또한 성인은 지극히 통하고, 지극히 바르고, 지극히 맑고, 지극히 순수한 기를 얻어, 천지와 더불어 그 덕을 합하였으므로, 성인은 정해진 본성이 있어 변함이 없다고 하였다. 천지는 성인의 표준이 되고, 성인은 중인의 표준이 된다고 하였다.[10] 그러므로 성인의 덕은 하늘과 더불어 하나가 되므로 신묘(神妙)해 헤아릴 수 없고,[11] 힘쓰지 아니해도 맞고, 생각하지 않아도 얻고, 노력하지 아니해도 모두가 법도에 맞으며, 동작이 모두 예에 맞는 것이라 하였다.[12]

이렇게 볼 때, 성인은 지극히 통하고 바르고 맑고 순수한 기를 얻어 천지와 일치된 덕을 지닌 존재였다. 즉 천도(天道)의 온전함을 그대로 인간에 있어 체득한 이가 성인으로서, 성인은 곧 천인합일의 구체적 현현(顯現)이다.[13] 인간은 성인을 목표로 공부를 해야 하며, 그 성인의 표준은 다름 아닌 천지였으니, 인간의 공부는 천지와의 합일에 있었다. 여기에 유학의 마음공부가 천인합일에 그 구경지(究境地)가 있음을 알 수 있다.

---

9) 『栗谷全書』, 卷9, 書1, 「答成浩原」, "愚則以爲物極其格 知極其至 意極其誠 心極其正者 聖人也格致誠正而未造其極者 君子也 就君子上最近聖人而未達一間者 顏子也 未格致而欲格致 未誠正而欲誠正者 學者也."

10) 『栗谷全書』, 卷10, 書2, 「答成浩原」, "…然則天地聖人之準則 而聖人衆人之準則也."

11) 『栗谷全書』, 卷22, 「聖學輯要4」, "聖人之德 與天爲一 神妙不測."

12) 『栗谷全書』, 卷31, 「語錄 上」, "曰不作爲而自然 皆中規矩 則可謂動容周旋中禮矣 能如是者 可謂聖人."

13) 황의동, 『율곡철학연구』, 경문사, 1987, 179쪽.

2. 마음공부의 체계

　율곡에 있어 공부의 내용과 체계는 어떻게 설명될 수 있는가? 그는 본래 『대학』의 체계에 따라 「성학집요(聖學輯要)」를 편찬하였는데, 수기장의 경우 『대학』의 기본으로서 입지(立志)와 수렴(收斂)을 맨 앞에 놓고 『대학』의 격물치지를 궁리(窮理)로, 성의정심을 성실(誠實), 교기질(矯氣質), 양기(養氣), 정심으로, 『대학』의 수신을 검신(檢身)으로, 성의, 정심, 수신의 여온(餘蘊)으로서 회덕량(恢德量), 보덕(輔德), 돈독(敦篤)을, 수기의 지어지선(止於至善)으로서 공효(功效)를 배열하고 있다.14)

　이렇게 볼 때, 입지와 수렴은 공부의 기본으로 제시된 것이고, 궁리는 격물치지, 성실, 교기질, 양기, 정심은 성의정심, 검신은 수신, 회덕량, 보덕, 돈독은 성의정심수신의 보완적 의미를 담고 있다. 크게 보면 격물치지와 성의정심의 문제로 귀결되고, 이는 달리 말하면 지(知)와 행(行)의 문제가 된다.

　율곡에 의하면, 도학(道學)이란 격물치지(格物致知)로써 선을 밝히고 성의정심(誠意正心)으로써 그 몸을 닦는 것인데, 이것이 몸에 쌓이면 천덕(天德)이 되고 이것을 정치에 베풀면 왕도가 된다.15) 율곡이 말하는 도학의 내용은 격물치지와 성의정심임을 알 수 있고, 이는 곧 공부의 내용이라고 볼 수 있다.

　율곡은 「진시폐소(陳時弊疏)」에서 옛날에 정치를 논하는 이는 반드시 격물치지 성의정심으로 근본을 삼았다 하고, 격물치지를 하지 않으면 지혜가 이치에 밝지 못하고, 성의정심을 하지 않으면 마음이 이치를 따르

---

14) 『栗谷全書』, 卷19, 「聖學輯要1」, 序, 참조.
15) 『栗谷全書』, 卷15, 「東湖問答」, "夫道學者 格致以明乎善 誠正以修其身 蘊諸躬則爲天德 施之政則爲王道."

지 못한다고 하였다.16) 그는 우계(牛溪)에게 답한 글에서, 안연(顏淵)과 공자가 다투는 바는 단지 사(思)와 불사(不思), 면(勉)과 불면(不勉)일 뿐인데, 그 얻게 되고 그 맞게 됨은 한 가지라 하였다. 이른바 사(思)란 격물치지를 의미하고 면(勉)이란 성의정심을 의미한다 하면서, 격물치지 성의정심은 진실로 학자의 일인데, 이것을 버리고 성인되기를 구할 수는 없다 하였다.17) 이처럼 율곡의 마음공부론에 있어서 그 내용은『대학』의 격물치지와 성의정심을 기본으로 삼고 있어 결국 지행(知行)의 문제로 귀결되는 것이다.18)

일반적으로 수기 내지 공부라 하면 성의정심의 심성수양에 국한해 보기 쉬운데, 율곡에 있어서는 격물치지의 앎의 문제까지 포괄하고 있음에 유의할 필요가 있다. 그것은 앎과 삶, 지와 행의 문제가 밀접히 연관되어 있기 때문이다. 즉 밝게 알지 못하면 바르게 행동할 수 없고, 바르게 행동하지 못하는 앎은 불완전한 앎이기 때문이다. 특히 유학에 있어서는 학문이나 공부의 개념이 단순히 지적 탐구나 지식의 연마에 그치지 않고 실천적인 체득의 경지까지 포함하는데서 이러한 특징이 나타나는 것이다.

3. 마음공부의 방법

유교, 불교, 도가의 동양사상은 모두가 한결같이 마음공부 내지 자기

---

16)『栗谷全書』, 卷7,「陳時弊疏」, "古之論爲治者 必以格致誠正爲本…不格致則智不燭理 不誠正則心不循理."

17)『栗谷全書』, 卷9, 書1,「答成浩原」, "顏子與聖人所爭者 只在思與不思 勉與不勉耳 其得之其中之則一也 夫所謂思者 非格致而何 所謂勉者 非誠正而何…格致誠正 固學者事 亦不可捨此而求聖人也."

18)『栗谷全書』, 卷20,「聖學輯要」2, 修己 第2 上, "臣按 修己工夫 有知有行 知以明善 行以誠身."

수련을 중시해 왔다. 불교나 도가의 수양론은 인간 주체의 심신 안정과 행복을 위한다는 특징을 갖는다면, 유교의 경우는 개인의 행복뿐만 아니라 사회봉사의 준비과정으로 반드시 필요했다고 볼 수 있다. 즉 유가철학은 자아실현이라는 측면에서 수기의 공부가 필요하기도 했지만, 치인의 측면에서 지도자가 되기 위한 자질 함양의 목적도 매우 컸다. 이에 따라 유교, 불교, 도가가 각기 마음공부 내지 수기의 방법론 계발에 많은 노력을 기울였다. 수기의 방법론은 삼교 사상이 공통적인 것도 있고, 또 각기 다른 것들도 있다.

그러면 율곡의 공부론에 있어서 구체적인 방법은 무엇일까? 율곡은 앞에서 설명한 것처럼, 「성학집요」에서는 입지(立志), 수렴(收斂), 궁리(窮理), 성실(誠實), 교기질(矯氣質), 양기(養氣), 정심(正心), 검신(檢身), 회덕량(恢德量), 보덕(輔德), 돈독(敦篤)으로 나누어 제시하고 있다. 그러나 유가철학에서 사용하는 용어의 번잡함에 비추어 보면, 결국 격물치지(格物致知), 성의정심(誠意正心), 역행(力行)의 세 가지로 요약된다. 이는 또 달리 말하면 격물치지는 궁리(窮理), 성의정심은 거경(居敬)으로 볼 수 있어 궁리, 거경, 역행으로 대별할 수도 있다. 그것은 율곡의 말로 입증되는 데, 그는 「성학집요」에서 수기의 공은 거경, 궁리, 역행 세 가지에 벗어나지 않는다고 하였고,[19] 「격몽요결」에서는 거경으로 그 근본을 세우고, 궁리로서 선을 밝히고, 역행으로서 그 실(實)을 실천한다는 세 가지는 종신사업이라고 하였다.[20]

또한 「만언봉사(萬言封事)」에서도 학문의 방법은 성인의 교훈 속에 실

---

19) 『栗谷全書』, 卷20, 「聖學輯要2」, 修己第2 上, "臣按 修己之功 不出於居敬窮理力行三者."
20) 『栗谷全書』, 卷27, 「擊蒙要訣」, "居敬以立其本 窮理以明乎善 力行以踐其實者 終身事業也."

려 있는데, 그 요체가 궁리, 거경, 역행 이것뿐이라고 하였다.21) 이렇게 볼 때, 율곡에 있어서 공부의 방법론은 크게 궁리, 거경, 역행으로 요약된다. 이제 구체적으로 그의 공부 방법론을 검토해 보기로 하자.

1) 뜻을 세워라 -입지(立志)-

율곡은 '입지(立志)'를 공부의 제일차적인 단계로 설정하여 매우 중시하였다. 한 개인의 공부나 지도자의 공부에 있어서 모두 입지를 중시하였다. 즉 정치에 있어서도 치자의 입지가 중요할 뿐 아니라 개인의 공부에 있어서도 입지가 중시되었다. 그는 「격몽요결」에서 "처음 배움에는 모름지기 입지를 먼저하고, 반드시 성인이 되기를 스스로 기약해야 된다" 하였고,22) 「자경문(自警文)」에서도 제1조에 먼저 모름지기 그 뜻을 크게 하고, 성인으로서 준칙을 삼아야 한다 하였다.23) 또한 「성학집요」에서도 학문에는 입지보다 선행할 것이 없다 하였다.24)

이와 같이 율곡은 「성학집요」, 「격몽요결」, 「자경문」, 「만언봉사」, 「학교모범」, 「동호문답」 등 그의 저술에서 입지장을 앞에 두거나 하여 입지의 중요성을 강조하고 있다. 율곡이 마음공부에 있어서 입지의 중요성을 강조하는 것은 「성학집요」를 통해서도 극명히 입증된다. 그는 「성학집요」의 수기 차서에서 맨 앞에 입지와 수렴의 장을 두고, 이를 『대학』의 기본이라는 관점에서 그렇게 하였다고 설명하였다. 요컨대 입지는 공부에 있어서도 다른 구체적인 방법에 앞서 갖추어야 할 방법이다. 왜냐하

---

21) 『栗谷全書』, 卷5, 「萬言封事」, "學問之術 布在謨訓 大要有三 曰窮理也 居敬也 力行也 如斯而已."

22) 『栗谷全書』, 卷27, 「擊蒙要訣」, 立志章, "初學先須立志 必以聖人自期."

23) 『栗谷全書』, 卷14, 「自警文」, "先須大其志 以聖人爲準則…."

24) 『栗谷全書』, 卷20, 「聖學輯要2」, 立志章, "學莫先於立志…."

면 인간은 의지 여하에 따라 선으로 갈 수도 있고 악으로 갈 수 있기 때문이다. 또 의지에 따라 성인의 길을 추구할 수도 있고 중인의 길을 추구할 수도 있기 때문이다. 의지의 정향성(定向性)은 정치, 수기, 교육의 성패를 좌우하는 관건이다.

그런데 율곡은 뜻이 서지 못하는 병통이 세 가지가 있는데, 첫째는 불신(不信)이요, 둘째는 부지(不智)요, 셋째는 불용(不勇)이라 하였다. 이른바 불신(不信)이란 성현이 후학에게 밝게 알려 명백하고 간절하게 가르쳐 주었으니, 진실로 그 말에 따라 순서대로 점차 나아가면 성인도 되고 현인도 되는 것은 이치의 당연한 것으로, 그런 일을 하고도 그런 공이 없는 이는 있지 않다 하였다. 또한 저 불신하는 자는 성현의 말이 사람을 권유하기 위해 만들어 놓은 것이라 생각하여, 단지 그 글만 음미할 뿐 몸으로 실천하지는 않는다. 그러므로 입으로 떠드는 것은 성현의 글이지만 행하는 것은 세속의 행동이라 하였다.[25]

또 이른바 부지(不智)라는 것은 사람이 태어난 기품(氣稟)이 만 가지로 같지 않으나, 힘써 알고 힘써 행하면 성공은 한 가지인데, 저 부지(不知)한 이는 스스로 자기의 자질이 불미(不美)하게 태어났다 하여, 퇴보하는 것에 편안하여 한 걸음도 나아가지 아니하여, 나아가면 성인도 되고 현인도 되며 물러가면 어리석은 자도 되고 불초한 자도 되는 것이 모두 자기가 하는 바임을 알지 못한다. 그러므로 읽는 것은 성현의 글이지만 지키는 것은 기품에 구애될 뿐이라 하였다.[26]

---

25) 『栗谷全書』, 卷20, 「聖學輯要2」, 修己 第2 上, "志之不立 其病有三 一曰不信 二曰不智 三曰不勇 所謂不信者 聖賢開示後學 明白諄切 苟因其言 循序漸進 則爲聖爲賢 理所必至 爲其事而無其功者未之有也 彼不信者 以聖賢之言 爲誘人而設 只玩其文 不以身踐 是故所諫者聖賢之書 而所蹈者世俗之行也."

26) 『栗谷全書』, 卷20, 「聖學輯要2」, 修己 第2 上, "所謂不智者 人生氣稟 有萬不齊 而勉知勉行 則成功一也…彼不智者 自分資質之不美 安於退託 不進一步 殊不知進則爲聖爲賢 退則爲愚爲不肖 皆所自爲也 是故 所讀者 聖賢之書 而所守者 氣稟之拘也."

또한 이른바 불용(不勇)이라는 것은 사람들이 성현은 우리를 속이지 아니한다는 것과 기질을 변화시킬 수 있다는 것을 다소 알면서도, 다만 태만하게 항상 머물러 있으면서 분발하고 진작하지 않기 때문에, 어제 한 일을 오늘 개혁하기를 어렵게 여기고, 오늘 좋아한 바를 내일 고치기를 꺼린다. 이와 같이 고식적으로 우물쭈물하며 한 치를 나아가면 한 자를 후퇴하는 것은 바로 불용의 소치인 것이다. 그러므로 읽는 것은 성현의 글이지만 안주하는 것은 옛날의 관습이라 하였다.27)

이와 같이 율곡은 공부하는 데 있어서 뜻이 서지 않는 이유를 불신, 부지, 불용으로 보았다. 율곡이 공부에 있어서 입지의 중요성을 강조한 것은 오늘날에 있어서도 그 의미가 크다 할 것이다.

2) 이치를 탐구하라 –궁리(窮理)–

궁리란 이치를 탐구한다는 말로 현대적인 용어로 말하면 연구, 탐구와 비슷하다. 궁리는 『대학』의 격물치지로서 현대 학문적 성격에서 보면 수양론의 범주로 보기 어렵다. 그러나 궁리문제와 수양문제를 함께 묶어 공부론의 체계로 이해하는 것은 유가철학의 특징이다. 물론 율곡의 경우도 이에 벗어나지 않는다. 이렇게 유가철학에서 공부론 속에 앎의 문제와 실천의 문제를 함께 보는 것은 '인간 되어짐'이 곧 지(知)와 행(行)을 포함할 때 비로소 온전해질 수 있기 때문이다. 즉 지를 배제한 행이나 행을 결여한 지는 모두 불완전하기 때문이다. 이러한 관점에서 격물치지 또는 궁리의 문제가 마음공부의 기초로 다루어지게 된다.

이미 앞에서 설명한 것처럼 율곡은 여러 곳에서 공부의 방법으로 궁

---

27) 『栗谷全書』, 卷20, 「聖學輯要2」, 修己 第2 上, "所謂不勇者 人或稍知聖賢之不我欺 氣質之可變化而只是恬常滯故 不能奮勵振發 昨日所爲 今日難革 今日所好 明日憚改 如是因循進寸退尺 此不勇之所致 故所讀者 聖賢之書 而所安者 舊日之習也."

리, 거경, 역행을 제시하고 있다. 율곡에 의하면, 궁리는 한 가지 방향만 있는 것이 아니라, 안으로는 자신 안에 있는 이치를 궁구하는 것으로서, 보고 듣고 말하고 행동하는 데에 각각 그 규범이 있고, 밖으로는 만물에 있는 이치를 궁구하는 것으로서, 초목금수에 각각 합당한 법칙이 있다고 한다. 집에 있어서는 부모에게 효도하고 아내를 올바르게 거느리며, 은혜를 두터이 하고 인륜을 바로 하는 이치를 마땅히 살펴야 하며, 사람을 접할 때에는 현명하고 어리석음, 사악함과 올바름, 순후(醇厚)함과 결함됨, 교묘함과 졸열함의 구별을 마땅히 분별하며, 일을 처리함에는 옳고 그름, 얻고 잃음, 편안함과 위태로움, 다스려짐과 혼란함의 기미를 마땅히 살펴야 한다. 반드시 책을 읽어 이를 밝히고 옛 일을 상고하여 증험하는 것이 궁리의 요체이다.[28]

이와 같이 이치를 궁구하여 안다 함은 사물존재의 이치를 궁구해 아는 것에서부터 우리의 일상생활에서 지켜 가야 할 규범과 도리를 아는 것에 이르기까지 매우 넓다. 우리가 알아야 할 이치는 크게 존재지리로서의 소이연지리(所以然之理)와 당위지리로서의 소당연지리(所當然之理)이다.

율곡은 또 「성학집요」에서 궁리에 관해 다음과 같이 자세히 설명한다. 대개 만사만물에는 리가 있지 않은 것이 없는데, 사람의 한 마음은 온갖 이치를 포괄한다. 그러므로 궁구하지 못할 이치는 없다. 단지 개명성(開明性)과 엄폐성(掩蔽性)이 한결같지 않고 총명성과 암매성(暗昧性)이 때가 있어 궁리하고 격물 할 때에 혹 한 번 생각하여 바로 얻는 것도 있고, 혹 정미(精微)하게 생각하여 비로소 깨닫는 것도 있으며, 혹 마음 써서

---

28) 『栗谷全書』, 卷5, 「萬言封事」, "窮理亦非一端 內而窮在身之理 視聽言動 各有其則 外而窮在物之理草木鳥獸 各有攸宜 居家則孝親刑妻 篤恩正倫之理 在所當察 接人則賢愚邪正 醇疵巧拙之別 在所當辨 處事則是非得失 安危治亂之幾 在所當審 必讀書以明之 稽古以驗之 此是窮理之要也."

애를 태워도 투철하지 못하는 것도 있다. 생각하다가 얻음이 있어서 환연(渙然)하게 자신하고 패연(沛然)하게 즐거우며 쇄연(灑然)하게 말로서 형용할 수 없게 된다면 이는 진실로 체득한 것이다. 비록 체득한 것이 있는 듯하더라도 믿는 가운데 의문이 있으며, 위태롭고 불안하여 석연(釋然)한 경지에 이르지 못한다면, 이는 억지로 추측한 것일 뿐이며 진실로 얻은 것은 아니다. 이제 사물에 대하여 이해하거나 또 성현의 말을 살핌에 있어 만일 마음가짐이 깨끗하여 한 번 보고도 문득 마음으로 이해하여 조금도 의심스러운 것이 없다면 이는 한 번 생각하여 문득 얻는다는 것인데, 만일 다시 의문을 제기하면 도리어 진실한 견해를 어둡게 하는 것이다. 가령 정명도(程明道)는 일찍이 창고 가운데에서 긴 행랑 집의 기둥을 잠자코 헤아려 보고는 맞지 않는다고 의심하여 몇 번이나 헤아려 보았으나 더욱 틀리는 지라, 드디어 사람을 시켜 기둥을 두드리며 헤아려보니 처음에 잠자코 헤아려 본 것과 같았다는 것은 바로 이를 말한다.29) 만일 생각하여 얻지 못한 것이 있다면 오로지 마음과 뜻을 다하여 죽도록 싸워 침식도 잊어버리게 되어야 비로소 깨닫는 것이 있게 되는데, 가령 이연평(李延平)이 '일고신 양고화(一故神 兩故化)'라 한 말을 이해하여 얻지 못해 밤새도록 의자 위에 앉아서 사색하여 몸소 그 속에서 체험하여 비로소 평온을 얻을 수 있었다는 것이다.

또 혹은 오랫동안 애를 태우고서도 마침내 석연하지 못하여 생각이 막히고 어지러우면 모름지기 모든 것을 던져 버리고 마음속을 비워서 하

---

29) 『栗谷全書』, 卷20, 「聖學輯要2」, 修己 第2 上, "蓋萬事萬物 莫不有理 而人之一心 管攝萬理 是以無不可窮之理也 但開蔽不一 明暗有時 於窮格之際 或有一思而便得者 或有精思而方悟者 或有苦思而未徹者 思慮有得 渙然自信 沛然說豫 灑然有不可以言語形容者 則是眞有得也 若雖似有得 而信中有疑 危而不安 不至於氷消凍釋 則是强揣度耳 非眞得也 今遇事理會 及看聖賢之語 若心慮澄然略綽一見 便會於心 無少可疑 則此一思便得者也 若更生疑慮 則反晦眞見 如明道當在倉中 見長廊柱黙數之疑以爲未定 屢數愈差 遂至令人敲柱數之 乃與初黙數者合 正謂此也."

나도 없게 한 뒤에 문득 들추어 정미하게 생각하고, 그래도 오히려 환히 얻지 못한다면 이것은 우선 놓아두고 따로 다른 것을 궁구할 것이며, 궁구하고 궁구하여 차차 마음이 밝아지면 앞서 환히 얻지 못한 것도 갑자기 깨달을 때가 있는 것이다.[30]

이와 같이 율곡은 궁리의 본의가 참으로 아는 데 있음을 강조하고, 궁리에 있어서 여러 유형을 제시하고 있다. 요컨대 율곡의 궁리론은 기본적으로 정이천, 이연평, 주자의 설에 바탕을 두고 전개하는데, 그 방법론은 경험적인 격물치지법과 소위 직관적인 활연관통법(豁然貫通法)을 함께 취하고 있다.[31] 율곡은 하나하나의 궁구를 통한 경험지(經驗知)의 축적 없이는 활연관통의 앎에 이를 수 없다고 보았다.

이렇게 볼 때, 율곡의 격물치지설은 경험 일변의 인식체계도 아니고 관념일변의 인식체계도 아닌 양자의 조화적 관점에 있다. 또한 주관 중심의 인식체계도 아니고 대상중심의 인식체계도 아닌 주객의 합일형식이라 할 수 있다.[32]

3) 뜻을 참되게 하고 마음을 바르게 하라 ─성의정심(誠意正心)─

율곡 공부론의 중요한 방법 중의 하나는 성의(誠意)와 정심(正心)이다. 이것은 『대학』과 『중용』의 공부법을 빌린 것이다. 뜻을 참되게 하는 성의와 마음을 바르게 하는 정심은 모두 『대학』 8조목의 하나인데, 율곡 공부

---

30) 『栗谷全書』, 卷20, 「聖學輯要2」, 修己 第2 上, "如或思而未得 則專心致志 抵死血戰 至忘寢食 方有所悟 如延平先生云 一故神 兩故化 理會不得 終夜椅上坐思量 以身去裏面體認 方見得平穩…又或苦思之久 終未融釋 心慮窒塞紛亂 則須是一切掃去 便胸中空無一物 然後却擧起精思 猶未透得則且置此事 別窮他事 窮來窮去 漸致心明 則前日之未透者 忽有自悟之時矣."

31) 황의동, 「栗谷 格物致知論의 체계」, 『유교사상연구』, 제6집, 유교학회, 1993, 411쪽.

32) 황의동, 「栗谷 格物致知論의 체계」, 『유교사상연구』, 제6집, 유교학회, 1993, 412쪽.

론에 있어 중요한 방법론으로 제시되고 있다. 성(誠)은 『중용』에서 본체론적으로 그리고 윤리적으로 깊게 다루어진 바 있다. 성(誠)은 물(物)의 종시(終始)로서 성이 아니면 어떤 존재도 존재할 수 없다.[33] 그리고 성(誠)은 하늘의 도요 성하고자 함은 인간의 도라 하여,[34] 성(誠)을 천도 그 자체의 본질로 이해하면서 그것을 실천하는 것이 인간의 길이라고 이해하였다. 이러한 『중용』의 성사상은 율곡의 공부론에 그대로 원용되어 성실(誠實), 성의(誠意) 등으로 나타나며 무실(務實)사상으로 확장된다.

율곡은 말하기를, "궁리가 이미 밝으면 궁행할 수 있는데, 반드시 실심(實心)이 있은 후에 실공(實功)에 착수할 수 있으므로, 성실(誠實)은 궁행의 근본이 된다" 하였다.[35] 또한 "한 마음이 實하지 아니하면 만사가 모두 거짓이므로 어디로 간들 행할 수 있으며, 한 마음이 진실로 참되면 만사가 모두 참되니 무엇을 한들 이루어지지 않을 수 있겠느냐"고 하였다. 그러므로 성의는 수기치인의 근본이 된다. 만일 뜻이 참되지 않으면 서지 못하고, 리(理)가 참되지 않으면 궁격(窮格)되지 못하며, 기질이 참되지 않으면 변화할 수 없다.[36] 이와 같이 뜻이 참 된가 거짓인가 하는 것이야말로 앎의 문제에서나 실천의 문제에서나 관건이 되었다.

또한 그는 인심도심(人心道心)을 설명하는 가운데에서 성의의 중요성을 이렇게 강조하였다. 그 기(氣)의 용사(用事)함을 알고 정밀하게 살펴서 정리(正理)에로 쫓아간다면 인심은 도심의 명령을 들을 것이요, 정밀

---

33) 『中庸』, "誠者 物之終始 不誠無物."

34) 『中庸』, "誠者 天之道也 誠之者 人之道也."

35) 『栗谷全書』, 卷21, 「聖學輯要3」, 修己 第2 中, "臣按 窮理旣明 可以窮行 而必有實心 然後 乃下實功 故誠實爲躬行之本."

36) 『栗谷全書』, 卷21, 「聖學輯要3」, 修己 第2 中, "一心不實 萬事皆假 何往而可行 一心苟實 萬事皆眞 何爲而不成…臣又按 誠意爲修己治人之根本…如志無誠則不立 理無誠則不格 氣質無誠則不能變化."

히 살피지 못하고 오직 그 향하는 대로 놓아둔다면 정(情)이 이기고 욕(慾)이 성하여 인심은 더욱 위태롭고 도심은 더욱 은미(隱微)해진다. 정찰(精察) 여부가 모두 이 의(意)가 하는 바이므로 자수(自修)는 성의보다 먼저 할 것이 없다.[37] 공부론에 있어서도 역시 의지는 중요한 문제가 된다. 따라서 율곡은 뜻을 참되게 하는 성의가 공부론에 있어 선결과제라고 이해하였다.

또한 성의와 함께 마음을 바르게 하는 정심(正心)이 강조되는데, 율곡은 우리 마음의 본체는 담연(湛然)히 비고 밝아서 빈 거울과 같고 평평한 저울대와도 같은데, 사물에 감응되어 움직이면 칠정(七情)이 감응하는 것이니 이것이 마음의 작용이다. 다만 기(氣)에 구속되고 욕심에 가려서 본체가 능히 서지 못하므로 그 작용이 혹 그 바름을 잃기도 하니, 그 병통은 어둡고 어지러운 것에 있을 따름이다. 어두움의 병에는 둘이 있는데, 하나는 지혼(智昏)으로 궁리를 못하여 시비에 어두운 것을 말하고, 또 하나는 기혼(氣昏)으로 게으르고 방일(放逸)하여 늘 잠잘 생각만 있는 것을 말한다.

어지러운 병에는 두 가지가 있는데, 하나는 악념(惡念)으로 외물에 유혹되어 사욕을 계교(計較)하는 것이고, 또 하나는 부념(浮念)으로 생각이 일어나 산란하여 끊임없이 일어나는 것을 말한다.[38] 보통 사람은 이 두 가지 병통에 곤란을 겪게 되어, 아직 사물에 감응되기 전에는 어둡지 않

---

37) 『栗谷全書』, 卷9, 書1, 「答成浩原(壬申)」, "知其氣之用事 精察而趨乎正理 則人心聽命於 道心也 不能精察而惟其所向 則情勝慾熾 而人心愈危 道心愈微矣 精察與否 皆是意之所爲 故自修莫先於誠意."

38) 『栗谷全書』, 卷21, 「聖學輯要3」, 修己 第2 中, "臣按 心之本體 湛然虛明 如鑑之空 如衡 之平 而感物而動 七情應焉者 此是心之用也 惟其氣拘而欲蔽 本體不能立 故其用或失其正 其病在於昏與亂而已 昏之病有三 一曰智昏 謂不能窮理 昧乎是非也 二曰氣昏 謂怠惰放倒 每有睡思也 亂之病有二 一曰惡念 謂誘於外物 計較私欲也 二曰浮念 謂掉擧散亂 相續不 斷也."

으면 어지러워 이미 미발(未發)의 중(中)을 잃고, 사물에 감응되었을 때에는 지나치지 않으면 미치지 못하는데 어찌 이발(已發)의 화(和)가 있겠느냐고 반문하였다.

군자는 이 때문에 근심하므로 궁리로서 선을 밝히고 돈독한 뜻으로 기를 거느리며, 함양하여 성(誠)을 보존하고, 성찰하여 거짓을 버리어 그 혼란을 다스린 뒤에, 아직 감응하지 않았을 때에는 지극히 허하고 고요하여 이른바 빈 거울, 평평한 저울대의 본체가 비록 귀신이라도 그 끝을 엿볼 수 없고, 감응할 때에는 절도에 맞지 않는 것이 없어서 빈 거울, 평평한 저울대의 작용은 유행하여 머물지 않으니, 정대(正大)하고 광명(光明)한 것은 천지와 더불어 서참(舒慘)을 같이 하는 것이라 하였다.[39]

율곡은 이러한 정심을 「학교모범」에서는 존심(存心)이라 하여, 배우는 자가 몸을 닦고자 하면 반드시 모름지기 안으로 그 마음을 바르게 하여 사물에 유혹되지 말아야 한다고 하였다. 그런 후에야 마음이 태연하고 온갖 사특함이 물러가고 숨어서 바야흐로 실덕(實德)에 나아가게 된다. 그러므로 배우는 자가 먼저 힘 쓸 것은 마땅히 정좌존심(靜坐存心)하여 고요한 가운데에서도 산란하지 않고 혼매(昏昧)하지 않음으로써 대본(大本)을 세우는 것이다. 만약 한 마음이 발한즉 반드시 선악의 기미를 살펴서, 선하면 그 의리를 궁구하고 악하면 그 싹을 끊어서 존양성찰(存養省察)하여 힘쓰고 힘써 그치지 않으면, 움직이고 고요하고 말하고 행동하는 것이 의리의 당연한 법칙에 맞지 않음이 없는 것이라 하였다.[40] 율곡

---

39) 『栗谷全書』, 卷21, 「聖學輯要3」, 修己 第2 中, "常人困於二病 未感物時 非昏則亂 既失未發之中矣 其感物也 非過則不及 豈得其已發之和乎 君子以是爲憂 故窮理以明善 篤志以帥氣 涵養以存誠 省察以去僞 以治其昏亂 然後未感之時 至虛至靜 所謂鑒空衡平之體 雖鬼神有不得窺其際者 及其感也 無不中節 鑒空衡平之用 流行不滯 正大光明 與天地同其舒慘矣."

40) 『栗谷全書』, 卷15, 「學校模範」, "五曰存心 謂學者欲身之修 必須內正其心 不爲物誘 然後天君泰然百邪退伏 方進實德 故學者先務 當靜坐存心 寂然之中 不散亂 不昏昧 以立大本

은 맹자의 이른바 '존심양성(存心養性)'이 동정을 관통해 말한 것으로, 즉 성의정심을 말하는 것이라 하였다.[41]

그러면 성의와 정심은 어떻게 다른가? 율곡에 의하면 성의는 참으로 선을 행하고 실지로 악을 제거함을 말하고, 정심은 마음이 치우치거나 기대하거나 정체하는 일이 없으며 뜬 생각을 일으키지 않음을 말하는데, 정심이 가장 어렵다고 하였다. 사마온공(司馬溫公)과 같은 이도 성의는 하였지만 언제나 생각이 흔들렸으니, 이것은 정심이 되지 못한 까닭이라 하였다. 비록 그러나 만약 참으로 성의를 한다면 정심과의 거리가 멀지 않을 것이라 하였다. 소위 참으로 성의한다는 것은 격물치지하여 이치가 밝고, 마음이 열려서 뜻을 참되게 함을 말하는 것이다.[42] 이와 같이 성의와 정심은 구별해 볼 수 있으나, 또한 궁극에 가서는 상통될 여지가 있는 것이다.

4) 기질을 고치라 -교기질(矯氣質)-

율곡은 맹자의 성선관(性善觀)에 입각해 인간의 본성은 선한데 기질의 구애로 혹 흘러서 악이 된다고 보았다.[43] 공부론의 요점은 본성의 선을 가리는 기질을 어떻게 변화시키느냐에 있다. 기(氣)는 본래 운동변화하는 것으로 가변적 특성을 갖는다. 문제는 그 변화가 바람직한 방향에로

　　而若一念之發 則必審善惡之幾 善則窮其義理 惡則絶其萌芽 存養省察 勉勉不已 則動靜云 爲 無不合乎義理當然之則矣."

41) 『栗谷全書』, 卷21, 「聖學輯要3」, 修己 第2 中, "臣按 孟子所謂存養 通貫動靜而言 卽誠意 正心之謂."

42) 『栗谷全書』, 卷32, 「語錄 下」, "問于栗谷先生曰 誠意正心何別? 答曰 誠意 是眞爲善而實 去惡之謂也 正心 是心無偏係期待留滯 且不起浮念之謂也 正心最難 如司馬溫公誠意 而每 爲念慮所擾擾 是不得正心也 雖然 若眞誠意 則去正心不遠 所謂眞誠意者 格物致知 理明 心開 而誠其意之謂."

43) 『栗谷全書』, 卷10, 書2, 「答成浩原」, "性本善而氣質之拘 或流而爲惡."

의 변화냐 아니냐 하는데 있다. 이러한 관점에서 율곡은 여러 곳에서 '기질을 고쳐야 한다(矯氣質)'든가 '기질을 변화시켜야 한다(氣質變化)'는 주장을 한다. 율곡에 의하면 이미 학문을 참되게 하였다면 반드시 편벽된 기질을 고쳐서 본연의 성을 회복해야 한다.[44] 본연의 성을 회복하는 방법이 곧 기질을 고치는 데 있다. 한 기(氣)의 근원은 담연(湛然)히 맑고 비었는데, 오직 그 양(陽)이 동(動)하고 음(陰)이 정(靜)하며, 혹 오르기도 하고 혹 내려가기도 하다가 어지럽게 날아다니는 사이에 합하여 질(質)을 이루어 드디어 고르지 못하게 된다. 사물이 치우치고 막힌 것(동물이나 식물)은 다시 변화시킬 방법이 없으나, 오직 사람만은 비록 맑고 흐리고 순수하고 잡박하여 같지 않음이 있다 하더라도 마음이 비고 밝아서 변화시킬 수가 있다. 그러므로 맹자가 사람은 모두 요(堯), 순(舜)이 될 수 있다 하였는데, 어찌 헛된 말이겠느냐고 말한다.[45]

그런데 기(氣)가 맑고 질(質)이 순수한 사람은 지(知)와 행(行)을 힘쓰지 않고서도 능하게 되어 더할 것이 없으며, 기가 맑고 질이 잡박한 사람은 알 수는 있어도 능히 행할 수는 없는데, 만약 궁행에 힘써서 반드시 참되고 반드시 독실하면 행실이 가히 세워지고 유약(柔弱)한 자가 강하게 될 수 있으며, 질이 순수하고 기가 흐린 사람은 능히 행할 수는 있으나 능히 알 수는 없는데, 만약 묻고 배우는 데 힘써 반드시 참되고 반드시 정밀하게 하면 앎에 이를 수 있으며 어리석은 자라도 밝게 될 수 있다.[46]

---

44) 『栗谷全書』, 卷21, 「聖學輯要3」, 修己 第2 中, "臣按 旣誠於爲學 則必須矯治氣質之偏 以復本然之性."
45) 『栗谷全書』, 卷21, 「聖學輯要3」, 修己 第2 中, "臣按 一氣之源 湛然淸虛 惟其陽動於陰靜 或升或降飛揚紛擾 合而爲質 遂成不齊 物之偏塞 則更無變化之術 惟人則雖有淸濁粹駁之不同 而方寸虛明 可以變化 故孟子曰 人皆可以爲堯舜 豈虛語哉."
46) 『栗谷全書』, 卷21, 「聖學輯要3」, 修己 第2 中, "氣淸而質粹者 知行不勉而能 無以尙矣 氣

이렇게 볼 때, 기질 가운데 기(氣)의 맑고 흐림은 지(知)에 관계되고, 질(質)의 순수하고 잡박함은 행(行)에 관계됨을 알 수 있다. 기의 맑음과 질의 순수함을 확보하는 것이 마음공부의 중요한 문제이다.

그런데 율곡은 선유들이 '그 본성을 회복하라(復其性)'고는 말했어도, '그 氣를 회복하라(復其氣)'고는 말하지 않았다고 한다. 본연의 성은 비록 물욕에 가리어지고 기에 구애되었더라도 그 근본을 미루어 보면 순선무악(純善無惡)하므로 그 본성을 회복하라고 말한 것이다. 기에 이르러서는 혹은 탁하기도 하고 혹은 잡박하기도 하여 이미 처음 태어날 때부터 판정되어 있기 때문에, 그 기를 회복하라고 말하지 않고 기질을 고치라고 말했다 한다.47) 이처럼 선유들은 '복기성(復其性)'이란 말은 했어도 '복기기(復其氣)'란 말은 하지 않았다 하고, '복기기' 대신에 '교기질(矯氣質)'을 말했다고 한다.

그러나 율곡이 우계에게 보낸 편지에서는 '복기기'를 실질적으로 인정하고 있어 주목된다. 율곡에 의하면, 리(理) 위에는 한 글자도 더할 수 없고 털끝만큼의 수양도 더할 수 없다. 리는 본래 선하니 무슨 수양이 필요한가? 성현의 천 마디 만 마디 말이 단지 사람들로 하여금 그 기를 단속하여 기의 본연을 회복하게 할 뿐이다.48) 이와 같이 율곡은 기 본연의 담일청허(湛一淸虛)를 적극적으로 긍정하여 기의 본연을 회복해야 한다고 말하는데, 이는 그의 이기지묘적(理氣之妙的) 사유에서 가능한 것이

清而質駁者 能知而不能行 若勉於躬行 必誠必篤 則行可立而柔者强矣 質粹而氣濁者 能行而不能知 若勉於問學 必誠必精 則知可達而愚者明矣."

47) 『栗谷全書』, 卷31, 「語錄 上」, "問先儒每言復其性 而不言復其氣何也 曰本然之性 雖物蔽氣拘 而推其本則純善無惡 故曰復其性也 至於氣 則或濁或駁 已判於有生之初 故不曰復其氣 而曰矯氣質也."

48) 『栗谷全書』, 卷10, 書2, 「答成浩原」, "夫理上 不可加一毫修爲之力 理本善也 何可修爲乎 聖賢之千言萬言 只使人撿束其氣 使復其氣之本然而已."

다. 즉 본연에서도 이기지묘(理氣之妙)의 관계는 지켜져야 하는데, 리 본연의 순선(純善)은 기 본연의 담일청허(湛一淸虛)에서만 은폐되지 않는다. 따라서 리 본연과 기 본연은 사실상 상통되고, 리 본연의 회복이나 기 본연의 회복이나 다를 바 없는 것이다. 이러한 관점에서 율곡은 '복기기(復其氣)'라는 표현을 쓸 수 있었던 것이다.

5) 경(敬)의 생활화 -거경(居敬)-

율곡의 공부론에서 중요한 방법의 하나가 거경이다. 경(敬)은 선진유학 이래 송대 성리학에서도 매우 중시되어 온 덕목이다. 경은 본체론적 의미로 해석되기도 하지만 여기에서는 수양방법의 하나로 이해하고자 한다.

그런데 이러한 경의 윤리는 여러 가지 개념으로도 설명된다. 여기에서는 수렴(收斂), 함양(涵養), 성찰(省察)로 나누어 설명하고자 한다. 율곡은 「성학집요」 수기의 차서에서 입지 다음으로 수렴을 들고 있다. 수렴은 경의 시작으로[49] 소학지공(小學) 공부를 의미한다.[50] 구체적으로는 용지(容止)의 수렴, 언어의 수렴, 마음의 수렴을 말하는데, 이는 '구용(九容)'을 의미한다. 율곡은 말하기를, 몸과 마음을 수렴하는 데는 구용보다 더 절실한 것이 없다고 한다. 즉 발 거동은 무겁게 하고, 손 거동은 공손하게 하며, 눈 거동은 단정히 하고, 입 거동은 그치며, 소리 거동은 고요히 하고, 머리 거동은 곧게 하며, 기운의 거동은 엄숙하게 하고, 서는 거동은 덕 있게 해야 하며, 얼굴 거동은 씩씩해야 한다.[51] 즉 이 마음을 거

---

49) 『栗谷全書』, 卷21, 「聖學輯要3」, 修己 第2中(小註), "收斂 敬之始也."

50) 『栗谷全書』, 卷20, 「聖學輯要2」, 修己 第2上, "今取敬之爲學之始者 置于窮理之前 目之以 收斂 以當小學之功."

51) 『栗谷全書』, 卷27, 「擊蒙要訣」, "收斂身心 莫切於九容…所謂九容者 足容重 手容恭 目容

두어 잡아 이 마음이 고요하여 어지럽게 일어나는 생각이 없게 하고, 환히 빛나서 혼매(昏昧)한 잘못이 없게 해야 한다.52) 주자는 소학(小學)을 함양공부로 삼았는데, 율곡은 수렴을 소학공부로 생각하고 있음이 특징적이다. 그러므로 소학공부로서의 수렴공부야 말로 경의 출발점이다.

다음 율곡은 함양(涵養)과 성찰(省察)을 마음공부의 방법으로 제시한다. 무릇 몸과 마음을 거두어 잡는 것은 모두 함양이라 할 수 있다. 그러므로 동정(動靜)을 논할 것 없이 모두 함양은 실천에 있다고 말한 것이니, 실천 가운데에 함양이 있다.53) 이처럼 함양은 실천적 성격이 짙다.

율곡에 의하면 미발(未發)할 때에는 이 마음이 고요하여 진실로 털끝만한 생각도 없지만, 단지 고요한 가운데에서도 지각이 어둡지 아니하여, 마치 충막해 조짐이 없지만(沖漠無朕), 만상(萬象)이 삼연(森然)하게 이미 갖추어져 있음과 같다. 이 경지는 극히 이해하기 어렵지만, 단지 이 마음을 경으로 지켜 함양이 오래 쌓이면 스스로 마땅히 힘을 얻게 된다. 이른바 경으로 함양한다는 것은 또한 다른 방법이 아니라, 다만 고요하여 염려가 생기지 않게 하고, 또렷또렷하여 조금도 혼미하지 않게 할 뿐이다.54) 율곡은 수렴을 경의 시작이라 하였는데, 함양을 경의 끝이라 하였다.55)

그러면 함양과 성찰은 어떻게 구별되는가? 율곡에 의하면, 함양과 성찰을 상대적으로 말하면 함양은 오로지 고요한 곳만을 가리켜 말한 것이

端 口容止 聽容靜 頭容直 氣容肅 立容德 色容莊."

52) 『栗谷全書』, 卷27, 「擊蒙要訣」, "收斂此心 使寂寂無紛起之念 惺惺無昏昧之失可也."

53) 『栗谷全書』, 卷31, 「語錄 上」, "曰凡收斂身心 皆可謂之涵養 故勿論動靜皆謂涵養在踐履 則踐履中有涵養矣."

54) 『栗谷全書』, 卷21, 「聖學輯要3」, 修己 第2中, "臣按 未發之時 此心寂然 固無一毫思慮 但寂然之知覺不昧 有如沖漠無朕 萬象森然已具也 此處極難理會 但敬守此心 涵養積久 則自當得力 所謂敬以涵養者 亦非他術 只是寂寂不起念處 惺惺無少昏昧而已."

55) 『栗谷全書』, 卷21, 「聖學輯要3」, 修己 第2中(小註), "收斂 敬之始也 此章 敬之終也."

라 할 수 있지만, 단지 함양만을 들어 말하면 동정(動靜)을 겸한다고 하였다.56) 함양과 성찰은 상대적으로 보면 함양은 정적(靜的)인 방법이고 성찰은 비교적 동적(動的)인 방법이라 할 수 있다. 그러나 단지 함양만을 가지고 논하면 동정을 겸한다고 볼 수 있다. 성찰은 선악의 은미(隱微)한 기미를 잘 살피는 것이요, 천리와 인욕의 경계를 잘 살피는 것이다.

그런데 율곡은 「성학집요」에서 정심장 안에 함양과 성찰을 설정하고 있다. 결국 함양이나 성찰은 『대학』8조목의 체계로 보면 정심(正心)에 해당되기 때문이다. 그러나 논자는 정심을 성의와 연관하여 앞에서 다루었고, 함양, 성찰, 수렴은 거경의 범주에서 다루고자 하였다. 이는 앞에서 이미 언급한 것처럼 율곡은 「만언봉사」, 「성학집요」, 「격몽요결」 등에서 한결같이 수기의 요목으로 거경, 궁리, 역행을 들고 있기 때문이다.

그러면 거경(居敬), 지경(持敬), 독경(篤敬)으로서의 경은 무엇인가? 율곡에 의하면 거경은 동정(動靜)에 통용된다. 고요히 있을 때는 잡념을 일으키지 않고 담연히 고요하되 또렷또렷하여 어둡지 않아야 하며, 움직일 때에는 일에 임해 한 가지에 오로지 하여 둘이나 셋으로 생각지 말아서 조금도 어긋남이 없어야 하며, 몸가짐은 반드시 정제(整齊)하고 엄숙해야 하고, 마음가짐은 반드시 경계하여 삼가고 두려워해야 하니 이것이 거경의 요체이다.57) 이와 같이 경은 어떤 대상에 우리의 마음을 하나로 하는 태도이다.58) 마음의 집중이요 통일이라 하겠다.

그런데 율곡은 경의 체용을 이렇게 설명한다. 대개 고요한 가운데 하나를 주로 하여 마음이 이리저리 나아감이 없는 것은 경의 체요, 움직이

---

56) 『栗谷全書』, 卷31, 「語錄 上」, "許克諶問 涵養可以兼動靜看乎 曰涵養省察對擧 則涵養專指靜處而言 單擧涵養 則兼動靜也."

57) 『栗谷全書』, 卷5, 「萬言封事」, "居敬通乎動靜 靜時不起雜念 湛然虛寂 而惺惺不昧 動時臨事專一不二不三 而無所過差 持身必整齊嚴肅 秉心必戒愼恐懼 此是居敬之要也."

58) 『栗谷全書』, 卷31, 「語錄 上」, 先生曰 誠 實理之謂 敬 主一之謂."

는 가운데 온갖 변화에 대응하면서 그 주재를 잃지 않는 것은 경의 용이다. 경이 아니면 지선(至善)에 그칠 수 없고, 경 가운데에 또 지선이 있다. 고요함은 마른나무나 죽은 재가 아니며 움직임은 분분하고 어지러운 것이 아니어서, 동정이 한결같고 체용이 떠나지 않는 것이 곧 경의 지선이다.[59]

이처럼 율곡은 경의 체와 용을 말하면서 경은 동정을 관통하면서 동정이 한결같고 체용이 떠나지 아니해야 경의 지선이라 하였다. 이렇게 볼 때, 앞에서 제시된 수렴, 함양, 성찰이 모두 경의 구체적 내용에 지나지 않는 것이다.

그러면 경(敬)과 성(誠)의 관계는 어떠한가? 본체론적 관점에서 보면, 경이 곧 성이고 성이 곧 경이라 할 수 있다. 그러나 수양론적 관점에서 보면, 성과 경은 구별된다. 즉 성에 이르는 길이 곧 경이다. 『중용』의 '성자 천지도야 성지자 인지도야(誠者 天之道也 誠之者 人之道也)'에서 '성지(誠之)'가 곧 경이다. 여기에 대해 율곡은 이렇게 설명한다. 성은 천의 실리(實理)요 심의 본체인데, 사람이 그 본심을 회복할 수 없는 것은 사사(私邪)가 있어 가리기 때문이다. 경으로 주를 삼아 사사를 다 없애면 본체는 곧 온전하게 된다. 경은 용공(用功)에 긴요한 것이요, 성은 수공(收功)하는 곳이므로 경으로 말미암아 성에 이르게 된다.[60]

이와 같이 성(誠)은 천의 실리(實理)요 심의 본체인데 그것을 사사(私邪)가 가리어 참된 본심이 드러나지 않는다. 경(敬)으로 주를 삼아 사사

---

59) 『栗谷全書』, 卷9, 書1, 「上退溪李先生別紙」, "蓋靜中主一無適 敬之體也 動中酬酢萬變而不失其主宰者 敬之用也 非敬則不可以止於至善 而於敬之中 又有至善焉 靜非枯木死灰 動不紛紛擾擾 而動靜如一 體用不離者 乃敬之至善也."

60) 『栗谷全書』, 卷21, 「聖學輯要3」, 修己 第2中, "臣按 誠者 天之實理 心之本體 人不能復其本心者由有私邪爲之蔽也 以敬爲主 盡去私邪 則本體乃全 敬是用功之要 誠是收功之地 由敬而至於誠矣."

를 제거하면 본체로서의 성이 온전해질 수 있다. 그러므로 경은 성에 이르는 방법이요 길이다. 이렇게 볼 때, 율곡의 공부론에 있어 성 못지않게 경이 실천적 측면에서 매우 중요하게 다루어졌음을 알 수 있다.

6) 힘써 행하라 –역행(力行)–

　인간의 공부론에서 가장 중요한 것은 실천이다. 아무리 마음이 바르고자 하고 뜻이 참되고자 하나 이것이 구체적인 실천으로 나아가지 아니하면 관념적 수양에 머물고 만다. 이러한 관점에서 율곡은 마음공부의 방법으로 거경, 궁리와 함께 역행을 강조하였다. 역행(力行)이란 행하기를 힘쓰는 것이요, 힘써 행하는 것을 의미한다. '인간 되어짐'의 공부는 자칫 관념의 단계에 머물 위험성이 많다. 실제로 조선조 현실에서 지식인들의 관념적 수양 내지 허위의식에 가득 찬 도덕군자의 병폐는 심각한 바 있었다. 특히 율곡은 당시 성리학의 관념적 병폐를 철저히 인식하고, 이를 극복하기 위해 실천궁행을 강조한 바 있다. 그것은 그의 무실(務實)사상으로 나타났다. '무실'이란 실(實)을 힘쓴다는 의미로 실의 추구를 의미한다. 필자는 이 실(實)의 의미를 진실성, 실천성, 실용성으로 규정한 바 있는데,[61] 이 무실사상에서 역행이 도출된다. 율곡에 있어 무실(務實)의 실(實)은 인간의 심성에 있어서의 성실성만을 의미하는 것이 아니다. 언어에 대한 실공(實功)[62], 빈말에 대한 공(功) 또는 실(實)로서[63] 실천성 내지 실현성의 의미를 담고 있다. 실공이란 그의 설명대로 일을 하는 데 정성껏 하여(참되어) 빈말을 힘쓰지 않는 것이다.[64] 율곡은 「동호문

61) 황의동, 「율곡의 務實사상」, 『한국사상사』, 원광대출판부, 1991.
62) 『栗谷全書』, 卷3, 「陳弢災五策箚」, "所謂恐懼修省者 不在言語 而在於實功…."
63) 『栗谷全書』, 卷6, 「司諫院請勉學親賢臣箚」, "嗚呼 今日朝廷所不足者 實也 非言也."
64) 『栗谷全書』, 卷5, 「萬言封事」, "所謂實功者 作事有誠 不務空言之謂也."

답(東湖問答)」에서 공리공론의 문제점을 이렇게 지적한다.

　　손님이 말하기를, "뜻이 섰다면 무엇을 할 것인가?" 주인이 말하기를, "아침이 다 지나도록 밥상만 차려 놓는다고 하면서 배 한 번 불러 보지 못한 것처럼 빈말뿐이요 실효가 없으면 무슨 일을 할 것인가?"[65]

이와 같이 밥상 차려 놓는다는 말만 무성하지 배 한 번 불러 보지 못하는 공리공론의 문제점을 지적하고 있다. 율곡은 「만언봉사」에서 역행(力行)에 관해 다음과 같이 설명한다. 역행이란 자기 자신을 극복함으로써 기질의 병을 다스리는 데 있다. 유약한 자는 교정하여 강하도록 하고, 나약한 자는 교정하여 꿋꿋해지도록 하며, 사나운 자는 화(和)로써 조절하고, 급한 자는 너그러움으로써 조절하며, 욕심이 많으면 그것을 맑게 하여 반드시 깨끗해지도록 하며, 사심이 많으면 그것을 바로 잡아 반드시 공정해지도록 해야 한다. 쉬지 않고 스스로 힘쓰며, 아침저녁으로 게을리 하지 말아야 하니, 이것이 역행의 요체이다.[66] 이와 같이 역행은 일시적인 노력을 의미하는 것이 아니라, 지속적인 노력을 통해 습관화되고 체질화되어 인간 되어짐에 이르러야 하는 것이다.

　그런데 율곡은 「학교모범」에서 검신(撿身)을 말하는데, 이 또한 역행과 관련시켜 생각해 볼 수 있다. 검신은 배우는 자가 이미 성인이 되려는 뜻이 섰으면 반드시 모름지기 옛 습성을 닦아 냄을 말한다. 한결같이 뜻이 배움을 향해 몸과 행동을 검속해야 한다. 평소에 일찍 일어나고 늦게 자며, 의관은 반드시 단정히 하고, 용모는 반드시 장중하며, 보고 듣는 것

---

65) 『栗谷全書』, 卷15, 「東湖問答」, "客曰 志旣立矣 當何所事 主人曰 立志之後 莫如務實 客曰 何謂也 主人曰 終朝設食 不得一飽 空言無實 豈能濟事."

66) 『栗谷全書』, 卷5, 「萬言封事」, "力行在於克己 以治氣質之病 柔者 矯之以至於强 懦者 矯之以至於立 厲者 濟之以和 急者 濟之以寬 多慾則澄之 必至於淸淨 多私則正之 必至於大公 乾乾自勗 日夕不懈 此是力行之要也."

은 반드시 단정하며, 거처는 반드시 공손하며, 걷고 서는 것은 반드시 바르게 하며, 음식은 반드시 절제 있게 하고, 글씨 쓰기는 반드시 공경스럽게 하며, 궤안(几案)은 반드시 가지런하며, 당실(堂室)은 반드시 정결해야 한다.[67] 이는 소학공부로서의 수렴과도 같지만 구체적인 실천을 강조한 것이다.

이렇게 볼 때, 율곡은 16세기 후반 조선조의 무실(無實)현상과 공론적 말폐 현상을 심각히 우려하고 무실역행(務實力行)을 강조했던 것인데, 특히 공부론에 있어 관념적 수양의 단계를 벗어나 지행의 일치 내지 체득의 공부를 중시한 데 특징이 있다.

---

[67] 『栗谷全書』, 卷15, 「學校模範」, "二曰 撿身 謂學者旣立作聖之志 則必須洗滌舊習 一意向學 撿束身行 平居 夙興夜寐 衣冠必整 容貌必莊 視聽必端 居處必恭 步立必正 飲食必節 寫字必敬 几案必齊 堂室必淨."

제5장

율곡의 가치론 이해

1. '이기지묘(理氣之妙)'의 가치론적 함의

율곡의 '이기지묘(理氣之妙)'는 본래 퇴계의 주리적(主理的) 편향에 대한 비판과 대안에서 나온 것이며, 율곡의 균형 잡힌 존재론의 표현이기도 하다. 퇴계는 윤리적 관점에서 인간을 도덕적 존재로 보고, 천리로서의 선한 본성을 지켜가는 것이 군자의 길이라고 보았다. 그 선한 본성, 그 선한 감정을 강조한 것이 퇴계의 이른바 사단칠정론이다.

이에 대해 율곡은 지성과 덕성 외에도 인간 본성으로 간과할 수 없는 감성이나 욕망을 인정해야 진정한 인간본성이라고 보았다. 그것은 인간이 육신을 떠나 본성을 말할 수 없기 때문이다. 이러한 율곡의 인간에 대한 이해는 전인적 인간관이라 할 수 있다.

퇴계는 인간존재를 설명하는 데 있어서도 가치적 구별을 지나치게 강조한 나머지 리(理)와 기(氣)의 간극과 시간차를 인정하는 혐의를 제공해 율곡의 비판을 받은 바 있다.

율곡은 인간존재나 사물존재나 이기(理氣)의 본래적 묘합을 전제로 한다. 리와 기는 시간적으로 선후가 없고, 공간적으로도 빈틈이 없다. 리와 기는 동시동재(同時同在)요 그것은 본체에서나 현상에서나 마찬가지다. 그러므로 리 없는 기가 없고 기 없는 리가 없는 것이다. 또 리가 있으면 반드시 기가 있어야 하고, 기가 있으면 반드시 리가 있어야 한다. 이러한 이기의 유기적 관계를 철저하게 통찰한 이가 바로 율곡이다. 그리고 율곡은 선유들의 이론을 차용하여 이러한 리와 기의 관계를 '하나이면서 둘이요 둘이면서 하나(一而二 二而一)'라고 설명하였다. 리와 기가 전혀 다른 둘이지만 하나의 존재양태로 있고, 하나로 있지만 리는 리요 기는 기로써 전혀 다른 둘이라고 보았다. 이러한 율곡의 이기지묘는 가치적으로 여러 가지 함의를 제공해 준다.

이기지묘는 상보적 가치의 중요성을 말해 준다. 율곡의 이기지묘는 리와 기의 상보적 인식을 전제한다. 리 홀로서도 부족하고 기 홀로서도 부족하다. 리나 기나 그 스스로는 반쪽이다. 부족한 부분을 상대가 가지고 있다. 리는 기를 통해 보완되고 기는 리를 통해 보완된다. 리에게 기는 고마운 존재이고 기는 리에게 고마운 존재다. 반대는 싸워야 할 적이 아니다. 나와 마주 서 있다고 미워해야 할 대상이 아니다. 오히려 리와 기는 서로 자신의 결핍을 채워 주는 고마운 존재다. 리와 기는 홀로서는 영원한 결핍이요 미완성이다. 아니 리나 기는 그 홀로서는 애당초 존재의 성립이 불가하다. 리는 기를 통해 설 수 있고, 기는 리를 통해 설 수 있다. 리는 기의 존재근거가 되고, 기는 리의 존재근거가 된다.

오늘날 우리 사회는 이념적으로, 세대 간에, 남녀 간에, 노사 간에, 계층별로 대립하고 갈등한다. 나라가 온통 두 편으로 갈라져 있다. 상대를 용납하지 않는다. 내 편 네 편만 있고 옳고 그름은 없다. 국가 공동체의 건강이 위태롭다. 율곡의 이기지묘는 이러한 시대적 갈등을 해결하는 데 필요한 지혜를 가르쳐 준다. 나와 마주 서 있는 상대를 인정하는 것, 그를 사랑하는 것, 나는 늘 부족하다는 것, 상대를 통해 내가 온전해 진다는 것, 상대는 고마운 나의 동반자라는 것을 배워야 한다. 율곡의 이기지묘는 상생의 철학이요 평화의 철학이다.

이기지묘는 통일성과 다양성의 조화를 가르쳐 준다. 이기지묘의 논리는 둘이면서 하나요 하나이면서 둘이다. 우리는 하나만 귀한 줄 알고 또 둘만 귀한 줄 안다. 하나에만 매달려도 집착이고 둘에만 매달려도 집착이다. 하나는 통일성이고 둘은 다양성이다. 사람마다 추구하는 가치가 다르다. 정원에 질서 있게 피어 있는 꽃과 나무도 아름답지만, 저 야산에 마음대로 피어 있는 야생화, 나무들도 아름답다. 우리는 이 둘을 아울러 인정하고 용납하는 지혜를 가져야 한다. 통일성 속에서 다양성을 보고, 다양성 속에서 통일성을 볼 때 우리의 눈은 진정 제 역할을 하게 될 것이다.

이기지묘는 정신과 물질, 윤리와 경제의 가치적 조화를 제시해 준다. 리와 기는 본래 존재개념이지만, 성리학자들에 의해 가치개념으로 사용되어 왔다. 주리, 주기라는 말이 바로 가치 개념으로 사용된 것이다. 유학은 본래 경제(利)와 윤리(義)의 조화를 추구해 왔다. 율곡의 이기지묘는 윤리도덕과 경제, 의리와 실리(實利)의 조화를 의미한다. 정치에 있어서 꼭 필요한 것이 하나는 경제요 또 하나는 윤리다. 맹자도 왕도정치를 말하면서 왕도의 기초를 민생의 안정에 두었고, 왕도의 완성은 윤리적 사회의 구현이었다. 이러한 경제와 윤리를 한쪽만 보지 않고 상보적으로 볼 때 올바른 정치, 왕도가 열리게 된다. 우리 한국의 현대사도 일면 산업화에 매진해 왔고, 일면 민주화에 매진해 왔다. 이 두 가지는 어느 하나만 중요한 게 아니다. 반드시 둘 다 필요한 것이고 조화와 균형을 이루어야 한다.

또한 이기지묘는 이상과 현실, 보수와 진보, 종교와 과학의 조화를 가르쳐 준다. 통일은 이상만 갖고 되지 않는다. 반드시 통일의 현실적 여건을 갖추어야 한다. 통일의 이상을 갖되 현실도 돌아볼 줄 알아야 한다. 보수나 진보나 어느 하나만 옳은 것이 아니다. 진보는 보수에 기반 하는 것이고, 보수는 진보를 통해 발전해 간다. 진보 없는 보수가 없고, 보수 없는 진보가 없다. 진보와 보수가 서로 적대시하고 원수처럼 갈등하는 것은 옳지 않다. 진보는 보수를 통해 배워야 하고, 보수는 진보를 통해 배워야 한다. 서로 고마운 동반자임을 아는 것이 이기지묘의 정신이다.

2. 문(文)과 무(武)의 가치적 조화

문(文)의 가치와 무(武)의 가치는 역사적으로 많은 갈등을 가져오기도 했다. 한편 문무의 가치적 조화는 이상으로 회자되기도 했다. 문과 무는 그것이 각기 가치적 특성을 갖는 것인데, 상호 대립적으로 반목하는 데 서 문제를 안고 있었다. 여기서 문(文)이란 가치는 문사(文士), 선비, 학자군의 특징을 가치적으로 표현한 것이고, 무(武)란 무사, 군인들의 특징을 가치적으로 표현한 것이다. 우리 역사에서도 문무의 갈등은 늘 있어 왔고, 과거 권위주의시대 한국 현대사에서도 대학문화와 군사문화의 갈등은 심각하였다.

그런데 율곡은 「문무책(文武策)」에서 문무의 가치적 조화 내지 상보적 관계에 대해 다음과 같이 정연한 논리를 펼치고 있다.

지극한 문(文)은 무(武)가 없을 수 없고, 지극한 무는 문이 없을 수 없다. 문에 능하면서 무에 능하지 못하다는 것을 나는 믿지 않는다.[1]

이와 같이 율곡은 지극한 문은 무를 포함하고, 지극한 무는 문을 그 속에 포함한다고 하여, 문무를 상보적으로 인식하였다. 문이란 학문, 지식, 예술을 포함한 정신적 가치를 의미하고, 무란 군사, 스포츠 등의 실천적

---

[1] 『栗谷全書』, 拾遺, 卷4, 「文武策」, "至文不可以無武 至武不可以無文 能文而不能無者 愚未之信也."

가치를 의미한다. 문의 가치적 의미는 이론성, 사려성, 창의성, 대의명분, 논리성 등 선비적 가치를 함의한 지성미를 의미한다. 무의 가치적 의미는 실천성, 과감성, 용기, 개척정신 등 무사적 가치를 함의한 야성미를 의미한다. 문의 가치는 정적(靜的)이라면, 무의 가치는 동적(動的)이다. 예부터 바람직한 인간상을 문무겸전(文武兼全)으로 일컬어왔는데, 이는 문의 가치와 무의 가치를 상보적 관점에서 보고 양자의 조화를 이상으로 삼는 것이다. 문에만 치우치고 무에 소홀하면 나약한 지식인, 관념적인 지식인이 되기 쉽다. 또 무에만 치우치고 문에 소홀하면 무식하기만 하고 용맹한 군인이 되기 쉽다. 그러므로 지성과 함께 야성을 겸비해야 하고, 문의 가치와 함께 무의 가치를 아울러 존중해야 한다. 일찍이 신라의 화랑들은 문무겸전을 이상으로 여겨왔으며, 충무공 이순신 장군도 문무를 겸전하였기에 성웅으로 존경을 받아 왔다.

율곡은 문과 무는 마치 사람의 두 손과 같고 새의 두 날개와 같다고 한다. 따라서 그 쓰임은 비록 둘이지만 실은 하나라 하였다.[2] 문과 무는 각기 단독으로는 가치적으로 불완전한 반쪽에 지나지 않는다. 문은 무를 통해 보완되어야 하고, 무는 문을 통해 보완되어야 한다. 즉 양자의 관계는 '하나이면서 둘이요 둘이면서 하나'인 것이다. 문과 무를 이기론으로 접목시켜 보면 문은 리에 해당되고 무는 기에 해당된다. 문은 본질적이고 정적이며, 무는 문을 실현하는 힘이요 방법으로서 동적이기 때문이다. 따라서 문과 무의 가치적 조화는 곧 율곡의 '이기지묘(理氣之妙)'의 정신과 상통하는 것이다.

---

2)『栗谷全書』, 拾遺, 卷4,「文武策」, "二者如人之兩手 如鳥之兩翼 其用雖二 而其實則一."

3. 가치의 구경지(究竟地) −지선(至善)과 중(中)−

율곡은 가치의 구극처(究極處)로서 지선(至善)과 중(中)을 제시하고 있다. 지선은 『대학』의 삼강령 가운데 하나로, '지극한 선에서 그친다(止於至善)'는 것을 말하고, 중(中)은 유가철학의 중심개념으로 특히 『중용』, 『주역』등을 통해 강조된 것이다.

율곡은 1567년 고봉 기대승(高峰 奇大升, 1527~1572)과 『대학』 머릿장에 관해 토론을 했는데, 여기에서 그의 지선에 관한 견해를 볼 수 있다.

> 제가 이른바 '지(知)의 지선(至善)함'이라 이른 것은 반드시 매우 배척할 것은 아닙니다. 대저 '지선'이라는 것은 다만 사물의 당연한 법칙일 뿐입니다. 그 법칙은 다른 것이 아니라, 다만 아무 부족함이 없는 가장 적합한 것일 뿐입니다.[3]

이처럼 율곡은 '지선'이란 사물의 당연한 법칙으로 아무 부족함이 없는 가장 적합한 곳(十分恰好處)이라 한다. 그리고 통괄하여 말하면, 지(知)와 행(行)이 함께 하나의 흠도 있지 아니하여 온갖 이치가 밝고 극진함에 도달한 뒤에라야 비로소 지선에 머문다고 말할 수 있다. 그러나 분석해서 말하면, 지(知)에도 하나의 지선이 있고, 행(行)에도 하나의 지선이 있다. 지가 아무 부족함이 없는 가장 적합한 곳에 도달하여 다시 옮김이 없으면 이것을 '지가 지선에 머물렀다' 하는 것이요, 행이 아무 부족이 없는 가장 적합한 경지에 도달하여 다시 옮김이 없으면 이것을 '행이

---

3) 『栗谷全書』, 卷9, 書1, 「與奇明彦」, 丁卯, "珥所謂知之至善云者 不必深排 夫至善云者 只是事物當然之則也 其則非他 只是十分恰好處耳."

지선에 머물렀다'고 하는 것이다.4)

　여기서 알 수 있듯이, 율곡은 기대승이 행(行)에만 지선이 있고 지(知)에는 지선이 없다고 보는데 대해, 지행 모두에 지선이 있다고 보았다. 그것은 지도 하나의 사물로 이해하기 때문이며 지선을 사물의 당연한 법칙으로 보기 때문이다. 따라서 명덕(明德)에도 지지선(止至善)이 있고, 신민(新民)에도 지지선이 있다고 한다. 또 명덕을 분석해 말하면 수신(修身)에도 지지선이 있고, 정심(正心)에도 지지선이 있고, 성의(誠意)에도 지지선이 있고, 격물치지(格物致知)에도 지지선이 있다고 보는 것이다. 또한 신민도 분석해 말하면 제가(齊家)에도 지지선이 있고, 치국(治國)에도 지지선이 있고, 평천하(平天下)에도 지지선이 있다고 보는 것이다.5)

　이와 같이 율곡에 있어서 지선은 인간 행위의 가장 마땅한 법칙일 뿐 아니라 가장 적합한 경지라고 볼 수 있지만, 그것은 곧 인간이 추구해야 할 최상의 가치, 구극의 가치였던 것이다.

　다음은 지선(至善)과 중(中)의 관계를 율곡이 어떻게 이해하고 있는지 살펴보기로 하자. 기대승은 지선은 중이 아니라 하는 데 대해 율곡은 지선은 '천연히 스스로 있는 중'이라고 말한다. 성현의 설이 비록 각기 그 뜻이 가리키는 바가 있다 하더라도, 이것을 명명한 것은 실로 하나인 것이다. 만약 이것을 두 가지로 하면 이미 지선이 있는데 또 중이 있고, 또 당연의 법칙이 있게 되는 것이니, 배우는 자가 장차 어디로 가서 따라야

---

4) 『栗谷全書』, 卷9, 書1, 「與奇明彦」, 丁卯, "統而言之 則知行俱到一疵不存 萬理明盡之後 方可謂之止於至善 分而言之 則於知亦有箇至善 於行亦有箇至善 知到十分恰好處 更無移易 則謂之知之止於至善 行到十分恰好處 更無遷動 則謂之行之止於至善 何害哉."

5) 『栗谷全書』, 卷9, 書1, 「與奇明彦」, 丁卯, "以此觀之 大學之止至善 分而言之 則明德亦有止至善 新民亦有止至善 就明德上分言之 則修身亦有止至善 正心亦有止至善 誠意亦有止至善 格物致知亦有止至善 新民亦然"

하겠느냐 반문하였다.6)

이와 같이 율곡은 기대승과는 달리 지선과 중을 상통해 보고, 지선은
곧 사물의 자연한 중에 지나지 않는다고 이해하였다. 즉 지선이 곧 중이
요 곧 사물의 당연한 법칙이라고 보는 것이다. 지선과 중은 사물의 자연
한 법칙이요 당연한 법칙이면서, 인간이 궁극적으로 추구해야 할 가치의
정점으로 제시되었다.

특히 우계 성혼(牛溪 成渾, 1535~1598)이 중(中)은 다만 내 마음에만
있고 사물에는 없다고 주장하는 데 대해, 율곡은 정자의 설을 인용하여
모든 사물에는 모두 자연의 중이 있다 하고, 이것은 선유가 '중은 일정한
체가 없다'고 한 데서도 입증된다고 말한다.7)

이처럼 율곡은 성혼과는 달리 중이 마음에만 있는 것이 아니라 모든
사물에 적용된다고 보았다. 그리고 율곡은 지선도 십분 옳은 경지요 중
도 십분 옳은 경지로서 같다고 본다. 명덕(明德)에 지선이 있으니 명덕에
도 중이 있고, 신민(新民)에 지선이 있으니 신민에도 중이 있다고 보는
것이다.8) 이처럼 격물, 치지, 성의, 정심, 수신, 제가, 치국, 평천하에 모두
지선이 있으므로 여기에도 또한 중이 있게 되는 것이다.

이렇게 볼 때, 율곡은 가치의 구경지(究竟地)로서 지선을 이해하고 이
는 곧 중과 같다고 보았다. 그리고 이것은 지와 행, 내 마음과 사물에 관
계없이 모든 사물에 적용된다고 보았다. 지극한 선(至善), 가장 알맞음

---

6) 『栗谷全書』, 卷9, 書1, 「與奇明彥」, 丁卯, "且先生所謂至善非中者 亦未安 至善 乃天然自有
之中也 聖賢之說 雖各有所指 而名之者 其實一也 若皆二之 則既有至善 又有中 又有當然之
則 學者將何所適從耶."

7) 『栗谷全書』, 卷9, 書1, 「答成浩原」, "至善與中之論 大槪相合 其不合者 足下之意以爲 中只
在於吾心 而不在於事物故也 程子有言曰 事事物物 皆有自然之中 足下偶未之見耶…先儒多
說中無定體 若只以在心者 謂之中 則未發之中 實體一定 烏可謂之無定體耶."

8) 『栗谷全書』, 卷9, 書1, 「答成浩原」, "至善 是十分是處 中亦十分是處 明德有箇至善 則明德
有箇中新民有箇至善 則新民有箇中 何不可言之有."

(中), 가장 적합한 경지(十分恰好處), 십분 옳은 곳(十分是處)이야말로 하나로 이해되는 경지로서 그것은 인간이 추구해야 할 최상의 가치이다. 그리고 이는 의(義)와 이(利)가 조화된 득중합의(得中合宜), 리(理)와 기(氣)가 조화된 이기지묘(理氣之妙)의 경지와도 상통하는 것이다.

제3부 율곡의 경세학 이해

제1장 | 율곡의 역사인식과 개혁론

1. 16세기 후반의 역사인식과 우환의식

율곡은 투철한 역사의식을 갖고 16세기 조선을 걱정한 실천적 지성이었다. 유학은 본래 '나라와 백성'에 대한 우환의식을 기본으로 한다. 이러한 율곡의 우환의식은 그의 수많은 상소문에 잘 나타나 있다. 그는 당시 16세기 조선조의 시국을 예리하게 진단하고 '경장기(更張期)'로 규정하였다.[1] 유학에서는 대체로 창업기(創業期), 수성기(守成期), 경장기로 나누어 시국을 규정한다. 창업기란 구체제 내지 기존질서를 해체하고 다시 시작해야 하는 혁명기를 말한다. 수성기란 정치가 안정되어 후계자가 앞사람이 이루어 놓은 정책과 제도를 계승하기만 하면 되는 태평성대를 말한다. 또한 경장기는 내부적 모순과 부패로 개혁하지 않으면 안 되는 개혁의 시기를 말한다. 그런데 율곡은 당시의 시국을 '경장기'로 진단하고 개혁의 당위성을 강조하였다.

율곡은 지도자의 유형을 세 가지로 나누어 설명한다. 나라의 위태로움을 미리 알고 잘 대비하는 자를 상지(上智)라 하고, 위태로움을 알고서야 대비하는 자를 중지(中智)라 하고, 위태로움을 보고서도 대비하지 않는

---

[1] 『栗谷全書』, 卷9,「上退溪先生書」, "國家之沈於痼疾二十餘年矣 上因下循 一毫不改 目今民力已竭國儲已罄 若不更張 國將不國."

자를 하지(下智)라 하였다.[2] 율곡은 당시 선조가 적어도 '하지'는 면하기를 바랐다.

16세기 후반 조선을 둘러싼 동시아의 정세를 살펴보면 북쪽 중국 대륙은 명나라가 쇠퇴하고 금(金)이 새로운 강자로 등장하고 있고, 바다 건너 일본은 오랜 동안의 각축이 끝나고 풍신수길(豊臣秀吉)에 의해 통일되는 시기였다. 또 내부적으로는 당쟁이 싹트고 태평성대인양 착각하는 지도층의 무사안일과 타성, 사화의 여독이 아직 남아 있고, 연산시대의 제도적 모순이 상존해 있으며, 각 분야에 만연해 있는 무실(無實)풍조를 심각히 우려하고 있었다.

율곡은 16세기 후반을 가리켜 '흙이 무너져 내리는 형세'라 하기도 하고, '쌓아 놓은 계란이 무너지는 형국'이라 표현하기도 했다. 그의 이러한 현실인식은 임금에게 올린 상소문 속에도 잘 나타나 있고, 상소문마다 말미에서는 '이대로 가다가는 10년도 못가 나라가 망한다'는 예언 아닌 예언을 하고 있다. 그리고 자신의 말이 임금을 속였다면 처벌해 달라고 극언하기도 한다.

율곡은 당시 조선의 현실을 200년 묵은 집에 비유하고, 동쪽을 고치면 서쪽이 무너지고 서쪽을 고치면 동쪽이 무너져, 유명한 목수라도 손댈 바를 모른다고 하였다. 삼척동자 어린아이 눈에도 나라가 망할 것이 환히 보이는데, 백성의 부모라는 임금이 어찌 팔짱만 끼고 앉아 나라가 망하는 것을 구경만 하고 있느냐고 비판하면서, 나라가 망할 것을 생각하면 밤중에 자다가도 벌떡 일어나게 된다고 술회하였다. 율곡은 "백성이 하늘 삼을 바 먹을 것을 잃고 나라가 의지할 바가 없으니, 경제를 살리고 백성을 살리는 것(生財活民)이 오늘날 가장 시급히 힘써야 할 일"[3]이

---

2) 『栗谷全書』, 卷7, 「陳時弊疏」.

3) 『栗谷全書』, 卷7, 「司諫院乞變通弊法箚」, "臣等竊念 民失所天 國無所依 則生財活民 最爲

라 극언하였다.

율곡에게 있어 가장 중요한 가치는 '나라와 백성'이었다. 당시 백성들을 가장 괴롭힌 것은 조세제도 내지 의무제도의 난맥상이다. 공물(貢物), 방납(防納)의 폐단, 진상(進上)의 폐해, 군역(軍役), 선상(選上)의 폐해가 백성들을 괴롭혔다. 조세제도, 국방 의무제도, 국가 공사 부역제도 등 백성들이 짊어져야 할 의무제도가 백성들의 삶을 피곤하게 하고 못살게 굴었다. 이는 법과 제도가 잘못되었기 때문이다.

율곡에 의하면 한 도의 가난한 백성들이 산으로 사냥을 하러 가고 물로 물고기를 잡아도 매일 먹고 살기에 부족하고, 밭은 갈지 못해 황폐해지고, 지붕이 무너져도 고치지를 못하며, 곤경에 빠져 흘러 다니며 일정한 거처를 가질 수 없다. 만약 그 고장에서 나는 물건이 아니면 경비를 모아 멀리 다른 지방까지 가서 물건을 사오게 되니, 노력과 비용은 열배나 든다. 심지어 구하기 힘든 특종 노루를 요구하니, 그것이 아니면 수백 마리를 잡는다 해도 그만 잡을 수 없어 그 고통은 특히 심하다.

또한 물품의 생산은 때에 따라 변하고, 백성들의 재물과 토지에 대한 세금도 때에 따라 늘었다 줄었다 하는데, 공물을 나누어 정해 놓은 것이 바로 조선 초의 일이었고, 연산군 때에는 다만 거기에 더 늘여 정해 놓았을 뿐이니, 역시 적당한 분량을 계산하여 변통해 놓은 것은 아니었다. 지금에 와서는 여러 고을에서 바치는 공물이 그곳 생산품이 아닌 것이 대부분이어서, 나무에 올라 물고기를 잡으려 하거나 배를 타고 나가 짐승을 잡으려 하는 것과 같게 되었으니, 다른 고을에서 사들이거나 또는 서울에 와서 사다 바치지 않을 수 없게 되었다. 따라서 백성들의 비용은 100배로 늘었지만 공용(公用)에는 여유가 없게 되었고, 그 위에 백성들

當今之急務."

의 호수는 점점 줄어들고 들판은 갈수록 황폐해져, 지난해 100명이 바치던 분량을 금년에는 한 사람에게 책임 지워 바치도록 해야 했다. 이대로 간다면 반드시 한 사람마저도 없어지게 된 연후라야 끝이 날 형편이라 하였다.[4]

율곡은 기회가 되면 임금에게 할 말을 다하고자 했고, 시국의 진단과 함께 반드시 합리적인 대안을 제시하였다. 율곡이 훌륭한 점은 그가 임금을 비판만하거나 현실에 대한 개탄만 한 것이 아니라, 합리적인 처방전을 내놓고 있다는 점이다. 그것이 현실정치에 반영되었느냐 하는 것은 별개의 문제다. 율곡의 경세론과 개혁론이 비현실적이거나 이상론이 아니라 매우 현실적 대안이었다는 것은 실학자 성호 이익(星湖 李瀷)의 말을 통해서도 입증된다. 이익은 말하기를, "근세에 이율곡은 경장을 많이 주장했으나 당시의 논의자들은 옳지 않은 것으로 여겼다. 지금 생각하면 명쾌 절실한 것으로 대부분이 시행할 만한 것이었다"[5]고 말한 바 있다.

율곡의 49년이라는 짧은 생애에 비하면, 그의 현실적 관심과 나라와 백성에 대한 근심걱정은 참으로 철저했다고 볼 수 있다. 1548년 1월 14일 별세하기 이틀 전 전방 근무의 명을 받고 서익(徐益)이 율곡을 찾아 인사를 하자, 그는 베개에 의지해 6개조의 방략을 구술하고 대신 이를 받아썼으니, 이것이 갑신절필(甲申絶筆)로 「육조방략여어사익(六條方略與御史益)」이라는 글이다. 그는 세상을 마칠 때까지 우국애민의 충정을 놓지 않았다.

---

4) 『栗谷全書』, 卷5, 「萬言封事」.
5) 『星湖先生文集』, 卷30, 「論更張」.

2. 나라와 백성을 위한 개혁

율곡은 '개혁을 좋아하는 사람'으로 불릴 만큼 개혁을 중시하고 개혁을 추구했다. 그것은 당시 조선이 이미 쇠퇴기를 걷고 있었고, 부패와 불합리한 법제가 백성을 괴롭히고 있었기 때문이다. 백성들의 고통은 삶의 즐거움을 잃게 되고, 나라에 대한 애정이 끊어져 민심의 이반을 가져오기 때문이다. 율곡은 상소문 도처에서 임금에게 개혁의 당위성을 강조하고, 개혁의 방법과 내용에 대해 상세하게 설명하였다. 마치 명의(名醫)가 환자를 진단하고 처방하듯이, 그는 민족의 선각자로서 나라의 현실적 상황을 진단하고 그 처방을 제시하였다.

율곡에 의하면 모든 법제란 오래되면 폐단이 생기고, 폐단으로 인해 그 피해가 백성에게 돌아가기 때문에 개혁을 하지 않을 수 없는 것이다.6) 백성의 아픔과 고통을 해결하기 위해서는 모순된 법제를 고치지 않을 수 없다. 율곡의 개혁논리는 근본적으로 백성의 아픔을 제거하여 백성의 편리와 이익을 도모하는 데 있다. 마찬가지로 아무리 훌륭한 법이나 성왕이 만든 법이라 하더라도 때가 바뀌면 법도 바뀌어야 하는 것이다.7) 더구나 연산시대의 악법은 조속히 고쳐져야 한다는 것이다.

그럼에도 불구하고, 개혁이 성공적으로 이루어지지 못한 이유는 무엇인가? 율곡에 의하면 임금 자신이 개혁의지가 부족하고 우유부단하기 때문이다. 또 일부 보수 지도층의 개혁 신중론 때문이다. 즉 성왕이 제정한 법이니 가볍게 고칠 수 없다든가, 나라의 법을 어떻게 함부로 고칠 수 있느냐는 신중론이다. 또 다른 이유는 개혁에 따른 후유증 내지 두려움이 있기 때문이다. 급진적 개혁으로 인해 혹 소요사태가 일어날까를 근

---

6) 『栗谷全書』, 卷5, 「萬言封事」, "法久弊生 害歸於民 設策矯弊 所以利民也."
7) 『栗谷全書』, 卷5, 「萬言封事」, "蓋法因時制 時變則法不同."

심하여 변통과 개혁을 주저하는 것이다. 당시 많은 사람들이 율곡을 '경장을 좋아하는 사람'이라고 비웃음에 대해, '내가 경장을 좋아하는 것이 아니라, 백성의 고통과 아픔을 구제하기 위한 것'[8]이라 토로하였다.

그러면 율곡이 그토록 개혁을 주장하는 이유가 어디에 있는가? 그것은 한마디로 잘못된 법, 불합리한 제도로 인해 겪는 민생의 아픔, 백성의 불편과 고통을 해결해 주고, 이를 통해 백성들의 삶에 활력을 불어넣고 숨통을 트이게 하여 그들에게 기초적 생존권을 보장하기 위함이었다.[9]

율곡은 개혁에 대해 몇 가지 원칙이 있었다. 먼저 개혁의 주체가 깨끗해야 성공할 수 있다는 점이다. 자신이 개혁의 대상이 되고서는 개혁이 성공할 수 없다. 그는 개혁의 주체인 임금 자신이 도덕적으로 모범을 보이고, 백성의 존경과 신뢰를 받아야 한다고 보았다. 이를 위해 율곡은 임금에게 성학(聖學)에 정진하고 수기에 진력하여 군덕(君德)을 성취할 것을 간곡히 권면하였다.

또한 개혁은 점진적으로 해야 한다. 그는 16세기 초 지치(至治) 왕도(王道)의 이상을 실현하고자 개혁에 앞장섰던 정암 조광조(靜庵 趙光祖)의 급격한 개혁의 실패를 교훈으로 삼아 점진적으로 해야 한다 보았다. 즉 개혁에서의 속도 조절을 강조하였다. 개혁은 너무 느슨해도 안 되고 너무 급속히 추진해도 부작용이 생겨 실패할 수 있다는 것이다. 급히 서두르고 점진적으로 하지 않으면 인심이 동요하고 도리어 화란(禍亂)의 빌미를 이끌어 내고, 느슨히 하여 시기를 놓치면 태만하고 타성에 젖어 앉아서 패망을 기다리니, 개혁하고 진작하는 기회는 다만 임금이 하는 바의 일을 잘 미루어 생각하여 완급(緩急)이 중도에 맞게 하는 데 달려 있다 하였다. 이러한 율곡의 점진적 개혁론은 개혁의 안전판 역할을 하

8) 『栗谷全書』, 卷35, 「行狀」, "臣非好更張 欲救民瘼也."

9) 『栗谷全書』, 卷11, 書3, 「答成浩原」, "大抵革舊更新 但計其是非利害 要在有便於民而已."

는 것이고, 현대적으로도 시사하는 바 크다.

또한 율곡은 성공적인 개혁을 위해 언로를 개방하여 조정의 신하로부터 만백성에 이르기까지 개혁에 대한 아이디어를 널리 수집하여 개혁 정책에 반영해야 한다 하였다. 이는 치자 중심의 일방적 개혁이 아니라 민의에 기초한 민주적 개혁이라는 점에서 매우 중요한 의미가 있다.

제2장

율곡 경세론의 철학적 기초

1. 실학의 선구적 담론 '무실론(務實論)'

　율곡은 16세기 조선이 당면한 현실 문제를 실(實)이 없는 '무실(無實)' 현상에서 찾았다. 그는 1574년 우부승지로 올린 「만언봉사(萬言封事)」에서 선조에게 7가지의 무실현상을 거론하며 현실개혁을 주장하였다.[1] 첫째는 임금과 신하가 서로 믿는 실이 없다는 것이다. 임금과 신하 간에 두터운 신뢰가 있어야 정치의 성공이 가능한데, 서로 불신하는 가운데 정치가 표류하고 있다고 지적한다. 둘째는 신하들에게 일을 맡기는 실이 없다고 말한다. 임금은 마땅히 정무를 각기 나누어 적재적소에 분장해 맡겨야 행정의 실적을 기대할 수 있는데, 그렇지 못하고 형식에 흘러 내실이 없다는 것이다. 셋째는 경연(經筵)에서 성취하는 실이 없다고 한다. 경연은 임금이 자신을 돌아보는 기회가 되고, 또 면학의 기회가 되며, 신하들과 국정 현안을 토론하는 자리인데, 경연의 형식만을 취할 뿐 실질적인 소득이 없다는 것이다. 넷째는 현인을 초빙하여 수용하는 실이 없다고 한다. 정치는 임금 홀로 할 수 없고 많은 인재의 도움이 필요한데,

---

1) 율곡은 「萬言封事」에서 上下無交孚之實, 臣鄰無任事之實, 經筵無成就之實, 招賢無收用之實, 遇災無應天之實, 群策無救民之實, 人心無向善之實 7가지의 無實현상을 문제 제기하였다.

훌륭한 인재를 초빙하려는 정성과 노력이 부족하다는 것이다. 다섯째로는 천재지변을 만나 이에 대응하는 실이 없다고 한다. 당시 많은 자연 재해나 기상의 이변이 나타나는데, 이에 대한 임금의 대응이 형식적이라는 말이다. 당시는 일식이나 월식 등 다양한 형태의 자연 재해나 이변이 발생하면 이는 곧 하늘이 임금에게 내리는 견책이라고 믿었다. 그래서 임금은 수라상의 반찬 수를 줄여 소박한 식사를 한다든지, 또 여자와의 관계를 삼간다든지 반성과 절제를 다 해야 한다는 것이다. 그럼에도 마지못해 하는 척만 하지 실제로 진심어린 반성과 성의가 부족하다는 것이다. 이는 오늘날의 관점에서 보면 과학적 무지일 수 있는 일이지만, 당시에는 거의 일반화되어 있는 현상이었다. 여섯째로 여러 대책으로 백성을 구제하는 실이 없다고 한다. 중요한 것은 나라가 기력을 회복하고 백성이 절대 빈곤으로부터 해방되는 것이다. 그런데 잘못된 제도와 법제로 인해 백성들이 불편을 겪고 있고 또 가난에 신음하고 있다는 것이다. 율곡은 이러한 국력의 회복과 민생의 회복을 위해 전반적인 개혁을 해야 된다고 보았다. 이를 위해 다양한 개혁 방안을 수집하고 이를 현실에 반영하여 백성들을 가난과 고통에서 구제해야 하는데도 실제로는 말만 무성할 뿐 실효가 없다는 것이다. 끝으로는 인심이 선을 향하는 실이 없다 하였다. 이는 민심의 교화라는 측면에서 한 말인데, 백성들의 윤리의식을 제고하여, 가정과 사회 그리고 국가가 도덕이성에 기초한 윤리사회를 실현해야 한다는 것이다. 그럼에도 학교 교육이나 교화가 형식에 치우쳐 그 실상이 부족하다는 것이다.

이러한 율곡의 무실적(無實的) 현실 인식은 크게 세 가지로 평가할 수 있다. 즉 실이 없다는 그 실(實)의 내용은 하나는 진실성이 부족하다는 것이요, 둘째는 실천성이 부족하다는 것이요, 셋째는 실질 내지 실용성이 부족하다는 말로 해석된다.2)

율곡은 이러한 무실적(無實的) 사태를 무실(務實)로 처방하고자 하였다. 무실(務實)이란 '실(實)을 힘쓰자'는 것으로 실(實)의 추구를 의미한다. 율곡은 「동호문답(東湖問答)」에서 여러 가지의 무실을 언급하고 있다. 즉 격치지실(格致之實), 성의지실(誠意之實), 정심지실(正心之實), 수신지실(修身之實), 효친지실(孝親之實), 치가지실(治家之實), 용현지실(用賢之實), 거간지실(去姦之實), 보민지실(保民之實), 교화지실(敎化之實) 등을 말하고 있다. 격치지실이란 격물치지(格物致知)를 형식적으로 하지 말고 철저하게 하라는 말이다. 우리의 행위는 먼저 대상에 대한 이해를 필요로 한다. 무엇을 하기 전에 먼저 그 일에 대해 알고 이해해야 그 행동과 실천이 사리에 어긋나지 않고 올바른 행위가 될 수 있다. 성의지실, 정심지실은 모두 마음공부의 실천과 실질을 강조한 것이다. 뜻을 참되게 하는 것이나 마음을 바르게 하는 것은『대학』이 제시한 마음공부의 중요한 내용이다. 마찬가지로 진실한 태도로 마음공부를 하고 또 실천해야 한다는 말이다. 수신지실은 개인적 수기의 총체적인 표현으로, 건강한 몸과 전전한 마음을 갖는 실제적인 노력을 강조한 말이다. 효친지실은 부모를 섬기는 효의 실천을 강조한 말이고, 치가지실은 가정관리의 내실을 말한 것이다. 용현지실은 정치에 있어 인사의 실질을 강조한 것이고, 거간지실은 임금이 간사한 자와 진실한 자를 분별할 줄 아는 지혜와 실천을 강조한 것이다. 보민지실은 백성을 보호하는 정치의 실상을 강조한 것으로, 훌륭한 정책을 실현하여 실질적으로 백성들을 편하게 해 주고 잘 살게 해 주어야 한다는 말이다. 교화지실은 백성들을 윤리적으로 교화하는 실천적인 노력을 강조한 것이다. 이러한 율곡의 무실추구는 개인적인 수양에서부터 가정, 사회, 국가에 이르는 전 영역에 걸쳐 적용되고 있다.

---

2) 황의동,『율곡사상의 체계적 이해2(경세사상편)』, 서광사, 1998, 52~67쪽 참조.

율곡은 이와 같이 다양한 형태의 실(實)의 추구 즉 무실(務實)을 강조하고 있는데, 이에 담겨 있는 철학정신은 무엇인가? 율곡이 말하고 있는 무실의 '실(實)'은 대체로 세 가지의 의미를 갖고 있는 것으로 정리된다. 첫째는 진실성이다. 율곡의 무실정신이란 참의 추구, 진실의 추구라고 할 수 있다. 율곡은 가장 근본적인 문제가 인간 주체의 성실성 확보라고 믿었다. 그것은 인간 주체의 진실심의 확보요 참된 자아의 회복이었다. 율곡은 「성학집요」에서 말하기를, "한 마음이 참되지 아니하면 모두 거짓이니 어디를 간들 행할 것이며, 한 마음이 진실로 참되면 만사가 모두 참이니 무엇을 한들 이루지 못하랴"3) 라고 하였다. 일의 성패, 일의 효과는 인간 주체의 마음이 진실한가 거짓인가에 달려 있다는 말이다.

진실, 참이라는 가치는 너무나도 당연한 것으로 간과하기 쉽다. 그러나 참, 진실만큼 소중한 가치, 훌륭한 도덕은 없다.『중용』에서는 성(誠)을 일체 사물의 끝이요 시작이라 하고, 성이 없으면 사물 자체가 성립할 수 없다 하였다.4) 여기서 성(誠)이란 진실하여 거짓이 없는 것이니 참을 말한다. 참은 만사만물이 이루어지는 끝이요 시작이다. 따라서 참이 아니면 그 어떤 존재도 성립할 수 없다. 마네킹, 인형이 아무리 사람과 비슷해도 거짓이므로 사람이 될 수 없는 것과 같다. 오늘날 우리는 윤리 경영이라는 말을 종종 듣는다. 진실은 기업의 성공과 발전을 좌우하는 근본이다. 세계적으로 존경받는 기업은 높은 도덕성을 지니고 있다. 어떤 상품이 거짓으로 판명되면 그 기업은 망하고 만다. 대통령이 거짓말을 하고 선생이 거짓말을 하고 목사, 스님이 거짓말을 한다면 어떻게 되겠는가? 율곡은 참된 마음으로 참된 일을 해야 참된 성과가 가능하다고

---

3)『栗谷全書』, 卷21,「聖學輯要3」, "一心不實 萬事皆假 何往而可行 一心苟實 萬事皆眞 何爲而不成."
4)『中庸』, "誠者 物之終始 不誠無物."

보았다.

둘째는 실천성이다. 율곡은 당시 세태를 공리공론이 가득 찬 세상이라 진단하였다. 임금으로부터 조정의 신하들이 말만 무성하지 실제로 하는 일이 없으므로 성과도 없다는 것이다. 율곡은 「사간원청면학친현신차(司諫院請勉學親賢臣箚)」에서 "오호라! 금일 조정에 부족한 것은 실천이지 말이 아니다. 말은 비록 많으나 효과는 아주 작다"[5]고 개탄 하였다. 또 「경연일기」에서는 "왕도의 실행은 실공(實功)에 있지 언어에 있지 않다"[6]고 하여, 왕도의 실현이 이론에 있는 것이 아니라 실천에 있다고 보았다. 예나 지금이나 이론이 무성하고 말은 많은데, 하는 일이 없고 성과가 없는 것은 고질적인 병폐다. 율곡은 이러한 공리공담의 폐해를 직시하고 실천궁행의 풍조를 진작해야 한다고 보았다. 이것이 율곡의 무실 정신이다.

셋째는 실용성의 추구라고 할 수 있다. 율곡은 형식과 명분이 중요한 게 아니라 실질적인 내용이 중요하고, 실제적인 성과와 효과가 있어야 한다고 하였다. 그는 「응지논사소(應旨論事疏)」에서 "요순과 같은 인격이 되기를 원하고 요순과 같은 백성이 되기를 원한다면, 어찌 꽃을 구하면서 열매를 구하지 않을 수 있는가?"[7]라고 하였다. 실용은 경제성의 측면을 강조한 담론으로 율곡사상의 근대성을 잘 대변해 준다.

율곡은 인간 주체의 실심(實心)과 진실한 노력으로서의 실공(實功)과 실제적인 성과로서의 실효(實效)가 하나로 연계되어 있다고 보았다. 즉 실심으로 실공을 통해 실효를 이루어야 한다고 본 것이다. 여기서 실심

---

5) 『栗谷全書』, 卷6, 「司諫院請勉學親賢臣箚」, "嗚呼 今日朝廷不足者 實也 非言也."
6) 『栗谷全書』, 卷28, 「經筵日記1」, "但王道之行 在於實功 不在於言語."
7) 『栗谷全書』, 卷6, 「應旨論事疏」, "今殿下之所願 在於堯舜其身 堯舜其民 則豈可求其華 而不求其實乎."

은 무실의 주체가 되고, 실공은 실효에 이르기 위한 과정이요 방법이고, 실효는 실공을 통해 이루고자 하는 목표요 목적이다.

그런데 진실성과 실천성과 실용성은 하나로 상통된다. 참이라는 도덕성이 결여되어 있는 실천은 공허하고 위험한 것이며, 참이 전제되지 아니하면 참된 성과, 효과를 기대할 수 없다. 그리고 실천은 실심의 결과가 실용이 되기 위한 조건이요 과정이다. 아무리 참된 마음이 있어도 그것이 실천으로 이어지지 않으면 한갓 공염불이요 관념에 지나지 않는다. 실천은 구제적인 결과와 실용을 낳기 위한 필수조건이다. 그리고 실용, 실효란 진실한 마음과 실천이 하나가 된 결과라고 할 수 있다. 무실(務實)의 실자(實字)가 나타내는 자의(字意)로도 이해되는 바 있다. '실(實)자'는 '참 실'이라고도 하고 '열매 실'이라고 한다. 열매는 참이 전제되지 아니하면 빈 쭉정이가 되고 만다. 참은 도덕적인 실이고 열매는 경제적인 실이다. 진정한 경제는 도덕성을 가져야 하고, 도덕은 경제로 실현될 때 의미가 있다. 그리고 도덕과 경제가 하나가 되는 매개가 곧 실천이다.

율곡의 이러한 무실사상은 이후 조선조 유학에 많은 영향을 미쳤다. 한편으로는 율곡의 직계인 사계 김장생(沙溪 金長生), 신독재 김집(愼獨齋 金集)을 통해 무실 예학풍을 낳았고, 또 다른 한편으로는 지봉 이수광(芝峰 李晬光) 등 실학자들에게 영향을 미쳤다. 사실 조선조 후기 실학이란 율곡의 무실학풍이 그 기초가 된 것이고, 그 연장선상에 있다고 해도 과언이 아니다. 그러므로 율곡을 조선조 후기 실학의 선구라 일컫는 것이다. 또 율곡의 무실학풍은 윤선거(尹宣擧), 윤증(尹拯) 등에 의해 실심 실학으로 계승되었고, 정제두(鄭齊斗), 이광사(李匡師), 이영익(李令翊), 신대우(申大羽), 이건창(李建昌), 박은식(朴殷植) 등에 의해 무실사상과 양명학의 접목이 이루어졌다. 또한 한말 도산 안창호(島山 安昌浩) 등에 의해 무실역행이 강조되고, 민족 독립과 번영의 대안으로 강조되었다.

2. 의리(義)와 실리(利)의 대동(大同)세계

율곡의 경세론은 의리와 실리가 조화된 대동세계의 구현에 있다. 율곡이 의리와 실리의 조화를 경세의 이상으로 삼는 것은 유가의 전통을 계승한 것이다. 의리(도덕)와 실리(경제)의 상함 논리는 유가 경전에 보편적으로 보인다. 도덕적 정의와 경제적 이익이 어떻게 조화되어야 하고 왜 필요한가에 관해서 유가의 경전들은 다양하게 설명해 주고 있다.

먼저 『대학』에서는 "덕(德)은 근본이요 재물은 말단이니, 근본을 밖으로 하고 말단을 안으로 하면 백성들은 쟁탈하게 된다"[8]고 하였다. 유학은 도덕과 경제를 본말(本末)의 구조로 이해하고 있다. 도덕이 근본적인 것이고 경제는 말단적인 것으로 보았다. 그렇다고 유학이 경제나 물질은 없어도 좋다고 보는 것은 아니다.[9] 인간의 삶에 도덕과 경제는 없어서는 안 되는 중요한 조건이다. 다만 가치적 우위를 논한다면 도덕이 더 근본적이고 경제는 그 다음이라고 보는 것이 유학의 입장이다. 이런 점이 유학을 도덕철학 내지 윤리학으로 규정하게 되는 이유가 된다. 그러나 유학의 입장은 항상 도덕과 경제 어느 하나도 결여되어서는 안 된다고 본다.

『논어』에서 공자는 "이익을 보거든 옳음을 생각하라"[10]고 하였다. 여기서도 이익과 올바름이 함께 상관되어 설명된다. 이익은 경제적인 가치이고 옳음은 도덕적인 가치다. 경제적인 이익은 반드시 도덕적인 정당성을 가질 때 선이 된다. 공자의 제자 자공(子貢)이 정치에 관해서 공자에게 질문하자, 공자는 족식(足食), 족병(足兵)과 민신지(民信之)를 말하였

---

8) 『大學』, "德者 本也 財者 末也 外本內末 爭民施奪."
9) 김충열, 『유가의 윤리』, 배영사, 1983, 105쪽.
10) 『論語』, 「憲問篇」, "子曰…. 見利思義…."

다.11) 정치의 필수적인 요소를 공자가 대답한 것이다. 공자는 정치의 필수적인 요소로서 경제, 군사, 신의를 언급하였다. 군사도 경제를 기반으로 한다고 볼 때 족식(足食)과 족병(足兵)은 경제문제로 귀결되고, 신의는 도덕적인 문제가 된다. 정치의 기본 요소로서 공자가 경제와 도덕을 아울러 일컬었다고 볼 수 있다.

맹자는 "생(生) 또한 내가 하고자 하는 바요, 의(義) 또한 내가 하고자 하는 바이지만, 이 두 가지를 겸하여 얻을 수 없다면, 생(生)을 버리고 의(義)를 취하리라"12) 하였다. 생존욕구와 도덕욕구는 인간의 가장 기본적인 욕구요 소망이다. 생존욕구는 달리 말하면 경제적 욕구요 물질적 욕구다. 맹자는 이 두 가지 욕구를 겸하는 것이 이상이라 하였다.

또한 순자(荀子)는 "의(義)와 이(利)는 인간에게 존재하는 두 요소다.… 의(義)가 이(利)를 이기면 (治世)가 되고, 이(利)가 의(義)를 이기면 난세(亂世)가 된다"13)고 하였다. 이처럼 순자도 도덕적 의리와 경제적 이익이 인간에게 반드시 있어야 할 가치임을 인정한다. 그러나 그는 이(利)를 사리(私利)로 보아 악한 것으로 보고, 도덕적 의리로써 이 사리(私利)를 물리쳐야 한다고 보았다. 의(義)와 이(利) 사이의 가치적 위계를 분명히 하고, 의(義)가 이(利)보다 우선되어야 한다고 주장하였다.14) 의(義)와 이(利)의 분별이란 곧 공(公)과 사(私)의 분별이기도 하다.15)

우리는 흔히 유학을 엄숙한 도덕주의라고 규정해 버린다. 그리고 유학은 경제와는 무관한 것으로 잘못 인식해 왔다. 진정한 유학의 정신은 도

---

11) 『論語』, 「顔淵篇」, "子貢問政 子曰足食 足兵 民信之矣."

12) 『孟子』, 「告子上」, "生亦我所欲也 義亦我所欲也 二者不可得兼 舍生而取義者也."

13) 『荀子』, 「大略」, "義與利者 人之所兩有也…義勝利者爲治世 利克義者爲亂世也."

14) 이상익, 『유가 사회철학 연구』, 심산, 2001, 353쪽.

15) 윤사순, 『유학의 현대적 가용성 탐구』, 나남출판, 2006, 154쪽.

덕과 경제, 정신과 물질, 의리와 이익이 잘 조화된 것을 이상으로 삼는다. 이 양자 가운데 어느 하나도 결여되어서는 부족하다. 그러나 만약 생(生)과 의(義), 이익과 의리 가운데 어느 하나를 선택해야 한다면, 이익을 버리고 의리를 택하는 것이 유학의 정도(正道)라고 보는 것이다. 맹자의 '사생취의(舍生取義)'나 공자의 '살신성인(殺身成仁)'은 일반적인 유학의 가치관을 말하는 것이 아니다. 양자택일이라는 부득이한 경우를 상정한 특수한 상황에서의 가치 정향을 말한 것이다.

맹자는 또 "항산(恒産)이 있으면 항심(恒心)도 있고 항산이 없으면 항심도 없다"[16] 하고, "오직 선비는 항산이 없어도 항심이 있다"[17]고 하였다. 여기서 항산이란 기초적인 경제를 말하는 것이고, 항심이란 도덕적 양심을 말한다. 보통 사람들은 의식주가 넉넉하면 양심을 지키기 쉽지만, 배고프고 굶주리면 양심을 지키기 어렵다는 말이다. 다만 선비만큼은 배가 고파도 양심을 지킬 수 있다고 하였다. 여기에서도 경제와 도덕의 상관성을 잘 말해 주고 있다.

또한 맹자에서는 민생의 문제를 왕도정치의 시작이라 하고, 윤리적 교화를 왕도정치의 완성이라 하였다.[18] 유학의 이상인 왕도정치도 먼저 물질적 토대가 기초가 된다. 다만 그것만으로는 부족하고 백성들을 교화하여 도덕적 수준을 제고해야 한다고 보았다.

같은 맥락에서 『서경』은 정치의 삼사(三事)를 말하는데, '정덕(正德)' '이용(利用)' '후생(厚生)'[19]을 일컬었다. 정덕이란 도덕의 문제이고 이용후생은 경제적인 문제가 된다. 이 양자가 조화될 때 훌륭한 정치가 가능

---

16) 『孟子』,「滕文公上」, "民之爲道 有恒産者 有恒心 無恒産者 無恒心…."
17) 『孟子』,「梁惠王上」, "…無恒産而有恒心者 惟士爲能 若民則無恒産因無恒心…"
18) 『孟子』,「梁惠王上」.
19) 『書經』,「大禹謨篇」.

하다고 보았다. 또『주역』에서는 '이익이란 의(義)가 조화된 것'[20]이라 하였고,『춘추』에서는 '의(義)는 이(利)의 근본'[21]이라 하였다.『논어』에서 "이익을 보거든 옳음을 생각하라"고 하였듯이, 이익은 반드시 의리와 조화를 이루어야 한다. 이익이란 의리에 맞지 아니하면 사리사욕(私利私欲)이 되어 악이 된다. 이익이 의리에 조화되면 그것은 공리(公利)가 되어 선한 것이 된다. 그러므로 의(義)는 이(利)의 근본이 된다고 한 것이다.

이제까지 유가 경전에 나타난 이익과 의리의 상관성, 경제와 도덕의 상함성에 관해 고찰해 보았다. 유학은 인간에게 있어 가장 중요한 가치가 하나는 경제적 가치이고, 또 하나는 도덕적 가치라고 보았다. 이 양자는 어느 하나도 결여되어서는 안 된다. 도덕과 경제, 의리와 이익이 양익(兩翼)으로 잘 조화되는데서 개인과 정치의 이상이 실현될 수 있다고 보았다.

율곡은 「시폐칠조책(時弊七條策)」에서 시비(是非)와 이해(利害)의 갈등을 조화하는 해법을 다음과 같이 제시하였다.

내가 듣건대 때에 따라 중도(中道)를 얻는 것을 일러 권(權)이라 하고, 일을 처리함에 있어서 마땅함에 맞는 것을 의(義)라고 한다. 권(權)으로써 변화에 대응하고 의(義)로써 일을 처리한다면 나라를 다스림에 무슨 어려움이 있겠는가?…가만히 생각건대, 도(道)가 함께 병행할 수 없는 것은 옳음(是)과 그름(非)이요, 일에서 함께할 수 없는 것은 이로움(利)과 해로움(害)이다. 한갓 이해(利害)가 급하다 해서 시비(是非)의 소재를 돌아다보지 않는다면 일을 처리하는 의리에 어긋나고, 한갓 시비가 급하다 해서 이해(利害)의 소재를 헤아리지 않는다면 변화에

<hr>

20) 『周易』, 「乾卦文言傳」, "利者 義之和也."
21) 『春秋左傳』, 「昭公 10年夏條」, "義者 利之本也."

대응하는 권도(權道)에 어긋난다. 그런데 권도(權道)에는 일정한 기준이 없어 중용(中庸)을 얻는 것이 귀하고, 의(義)는 불변의 제도가 없어 마땅함에 맞는 것이 귀하다. 따라서 중(中)을 얻고 마땅함에 합하면 옳음과 이로움이 그 가운데에 있다.[22]

옳고 그름의 문제와 이로움과 해로움의 문제는 늘 갈등하고 대립한다. 시비의 문제는 곧 의리의 문제이고 이해의 문제는 이익의 문제다. 우리는 누구나 시비(是非) 가운데 옳음을 원하고 이해(利害) 가운데 이로움을 추구한다. 따라서 옳음과 이로움을 동시에 추구하는 것이 모두의 바람이다. 그런데 시비를 따지다가 이해관계를 소홀히 하기 쉽고, 또 이해에 매달리다가 시비의 변별을 놓치기 쉽다. 율곡은 이에 대해 명쾌한 방안을 제시하였다.

율곡에 의하면 때에 따라서 중(中)을 얻는 것을 권(權)이라 하고 일에 처하여 마땅함에 맞는 것을 의(義)라 하였다. 즉 상황에 따라 시중(時中)을 얻는 것을 권도(權道)라 하고, 일을 함에 마땅함에 맞는 것을 의(義)라 하였다. 따라서 권도(權道)로써 변화에 대응하고 의(義)로써 일을 처리한다면 나라를 다스림에 무슨 어려움이 있겠느냐 하였다.

그런데 도리에 있어서 옳음(是)과 그름(非)은 병립할 수 없고, 일에 있어서 이로움(利)과 해로움(害)은 함께할 수 없다. 옳으면 옳고 그르면 그른 것이지 옳으면서 그르다든지 그르면서 옳은 경우는 없다. 이해(利害)가 급하다고 해서 시비(是非)의 소재를 돌아다보지 않는다면 일을 처리하는 의(義)에 어긋나고, 시비가 급하다고 해서 이해의 소재를 살피지 않

---

22) 『栗谷全書』, 拾遺, 卷5, 「時弊七條策」, "對愚聞隨時得中之謂權 處事合宜之謂義 權以應變 義以制事則於爲國乎何有…竊謂道之不可竝者是與非也 事之不可俱者利與害也 徒以利害 爲急而不顧是非之所在 則乖於制事之義 徒以是非爲急而不究利害之所在 則乖於應變之權 然而權無定規 得中爲貴 義無常制 合宜爲貴 得中而合宜 則是與利在其中矣."

는다면 변화에 대응하는 권도(權道)에 어긋난다. 그런데 권도(權道)에는 정해진 규범이 없고 중(中)을 얻는 것이 귀하고, 의(義)에는 불변의 제도가 없고 마땅함에 합하는 것이 귀하다. 그러므로 중(中)을 얻고 마땅함에 합하면 옳음과 이로움이 그 가운데에 있다. 여기서 '득중합의(得中合宜)'는 의리와 실리(實利)가 상호 모순되지 않으면서 동시에 시의(時宜)를 얻은 최선의 원리가 된다. 이것을 이기(理氣)와 연관시켜 보면 시비의 문제는 의리의 문제로서 리(理)가 되고, 이해의 문제는 실리(實利)의 문제로서 기(氣)가 된다.[23]

이렇게 볼 때, 율곡의 '득중합의(得中合宜)'는 '옳음'이라는 도덕적 가치와 '이로움'이라는 경제적 가치가 하나로 조화되면서 동시에 그것이 상황에 가장 알맞은 시중(時中)의 논리로 표현된 것이다. 과거 전통사회에서는 도덕적 가치가 중시되고 경제적 가치가 경시되어 윤리적 질서는 비교적 양호했으나 가난을 면치 못했다. 반면 현대사회는 경제적 가치는 매우 중시되지만 도덕적 가치는 경시되고 있어 윤리적 위기가 심각히 제기되고 있다. 경제적 가치와 도덕적 가치는 어느 하나도 없어서는 안 된다. 경제는 인간 삶의 기초이고 도덕은 인간을 다른 동물과 차별화해 주는 중요한 가치다. 이 양 가치의 조화와 상함은 인간 삶의 정도(正道)이며 정치의 기본이다.

오늘날 현대사회는 일면 경제발전을 추구하지만 다른 한편으로는 국민의 도덕수준을 제고하고자 노력하고 있다. 이 길이 선진국으로 가는 길이고 문명사회로 가는 길이기 때문이다. 율곡이 16세기에 이미 경제와 도덕을 상보적으로 인식하고 양자의 조화를 추구하고자 한 것은 높이 평가할 일이다. 아울러 그가 시비와 이해의 관계를 시중지도(時中之道)의

---

23) 유승국, 「조선조 철학사상의 전개와 그 특성」, 『철학사상의 제 문제2』, 한국정신문화연구원, 1984, 37쪽.

논리로 창출한 득중합의(得中合宜)의 이론은 현대적으로도 중요한 가치가 있다. 더욱이 율곡은 이러한 득중합의(得中合宜)의 이론을 사회정책론에 적용하여 실천하고자 했다.[24]

3. 경세의 두 길 −양민(養民)과 교민(敎民)−

인간은 본래 정신적 존재이면서 물질적 존재이다. 인간의 삶 또한 의식주의 생활문제와 더불어 인간의 윤리문제가 제기된다. 전자가 경제문제라면 후자는 윤리문제가 된다. 양 자는 인간생활에 있어서 인간을 인간답게 하는 기본조건이 된다. 정치에 있어서도 백성의 삶을 보장하는 양민(養民) 내지 생민(生民)의 문제와 백성의 정신적, 윤리적 가치질서를 확립하는 교민(敎民)의 문제가 대두된다.

그러면 먼저 전통적인 유학의 경제관을 살펴보고 아울러 율곡의 견해를 고찰해 보기로 하자. 전통적으로 유학의 경제관은 도덕이 근본이고 재화는 말단이라고 보았다.[25] 그러나 이는 재화가 없어도 좋다는 뜻은 아니다. 오히려 본말을 함께 갖춘 것을 이상으로 여겼고 대중을 중심으로 할 때에는 부(富)와 식(食)과 재화를 제일로 강조하였다.[26] 그리고 정덕(正德), 이용(利用), 후생(厚生)이란 용어는 『서경』에서 나온 것이다. 이용이라 함은 공업을 발전시켜 많은 상품을 생산하고 상업을 발달시켜 재화를 통상하여 백성이 사용함을 이롭게 하는 것이요,[27] 후생이란 의식

---

24) 이동희, 『한국의 철학적 사유의 전통』, 계명대학교출판부, 1999, 176~179쪽.

25) 『大學』, "德者本也 財者末也."

26) 유승국, 「유학의 근본사상과 현대」, 『동양철학논고』, 성균관대 동양철학과연구실, 1974, 141쪽.

27) 『書經』, 「大禹謨」, "利用者 工作什器 商通財貨之類 所以利民之用."

이 넉넉하여 백성의 생활을 두텁게 한다는 뜻이다.28) 이것은 물질보다 인간의 생명을 기르는 것으로 현대용어로 말하면 의식주 문제의 해결과 사회보장을 의미한다.29) 그런데 유교다운 점은 이용후생만 강조하지 않고 정덕을 강조하는 데 있다. 정덕이라 함은 국민도덕을 바르게 하자는 뜻으로 인간이 상호 애호와 협조하는 정신을 길러 사회정의를 수립하고 가치 있는 생활을 한다는 뜻이다. 이러한 『서경』 삼사(三事)의 내용 속에서 경제와 윤리가 함께 조화된 유가철학의 본질을 파악할 수 있다.

또한 『논어』에서의 공자의 입장을 보면, 공자는 인구가 많은 나라에서 무엇을 먼저 해야 할 것인가를 물었을 때, 먼저 부(富)를 말하고 다음에 교육을 해야 한다고 하였다.30) 이는 시간적인 선후를 의미하는 말이 아니라 정부의 시책이 베풀어져야 할 바 그 중요성의 우위를 설명한 말이다. 또한 맹자도 일정한 재산(恒産)이 없으면 항상된 마음(恒心)이 없다고 하였는데,31) 유교의 전통적 경제관은 경제와 윤리, 생리(生理)와 의리(義理), 양민(養民)과 교민(敎民)을 함께 보는 가운데 백성의 입장에서는 양민이 교민에 우선하는 것이 기본입장이다. 물론 양민을 우선한다 하여 교민 없는 양민을 주장하는 것은 아니다. 율곡은 「만언봉사」에서 아랫백성들은 가난이 몸에 절박하여 본심마저 잃고 부자 형제라도 오히려 길가의 사람같이 여기는 실정과, 삼강오상(三綱五常)이 유지되지 못하고 형정(刑政)이 법제화되지 못하는 상황에서, 향약(鄕約)이 비록 아름다운 일이라 하더라도 그것의 시행이 쓸모없음을 말하여 향약의 시행을 보류할

---

28) 『書經』, 「大禹謨」, "厚生者 衣帛食肉 不飢不寒之類 所以厚民之生."

29) 유승국, 「유교의 근본사상과 현대」, 『동양철학논고』, 성균관대 동양철학과연구실, 1974, 142쪽.

30) 『論語』, 「子路篇」, "子曰庶矣哉 冉有曰旣庶矣 又何加焉 曰富之 曰旣富矣 又何加焉 曰敎之."

31) 『孟子』, 「梁惠王 上」, "無恒産而有恒心者 惟士爲能 若民則無恒産因無恒心."

것을 주장하였다.32)

또한 「옥당진계차(玉堂陳戒箚)」에서도 백성들이 먹을 것을 잃어버려 가난이 몸에 절실하면 예의를 돌아보지 않는다 하였다.33) 아울러 경연에서도 말하기를, 백성을 기르는 것을 먼저 하고 백성을 가르치는 것을 뒤에 하라고 한다. 민생의 초췌함이 오늘보다 더 심한 때가 없으니, 서둘러서 폐해를 바로 잡고 급박한 사정부터 풀어 준 뒤에야 향약을 가히 시행할 수 있다고 말한다.34) 양민, 생민의 문제가 급한 일로서 이것의 해결 위에 교민이 가능함을 말한 것이다.

이렇게 볼 때, 율곡의 경제관에 있어서도 유교의 전통적 경제관과 같이 경제에 있어서 근본명제는 생민의 문제로서 인간생명의 존중에 있으며, 경제와 윤리의 양자 구족(具足)을 이상으로 하되 백성의 입장에서는 양민을 교민에 우선하는 관점이라 하겠다. 그러나 이른바 군자나 선비는 항산(恒産)이 없어도 항심(恒心)을 지킬 수 있으니, 여기에 목숨을 바쳐 의리를 수호하는 사림정신이 가능하다. 이러한 전통에 따라 율곡도 이렇게 말하고 있다.

설령 먹는 것이 풍족하고 군사가 족하다 할지라도 인의(仁義)가 없으면 어찌 유지될 수 있겠는가? 오늘날 풍속이 야박하고 완악해졌으며 의리가 모두 없어졌으니, 본래 기한(飢寒)이 몸에 절박하면 염치를 돌보지 않는다 하지만, 이것은 교화가 밝지 않아서 강유(綱維)를 일으

---

32) 『栗谷全書』, 卷5, 「萬言封事」, "乃若下民飢寒切身 本心都喪 父子兄弟 尙如路人 他又何說 綱常不能維持 刑政不能檢制 由今之道 無變今之習 雖聖賢在上 施教無他 廣擧鄕約 雖是 美事 臣愚竊恐以今之習 徑行鄕約 亦無成俗之效焉."

33) 『栗谷全書』, 卷5, 「玉堂陳戒箚」, "百姓失所 故飢寒切身 不顧禮義."

34) 『栗谷全書』, 卷29, 「經筵日記2」, "養民爲先 敎民爲後 民生憔悴莫甚於今日 汲汲救弊先 解 倒懸然後可行鄕約也."

키지 못하였기 때문이다.35)

  여기에서 볼 때, '양민(養民) 후에 교민(敎民)'이라는 말과 모순되는 것 같으나 이것이야말로 유학의 특성이요 유학다운 점이라 할 것이다. 백성의 입장에서 볼 때 현실적으로 생민이 우선이지만 인간윤리를 도외시한 경제는 돼지의 행복에 불과하다. 요컨대 유가에 있어서의 경제관은 경제와 윤리, 실리(實利)와 의리(義理), 양민과 교민을 조화적 입장에서 보는 것이요, 결코 양자 가운데 어느 하나가 결여된 것을 이상으로 보지 않는다. 다시 말하면 의리에 기초한 경제, 교민을 포함하는 양민을 그 이상으로 추구한다. 이는 오늘날 산업사회에서 양민만을 강조하는 경제지상주의의 폐단을 정확히 지적한 것으로서, 내외 본말이 합일 조화된 경제와 윤리의 상호 보완 속에서 풍요한 삶과 올바른 삶을 병행하는 삶의 정도를 제시해 준 것이라 하겠다.

---

35) 『栗谷全書』, 卷8, 「六條啓」, "假使足食足兵 苟無仁義 則寧有維持之勢乎 今之風俗薄惡義理都喪者 固出於飢寒切身 不顧廉恥而亦由敎化不明 無以振起綱維故也."

제3장 │ 경세대안과 근대정신

율곡의 수많은 상소문과 책문에 의하면 그의 현실인식과 함께 시국에 대안 대안들이 제시되어 있다. 여기에는 정치, 경제, 법제, 교육, 군사, 언론, 복지, 교화 등 경세 전반에 관한 율곡의 경륜이 잘 나타나 있다. 율곡이 비록 16세기를 살았지만 그의 생각은 시대를 뛰어넘어 근대를 향해 달리고 있었다. 그러나 율곡 자신이 임금은 아니었기 때문에 그의 탁월한 경륜들은 실제로 활용되지 못했다. 아니면 세종과 방촌 황희(厖村 黃喜)의 만남처럼 선조와 율곡도 그랬더라면 역사에 빛나는 업적을 남겼을 것이다. 오히려 선조는 무능하여 율곡 사후 임진왜란을 맞아 7년 전쟁을 겪으며 민족의 명운을 위태롭게 했던 것이다.

율곡의 경세대안은 매우 광범하고 다양할 뿐 아니라 시대를 뛰어넘어 오늘날 현대에도 배워야 할 선각자적 혜안을 보여 준다. 이런 점에서 율곡의 경세대안을 현대적 관점에서 조명해 보기로 한다.

1. 430여 년 전 이미 '국시(國是)'를 논하다

율곡은 430여 년 전에 국시(國是)의 이론을 논리 정연하게 제시하였다. 우리는 해방이후 '반공'을 국시로 삼아왔고 그렇게 교육을 받아왔다. 1980년대에는 모 야당 국회의원이 대한민국의 국시는 '통일'이라

했다가 구속된 사건이 있기도 하였다. 이와 같이 국시논쟁은 매우 뜨거웠는데, 율곡은 이러한 국시론에 대해 다음과 같이 명쾌한 논리를 펼치고 있다.

국시(國是)란 온 국민이 모두 옳다고 하는 것으로, 한 나라의 공통된 의사 내지 온 국민의 합일된 의견을 말한다. 국시는 정치학적으로 국가의 의사, 국가의 존재이유, 또는 국가의 기본 질서를 의미한다. 국정의 방향을 어떻게 잡는가 하는 것도 국시의 문제이고, 한 나라의 헌법체계를 어떻게 구성할 것인가 하는 것도 국시의 문제라고 할 수 있다. 예컨대 한 나라의 지도자를 뽑는 것도 국시의 일환이며, 통일문제나 북한문제에 대한 정책적 결정도 국시의 문제라고 할 수 있다.

그런데 율곡은 430여 년 전 1579년(선조 12년) 대사간을 사직하면서 올린 상소문 「사대사간겸진세척동서소(辭大司諫兼陳洗滌東西疏)」에서 국시론을 논리 정연하게 설명하고 있다. 1575년 김효원(金孝元)과 심의겸(沈義謙) 간에 이조 전랑직을 둘러싸고 대립하여 사림의 분열이 노골화되고 있었다. 율곡은 임금으로부터 의견을 구한다는 교지에 접해 말하기를, 변경의 군비가 소홀하여 적이 이르면 반드시 패하리라는 상황과 함께, 군사를 기르고 백성을 쉬게 하여 불시의 상황에 대비할 것을 건의하려 했으나, 올리는 소차가 번번이 채택되지 않아 중지하였었다. 그 후 시론이 불안하고 사림들이 동요되어 조정에는 화기가 없고, 시정에는 들뜬 논의가 분분하여 근심으로 베개를 어루만지며 잠을 못 이루었다고 술회하였다. 그리하여 4년 후 율곡은 대사간의 직을 고사하는 동시에 동서 당인의 타파 보합을 진언하였는데, 이것이 바로 이 상소문이다. 먼저 여기에 서술된 율곡의 국시론의 내용을 보기로 하자.

하물며 국시(國是)의 정립은 더욱이 구설(口舌)로서 다툴 수 없는 것이다. 인심이 한가지로 그러한 바를 일러 공론(公論)이라 하고, 공론의 소재를 일러 국시라 한다. 국시란 한 나라 사람들이 꾀하지 아니하고 서도 한 가지로 옳다고 하는 것이니, 이익으로써 유혹하지 않고 위력으로써 두렵게 하지 않는데도 삼척동자 어린아이들까지도 또한 그 옳음을 아는 것이니, 이것이 곧 국시이다.[1]

율곡에 의하면 국시의 정립은 말싸움이나 논리의 싸움으로 정해지는 것이 아니다. 온 나라 사람들의 보편적인 마음, 즉 공론에서 국시가 세워진다는 것이다. 공론은 모든 사람들이 모두 그렇다고 하는 공통된 마음이다. 인위적으로 조작하거나 만들어지는 것이 아니라, 천부적 인간 본심의 발로다. 국시는 인위적으로 도모하지 않는데도 모두가 한 가지로 옳다고 하는 것이다. 공론을 세우기 위해 어떤 이익으로 유혹하지도 않고, 또 권력으로 협박하거나 강제하지 않는데도 어린아이들까지 그것이 옳다고 하는 것이다. 여기서 우리는 국시나 공론이 '옳음'이라는 정당성에 기초한 것임을 알 수 있다. 대체로 현대 민주주의는 다수결이라는 원칙을 중요한 잣대로 내세운다. 즉 동의의 양이 절대적인 원칙이 된다. 그러므로 중우(衆愚)의 위험성을 안고 있다.

그런데 율곡의 국시론에서는 '온 나라 사람들'이라는 동의의 양도 고려하면서 동시에 '옳음'이라는 동의의 질을 함께 요청함으로써 이상적인 민주적 동의의 형식과 본질을 잘 말해 주고 있다.

또한 율곡은 공론과 구별되는 부의(浮議)를 제시하여 중우의 위험성을 경고하고 선량한 동의의 중요성을 일깨워 주었다. 이에 대한 율곡의

---

1) 『栗谷全書』, 卷7, 「辭大司諫兼陳洗滌東西疏」, "況國是之定 尤不可以口舌爭也 人心之所同然者 謂之公論 公論之所在 謂之國是 國是者 一國之人 不謀而同是者也 非誘以利 非怵以威而三尺童子 亦知其是者 此乃國是也."

말을 들어 보기로 하자.

> 소위 부의(浮議)라는 것은 어디서 생겨난 것인지 알 수 없으며, 처음
> 에는 미약하나 점차 성하여 묘당(廟堂)을 동요시키고 대각(臺閣: 사헌
> 부와 사간원)을 뒤흔들게 되면, 온 조정이 이에 휩쓸려 감히 막아내지
> 못한다. 부의의 힘은 태산보다도 무겁고 칼날보다도 날카로워, 그에
> 한 번 부딪히면 공경(公卿)도 그 높음을 잃고 현준(賢俊)도 그 이름을
> 잃으며, 장의(張儀), 소진(蘇秦) 같은 사람의 웅변도 소용이 없고, 맹분
> (孟賁), 하육(夏育)같은 사람의 용맹도 베풀 바가 없어져 마침내 그 까
> 닭을 알 수가 없다.[2]

부의란 일종의 뜬소문 내지 유언비어로서 공론에 비교되는 것이다. 공
론은 국민을 원천으로 삼는 것이지만, 부의는 그 원천이 묘연하다. 공론
은 자발적인 정당성을 본질로 하지만, 부의는 허위를 바탕으로 한다. 또
공론은 만인의 의사로서 국민 전체의 의사이지만, 부의는 일부의 의사
다. 공론은 정책결정 과정에 민의를 가장 합리적으로 수렴할 수 있는 최
선의 방법인 데 비해, 부의는 정상적으로 정치에 반영할 수 없을 뿐 아니
라 국가적으로도 막대한 피해를 준다.

율곡은 공론의 주체를 사림(士林)이라 하여, 중우(衆愚)에 의한 여론의
타락 가능성, 지배자에 의한 여론 조작의 위험성을 제거하고자 했다. 즉
공론 형성의 주체가 사림이라 하여, 사림에 의한 양질의 여론 형성이 국
시 정립에 있어 매우 중요한 요소임을 지적하였다.

---

2) 『栗谷全書』, 卷7, 「陳時弊疏」, "所謂浮議者 不知其所自來 始微漸盛 終至於動搖廟堂 波盪
臺閣 則擧朝靡然 莫敢相抗 浮議之權 重於太山 銛於鋒刃 一觸其鋒 則公卿失其尊 賢俊失
其名 儀秦無所用其辯 賁育無所施其勇 終莫知其所以然也."

율곡은 사림의 정의를 "마음으로는 옛날의 법도를 사모하고, 몸으로는 유행(儒行)을 실천하며, 입으로는 법언(法言)을 말함으로써 공론을 유지하는 자"[3]라고 하였다. 사림이란 유학의 이상에 목표를 두고, 유학을 몸소 이해하고 실천하는 유교문화의 충실한 대변자로서 공론의 주도층이라고 보았다. 그러므로 "사림이 융성하면 화목해 나라가 잘 다스려지고, 과격하여 분당되면 나라가 어지러워지며, 만약 부패하여 사림이 없어지면 그 나라는 망하게 된다"[4] 하였다. 이처럼 사림의 존재 여부, 사림의 화목 여부가 국가 치란의 관건이 된다고 보았다. 같은 맥락에서 "사림이 조정에 있어 사업을 잘 베풀면 나라가 다스려지고, 사림이 조정에 없어 빈말에 붙여지면 나라가 혼란에 이른다"[5]고 하였다. 이것은 율곡이 "공론이 조정에 있으면 나라가 다스려지고 공론이 시골에 있으면 나라가 혼란하며, 만약 위아래에 모두 공론이 없으면 나라는 모두 망한다"[6]고 한 것과 상통한다. 율곡에 의하면, 사림도 국가의 원기(元氣)이고 공론도 국가의 원기이다. 사림은 공론의 주체가 되고 공론은 사림에 의해 주도되는 것이다. 사림이 조정을 주도해야 하고, 공론이 조정을 주도해야 나라가 잘 다스려지고 백성이 행복해질 수 있는 것이다.

3) 『栗谷全書』, 卷3, 「玉堂陳時弊疏」, "夫心慕古道 身飭儒行 只談法言 以持公論者 謂之士林."

4) 『栗谷全書』, 卷7, 「辭大司諫兼陳洗滌東西疏」, "士林者 有國之元氣也 士林盛而和則其國治 士林激而分則其國亂 士林敗而盡則其國亡."

5) 『栗谷全書』, 卷3, 「玉堂陳時弊疏」, "士林在朝廷 施之事業則國治 士林不在朝廷 付之空言則國亂."

6) 『栗谷全書』, 卷7, 「代白參贊疏」, "公論者 有國之元氣也 公論在於朝廷則其國治 公論在於閭巷則其國亂 若上下俱無公論則其國亡."

2. 말길(言路)이 열려야 나라가 흥한다

율곡은 국시의 정립을 위해서는 공론이 필요하고, 공론의 형성을 위해서는 언로(言路)의 개방이 반드시 필요하다고 하였다. 언로란 말길을 의미한다. 치자와 피치자 간의 소통의 창구요, 임금과 백성간의 소통의 창구라고 할 수 있다. 임금은 언로를 통해 민의 내지 민심을 파악하고, 백성은 언로를 통해 임금에게 자신들의 생각과 의견을 전할 수 있다. 현대사회는 수많은 언론 매체를 통해 소통이 가능하지만, 조선시대에는 이러한 소통의 방법이 여의치 않았다. 신문고 제도 같이 직접 호소하는 방법도 있었지만, 제약된 시대의 민의를 전달하는 하나의 방법이었다. 가장 일반화된 소통의 방법이 바로 상소제도이다. 백성은 남녀 신분에 관계없이 임금에게 상소를 올릴 수 있었고, 임금은 반드시 답을 해주는 것이 하나의 관행이었다. 제한적이나마 조선시대 상소제도가 보편화 된 것은 백성들의 인권보장과 언론자유라는 측면에서 긍정적인 기여를 많이 하였다.

율곡은 공론의 형성에 있어 꼭 필요한 것이 언로의 개방이라고 보았다. 율곡은 선배인 정암 조광조(靜庵 趙光祖, 1482~1519), 고봉 기대승(高峰 奇大升, 1527~1572) 등의 언로개방 사상을 계승하여 언로의 개방을 적극 주장하였다. 그는 "언로가 열리느냐 막히느냐에 국가의 흥망이 달려 있다"7) 하여, 언로의 개방 여부가 국가 흥망의 관건임을 강조하였다.

그러면 왜 언로를 개방해야 하는가? 이에 대한 율곡의 말을 들어 보기로 하자.

---

7) 『栗谷全書』, 卷3, 「陳弭災五策箚」, "言路開塞 興亡所係…"

이른바 언로를 넓혀 여러 대책을 수집하라는 것은 무슨 말인가? 임금은 묘연(眇然)한 몸으로 억조(億兆)의 위에 처해 있으므로, 그 자신의 총명은 모든 것을 다 듣고 볼 수 없다. 그러므로 옛날의 성왕은 반드시 국인의 귀를 자신의 귀로 삼아 듣지 아니함이 없고, 국인의 눈을 자기의 눈으로 삼아 보지 아니함이 없으며, 국인의 마음을 자기의 마음으로 삼아 알지 못함이 없음에, 천지도 족히 크다고 생각되지 않고, 해와 달도 족히 밝다고 생각되지 않는다.[8]

율곡이 언로를 넓혀야 한다고 하는 가장 중요한 이유는, 국가의 정책 수립을 위해 국민의 다양한 의견과 아이디어를 수집해야 하기 때문이다. 임금도 중인과 같은 하나의 인간이므로 총명과 지혜에 한계가 있다. 그러므로 참모들의 보좌가 필요하고 많은 사람들의 조언이 필요하다. 율곡은 임금의 정책적 판단이 민심 내지 민의에 기초해야 한다고 보았다. 자신의 눈이 아니라 백성의 눈으로 보아야 하고, 자신의 귀가 아니라 백성의 귀로 들어야 한다. 언로개방의 필요성이 다름 아닌 민의의 청취에 있었다. 민심에 의해 훌륭한 정책 대안을 찾고, 민의에 기초해 개혁의 아이디어를 찾아야 한다는 것이다. 이러한 유학의 언로관, 율곡의 언로관은 21세기 현대에도 유용한 의미를 갖는다. 그리고 여기에는 언로개방의 궁극적 목적이 백성을 위한다는 '위민(爲民)'에 있음을 알 수 있다. 백성의 생각과 의견을 존중하고 백성으로 하여금 할 말을 하게 해야 한다는 인권의식이 바탕에 있다.

그러면 율곡은 언로를 어느 수준으로 열어야 한다고 보았는가? 율곡

---

8) 『栗谷全書』, 卷3, 「玉堂陳時弊疏」, "所謂廣言路以集群策者 人君以眇然之身處 億兆之上 聰不足以盡聽 明不足以盡視 故古之聖王 必以國人之耳爲我之耳 聰無不聽 以國人之目爲我之目 明無不視 以國人之心爲我之心 知無不盡 天地不足以爲大 日月不足以爲明矣."

은 「간원진시사소(諫院陳時事疏)」에서 이렇게 말하고 있다.

　　엎드려 바라옵건대, 전하께서는 특별히 의견을 구한다는 전교를 내리시고, 거리낌 없이 문호를 활짝 여시어, 위로는 조정의 신하로부터 아래로는 서민에 이르기까지, 안으로는 서울로부터 밖으로는 먼 곳에 이르기까지, 모두 각각 시국의 폐단을 올리게 하고 그 뜻을 다하도록 힘써야 합니다.9)

　　이처럼 율곡은 언로의 범위를 전 국민으로 확대하고 있다. 신분상으로는 조정의 신하로부터 일반 서민에 이르기까지, 공간적으로는 서울로부터 먼 시골구석까지 모두 언로를 열어야 한다는 것이다. 당시 유교정치가 제도적으로 간관제도를 두어 언로를 담당한 삼사의 관원들에게 공식적인 비판의 권한을 준 것에서 진일보한 것이다. 200여 년 후 실학자 초정 박제가(楚亭 朴齊家, 1750~1805)가 보편적인 언론의 자유를 들고 나오는데, 실은 율곡에게서 이미 그런 사상이 보이고 있다. 그런데 이러한 율곡의 언로사상은 또 중종 때 개혁정치를 추구하다 억울하게 희생된 정암 조광조에 연원을 두고 있다. 조광조는 「사간원청파양사계(司諫院請罷兩司啓)」에서 이렇게 말하였다.

　　언로가 통하고 막힘은 국가에 있어 가장 관건이 되는 것이니, 통하면 다스려지고 막히면 어지럽고 망하게 되는 것입니다. 그러므로 인군이 언로를 넓히기를 힘써서, 위로는 공경백집사(公卿百執事)로부터 아래로는 시골과 시장 거리의 백성에 이르기까지 다 말할 수 있게 해야

---

9) 『栗谷全書』, 卷3, 「諫院陳時事疏」, "伏望殿下特頒求言之敎 大開不諱之門 上自朝臣 下至氓俗 內自京邑 外至遐裔 皆令各陳時弊 務盡其情…."

하는 것입니다.10)

　이는 율곡이 '언로가 열리고 막힘이 흥망에 관계되는 바'11)라 하고, "공론이 조정에 있으면 나라가 다스려지고, 시골에 있으면 나라가 혼란하고, 상하에 모두 없으면 나라가 망하기에 이른다"12)고 한 것과 일치하는 것으로, 정암의 영향을 짐작할 수 있다.

　율곡은 "비록 그 한 말이 조리가 없고 보잘 것이 없고, 또 좋지 않은 말이 많아 거리낌 없는 자라도 역시 내버려두고 죄를 묻지 말라"13)고 하였으니, 율곡이 생각하는 언로의 수준이 어느 정도인가를 짐작할 수 있다. 사실 이러한 수준의 언로개방은 현대 민주국가를 표방하는 나라에서도 용납하기 어려운 것임을 감안할 때, 율곡의 언로사상이 얼마나 선구적이었는가 하는 것을 알 수 있다. 사실 우리나라의 경우에도 진정한 의미에서의 언론자유는 1988년 올림픽 이후라고 볼 때 율곡의 선구적인 견해에 놀라게 된다. 현대 민주정치가 언론자유를 기초로 한다고 볼 때, 지금부터 400여 년 전 율곡이 외친 언로개방은 시대적 한계를 뛰어 넘는 근대의식의 발로가 아닐 수 없다.

---

10) 『靜庵集』, 卷2, 「司諫院請罷兩司啓1」, "言路之通塞 最關於國家 通則治安 塞則亂亡 故人君務廣言路 上自公卿百執事 下至閭巷市井之民 俾皆得言."

11) 『栗谷全書』, 卷3, 「陳弭災五策箚」, "言路開塞 興亡所係."

12) 『栗谷全書』, 卷7, 「代白參贊疏」, "公論者 有國之元氣也 公論在於朝廷則其國治 公論在於閭巷則其國亂 若上下俱無公論則其國亡."

13) 『栗谷全書』, 卷3, 「諫院陳時事疏」, "…雖其所陳猥屑 無足可觀 而觸犯無忌者 亦置而不問."

3. 국가의 원기(元氣) −사림(士林), 공론(公論), 기강(紀綱)−

율곡은 사림, 공론, 기강을 국가의 원기로 중시하였다. 사림은 공론의 주체이고, 공론은 국시의 원천이며, 기강은 국가의 생명이라는 점에서 율곡은 이 세 가지를 국가의 원기로 규정하였다.

사림(士林)은 유학자를 의미하는 말이기도 하지만, 조선조 유교사회의 여론을 주도하고, 언행이 훌륭해 백성들의 존경을 받으며, 나라와 민생에 대한 우환의식을 지녔던 실천적 지식인들을 말한다. 이들은 유교이념으로 철저히 무장하고 요순사회, 대동사회를 희구하였다. 또 유교적 이상사회를 위해 개인의 도덕적 자기완성과 사회적 정의의 실현을 강조하였다. 사림은 조선조의 인물 저수지 구실을 하여, 임금이 부르면 나아가 봉사하고 물러나서는 학문과 교육에 종사하였다. 이들의 가치지향이 어떠하냐 하는 것이 시대의 흐름을 선도하고, 또 치자에게 큰 영향을 주었다.

율곡은 "예로부터 나라가 믿고 유지할 바는 사림이니, 사림은 국가에 있어 원기"14)라 하였다. 사림은 한 나라를 지탱하고 유지하는 버팀목이고 근간이다. 따라서 임금도 마땅히 사림의 존재와 그 위상에 대해 주목하지 않으면 안 된다. 그러면 사림은 어떤 사람인가? 율곡은 사림의 정의를 이렇게 규정한다.

마음으로 고도(古道)를 사모하고 유학자의 행실을 실천하고 단지 법도에 맞는 말을 하고, 공론(公論)을 지니는 자를 사림이라 한다.15)

---

14) 『栗谷全書』, 卷7, 「辭大司諫兼陳洗滌東西疏」, "臣聞 自古國家之所恃而維持者 士林也 士林者 有國之元氣也."
15) 『栗谷全書』, 卷3, 「玉堂陳時弊疏」, "夫心慕古道 身飭儒行 只談法言 以持公論者 謂之士

사림은 유교문화의 지지자요 신봉자로서 유학의 길을 걷는 이를 말한
다. 유교를 좋아하고 유교를 공부하고 유교를 실천하는 이가 사림이다.
사림은 말하고 행동하는 것이 유교의 법도에 맞고 시국의 현안에 대해
공론을 담지해야 한다. 유교적 식견과 교양, 유교적 인격을 지니고 시시
비비를 올바르게 판단하고 중용의 입장에서 공론을 유지하는 이를 말한
다. 율곡은 사림의 역할과 그 중요성에 대해 다음과 같이 말한다.

> 사림은 국가의 원기이니, 사림이 융성해서 화합하면 그 나라가 다스
> 려지고, 사림이 부딪쳐서 나뉘면 그 나라는 어지럽고, 사림이 무너져
> 다하면 그 나라는 망한다.16)

이처럼 사림은 나라의 원기로서 사림이 융성해서 화목하면 그 나라가
잘 다스려지고, 사림들이 서로 반목해서 분열되면 그 나라는 혼란에 빠
지게 되고, 만약 사림이 무너져 없어지게 되면 그 나라는 망하게 된다 하
였다. 결국 국가의 흥망성쇠가 사림에 달려 있다는 말이다. 사림의 역할
이 얼마나 중요한가를 잘 말해 준다.

마찬가지로 율곡은 "사림이 조정에 있어서 사업을 베풀면 나라가 다
스려지고, 사림이 조정에 없어서 공언(空言)에 붙여지면 나라가 어지러
워진다"17)고 하였다. 사림은 한편 나라와 백성을 위해 공직에 참여하여
봉사해야 한다. 임금이 부르면 나아가 조정에서 국사를 도모해야 하고,
물러나서는 공론의 주체가 되어 여론을 선도해야 하는 것이다.

林."

16) 『栗谷全書』, 卷7, 「辭大司諫兼陳洗滌東西疏」, "士林者 有國之元氣也 士林盛而和則其國
治 士林激而分則其國亂 士林敗而盡則其國亡."

17) 『栗谷全書』, 卷3, 「玉堂陳時弊疏」, "士林在朝廷 施之事業則國治 士林不在朝廷 付之空言
則國亂."

율곡은 "사림의 화가 어떤 시대고 없었던 것은 아니지만, 기묘, 을사사화 때처럼 참혹했던 때는 없었다"고 평가한다. 이것은 기묘사화와 을사사화에서 사림이 당한 피해의 심각성을 말하고 있는 것이다. 기묘사화 때 조광조를 위시한 김식(金湜), 김정(金淨), 한충(韓忠), 기준(奇遵) 등 장래가 촉망되는 수많은 젊은 사림들이 희생되었고, 을사사화 때도 유인숙(柳仁淑), 유관(柳寬), 송인수(宋麟壽) 등 많은 사림들이 조정에서 축출되고 유배당하고 죽임을 당했던 것이다.

오늘날 현대사회에 있어서도 지성인의 역할은 매우 중요하다. 지성인은 자신의 전문적 식견을 나라와 국민을 위해 봉사하고, 또 다른 한편으로는 공정한 여론을 선도하는 데 모범이 되어야 한다.

또한 공론(公論)은 율곡에 의해 다음과 같이 국가의 원기로 규정된다.

> 공론은 나라의 원기이니, 공론이 조정에 있으면 그 나라가 다스려지고, 공론이 민간에 있으면 그 나라가 어지럽고, 만약 위아래가 모두 공론이 없으면 그 나라는 망하고 만다.[18]

공론은 사림처럼 나라의 원기로서 중요한 것이다. 공론이 조정에 있으면 그 나라는 잘 다스려지고, 공론이 민간에 있으면 그 나라가 혼란해지고, 만약 공론이 조정에도 없고 민간에도 없으면 그 나라는 망하게 된다 하였다. 공론은 건전한 여론으로 조정에서 주도되어 백성을 위해 실현되어야 한다. 그렇지 못하고 공론이 재야에서 이리저리 떠돌아다니게 되면 민심이 흉흉해지고 국론이 분열되게 된다. 더욱이 공론이 조정에도 없고 민간에도 아예 없게 되면 정치적 위기요 국가적 위기가 된다는 것이다.

---

18) 『栗谷全書』, 卷7, 「代白參贊疏」, "公論者 有國之元氣也 公論在於朝廷則其國治 公論在於閭巷則其國亂 若上下俱無公論則其國亡."

그런데 율곡은 이 공론을 '인심이 한 가지로 그러한 것인 바(人心之所同然者)'라 하고, 공론이 존재하는 곳에 국시가 세워진다 하였다. 공론은 인간의 보편적 마음이다. 나이, 직업, 신분, 성별을 떠나 인간이면 누구나 갖는 보편적 인심이 곧 공론이라 하였다. 그러므로 공론은 논리로서 세워지는 것도 아니고 물질적 유혹으로 형성되는 것도 아니고 위협이나 강제로 만들어지는 것도 아니라 하였다. 인간의 자발적인 동의가 곧 공론이라 하였다. 그래서 율곡은 "공론은 국인으로부터 나오니 막을 수 없는 것인즉, 여론에 따르면 국시가 정립된다"[19]고 하였다. 여기서 공론은 국시의 원천이 되고 나라의 원기로 중시되는 것이다.

또한 율곡은 기강을 나라의 원기라 하여 중시하였다. 율곡에 의하면 기강은 나라의 명맥으로 기강이 정돈되어 있으면 모든 일이 저절로 다스려지고, 기강이 문란하면 온갖 법도가 다 무너지게 된다. 율곡이 기강을 한 나라의 명맥이요 원기라고 본 것은 주목할 만하다. 우리가 흔히 내우외환이라 하는데, 나라는 외적의 침략만으로 망하는 것이 아니다. 나라의 기강이 해이하고 무너지면 모든 법제와 명령이 제구실을 할 수가 없다. 율곡은 기강의 문제를 호연지기(浩然之氣)와 연관하여 다음과 같이 설명하고 있다.

기강은 국가의 원기이니, 기강이 서지 아니하면 만사가 무너지고, 원기가 굳건하지 않으면 온몸의 뼈가 풀려 늘어집니다. 지금 의논하는 자들이 입만 열면 기강을 마땅히 세워야 한다고 말하는데, 아직 그 요령을 듣지 못했습니다. 대개 정치를 함에 능히 기강을 세우는 것은, 마치 학자가 의(義)를 모아 호연지기(浩然之氣)를 생기게 하는 것과 같으

---

19) 『栗谷全書』, 卷4, 「玉堂論乙巳僞勳箚」, "公論之發 出於國人 不可沮遏 則順輿情 定國是."

니, 어찌 한 명령의 바름을 얻고 한 가지 일의 마땅함을 얻어서 갑자기 그 효과를 보겠습니까?…금일 법이 행해지지 않고 법이 이루어지지 않는 것은 모두 기강이 세워지지 않음에서 말미암는 것입니다.20)

이처럼 기강의 해이는 나라의 위기로 이어지고 공동체의 안전을 위협하게 되며, 이는 마치 원기가 부족하면 온몸이 축 늘어지고 건강이 위협을 받는 것과 같다고 보았다. 그러므로 나라의 기강을 세우는 것은 갑자기 되는 것이 아니라, 올바른 정사, 정당한 행정이 하루하루 쌓일 때 가능하다 하였다. 마치 호연지기의 기름이 갑자기 되는 것이 아니라 하루하루 정의로운 생각과 행동이 누적되어 이루어지는 것과 같다고 보았다.

율곡은 「경연일기」에서 "공평 정대한 마음으로 정사를 베풀어, 금일 하나의 선정(善政)을 행하고, 내일 하나의 선정을 행하고, 곧은 자를 들어 굽은 자 위에 두고, 공(功)에는 반드시 상(賞)을 주고 죄(罪)에는 반드시 벌(罰)을 주면 기강이 세워진다"21)고 하였다. 치자의 공정한 마음은 기강 확립의 대전제다. 치자가 사심에 치우치면 기강은 무너진다. 율곡은 치자가 공평 정대한 마음으로 인사를 공평하게 하고 상벌을 공평하게 할 때 기강이 확실히 세워진다 하였다.

또한 「옥당진시폐소(玉堂陳時弊疏)」에서는 "기강의 정립은 위력으로써 겁을 주거나 법으로써 몰아세우는 데 있는 것이 아니라, 관리의 등용과 좌천을 합당하게 하고, 상과 벌을 반드시 신의 있게 하는 데 달려 있을

---

20) 『栗谷全書』, 卷25, 「聖學輯要7」, "臣按紀綱者 國家之元氣也 紀綱不立 則萬事頹墮 元氣未固 則百骸解也 今之議者 開口便說紀綱之當立 而未聞有領其要也 夫爲政而能立紀綱 如學者集義以生浩然之氣也 豈有由一令之得 正一事之合宜 而遽見其效哉…今日之法不行 治不成者 皆有紀綱之不立也."

21) 『栗谷全書』, 卷29, 「經筵日記2」, "須以公平正大之心 施之政事 今日行一善政 明日行一善政 直必擧 枉必錯 功必賞 罪必刑 則紀綱立矣."

따름이라"22)고 하였다. 우리는 기강의 확립이 국가권력의 강제에 의한 것이라고 오해하기 쉽다. 정치권력의 자의에 의한 강화, 정치권력의 군림이 곧 기강의 확립이라고 오해할 수 있다. 여기서 중요한 것이 바로 정의의 질서를 확립하는 것이 곧 기강의 확립이라는 점이다. 따라서 치자의 공정한 마음, 치자의 맑고 밝은 마음의 확보는 기강확립을 위한 근본 조건이라고 할 수 있다. 율곡은 「만언봉사」에서 이에 관해 다음과 같이 설명한다.

> 만약 사심(私心)을 털끝만큼이라도 제거하지 못하면, 요순(堯舜)의 도에 들어가기 어렵습니다.…임금이 엄하지 아니함을 근심하지 말고, 공평하지 못함을 근심해야 합니다. 공평하면 밝고, 밝으면 그 속에 위엄이 있습니다.23)

임금이 조금이라도 사사로운 마음을 가지고 있으면 요순의 도를 실현할 수 없다는 것이다. 유교가 추구하는 이상정치로서의 요순시대는 치자의 공심(公心)이 전제되어야 한다는 말이다. 율곡은 임금이 엄하지 아니함을 근심하지 말고, 공평하지 못함을 근심해야 한다고 한다. 왜냐하면 공평하면 밝고 밝으면 그 속에 자연히 위엄이 있게 마련이기 때문이다. 이른바 권력의 권위란 무섭고 두려운 데서 나오는 것이 아니라 공평한 마음으로 공정한 정치를 할 때 저절로 생긴다는 것이다.

율곡이 사림, 공론, 기강을 모두 국가의 원기라고 규정한 것은 유의해

---

22) 『栗谷全書』, 卷3, 「玉堂陳時弊疏」, "紀綱之定 不在怯之以威 驅之以法也 在於擧錯得宜 常罰必信而已."

23) 『栗谷全書』, 卷5, 「萬言封事」, "若偏私之念 一毫未除 則難入於堯舜之道矣…人君不患不嚴 而患不公 公則明 明則嚴 在其中矣."

볼 대목이다. 이는 사림, 공론, 기강이 국가의 흥망성쇠와 치란을 좌우할 중대한 요소라는 점을 강조한 것이다. 사림은 공론의 주체일 뿐만 아니라 기강확립의 주체이기도 하다. 사림은 임금을 도와 나라와 백성에게 봉사하는 데 그 역할이 있다. 사림은 자신의 학문과 전문적 능력을 정치와 행정을 통해 이바지하고, 다른 한편으로는 치자의 부정과 불의 그리고 탈선에 대해 이를 비판하고 바로잡는 역할을 한다. 아울러 사림은 건전한 공론 형성의 주체로서 임금과 백성을 소통케 하는 중간자적 역할도 한다. 그것이 상소의 형식으로도 나타나고 간쟁의 형식이나 경연에서의 비판과 충고로도 나타난다. 이러한 사림의 역할은 유교정치의 성패를 좌우하는 중요한 의미를 갖는다 하겠다. 그리고 기강은 국가의 원기인데 기강의 원천이 공론이고 기강의 중심적인 역할도 사림이 해야 하는 것이다.

4. 행정의 목적이 백성에 있다

사회과학에서는 정치, 행정, 경제, 사회, 군사 등보다 세분화된 학문영역을 나누고 행정의 개념 또한 다른 것과 구별해 정의된다. 그러나 유가철학의 입장에서 보면 '경세(經世)'라는 이름하에 일체를 포괄하게 되고 행정 또한 정치와 거의 혼용되고 있음을 알 수 있다. 즉 치자가 피치자를 대상으로 행하는 일체의 공적(公的) 행동을 행정이라 말할 수 있다.

그러면 율곡에 있어서 행정의 목적은 무엇인가? 그것은 한마디로 민(民)을 목적적 가치로 삼고 있다.[24] 율곡은 말하기를, 임금은 나라에 의존하고, 나라는 백성에 의존하는 것이니, 왕도정치는 오직 백성으로써

---

24) 황의동, 「율곡 경세사상의 철학적 배경」, 『율곡학』 제9집, 율곡사상연구원, 1995, 24쪽.

하늘을 삼고, 백성은 먹는 것으로서 하늘을 삼기 때문에, 백성이 하늘 삼을 바 먹을 것을 잃게 되면, 나라도 의지할 바가 없게 됨은 바꿀 수 없는 이치인 것이다. 따라서 왕도정치는 백성의 부모 노릇하는 것을 마음으로 삼아, 백성의 힘을 펴 주고 백성들의 산업을 두텁게 해 주어, 백성들이 하늘로 삼는 먹을 것이 풍유(豊裕)하여 그 본연의 착한 마음을 보존하게 할 뿐이라 하였다.25) 또 「동호문답(東湖問答)」에서는 먼저 잘못된 법을 개혁하여 민생을 구해야 하는데, 폐법을 개혁하고자 하면 마땅히 언로 (言路)를 넓혀 훌륭한 정책을 수집해야 한다 하였다.26) 잘못된 법제의 개혁은 백성들의 삶을 구제하기 위해 필요하다는 말이다.

율곡은 또 당면한 지금의 급무(急務)는 다만 백성을 편안하게 하고 사람들을 진작(振作)시키는 일이라 하고,27) 지금 시무(時務)의 급한 것은 백성을 보호하는 것보다 먼저 할 것이 없다고 한다.28) 아울러 행정기구를 설치하고 관리를 두는 것도 단지 목민(牧民)을 위함에 있고,29) 공안 (貢案)을 개정하자는 것도 백성에게 미치는 포렴(暴斂)의 폐해를 제거함에 있다 하였다.30)

그는 또 임금의 비용을 줄여서 백성들의 힘을 펴 주어야 한다 하였으며,31) 옛 것을 새롭게 바꾸자 함도 단지 그 시비이해(是非利害)를 계산하

---

25) 『栗谷全書』, 卷25, 「聖學輯要 7」, "臣按 君依於國 國依於民 王者以民爲天 民以食爲天 民失所天 則國失所依 此不易之理也 王者之政 不過以父母斯民爲心 紓民之力 厚民之産 使所天有裕得以保其本然之善心而已."

26) 『栗谷全書』, 卷15, 「東湖問答」, "先革弊法 以救民生 欲革弊法 則當廣言路 以集善策."

27) 『栗谷全書』, 卷15, 「東湖問答」, "主人曰 善哉 問 安民作人 固今世之急務也."

28) 『栗谷全書』, 卷5, 「陳海西民弊疏」, "但今時務之急 莫先於保民."

29) 『栗谷全書』, 卷7, 「陳時弊疏(壬午)」, "設邑置宰 只爲牧民."

30) 『栗谷全書』, 卷5, 「萬言封事」, "改貢案以除暴斂之害."

31) 『栗谷全書』, 卷4, 「擬陳時弊疏」, "減御用以舒民力."

여 요컨대 백성을 편하게 함에 있을 뿐이라 하였다.[32]

이와 같이 율곡에게 있어서는 당시 폐법의 개혁을 주장함도 백성을 이롭게 함에 있었고,[33] 여러 관직을 설치하여 그 직책을 나누는 행정의 본래적 목적도 단지 백성의 삶을 위함에 있었다.[34]

이렇게 볼 때, 율곡에 있어 행정의 목적적 가치는 '백성(民)'에 있음이 분명하다. 그 표현은 '애민(愛民)', '이민(利民)', '위민생(爲民生)', '구민생(救民生)', '서민력(舒民力)', '쾌중심(快衆心)', '보민(保民)', '활민(活民)', '목민(牧民)', '편민(便民)', '안민(安民)', '양민(養民)' 등으로 매우 다양하다. 백성을 사랑하고, 백성을 이롭게 하고, 백성을 위하고, 백성을 구제하고, 백성의 힘을 펴 주고, 백성의 마음을 기쁘게 해 주고, 백성을 보호하고, 백성을 살리고, 백성을 기르고, 백성을 편안하게 해 준다는 이 표현들은 모두가 백성을 행정의 목적적 가치로 설정하고 있다는 명백한 증거다.

임금을 비롯한 크고 작은 관직이 존재하는 이유가 백성을 위함에 있고, 그 관직을 통해 수행해야 할 행정의 목적 또한 백성의 편익(便益)에 있는 것이다. 특히 율곡은 나라를 편안하고 백성에게 이로우면 모두 해야 할 일이요, 진실로 그 나라를 편안하게 할 수 없고 그 백성을 보호할 수 없는 것이라면 모두 할 수 없는 일이라 하였다.[35] 공직자가 해야 할 일과 해서는 안 될 일의 기준이 곧 '편국이민(便國利民)', '안국보민(安國保民)'에 있었던 것이다. 문제는 나라에 이로우냐 해로우냐, 백성에게 이로

---

32) 『栗谷全書』, 卷11, 書3, 「答成浩原(丙子)」, "大抵革舊更新 但計其是非利害 要在有便於民 而已."

33) 『栗谷全書』, 卷5, 「萬言封事」, "法久弊生 害歸於民 設策矯弊 所以利民也."

34) 『栗谷全書』, 卷5, 「萬言封事」, "設百官分庶職 只爲民生而已."

35) 『栗谷全書』, 拾遺, 卷5, 「時弊七條策」, "苟可以便於國利於民 則皆可爲之事也 苟不能安其 國保其民 則皆不可爲之事也."

우냐 해로우냐 하는 것이 행정의 기준과 원칙이 되어야 하는 것이다. 그러나 여기에서도 백성이 나라의 근본이요 나라도 백성에 의존한다고 보면 궁극적으로 행정의 목적은 백성의 이익, 백성의 복지, 백성의 안전, 백성의 편안함에 있는 것이다. 행정학은 곧 인간학이어야 한다. 행정은 인간을 위한 인간에 의한 행정이라 할 때, 율곡의 이러한 인본적 행정론은 현대 행정론의 본질과도 일치하는 것이라 할 수 있다.36)

그런데 이러한 율곡의 행정관은 그가 인간을 어떻게 보고 있느냐 하는 것과 연관하여 생각해 보아야 한다. 왜냐하면 인간을 어떻게 보느냐에 따라 사회적 의미의 민(民)에 대한 인식도 달라지기 때문이다. 본래 유가철학에서는 인간의 본질에 대해 긍정적 신념을 갖는다. 인간은 누구나 선천적으로 도덕가능의 존재일 뿐 아니라 영특한 지성을 지녔다고 생각한다. 율곡도 전통적인 유가의 인간관을 계승하여 인간은 도덕가능의 존재라고 생각한다. 성인과 중인은 그 본성이 하나로 같다 하고, 비록 기질이 맑고 흐리고 순수하고 잡박한 차이가 없을 수 없지만, 진실로 능히 참되게 알고 실천하여 그 낡은 버릇을 버리고 처음의 본성을 회복한다면, 털끝만큼을 보태지 않고서도 온갖 선이 다 만족하여질 것이라 한다.37) 또한 사물들은 변화시킬 수 없지만, 인간은 마음이 허명(虛明)하여 변화시킬 수 있다고 전제하고, 기(氣)가 맑고 질(質)이 잡박한 사람은 알 수는 있어도 능히 행할 수 없고, 질이 순수하고 기가 흐린 사람은 능히 행할 수는 있으나 잘 알 수 없는데, 궁행(躬行)을 힘쓰고 학문을 힘쓰면 능히 알 수 있게 하고 능히 행할 수 있게 된다 하였다.38) 이와 같이 율곡

---

36) 김용환, 「율곡의 행정철학에 관한 연구」, 성균관대대학원(박사논문), 1995, 87쪽.

37) 『栗谷全書』, 卷27, 「擊蒙要訣」, "蓋衆人與聖人 其本性則一也 雖氣質不能無淸濁粹駁之異 而苟能眞知實踐 去其舊染 而復其性初 則不增毫末 而萬善具足矣."

38) 『栗谷全書』, 卷21, 「聖學輯要」, "物之偏塞 則更無變化之術 惟人則雖有淸濁粹駁之不同 而方寸虛明 可以變化 故孟子曰 人皆可以爲堯舜 豈虛語哉 氣淸而質粹者 知行不勉而能 無

은 지(知)와 행(行)의 양면에서 인간은 변화 가능한 존재임을 밝히고 있다. 이러한 인간관에 기초하여 그의 대민관(對民觀)을 검토해 보기로 하자.

율곡은 「도적책(盜賊策)」에서 "이 백성이야말로 두려워해야 할 대상이지 소홀히 할 수는 없다"[39]고 하는가 하면, 「성학집요(聖學輯要)」에서는 "이 백성은 지극히 어리석은 것 같으나 신과 같으니, 어찌 구설(口舌)로써 속일 수 있느냐"[40]고 말한다. 이와 같이 율곡은 신분적 차별이 극심했던 조선조 현실에서도 백성을 치자를 위한 도구적 존재나 행정의 수단적 존재로 생각하지 않고, 도리어 두려워해야 할 존재 내지 신과 같은 존재로 인식하고 있는 것이다.

이러한 율곡의 민에 대한 인식은 그의 행정론을 이해함에 있어서 중요한 시사를 준다. 율곡은 유가철학의 전통에 따라 '임금은 나라에 의존하고 나라는 백성에 의존한다'[41]는 입장에서 백성은 나라의 근본이니, 근본이 튼튼해야 나라가 편안하다 하고, 지금 민생이 날로 위축되어 마치 물불의 재앙을 만난 것과 같으니 '나를 어루만지면 임금이지만 나를 학대하면 원수'라는 말이 어찌 깊이 두려워하지 않을 수 있겠느냐고 말한다.[42] 임금이 정치의 근본을 세우는 것은 이 백성을 표준으로 삼고자 하는 것이다.[43] 이와 같이 율곡은 인간의 존엄, 백성을 근본으로 삼는 인간관 내지 대민관에 기초하여 그의 행정론을 전개했던 것이다.

以尙矣 氣淸而質駁者 能知而不能行⋯質粹而氣濁者 能行而不能知."

39) 『栗谷全書』, 拾遺, 卷6, 「盜賊策」, "斯民也 可畏而不可忽也."

40) 『栗谷全書』, 卷25, 「聖學輯要 7」, "斯民也 至愚而神 豈得以口舌相欺乎?"

41) 『栗谷全書』, 卷3, 「諫院陳時事疏(丙寅)」, "所謂安民以固邦本者 君依於國 國依於民."

42) 『栗谷全書』, 卷7, 「陳時弊疏(壬午)」, "民爲邦本 本固邦寧 目今民生日蹙 如在水火 撫我則后 虐我則讐 豈不深可懼哉."

43) 『栗谷全書』, 卷3, 「諫院陳時事疏(丙寅)」, "人君所以立治本者 欲爲表準於斯民也."

5. 교육에 대한 담론

율곡은 철학이나 정치뿐만 아니라 교육에 관해 많은 관심을 갖고 이론을 제시하였다. 그는 교육의 이론뿐 아니라 스스로 스승의 입장에서 교육을 실천한 교육자이기도 하다. 그의 교육사상은 「격몽요결(擊蒙要訣)」, 「학교모범(學校模範)」, 「동호문답(東湖問答)」, 「시정사학도(示精舍學徒)」, 「은병정사약속(隱屛精舍約束)」, 「은병정사학규(隱屛精舍學規)」 등을 통해 살펴볼 수 있는데, 이제 교육목표, 교육동기, 교육적 인간상, 교육의 가능성, 교육과정, 교육방법, 교사론 등의 순서로 고찰해 보기로 하자.

율곡은 백성을 잘 기른 다음에는 교화를 베풀어야 하는데, 교화를 베푸는 방법은 학교보다 먼저 할 것이 없다 하여,[44] 교육의 중요성을 강조한다. 아울러 사람이 이 세상에 태어나서 학문이 아니면 사람이 되지 못한다 하여,[45] 사람이 사람 될 수 있는 조건이 곧 학문이라 하였다. 소위 학문이란 역시 이상하고 다른 것이 아니다. 다만 어버이 된 자는 마땅히 자애로워야 하고, 자식 된 자는 마땅히 효도해야 하며, 신하된 자는 마땅히 충성해야 하며, 부부간에는 마땅히 분별이 있고, 형제 된 자는 마땅히 자애로워야 하며, 젊은이는 마땅히 어른을 공경하고, 친구 사이에는 마땅히 신의가 있어 일용의 모든 일에 따라 각각 그 마땅함을 얻을 뿐이다.[46]

이와 같이 율곡의 학문개념은 우리의 일상을 떠나 높고 먼 것이 아니

---

44 44)『栗谷全書』, 卷15, 雜著2, 「東湖問答」, 論教人之術, "主人曰 養民然後 可施教化 設教之術 莫先於學校."

45)『栗谷全書』, 卷27, 「擊蒙要訣」, 序, "人生斯世 非學問 無以爲人."

46)『栗谷全書』, 卷27, 「擊蒙要訣」, 序, "所謂學問者 亦非異常別件物事也 只是爲父當慈 爲子當孝 爲臣當忠 爲夫婦當別 爲兄弟當友 爲少者當敬長 爲朋友當有信 皆於日用動靜之間 隨事各得其當而已."

라, 일용의 모든 일에 있어서 각기 그 마땅함을 얻는 것에 지나지 않는다. 또한 이른바 학문이란 단정하게 우뚝 앉아서 종일 독서만 하는 것이 아니고, 일용처사(日用處事)에서 하나하나 이치에 맞는 것을 의미한다.47) 율곡이 말하는 학문이란 단순한 지적수수(知的授受)가 아니라 일용처사에서의 합리적인 생활에 있음을 알 수 있다.

이렇게 볼 때, 우리는 율곡의 교육사상에서 교육의 목표가 도(道)에 있음을 알 수 있다. 율곡에 의하면, 도(道)라는 것은 아득히 깊고 먼 데 있는 것이 아니고 다만 일용(日用) 사이에 있다. 집에 들면 부모에게 효도하고 밖에 나가면 어른에게 공순하며, 거처할 때는 공손하고, 일에 손댈 때는 경건하며, 남을 대할 때에는 충(忠)으로써 하고, 이익을 볼 때에는 의리를 생각하는 등 이러한 것일 뿐이다.48) 위에서 말한 학문이 곧 도의 이해와 실천임을 알 수 있다. 율곡은 「학교모범」에서 제1조 입지(立志)를 설명하면서, "배우는 자는 먼저 뜻을 세워야 하며, 도로써 자신의 임무를 삼아야 한다"고 말하고, 도는 높고 먼 것이 아닌데도 사람이 스스로 행하지 않는다고 한다.49) 배우는 뜻, 교육의 목표가 바로 도에 있음을 분명히 하였다. 도라는 것은 나를 떠날 수 없는 것이다. 배우는 자가 날로 공부가 있어 마음을 항상 도에 둔다면 오래 쌓이게 됨에 반드시 그 현저한 효과가 있어서, 심지(心志)가 안으로 정착될 뿐 아니라 용모와 사기 또한 종전보다 달라지게 된다.50) 그러므로 학자는 반드시 성심으로 도에 마

---

47) 『栗谷全書』, 卷29, 「經筵日記」, "學問非謂兀然端坐終日讀書也 學問只是日用處事——合理之謂也."

48) 『栗谷全書』, 卷15, 雜著2, 「示精舍學徒」, "大抵道非冥冥深遠底物事 只在日用之間 入則孝出則弟 居處恭 執事敬 與人忠 見得思義 如斯而已."

49) 『栗谷全書』, 卷15, 「學校模範」, "學者先須立志 以道自任 道非高遠 人自不行."

50) 『栗谷全書』, 卷15, 「示精舍學徒」, "道不可離 學者日有工夫 心常在道 則積久必有顯效 非但心志內定 至於容貌士氣 亦異於平昔矣."

음을 쏟으면서 세속의 잡된 일로 그 뜻을 어지럽히지 않은 뒤라야 학문할 기초가 마련된다. 학문하는 사람은 한결같이 도에다 마음을 쏟아 외물에 빼앗긴 바가 되어서는 안 되며, 외물의 바르지 못한 것은 일체 마음에 유념하지 말아야 한다.[51]

이와 같이 율곡에 있어 교육의 목표는 도에 있었다. 그러면 교육의 동기는 무엇인가? 율곡은 이를 입지(立志)로서 설명한다. 율곡은 한 개인의 인격수양이나 한 나라 임금의 자질 함양에 있어서 가장 먼저 해야 할 것이 입지라고 보았다. 교육에 있어서도 뜻을 세우고 뜻을 갖는 것이야말로 교육의 성패를 좌우하는 중요한 요소다. 율곡은 「격몽요결」에서 "처음 배움에는 모름지기 입지를 먼저 하고, 반드시 성인이 되기를 스스로 기약해야 된다" 하였고,[52] 「자경문(自警文)」에서도 먼저 모름지기 그 뜻을 크게 하고 성인으로서 준칙(準則)을 삼아야 하며, 조금이라도 성인에 미치지 아니하면 나의 일이 끝난 것이 아니라[53]고 하였다.

또한 「성학집요」에서도 "학문에는 입지보다 선행할 것이 없다"[54]고 하여 입지를 강조하고 있다. 그런데 지(志)란 의(意)가 정해진 것이요 의(意)란 지가 아직 정해지지 않은 것이다.[55] 의지(意志)라고 하지만 의보다 지가 마음의 지향성을 더욱 뚜렷이 한 개념이다. 지(志)란 마음의 가는 바로서 선으로 가고 악으로 가는 것이 모두 지인 것이다.[56] 지는 기

---

51) 『栗谷全書』, 卷27, 「擊蒙要訣」, 持身章, "學者 必誠心向道 不以世俗雜事亂其志 然後爲學 有基址."

52) 『栗谷全書』, 卷27, 「擊蒙要訣」, 「立志章」, "初學先須立志 必以聖人自期."

53) 『栗谷全書』, 卷14, 「自警文」, "先須大其志 以聖人爲準則 一毫不及聖人 則吾事未了."

54) 『栗谷全書』, 卷20, 「聖學輯要2」, 立志章, "學莫先於立志 未有志不立 而能成功者 故修己 條目 以立志爲先."

55) 『栗谷全書』, 卷20, 「聖學輯要2」, 窮理章, "志者 意之定者也 意者 志之未定者也."

56) 『栗谷全書』, 卷20, 「聖學輯要2」, 窮理章, "志者 心有所之之謂 情旣發而定其趨向也 之善 之惡皆志也."

(氣)를 통솔한다. 지가 한결같으면 기가 움직이지 않음이 없다.57) 그러므로 뜻을 세우는 것이야말로 교육에 있어서 근본 동기가 되어 교육의 활력을 불어넣는 계기가 되고 교육의 성패를 좌우하게 되는 것이다.

그러면 율곡에 있어 교육적 인간상은 무엇인가? 그것은 성인(聖人)이라 할 수 있다. 앞서 입지에서도 보았듯이 그가 뜻을 세움에 반드시 성인을 일컫고 있음을 볼 수 있다. 본래 유가철학에서는 바람직한 인간의 모습을 성인(聖人), 군자(君子), 사(士), 대인(大人), 대장부(大丈夫) 등 여러 가지로 설명하고 있지만, 율곡은 주로 성인(聖人), 진유(眞儒), 도학지사(道學之士)로 설명하고 있다. 진유나 도학지사는 현실적인 교육적 인간상이라면, 성인은 이상적인 교육적 인간상이라 할 수 있다. 가까이는 진유이기를 바라지만 멀리는 성인에 이르기를 바라는 것이다. 율곡에 있어 성인이란 중인(衆人)의 준칙이며,58) 천리(天理)에 순수하여 성(誠)의 온전함을 얻은 사람이다.59) 성인의 덕은 하늘과 더불어 하나가 되므로 신묘(神妙)하여 헤아릴 수 없고, 힘쓰지 않아도 맞고 생각하지 않아도 얻어 작위하지 아니하고도 모두가 법도에 맞으며, 동작이 모두 예에 맞는다.60) 천도의 온전함을 그대로 인간에게 있어 체득한 이가 성인으로, 성인은 천인합일의 구체적 현현이다. 성인은 율곡에게 있어서 인간의 표준으로서 인극(人極)이요, 진리로서의 태극이고, 교육이 지향해야 할 교육적 인간상이다.

그러면 교육의 가능성은 어디에 있는가? 율곡은 이를 두 가지 측면에서 설명한다. 하나는 맹자가 말한 인간의 성선(性善) 가능성이다. 대개

---

57) 『栗谷全書』, 卷20, 「聖學輯要2」, 立志章, "志者 氣之帥也 志一則氣無不動."

58) 『栗谷全書』, 卷10, 書2, 「答成浩原」, "天地 聖人之準則 而聖人 衆人之準則也."

59) 『栗谷全書』, 拾遺, 卷6, 「誠策」, "順乎天理 而得誠之全者 聖人也."

60) 『栗谷全書』, 卷31, 「語錄上」, "曰不作爲而自然 皆中規矩 則可謂動容周旋中禮矣 能如是者可謂聖人."

성인과 중인은 그 본성이 마찬가지다. 비록 기질은 맑고 흐리고 순수하고 잡박하여 다름이 없지 않으나, 진실로 능히 참되게 알고 실천하여 그 구습(舊習)을 버리고 그 본성을 회복한다면, 털끝만큼도 보태지 아니하여도 온갖 착함이 고루 갖추어질 수 있다.[61] 인간의 타고난 본성이 선하기 때문에 그것을 가리고 있는 요소만 제거된다면 본성은 회복될 수 있다.

교육이 가능한 또 하나의 이유는 기질변화의 가능성이다. 사람의 기품은 혹은 맑고 흐리나 수위(修爲)의 노력을 하면 본선(本善)의 성이 회복될 수 있다.[62] 다만 인간의 마음은 허령(虛靈)하고 밝아서 온갖 이치를 갖추고 있어 흐린 것은 변하여 맑게 할 수 있고, 잡박한 것은 변하여 순수하게 할 수 있다. 그러므로 수위의 노력이 홀로 인간에게만 있다.[63] 이와 같이 율곡은 일면 인간의 본래적인 성선과 일면 기질의 변화 가능성을 긍정함으로서 교육의 가능성을 분명히 하였다.

다음은 율곡의 교육사상에서 교육과정의 문제를 검토해 보기로 하자. 율곡은 「격몽요결」에서 공부하는 내용과 순서에 대해 자세히 언급하고 있다. 먼저 『소학』을 읽고 그 후에 『대학』, 『혹문(或問)』, 『논어』, 『맹자』, 『중용』의 사서를 공부한 다음 『시경』, 『예기』, 『서경』, 『역경』, 『춘추』의 오경을 공부하라고 가르친다. 그리고 송대 선유의 『근사록(近思錄)』, 『가례(家禮)』, 『심경(心經)』, 『이정전서(二程全書)』, 『주자대전(朱子大全)』, 『주자어류(朱子語類)』 및 다른 성리설을 공부하고, 남는 힘이 있으면 역사에 관한 공부도 하되, 이단이나 그 밖의 잡류의 부정한 서적은 읽지 말라 하

---

61) 『栗谷全書』, 卷27, 「擊蒙要訣」, 立志章, "蓋衆人與聖人 其本性則一也 雖氣質不能無淸濁粹駁之異 而苟能眞知實踐 去其舊染而復其性初 則不增毫末 而萬善具足矣."

62) 『栗谷全書』, 卷31, 「語錄上」, "夫人者 氣稟或淸或濁 必加修爲之功然後 復其本善之性矣."

63) 『栗谷全書』, 卷10, 書2, 「答成浩原」, "但心之爲物 虛靈洞徹 萬理具備 濁者可變而之淸 駁者可變而之粹 故修爲之功 獨在於人."

였다.64)

또한 「학교모범」에서는 『소학』을 먼저 배워 근본을 배양하고, 다음에는 『대학』과 『근사록』으로서 그 규모를 정하고, 그 다음에는 『논어』, 『맹자』, 『중용』 등과 오경을 읽고 『사기(史記)』와 선현의 성리서를 간간이 읽어, 의취(意趣)를 넓히고 식견을 정밀하게 해야 한다고 한다. 아울러 성인의 글이 아닌 것은 읽지 말고 무익(無益)한 글은 보지 말라고 한다.65) 이는 대체로 당시 조선시대의 유교적인 교육과정이라 하겠으나 「학교모범」은 왕명에 의해 선조에게 지어 올린 것으로 학령(學令)의 미비점을 보충케 하고 성균관 『태학지(太學志)』에까지 실려 있었던 것이다.66)

다음은 율곡의 교육방법에 관해 고찰해 보기로 하자. 율곡은 「자경문」에서 수양공부는 늦추지도 말고 급히 하지도 말며 죽은 뒤에나 그만두라 하고,67) 「격몽요결」에서는 거경(居敬)으로서 근본을 세우며 궁리(窮理)로서 선에 밝으며 역행(力行)으로서 실(實)을 행하는 것이니, 이 세 가지는 일생동안의 일이라 한다.68) 이와 같이 학문 내지 교육은 일정한 교육기간 동안만 국한되는 것이 아니라 죽을 때까지 멈추어서는 안 된다 하여, 오늘날 평생교육의 이념에 가까운 이론을 전개하고 있다. 그것은 율곡에 있어서 학문이란 곧 사람됨인데, 그 사람됨은 죽을 때까지 잠시도 그만둘 수 없기 때문이다.

또한 율곡은 교육방법으로서 지행병진(知行竝進)을 강조한다. 지(知)

---

64) 『栗谷全書』, 卷27, 「擊蒙要訣」, 讀書章.

65) 『栗谷全書』, 卷15, 「學校模範」, 讀書章, "其讀書之序 則先以小學培其根本 次以大學及近思錄定其規模 次讀論孟中庸五經 間以史記及先賢性理之書 以廣意趣 以精識見 而非聖人之書 勿讀無益之文."

66) 손인수, 「율곡의 교육사상 연구」, 『율곡사상과 현대사회』, 율곡학회, 1991, 126쪽.

67) 『栗谷全書』, 卷14, 「自警文」, "用功不緩不急 死而後已."

68) 『栗谷全書』, 卷27, 「擊蒙要訣」, 持身章, "居敬以立其本 窮理以明乎善 力行以踐其實 二者終身事業也."

와 행(行)이 비록 선후로 나누어지지만 실은 일시에 병진하는 것이다. 혹은 지로 말미암아 행에 도달하고, 혹은 행으로 말미암아 지에 도달한다.69) 이치를 궁구하는 것과 실천하는 것은 비록 두 가지 공부일지라도 모름지기 일시에 병진해야 한다.70) 이러한 관점에서 그는 마음과 행동이 같지 않으면 이미 유자(儒者)가 아니라고 하였다.71) 이와 같이 앎과 실천, 지와 행을 아울러 중시하는 그의 교육방법적 태도는 현대에 있어서도 매우 중요한 의미를 갖는다.

또한 율곡은 상벌(賞罰)을 통한 교육의 효율성을 높이고자 하였다. 그는 「은병정사약속」에서 만일 재(齋)에 있을 때에만 삼가고 집에 돌아가서는 태만한 자가 있다면, 벗들이 서로 살펴서 바로 잡고 경계해 주되, 고치지 않으면 스승에게 고하여 경계하고, 그래도 고치지 않으면 곧 재에서 내 쫓는다고 하였다.72) 아울러 재생(齋生)이 과실이 있으면 당장(堂長), 장의(掌議), 유사(有司) 등의 여러 사람이 재중에서 의논하여, 그 경중에 따라 출좌(黜座), 또는 면책을 하여 깨우쳐 주고, 1년 안에 두 번 출좌를 당하고도 오히려 고치지 아니하면 출재(黜齋)한다 하였다.73)

또한 「학교모범」에서도 이러한 상벌규정을 구체적으로 제시하고 있는데, 유학생들 중에 본심을 잘 간직하고 몸을 잘 단속하여 모범을 준수하고 학문이 성취되어 뛰어나게 칭찬할 만한 자가 있으면, 회의 때 모두에게 물어서 승낙을 얻으면 선적(善籍)에 기입하고, 그중에 더욱 남달리 뛰

---

69) 『栗谷全書』, 卷22, 「聖學輯要4」, 修己功效章, "知行雖分先後 其實一時並進 故或由知而 達於行 或由行而達於知."

70) 『栗谷全書』, 卷20, 「聖學輯要2」, 窮理章, "窮格踐履 雖是兩項工夫 要須一時並進."

71) 『栗谷全書』, 卷10, 書2, 「答成浩原」, "心迹之不同 已非儒者矣."

72) 『栗谷全書』, 卷15, 「隱屏精舍約束」, "若在齋謹飭 歸家懈怠者 朋友相察而規戒 若不悛則 告于師警勅 猶不改則乃出齋."

73) 『栗谷全書』, 卷15, 「隱屏精舍約束」, "凡諸生有過失 堂長掌議有司僉議于齋中 隨其輕重 或黜座 或面責 以警之 一年之內 再黜座 而猶不悛改 則黜齋."

어난 자가 있으면 그 실상을 갖추어 단자를 올려 권장의 뜻을 보여야 한다 하였다.[74] 이와 같이 상벌의 적정한 시행을 통해 교육의 성과를 제고해 보려는 의도를 엿볼 수 있다.

또한 전인교육의 차원에서 생활지도의 중요성에 관해 여러 가지로 설명하고 있다. 예를 들면 매일 오경(五更)에 일어나 침구를 정돈하고, 나이 적은 사람은 비를 들고 방안을 쓸며 재직(齋直)을 시켜 뜰을 쓸게 한 다음 모두 세수를 하고 머리를 빗고 의관을 바로잡고 나서 글을 읽는다고 규정하고 있다. 또 무릇 책상, 책, 붓, 벼루 같은 물건은 모두 제자리에 정돈해 두고, 행여나 어지럽게 여기저기 흩어 두지 말아야 하며, 글씨를 쓸 때에는 반드시 또박또박 반듯하게 써 휘갈겨 쓰지 말 것이며, 또 벽이나 창문에다 낙서를 해서도 안 된다고 하였다.[75]

이 밖에도 많은 양의 학규(學規)가 규정되어 있는데, 이는 현대 교육이 지나치게 지식교육에 편중되어 전인교육 내지 심성교육에 소홀한 것에 비추어 볼 때, 심성교육 내지 생활교육의 중요성을 일깨워 주는 것이다.

또 율곡은 「동호문답」에서 교육정책에 관한 구체적인 대안을 제시하고 있으며,[76] 특히 그의 교사론은 오늘에 있어서도 음미해야 할 가치가 많다. 그는 당시 교사제도의 모순에 관해 지적하기를, 지금은 훈도(訓導)를 지극히 천한 소임으로 생각하여 반드시 가난하고 재산이 없는 사람을 구해 그 자리를 주어 그것으로 가난이나 면케 하고 있고, 훈도가 된 사람은 한갓 교생(敎生)을 침탈하여 자기만 살찌게 할 뿐이니, 이런 형편에서 누가 교육이 무엇인지를 알겠느냐고 반문한다.[77] 당시 교사가 밥벌이의

---

74) 『栗谷全書』, 卷15, 「學校模範」, "齋生如有存心飭躬 一遵模範 學問將就 表表可稱者 則會議時 詢于衆 得僉可則書于善籍 其中尤卓異者 具其實狀 呈單子于師長以示勸奬."
75) 『栗谷全書』, 卷15, 「隱屛精舍學規」.
76) 『栗谷全書』, 卷15, 「東湖問答」, 論敎人之術.
77) 『栗谷全書』, 卷15, 「東湖問答」, 論敎人之術.

수단으로 전락된 현실을 비판하고 있다.

그러므로 교화의 방법은 교사의 선발보다 먼저 할 것이 없다.[78] 여기에 관한 구체적인 방법을 율곡은 「학교사목(學校事目)」에서 제시하고 있다. 교육에 있어서 교사의 역할이 얼마나 중요한가 하는 것은 현대 교육에서도 마찬가지이다. 율곡은 일찍이 교화의 첩경이 교육에 있고 교육의 성공은 또한 교사제도의 확립에 있음을 확실히 한 것이니, 그의 교육적 탁견을 헤아릴 수 있다.

이렇게 볼 때, 그의 교육사상은 시대적 한계에도 불구하고 객관적 의미를 갖기에 충분한 것이며, 그의 도로 표현된 교육목표, 교육동기로서의 입지, 성선과 기질변화의 교육가능성, 평생교육이념, 지행병진, 상벌제도, 전인교육의 강조 등 다양한 교육방법, 그리고 그의 교사론 등은 현대교육이 나아가야 할 방향을 제시해 주고 현대교육이 당면한 문제해결에 중요한 시사를 준다는 점에서 그 의의가 크다.

6. 십만양병론과 「육조계(六條啓)」의 국방대책

16세기 후반이야말로 북으로는 명의 쇠퇴와 함께 여진이 강성하여 우리의 변방을 위협하였으며, 남으로는 왜의 국내적 통일과 함께 전운이 짙던 풍전등화의 비상사태였다 할 수 있다. 더욱이 문약(文弱)과 태평의 인습은 물론 정치적 분열과 사회기강이 극도로 와해된 국내현실은 내우외환의 필요충분조건임에 틀림없었다. 이러한 상황 속에서 율곡의 현실통찰은 정확하였고, 그의 뜨거운 애국심과 민족주체의식은 끊임없는 개혁과 자기반성을 수없이 외쳤지만, 보수와 안일에 빠진 지배층의 무능과

---

78) 『栗谷全書』, 「學校模範」, "敎化之具 莫先於擇師."

무책임은 그 혜안을 직시할 줄 몰랐다.

율곡의 시무론(時務論)은 그가 살던 시대의 역사적 사회적 배경을 전제로 하며 그것의 소산이라 할 수 있는데, 율곡의 상소 전반에 걸쳐 국방에 관한 그의 우려와 대책은 바로 조선이 처한 당시 정세를 반영한 것이다. 그가 출사한 지 2년 후인 1566년(명종21년)에 사간원 정언으로 올린 「간원진시사소(諫院陳時事疏)」에서 이미 실호(實戶)에 의한 군적정리와 군사의 정병(精兵)주의 원칙79)을 주장하였고, 「진미재오책차(陳弭災五策箚)」에서도 유능한 인재에 의한 변방의 방비를 말하고 있으며, 「만언봉사(萬言封事)」에서도 '군정(軍政)을 개혁하여 내외의 방비를 굳게 해야한다'는 것을 말하면서, 군정의 폐단과 그 대책을 비교적 상세하게 밝히고 있다.

또한 황해도 관찰사로서 올린 「진해서민폐소(陳海西民弊疏)」에서는 먼 곳에서 경비를 서는 괴로움을 보고하면서 민중의 입장에서 제도상의 모순시정과 변방 방비의 내실방안을 제시하고 있다.

특히 1583년 니탕개의 침입 이후 율곡의 국방에 대한 관심은 더욱 고조되어, 그해 2월 왕명에 의한 시무(時務) 6조를 올렸는데, 이는 그 내용이 거의 국방에 관한 문제였으며, 4월에 올린 「진시사소(陳時事疏)」에서도 '군적(軍籍)을 고칠 것'을 비롯한 4개조의 개혁안을 제시하고 있다. 이어 경연에서 십만양병을 진언하였는데 이때가 세상을 뜨기 1년 전이었다. 율곡은 1583년(선조 16년) 병조판서 재직 중 경연에서 이렇게 말하였다.

국세의 떨치지 못함이 심하니 10년을 지나지 아니하여 마땅히 멸망

---

79) 『栗谷全書』, 卷3, 「諫院陳時事疏」, "兵患不精 不患不多 國若富庶 百姓皆兵 何患無兵."

의 화가 있을 것입니다. 원컨대 미리 10만의 군사를 양성하여 도성에 2만, 각 도에 1만씩을 두어, 군사에게 호세(戶稅)를 면해 주고 무예를 단련케 하고, 6개월에 나누어 번갈아 도성을 수비하다가 변란이 있을 때에는 10만을 합하여 지키게 하는 등 완급(緩急)의 대비를 삼아야 합니다. 그렇지 않으면 하루아침에 변이 일어날 때 백성을 몰아 싸우게 됨을 면치 못할 터이니 그때는 일이 틀리고 말 것입니다.[80]

이때 유성룡(柳成龍)이 '무사(無事)한 때에 군사를 양성함은 화를 기르는 것'이라고 하자 경연에 참석한 다른 신하들도 이에 동조하였다. 율곡은 유성룡에게 "국세가 떨치지 못함이 오래되었다. 속된 유자(儒者)는 본래 시사(時事)의 적의성에 통달치 못하지만 공도 또한 그런 말을 하는가"라고 하였다. 이 말은 율곡의 「행장」, 「연보」, 그리고 『은봉일기(隱峰日記)』 등에 큰 차이 없이 수록되어 있다.

이러한 율곡의 예언 아닌 예언은 후일 임진왜란으로 입증되었는데, 그것은 율곡의 투철한 역사의식과 정확한 현실통찰의 당연한 귀결이었다. 그의 소차 도처에서 10년이 못가 화란(禍亂)이 닥칠 것을 경고한 구절이 반복되고 있음은 결코 우연이 아니다. 사실 임진왜란은 수포대역제(收布代役制)가 일반화되어 의무병제도를 유지할 수 없었던 16세기 동요기의 현실에서 의무병제도가 무너지고 새로운 용병제가 아직 확립되기 전에 밀어닥친 군사적 공백기에 나타난 기습이었다.

임진왜란이 일어나자 유성룡은 율곡을 성인이라 하였고, 후회의 말을 하였음 또한 그의 「연보」, 「행장」, 그리고 『은봉일기』에 잘 나타나 있다.

---

80) 『栗谷全書』, 卷34, 附錄2, 「年譜」, "入對請預養十萬兵以備不虞 先生於經筵啓 曰國勢之
不振極矣 不出十年當有土崩之禍 願預養十萬兵 都城二萬 各道一萬 復戶錬才 使之分六朔
遞守都城而聞變 則合十萬把守以爲 緩急之備 否則一朝變起 不免驅市民而戰大事去矣."

뿐만 아니라 율곡은 죽음에 임박해서까지 외환을 우려하고 국방 대비를 강조하였으니 그의 나라사랑과 보국안민의식을 가히 짐작할 수 있다.

전쟁은 죄악시되어야 하며 유학의 기본입장은 전쟁을 부정한다. 맹자는 '어진 자는 적이 없다' 하였고, 어진 자는 '사람 죽이기를 싫어하는 자'로써 인간의 생명존중과 전쟁부정의 평화주의를 명백히 하였다. 뿐만 아니라 『맹자』에서는 '전쟁을 잘하는 자는 극형에 처한다'고 하여 전쟁에 대한 부정적 입장을 분명히 하고 있다. 이러한 유학의 전통적 입장에도 불구하고 율곡이 국방을 강조할 수밖에 없었던 까닭을 알아야 한다. 그것은 남왜북호(南倭北胡)의 위협 속에 민족의 생존과 종묘사직의 명맥을 수호함에 있었다. 국내적 모순도 심각했지만 외환의 위기는 실로 민족의 생존과 국가의 안전에 직결되었기에 그렇게 강조할 수밖에 없었다. 정치적 자유와 인권의 보장, 경제적 평등과 복지, 사회적 정의와 기강도 민족의 생존 연후에야 가능하기 때문이다.

그러므로 국방에 대한 율곡의 관심은 전쟁에서의 승리를 위한 군사력 증강이 아니라, 이민족의 침략 앞에 민족과 국가를 수호하려는 보국안민의 윤리에 있었다. 아울러 전쟁 억제력으로서의 국방의 요청이며 인간의 생명과 평화를 사랑하는 가치지향에서의 국방을 말한 것이다. 이것은 바로 유학의 인도정신, 평화주의와 통하는 것이며, 후세 임진, 병자의 난중에서 그리고 일제의 침략 앞에 민족과 국가를 수호하려 했던 충렬(忠烈)정신으로 계승되었다.

1583년(선조 16년) 여진추장 니탕개의 경원부 침입은 조정과 조야를 놀라게 하였다. 율곡의 국방에 대한 관심은 이미 오래였지만 이즈음 더욱 깊어졌다. 그는 병조판서를 사직코자 하였으나 도리어 왕으로 부터 다음과 같은 요청을 받게 되었다.

아조(我朝)의 병력이 전조(前朝)에도 미치지 못하고 게다가 승평(昇平) 100년 끝에 병정(兵政)이 문란한 지 오래되었다. 내가 때로 이를 생각해 볼 때 은근히 걱정되지 아니함이 없어 실로 그 사람을 얻지 못함을 탄식하고 있다. 그대는 일찍이 경장으로 기강을 고치기를 권권히 뜻해 왔다. 지금이야말로 그대가 능히 기특한 모책을 내어 유폐(流弊)를 모두 개혁할 양병(養兵)의 규정을 만들 수 있다면 국가의 행복이 되겠다.81)

이러한 간곡한 요청에 따라 국방을 주로 하는 「육조계(六條啓)」를 올렸는데, 이는 율곡의 상소문 가운데 「만언봉사」와 더불어 가장 대표적인 것이다. 6조의 대책은 ① 어진 자와 능력 있는 자를 임용할 것(任賢能) ② 군민을 양성할 것(養軍民) ③ 재용을 넉넉히 할 것(足財用) ④ 변방경비를 굳게 할 것(固蕃屛) ⑤ 전마를 준비할 것(備戰馬) ⑥ 교화를 밝힐 것(明教化)으로서, '임현능(任賢能)'은 인사문제, '양군민(養軍民)'은 군사와 백성의 양육문제, '족재용(足財用)'은 국방과 경제의 관계, '고번병(固蕃屛)'은 변경방비의 내실화, '비전마(備戰馬)'는 전력의 기동성문제, '명교화(明教化)'는 국민교화의 문제로서 ①⑥조가 인간 내면의 문제요 정신적 문제라면 ②③④⑤조는 국방의 구체적 내용과 방법이었다.

그러면 「육조계」의 '임현능'과 '명교화'를 중심으로 먼저 국민통합과 정신계발의 문제를 생각해 보기로 하자. 율곡의 「육조계」는 제1조 '임현능'으로 시작하여 제6조 '명교화'로서 끝난다. 이것은 양자가 인간의 문제요 정신적 문제라는 점에서 전통적 유학의 기본입장과 일치하며 율곡

---

81) 『宣祖實錄』, 卷17, 「上16年 正月 條」, "答曰我朝兵力固已不及於前朝 而昇平百年 兵政之
散久矣 予時思之 未嘗不隱憂之 實嘆不得其人焉 卿嘗以更張改紀前後惓惓 是卿之素志也
今卿誠能出奇運謀 革盡流斃作爲養兵之規 則於國家幸矣."

사상의 본령이다. 얼핏 생각하면 '임현능'과 '명교화'는 국방과 무관한 것 같지만 실은 그렇지 않다. 오늘날 국방력이란 국력의 총합적 개념으로 파악된다. 특히 국방에 있어서 정신전력은 국방의 물질적 요인보다 훨씬 중대한 의미를 갖는다. 왜냐하면 국방의 주체는 국민이며 국방은 궁극적으로 인간의 문제로 귀결되기 때문이다. 아무리 우월한 경제력과 병기를 확보한다 할지라도 그것을 운용하는 주체는 인간이기 때문에, 그 나라를 지키고 민생을 안정시키려는 국민의 공통된 가치통합이 전제되지 않으면 안 된다. 그러므로 공자는 '의식의 충족(足食)' '군사의 충족(足兵)'과 더불어 '백성의 신의(民信之)'를 말하였던 것이며,[82] 율곡 또한 「육조계」의 시종(始終)으로서 '임현능'과 '명교화'를 설정했던 것이다. '임현능'은 인사정책의 쇄신을 강조한 것으로 문벌이나 신분에 의한 것이 아니라, 오직 도덕적 자질(賢)과 실무적 능력(才)을 인사의 원리로 하여 인재를 쓰며, 어진 자가 그 자리에 있고 능력 있는 자가 그 직책을 맡아야 한다는 인사의 공평성을 말한 것이다.[83] 인사이동의 빈번한 폐단을 없애고 유능한 자에게 군적을 전담시켜 군정의 내실을 기해야 한다 하였다. 이러한 '임현능'의 문제는 율곡의 상소 도처에 언급되고 있으며, 정치, 경제, 사회, 국방 등 모든 영역에서 중시되었다.

또한 '명교화'는 군사력이나 국력의 요소에 의리나 교화와 같은 사기 내지 의식적 요인을 포함한 탁월한 발상으로서 후일 임진왜란과 병자호란에서 국권을 수호했던 충렬정신의 바탕이 되었다. 율곡은 "설령 먹는 것이 풍족하고 군사가 족하다 할지라도 인의(仁義)가 없다면 어찌 나라가 유지될 수 있겠느냐"[84]고 반문한다. 그리고 대개 나라를 다스리고 군

---

82) 『論語』, 「顔淵篇」, "子貢問政 子曰足食 足兵 民信之矣."
83) 『栗谷全書』, 卷8, 「六條啓」.
84) 『栗谷全書』, 卷8, 「六條啓」, "假使足食足兵 苟無仁義 則寧有維持之勢乎."

사를 거느리는 데는 반드시 예(禮)로써 가르치며 의(義)로써 가다듬어 염치를 알게 해야 한다 하고, 대개 사람이 염치가 있어야 크게는 싸울 수 있고 작게는 지킬 수 있다[85]고 하였다. 이는 오기(吳起)의 말을 인용한 것인데, 병가의 이론에서 조차 인간의 의리와 윤리를 중시하는데, 하물며 성왕의 정치에 있어서 교화를 먼저 힘쓰지 않을 수 없다고 하였다.

보국안민은 결국 인간이 주체이며 그 인간의 마음자세가 안보의 성패를 좌우한다. 백성들로 하여금 인효(仁孝)와 충의(忠義)의 윤리를 알게 하는 교육이 필요하며, 인효충의의 소이연지리(所以然之理)와 소당연지리(所當然之理)를 명백히 아는 성리본연에의 충실이 요청된다. 나라를 지켜야 할 충(忠)의 본질을 알고 부모형제의 안민을 위해 싸워야 할 까닭을 알게 될 때 목숨을 바칠 수 있는 충렬의 정신이 가능한 것이다.

그러므로 백성으로 하여금 이러한 교육과 교화를 통해 보국안민의 가치통합을 이룩해야 하는 것이며 이것은 바로 국난극복의 원동력이 되었다. 아울러 국인의 의지를 보국안민의 가치통합에로 유도하기 위해서는 교화와 함께 내 나라 내 민족이라는 공통의 인식과 유대가 필요한 것이며 그것은 자발적인 합의이어야 한다. 이러한 관점에서 율곡은 백성의 고통 해소, 백성의 편리 도모, 민의의 존중 등을 강조하여, 나라는 왕의 일인천하가 아닌 만백성이 목숨을 바쳐 수호할 가치로 설정했던 것이다.

이와 같이 율곡은 국방의 근본을 인간의 문제 나아가 윤리문제로 설정했던 것이며, 특히 국방에 있어서 국인의 의지를 보국안민의 가치로 통합하는 동시에 정신계발이라는 의미에서 '임현능'과 '명교화'를 요청하였다.

또한 율곡은 보국안민 의식과 함께 국방력의 실질적인 대안을 제시하

---

85) 『栗谷全書』, 卷8, 「六條啓」, "凡制國治軍 必敎之以禮 勵之以義 使有恥也 夫人有恥 在大足以戰 在小足以守矣."

였다. 물론 당시의 현실이 국방의 필요성을 낳기도 하였고, 율곡 자신 국방대비에 대한 식견이 탁월했기 때문이다. 그런데 율곡의 국방경륜은 그 것이 후일 임진왜란을 예비한 것이요 그것이 적중했다는 점에서 그 의미가 크다.

이제 「육조계」의 실질적인 국방대비책으로서 '양군민(養軍民)', '족재용(足財用)', '고번병(固蕃屛)', '비전마(備戰馬)'의 문제를 중심으로 고찰해 보기로 하자.

먼저 '양병(養兵)은 양민(養民)으로 근본을 삼는다'[86]는 기본입장에서 율곡은 양병의 전제로서 양민을 강조한다. 백성을 기르지 아니하고 군사를 기를 수 없는데, 백성은 곧 군사이기 때문이다. 율곡은 「육조계」에서 지금 백성의 기력은 이미 다하고 사방이 위축되어 제갈량(諸葛亮), 한신(韓信), 오기(吳起)로도 군사를 도모할 수 없다고 한탄하였다. 그것은 훈련시킬 군사가 없고 먹일 군량이 없기 때문이다.

그러면 군사의 부족은 무엇 때문인가? 그것은 군역(軍役)의 불공평으로 인하여 괴로움과 수월함이 균등치 못하고, 조세 부담의 과중으로 인한 일족절린(一族切鄰)의 폐단에 있었다. 율곡은 이에 대한 대책으로 어질고 유능한 자를 뽑아 군적을 전담시킬 것, 군역의 경중(輕重)을 균등히 할 것, 연대책임으로 인한 일족절린의 폐단을 없앨 것[87] 등을 말하였다. 민력의 회복은 양병(養兵)의 근본이었고, 민력 쇠잔의 원인은 불공평한 조세제도와 과중한 부담에 있었다. 결국 국방의 주체는 인간이며 백성을 살린 연후에야 국방의식도 가능하다는 이유에서 '족재용(足財用)'이 요

---

86) 『栗谷全書』, 卷8, 「六條啓」, "所謂養軍民者 養兵以養民爲本 不養民而能養兵者 自古及今 未之聞也."

87) 『栗谷全書』, 卷8, 「六條啓」, "臣意別擇賢能 設局委以軍籍 惟移苦歇 式均其役 而軍士逃亡 過三年者 則更括閑丁以充其代 必使諸色軍士 皆得支保 而無侵徵一族之患 則可紓軍民之 力."

청되었다. '군사의 충족은 경제의 충족으로 근본을 삼는다'[88]는 것은 국방에 있어서 경제의 중요성을 말한 것이며, 국방과 경제의 밀접한 관계를 말한 것이다. 그것은 생민(生民) 연후에야 국방의식이 가능한 것이며, 국방의 필수요건으로 국가경제가 수반되기 때문이다. 그러나 당시의 현실은 국가의 식량비축이 1년을 지탱할 수 없는 형편이어서 나라가 나라노릇을 못하는 격이었다.[89]

그러면 국가재정의 궁핍 원인은 무엇인가? 율곡은 「육조계」에서 말하기를, 첫째는 수입이 적고 지출이 많은 것이요, 둘째는 10분지 1의 맥도(貉道)로 징세하는 것이며, 셋째는 제사가 번거롭고 실속이 없는 것이라 하였다. 이는 국가재정의 적자화, 지나친 면세의 보편화, 제사의 사치와 낭비를 지적한 것이다. 국가재정의 궁핍을 막고 국부를 증진시키기 위한 대책으로는, 수입을 헤아려서 지출하고 불요불급한 관직과 무익한 경비는 모두 폐기하며, 재정당국의 엄격한 통제로 국고의 낭비와 손실을 방지해야 한다 하였다. 또한 10분지 1의 맥도징세의 폐단을 시정하기 위해서 공안을 개정하여 전세의 10분지 7 내지 8을 감한 연후에 적당히 세를 증가하여 국부를 넉넉히 할 것을 주장하였다.

또한 율곡은 변방이 견고해야 수도권 및 후방의 안전을 도모할 수 있다는 입장에서 변방 경비의 내실을 강조하였다. 그러나 당시의 현실은 사방의 군읍이 쇠잔(衰殘)하여 퇴폐하지 않은 곳이 없었고, 감사의 빈번한 이동으로 행정의 효과가 미칠 수 없는 현실에서 불시의 군사동원은 그 실효를 거두기 어려웠다.

율곡은 이에 대한 대책으로 쇠하고 퇴폐한 소읍(小邑)들을 합쳐서 백

---

88) 『栗谷全書』, 卷8, 「六條啓」, "所謂足財用者 足兵以足食爲本 百萬之兵一朝可散者 由無食故也."
89) 『栗谷全書』, 卷8, 「六條啓」, "今之國儲 不支一年 眞所謂國非其國者也."

성의 힘을 펴 줄 것과, 감사의 장기 부임과 책임 있는 행정으로 백성을 구하는 실상을 기할 것을 주장하였다. 쇠잔한 소읍의 병합은 민력의 회복과 국가재정의 합리화라는 측면에서 경제적, 군사적 의미가 컸던 것이며, 감사구임제(監司久任制) 또한 율곡의 소차를 통해 누차 강조된 것으로 정치적, 경제적, 군사적 측면에서 매우 중대한 문제였으며 현실적이고 효율적인 대책이었다.

또한 율곡은 병조판서로서 군사전략에도 능했음을 알 수 있다. 그는 "저편은 기병(騎兵)이고 이편은 보병(步兵)이라면 어떻게 대적할 수 있겠는가?"90)라고 하여, 전력의 기동성을 강조하였다. 평상시 군마(軍馬)의 마부(馬簿)를 정확히 하고 무예에 능한 자들로 하여금 군마를 양육토록 하는 동시에, 상벌과 통제를 엄격히 하여 유사시에 대비한 군마 준비에 만전을 기할 것을 주장하였는데, 여기에서 율곡의 국방대책에 대한 혜안과 선견을 알 수 있다.

이렇게 볼 때, 율곡의 「육조계」는 당시 내우외환의 위기에서 종묘사직을 수호하고 생민을 구제하려는 보국안민의 윤리에서 제시된 것이다. 또 그것은 현실적인 국방의식의 소산이었지만 평생을 통해 진언했던 상소 정신이 집약된 것이었고, 그 대책 또한 인사, 양민, 양병, 조세, 재정, 시폐, 군비, 행정, 교화 등 광범한 경세대책을 포함한 것이었다.

---

90) 『栗谷全書』, 卷8, 「六條啓」, "彼騎我步 何以相敵."

제4부 율곡의 학문적 특성과 자리매김

제1장

율곡의 학문적 특성

1. 균형적 사고와 조화적 가치관

성리학에서 리(理)와 기(氣)는 존재를 설명하는 용어지만 동시에 가치적 의미를 갖는다. 또 존재론이나 가치론에서 리와 기 가운데 어느 쪽에 더 강조점을 두고 무엇에 주도적 위치를 부여하느냐에 따라 성리학자들의 사고 지형이 달라진다. 이런 점에서 필요에 의해 부득이 주리(主理), 주기(主氣)의 용어를 사용하기도 한다. 주리, 주기는 이미 퇴계 이황(退溪 李滉)과 고봉 기대승(高峰 奇大升) 간에 오고 간 성리논쟁과 율곡 이이(栗谷 李珥)와 우계 성혼(牛溪 成渾)간에 있었던 성리논변에서 언급된 바 있다. 주리, 주기의 사용이 무조건 잘못된 것으로 보는 것은 문제가 있다.

조선의 수많은 유학자들이 우주자연과 인간을 어떻게 보고 있으며, 인간이 지향해야 할 가치를 어떻게 보고 있느냐 하는 것을 일률적으로 단정하는 것은 무리다. 왜냐하면 유학자들마다 그 주장이 다르고, 같은 중에도 또 미세한 부분의 차이가 발견되기 때문이다. 그러므로 부득이 주리, 주기, 이기조화 라는 잣대를 세워 분별해 보지 않을 수 없는 것이다.

율곡 이전의 성리학적 지형은 회재 이언적(晦齋 李彦迪), 퇴계 이황(退溪 李滉) 중심의 주리(主理)철학과 화담 서경덕(花潭 徐敬德) 중심의 기(氣)철학이 병존해 왔다. 사실 조선의 성리학은 기본적으로 주리의 기반

위에 있다 해도 지나치지 않는다. 즉 대부분의 성리학자들이 인간 심성에서 도덕이성의 우위성을 인정하고 있기 때문이다. 그런데 서경덕이 이런 분위기와는 달리 순수하게 자연철학의 문을 연 것은 매우 이채로운 일이었다.

율곡은 퇴계의 주리와 서경덕의 주기를 융섭하여 이기(理氣) 조화의 철학을 열었다. 이 이기조화의 율곡적 표현이 '이기지묘(理氣之妙)'라고 할 수 있다. 본래 이기지묘란 리와 기의 오묘한 관계성을 의미하는 말인데, 여기에는 여러 가지 함의가 존재한다.

율곡의 이기론을 보면 리(理)와 기(氣)의 유기적 구조를 전제한다. 리 없는 기도 없고 기 없는 리도 없다. 또 리가 있으면 반드시 기가 있어야 하고, 기가 있으면 리가 반드시 있어야 한다. 리나 기 어느 하나만으로는 존재 구성에 미흡하다. 하나의 존재가 성립하려면 리와 기 모두가 꼭 있어야만 한다. 리와 기는 그 홀로서는 반쪽이고 불완전하다. 달리 말하면 리는 기를 통해 온전해지고, 기는 리를 통해 온전해진다. 퇴계처럼 기 없이도 리가 초월적으로 존재한다는 것을 율곡은 인정하지 않는다. 리와 기는 시간적으로 선후가 없고 공간적으로 간극이 없다. 리와 기는 본래 하나의 존재양태로 있다. 이처럼 율곡은 존재론에 있어서 반드시 리와 기가 함께 있어야 한다고 보았다. 그것은 본체세계에서나 현상계에서나 마찬가지다.

또한 인간의 심성세계도 우주자연과 마찬가지로 리와 기가 오묘하게 하나의 모습으로 있다고 보았다. 인간의 마음도, 본성도, 감정도, 의지도 리와 기가 함께 있다. 율곡은 자연과 인간을 모두 리와 기의 조화체로 규정하였다. 퇴계가 사단과 칠정을 달리 설명한 것과는 달리, 율곡은 자연과 인간을 모두 기발이승(氣發理乘)의 존재, 이기지묘(理氣之妙)의 존재, 이통기국(理通氣局)의 존재로 설명하였다.

'이기지묘'는 율곡 철학의 입장이면서 동시에 존재를 보는 창이다. 뿐만 아니라 이기지묘는 율곡 철학의 가치적 지향점이다. 리와 기의 조화와 균형이 율곡철학의 중요한 정신이다. 율곡이 리는 작위하지 않는 것, 기는 작위하는 것으로 규정하였다 해서, 율곡의 리가 무의미하다고 보는 것은 율곡 철학에 대한 오해다. 율곡에 의하면 리는 비록 그 스스로는 작위하지 않지만, 작위하는 기로 하여금 작위케 하는 원인이 되는 동시에 작위의 기준을 제공한다. 그래서 율곡은 기가 아니면 발할 수 없고, 리가 아니면 기가 발할 바가 없다고 설명하였다. 발용하는 실체는 기지만, 리가 아니면 그 기의 고유한 발용도 애당초 불가하다는 말이다. 이것이 어찌 리의 무능을 말한 것이겠는가? 리는 일종의 '부동(不動)의 원동자(原動者)'라고 할 수 있다.

또 인간의 심성에서도 율곡은 리와 기의 역할과 기능을 함께 존중하였다. 하늘로부터 부여받은 천리로서의 선한 본성은 반드시 실현되어야 하는데, 그 실현의 주체는 기이기 때문이다. 기가 아니면 인간의 마음이나 본성(기질지성)이나 감정도 실현될 수 없다. 그리고 본래 선한 본성이 온전히 실현되기 위해서는 기질의 상태가 중요하다. 기가 어떠한가가 리의 선악을 좌우한다. 인간의 심성 속에서 리와 기의 역할을 균형 있게 보고자 한 것이 율곡 철학의 본래 정신이다. 그리고 율곡의 이러한 인간관은 도덕이성에만 매몰된 이상주의적 인간관도 아니고 생리적 본능에 매몰된 현실적 인간관도 아니다. 지성과 덕성 그리고 감성과 욕구가 잘 어우러진 온전한 전인적 인간관을 말하는 것이다.

또한 이기지묘(理氣之妙)는 율곡이 지향한 가치적 이상이기도 하다. 퇴계가 리의 실현을 이상으로 삼았다면, 율곡은 리와 기가 조화된 세상을 희구하였다. 그것은 율곡의 철저한 이기지묘 철학에서 기인한다. 리도 중요하지만 기도 중요하다는 것이 율곡의 기본적인 이해다. 리와 기를 철저하게 상보적으로 인식한 것이 율곡 철학이다. 리의 가치와 기의 가치를 동등하게, 균형 있게 보고자 한 것이 율곡이다. 혹자는 성리학의 상식에 반하는 주장이라 의아해 할 수도 있지만, 그의 이기론에 대한 설명 방식은 이를 잘 뒷받침해 준다. 예컨대 "발하는 것은 기요 발하게 하는 까닭은 리다. 기가 아니면 발할 수 없고, 리가 아니면 기가 발할 바가 없다"라든지, "리는 기의 주재요 기는 리의 탈 바이다. 리가 아니면 기는 근거할 바가 없고, 기가 아니면 리는 의착할 바가 없다"는 표현이 그렇다. 여기서 율곡은 리와 기를 완전하게 대등의 관계로 놓는다. 리 없는 기, 기 없는 리는 모두가 불구요 결핍이다. 리는 기를 상대적으로 보구(補救)하고 기는 리를 상대적으로 보구한다. 피차가 유기적으로 연관해 있다. 마치 불교의 연기설을 연상케 한다. 이것과 저것의 상관성, 리와 기의 유기적 구조 이것이 율곡 존재론, 이기론의 근본정신이다.

이러한 율곡의 이기(理氣)의 상보성을 가치론으로 대입하면, 훌륭한 철학이 나오게 된다. 예컨대 정신과 물질은 서로 반대지만 상보적이다. 정신 없는 물질, 물질 없는 정신은 반쪽이요 불구다. 정신과 물질이 둘이지만 하나로 조화되는 세상, 이것이 율곡이 꿈꾸는 세상이다. 또 도덕적 가치와 경제적 가치는 서로 상반되지만, 인간에게 반드시 필요한 두 가치다. 율곡은 경제와 도덕, 도덕과 경제가 서로 다른 둘이지만 하나로 조화될 때, 그것이 우리가 추구하는 이상세계라고 보았다. 이러한 예는 얼마든지 열거할 수 있다. 이러한 율곡의 이기지묘의 철학정신이 이 시대에 우리가 가야 할 지향점이 아닌가?

역사적으로 조선시대가 도덕과잉으로 물질적 결핍의 시대였다면, 현대사회는 경제적으로는 풍요롭지만 도덕적으로는 궁핍한 시대다. 또 해방이후 정치적으로 보아도 박정희 시대는 근대화, 산업화, 경제화로 부국강병은 성공했지만 인권과 자유와 정의가 유린된 시대였다. 반면 김대

중, 노무현 정권은 정의, 인권, 평등이 강조된 이념과잉의 시대로 민생이 경시되었다. 21세기 우리가 가야 할 정치의 이정표는 경제화와 민주화, 물질적 풍요와 도덕적 정의가 함께 추구되는 대동세계, 왕도정치라 하겠다. 이 철학정신이 율곡이 말하는 이기지묘의 진정한 의미다.

율곡은 그 스스로 이기지묘의 삶을 살았다고 할 수 있고, 그의 학문도 이기지묘의 성격을 지니고 있다. 그는 성리학을 전공한 철학자의 삶을 살면서 또 경세적 실학을 몸소 실천한 정치가, 행정가의 삶을 살았다. 또 그의 학문세계도 한편 이학(理學)으로서의 성리학을 전공하면서 또 다른 한편으로는 기학(氣學)으로서의 경세적 실학을 하였다.

조선유학사에서 주리도 아니고 주기도 아닌 리와 기의 조화와 균형을 추구한 대표적인 철학자라는 점에서, 그의 유학사적 위상을 새롭게 평가할 수 있다. 그리고 율곡의 이러한 이기조화의 철학정신은 시대나 공간을 떠나 보편적으로 적용되어야 할 가치관이요 정치철학이라 할 수 있다.

2. '기발이승일도(氣發理乘一途)'의 철학정신

퇴계를 비롯한 전통적인 성리학은 주리적(主理的) 성격이 매우 강하다. 혹자는 성리학을 곧 리학(理學)이라고 규정하여 아예 기(氣)를 배제하고 성리학을 말하기도 한다. '성(性)이 곧 리(理)'라는 등식을 그대로 적용해 성리학을 이해하는 방식이다. 물론 이러한 성리학의 이해가 틀린 것도 아니고, 또 어떤 면에서는 성리학의 정통이라고 주장할 수도 있다.

그러나 이러한 성리학의 이해는 매우 좁은 안목에서 본 것이라 하지 않을 수 없다. 성리학 자체가 곧 유학이다. 송대의 유학을 성리학이라 일컫는다. 성리학이라 해서 공자, 맹자를 벗어나 얘기할 수도 없는 것이고,

사서삼경을 떠나 말할 수도 없는 것이다. 성리학의 바탕은 공자, 맹자에 있고, 성리학의 뿌리는 사서삼경에 있다. 다만 유교의 철학, 공맹의 사상을 보다 논리적이고 철학적으로 해석 정리한 것이라는 데 특징이 있다. 이 논리적 해석의 도구가 이기론(理氣論)이고 그 틀이 이기론이다.

이렇게 본다면 성리학은 공맹유학과 같이 우주자연과 인간을 유기적으로 보는 철학이고, 인간의 이해도 전인적 관점에서 이해되어야 옳다. 공자, 맹자의 인(仁)이 리(理)만도 아니고 기(氣)만도 아니다. 이기(理氣)를 아우르는 개념이 인이다. 인이 곧 인심이요 인성이라고 할 때, 그것은 이기를 포괄하는 개념임은 말할 것도 없다. 그러므로 성리학을 리만으로 한정해 생각하는 것은 매우 위험한 발상이고 유학의 본래 정신에도 맞지 않는다.

그럼에도 불구하고, 오랜 역사에서 많은 유학자들은 아니 성리학자들은 주리적 관점을 지켜온 것이 사실이다. 그것은 '도덕'이라는 가치를 무엇보다 중시 해온 유교의 전통에서 비롯되는 것이고, 이 도덕이야말로 인간이 이 세상에서 스스로의 존엄을 말할 수 있는 유일한 무기라고 생각하기 때문이다. 즉 인간은 도덕적 존재이고, 인간의 도덕적 행위야 말로 인간이 지켜가야 할 가장 기본적인 의무라고 생각한다. 이 도덕의 근원이 리이고 도덕적 가치를 중시하는 것이 주리라고 생각한다.

이와 같이 리를 기보다 중시하는 성리학은 리의 근원성, 일차성을 강조한다. 심지어는 '리가 기를 낳았다'는 '리생기(理生氣)'의 사고에까지 나아간다. 이렇게 되면 리는 이 세계의 궁극적 근원이 되고 유일한 실체가 된다. 기는 리에서 파생된 이차적 존재가 되고 독립된 실체로서의 의미가 상실된다.

또한 주리론은 인간을 천리(天理)의 담지자(擔持者)로 보아 성선(性善)의 인간관을 신성시한다. 본성도 도덕중심으로 해석하고, 마음도 도덕

중심으로 해석하고, 감정도 도덕 중심으로 해석한다. 그리고 기는 악의 근원으로, 욕망의 요인으로 규정되어 부정된다. 나아가 이러한 가치관은 물질적 욕망, 생존욕구, 물질적 현실에 대해서 까지 부정의 시선으로 바라본다. 오로지 순수한 도덕의 세계, 청정한 양심의 가치만이 존숭된다.

조선유학사에서 율곡의 기발이승일도설(氣發理乘一途說)은 퇴계의 이기호발설(理氣互發說)과 함께 조선 유교 지성사에서 가장 오랫동안 영향을 미쳐 왔다. 이기호발설이 퇴계의 만년 정론이라면, 율곡의 성리학을 대표하는 이론이 기발이승일도설이다. 기발이승일도설은 율곡의 철학적 사유지만 그 성립 배경은 퇴계의 이기호발설에서 차용된 것이다. 퇴계가 고봉과의 성리 논변에서 사단을 '이발이기수지(理發而氣隨之)', 칠정을 '기발이이승지(氣發而理乘之)'로 수정한 것이 소위 이기호발설(理氣互發說)이다. 즉 사단은 리가 발함에 기가 따르는 것이고, 칠정은 기가 발함에 리가 탄 것이다. 여기서 퇴계의 이발(理發), 기발(氣發)의 '발(發)'은 퇴계 이후 수백 년 동안 논란의 초점이 되어 왔다. 즉 이 발(發)의 의미가 운동 작용을 통해 모양, 용적, 부피가 실제로 변한다는 뜻인가, 아니면 리의 주재적 권능, 리의 주도적 기능을 말한 것인가 하는 것이다. 이 문제는 퇴계 이후 그의 문인들, 그 후속세대들에게서 계속 논의되어 왔지만 해결되지 못했다. 아니 오늘날까지도 해결되지 못한 미완의 과제다. 그 일차적 책임은 퇴계 자신에게 있다. 퇴계의 학문태도가 정상근밀(精詳謹密)하다고 평가받음에도 불구하고 이 문제에서는 엄밀성을 결여했다. 주자를 비롯한 성리학의 교과서적 해석으로 보면, 발하는 것은 기이고 리는 발하는 것이 아니다. 이때 발이란 실제적인 발용이다. 시시각각으로 질적, 양적 변화를 의미한다. 불교에서 이 세상의 모든 것은 시간적으로 공간적으로 변하지 않는 것은 아무것도 없다는 제행무상(諸行無常), 제법무아(諸法無我)가 바로 성리학에서의 기발(氣發)이다. 그런데 이 발을 리에 적용한다면 리도 시간과 공간에 따라 변하는 것이 되어 기와 다를 바 없는 것이 되고 만다. 리는 언제 어디서나 변함이 없는 항상성을 담지하는데 특징이 있다. 그러므로 리는 원칙이 되고 표준이 되는 것이다. 사람의 이치는 예나 지금이나 똑같고, 미국에서나 이집트에서나 한국에서나 똑같다. 리가 변한다면 이미 리가 아니다.

이런 입장에서 퇴계의 이기호발설을 정면으로 비판한 이론가가 율곡이다. 율곡은 퇴계의 대타로 나온 친우 우계 성혼(牛溪 成渾)을 상대로 성리 논변을 벌렸다. 율곡은 퇴계의 이발이기수지는 틀렸고 기발이이승지만이 옳다고 평가하였다. 퇴계처럼 사단은 이발이기수지이고 칠정은 기발이이승지가 아니라, 사단이나 칠정이나 모두 기발이이승지라고 생각했다. 즉 율곡은 사단칠정 뿐만이 아니라 이 세상의 모든 것이 기발이승(氣發理乘)의 존재구조를 갖는다고 보았다. 기발이승은 율곡의 존재 이해의 창이다. 율곡이 퇴계의 이발이기수지를 비판하는 논거는 첫째로 리는 발하지 않는다는 것이고, 둘째는 리가 발함에 기가 따른다는 표현이 이기의 시간적 간극을 인정하기 때문이라고 보았다. 율곡의 이러한 비판은 매우 정당한 것이다. 혹자는 퇴계의 이발의 발과 기발의 발은 다른 의미라고 강변하지만 이는 자의적인 해석이다. 무엇보다 이발이기수지와 기발이이승지는 한 문장으로 표현된 것이므로, 퇴계의 부연 설명이 없는 한 이발과 기발의 발은 같은 의미로 해석하는 것이 옳다. 더욱이 이 이발이기수지와 기발이이승지는 고봉과의 논변에서 퇴계가 사단은 리의 발, 칠정은 기의 발이라고 한 것은, 사단은 기가 없고 칠정은 리가 없는 표현이므로 부적절하다는 고봉의 지적을 수용한 데서 나온 것이다. 다시 말하면 사단이나 칠정이나 리와 기를 겸해야 존재의 설명에 맞는다는 고봉의 비판을 수용해 사단에는 기수지(氣隨之)를, 칠정에는 이승지(理乘之)를 붙여 수정 보완했던 것이다. 퇴계의 호발설을 가치론적 시각에서 미봉하려는 시도가 없지 않으나, 이는 위에서 보듯이 존재론적 구조상의 표현임이 분명한 것이다.

그러면 율곡의 기발이승일도설의 철학정신은 무엇인가? 율곡은 이 세상의 모든 존재를 가발이승으로 설명한다. 발하는 기 위에 리가 탄다고 설명한다. 즉 발하는 것은 오직 기뿐이다. 그런데 그 기의 발은 아무렇게나 이루어지는 것이 아니다. 반드시 리에 맞는 발이어야 한다. 기위에 얹혀 있는 리는 기 발용의 표준이요 원칙이다. 진정한 기발은 리에 맞아야 한다. 현실은 리에 부합하지 않는 발도 종종 있다. 애기를 출산했는데 기형아가 나온 경우다. 콩을 심었는데 돌연변이로 싹이 나오기도 한다. 송아지가 다리가 둘인 경우도 있다. 이 모두가 비정상적인 기발이승의 경우다.

기발이승의 철학정신은 무엇보다 기의 발을 현실에 깔고 있다는 점이다. 인간도 기가 아니면 그 모습이 드러나지 않는다. 일체 사물이 기로 인해 자기 모습을 현현한다. 아무리 리가 근원자로서, 원형(原型)의 의미를 갖는다 해도 기가 아니면 현실화될 수 없다. 아무리 훌륭하고 아름다운 뜻이나 설계를 해도 기가 아니면 하나의 존재로 현시되지 않는다. 이 세상이 우리 눈앞에 만물로 나타나 있는 것은 리의 이념이 기를 통해 그려지고 만들어지기 때문이다. 인간 주체 또한 리만 있다면 인간이라는 설계도요 구상일 뿐이지 이 시간과 공간속에 또렷이 존재하는 나는 존재하지 않는다. 이런 점에서 기의 역할은 매우 중요하다. 율곡은 리가 있으면 반드시 기가 있어야 하고, 기가 있으면 반드시 리도 있어야 한다고 보았다. 리와 기의 상보성을 전제로 이기의 묘합, 이기의 유기체적 양상을 기발이승이라는 말로 표현한 것이다.

기의 발은 주리론자들에 의해 부정적으로 인식되어 왔다. 특히 인간의 심성 속에서 기는 순선(純善)의 리(理)를 유혹하고 변질시키는 악한으로 부정되었다. 그러므로 주리론에서는 리와 기의 격단을 마음공부, 수양론의 방법으로 중시해 왔다.

　그러나 인간은 본래 영혼과 육신의 결합체이고 물질적 존재이면서 정신적 존재로 태어났다. 영육쌍전(靈肉雙全)의 존재로 우리는 세상에 태어나자마자 육신의 감옥에 갇히게 되었다. 현실적으로 인간은 육신을 떠나 존재할 수 없다. 만약 인간이 육신을 떠나 자유로운 영혼이 되고자 하면 그것은 죽음의 때이다. 살아 있는 인간은 육신을 벗어날 수 없다. 그러므로 우리는 기를 떠날 수 없고 기질을 면할 수 없다. 이것이 인간의 운명이고 숙명이다. 율곡의 기발이승은 기의 현실을 인정하고 기의 가치를 묵묵히 체인하는 데 의미가 있다. 기발(氣發)은 눈에 보이고 만질 수 있고 움직이는 사물들, 저 하늘과 구름과 태양과 공기들, 수많은 나무와 풀들, 수많은 동물과 곤충들, 전 세계 지구촌에 흩어져 사는 인류들을 의미 있게 보는 철학정신이다. 그것들은 지금 존재하는 것들이다. 나와 우리, 나와 너, 나와 사물들이 모두 기발의 존재들이다. 그리고 그것들은 잠시도 그냥 있지 않는다. 시시각각으로 변화한다. 운동하고 작용하고 활동한다. 이것이 기발이다. 그 속에서 태어나고 자라고 꽃이 피고 열매를 맺고 또 없어진다. 이 모두가 기발이다. 아무리 훌륭한 이상도, 아무리 높은 지혜도, 아무리 아름다운 꿈도 이루어지지 못하면 허사다. 꿈이 이루어지고 이론이 실천되고 이상이 실현되는 것은 기를 통해서 가능하다. 그리고 그 기의 일체의 작용, 일체의 기능, 일체의 역할을 기발이라고 하는 것이다. 기발은 우주자연의 생성변화요, 인간의 성장과 변화다. 기발은 문명의 창조요 문화의 발전이다. 이와 같이 기의 발이 함축한 철학정신은 참으로 심대하다.

　다만 기발(氣發)은 이승(理乘)을 통해서 완성된다는 논리다. 기의 발은 리에 맞아야 한다는 것이 율곡의 철학정신이다. 인간의 다양한 활동은 곧 기발이다. 그것이 리에 맞을 때 기발은 가치를 갖게 되고 그 의미가 살아난다. 리에 맞는다 함은 인간의 도리에 맞는다는 말이다. 인간의 본성, 인간의 천리에 맞는 행위, 활동이 이상적인 기발이승이다. 기발이승이 존재의 구조적 표현이지만, 리에 합당한 기의 발이 율곡의 철학정신이다. 특히 퇴계를 비롯한 주리론에 의해 기의 가치와 의미, 역할이 과소평가되고 폄훼되어 온 시대적 상황에서 기의 진정한 의미를 복원시킨 이가 율곡이고 그 이론적 틀이 기발이승이다. 이상을 추구하되 현실을 망각하지 않고, 이론을 탐구하되 반드시 실천하고, 내일을 꿈꾸되 오늘을 기반으로 삼는데 기발이승의 참뜻이 있다.

3. 변하는 세계, 변화하는 인간, 창조적 사회

율곡의 기발이승은 기의 발용, 기의 변화를 긍정적으로 인식하는 데 참 뜻이 있다. 율곡은 우주자연도 변화하고 인간의 심성도 늘 변화한다고 보았는데 이것이 소위 기발(氣發)이다. 퇴계를 비롯한 주리론의 전통에서는 기의 변화를 부정적으로 본다. 리를 가치상 순선(純善)으로 보기 때문에 자연히 기는 악에 가까운 것으로 보게 된다. 특히 인간의 심성에서 볼 때 기는 악의 근원, 욕망의 뿌리, 감정의 실체로 인식된다. 물론 기의 본연은 리와 마찬가지로 맑고 깨끗한 것이지만, 기는 수시로 변화를 일삼는 것이므로 맑고 흐리고 순수하고 잡박한 차이를 드러낸다. 여기에서 심성의 변질, 타락이 야기된다. 주리론에서 보면 기는 마치 순진한 사람을 유혹하는 사탄과 같고 악마와도 같다.

그러나 율곡은 그 기의 발을 긍정적으로 인식하였다. 우주자연에서도 기의 발은 반드시 필요한 것이다. 그 어떤 존재가 비로소 생겨나고 성장하고 열매를 맺는 것이 모두 기의 발이기 때문이다. 사물존재도 마찬가지다. 이 세상 우주자연 삼라만상이 그렇게 되어지고 변화하고 다시 새롭게 태어남은 모두가 기발에서 비롯함이다.

인간의 경우도 마찬가지다. 기발은 곧 인간 생명의 태어남이고, 인간 개인의 심성의 변화, 인격의 성숙이 모두 기의 발이다. 퇴계가 하늘로 부여받은 천부적인 천리를 잘 지키고 보존해 가는 것을 수양론의 요체로 삼았다면, 율곡은 기의 변화, 기질의 변화를 통해 인성의 순선을 지키고자 하였다.

주리론자들이 기의 변화를 부정적으로 본데 대해, 율곡의 경우는 기의 변화를 인성의 가능성으로 본 것이다. 그리고 율곡은 이 기의 변화를 사회적, 정치적으로 확대시켜 개혁의 논리로 삼아 활용하였다. 우리가 사는 이 사회도 늘 변화하는 역동적인 사회로 보고, 끊임없이 바꾸고 개혁해야 한다고 생각하였다. 율곡의 전 생애에 걸친 화두는 개혁이었고, 그 논리는 기의 발에서 찾았다. 다만 사회변혁도, 정치개혁도 이치에 맞아야 하고 원칙이 있어야 했으니, 그것이 바로 이승(理乘)의 의미다. 율곡이 인성론에서 기질변화를 강조하고 정치론에서 개혁론을 중시한 것은 모두가 그의 기발이승에서 비롯된 것이다.

퇴계의 경우 이발(理發)이 중요했다면, 율곡의 경우는 기발(氣發)이 중요했다. 그 기발은 우주자연, 삼라만상, 인간의 현실태로서 지금 여기에 존재하는 모든 것들의 시발점이고 종착점이다. 이 세상은 기의 발로 시작하고 기의 발로 끝난다. 인간은 기의 발로 태어나고 기의 발로 살아가고 죽어간다. 역사도 기의 발로 창조되고 기의 발로 변화한다. 모든 창조와 개혁은 기의 발이다. 퇴계에 의해 간과되고 경시되었던 기의 발을 이렇게 긍정적으로 인식해 새로운 지평의 성리학으로 계발한 이가 바로 율곡이다. 퇴계에 의해 사형선고를 받은 기가 다시 살아나 리와 함께 대등한 위상을 갖게 된 것이 율곡의 유학사적 역할이다. 그렇다고 율곡을 주기론자로 규정하는 것은 아주 잘못이다.1) 적어도 율곡은 존재론적으로 리와 기를 대등하게 보았고, 이러한 존재론적 인식에서 가치적으로도 기는 리와 대등한 위상을 갖는다고 보았다. 이러한 율곡의 기발이승(氣發理乘), 이기지묘(理氣之妙)의 철학정신에서 간과되었던 기가 다시 살아나고, 천박하게 경시되었던 실용, 실리, 경제가 다시 그 의미를 찾게 되고, 이상 앞에 낮은 것으로 무시되었던 현실이 중요하게 인식되었다. 이것이 우리가 배워야 할 율곡의 철학정신이다.

---

1) 배종호, 『한국유학사』, 연세대출판부, 1978, 82쪽.

제2장

한국유학사에서 율곡의 자리매김

1. 기호학파, 율곡학파를 열다

율곡은 한국유학사에서 어떤 위치에 있나? 그것은 한마디로 퇴계와 더불어 쌍벽을 이룬다는 점에서 그 위상을 짐작할 수 있다. 우리는 흔히 '퇴율(退栗)'이라 부를 만큼 율곡은 퇴계와 더불어 조선유학을 대표하는 위치에 있다.[1] 현상윤은 그의 『조선유학사』에서 율곡을 화담 서경덕(花潭 徐敬德, 1489~1546), 퇴계 이황(退溪 李滉, 1501~1570), 녹문 임성주(鹿門 任聖周, 1711~1788), 한주 이진상(寒洲 李震相, 1818~1886), 노사 기정진(蘆沙 奇正鎭, 1798~1876)과 함께 '조선 성리학의 6대가'로 평가하였다. 이러한 평가는 학문의 독창을 중심으로 본 것인데, 그만큼 율곡의 학문적 위상은 조선 유학을 대표하는 위치에 있다.

우리나라 유학은 퇴계, 율곡 이후 크게 기호유학과 영남유학의 양대 산맥으로 형성되어 전개되었다. 흔히 영남학파, 기호학파라고 부른다. 또 달리 퇴계학파, 율곡학파라고도 부른다. 물론 영남유학에서도 퇴계학파 외에 남명 조식(南冥 曺植, 1501~1572)을 중심으로 한 남명학파의 존재를 인정해야 하고, 기호유학에서도 율곡학파 말고도 우계 성혼(牛溪 成

---

1) 이병도, 『한국유학사』, 아세아문화사, 1987, 200쪽.

渾, 1535~1598)을 중심으로 한 우계학파의 존재를 인정하지 않을 수 없지만, 퇴계학파, 율곡학파는 조선 유학의 큰 줄기라고 아니 할 수 없다.

퇴계는 16세기 명종, 선조시대를 대표하는 석학이었다. 학문이나 인품에 있어 존경을 받았고, 임금의 신망 또한 높았다. 이러한 퇴계와 1559년 (명종 14년)부터 1566년(명종 21년)까지 신분과 나이를 떠나 당당하게 성리 논변을 벌린 이가 바로 고봉 기대승(高峰 奇大升, 1527~1572)이다. 이때 퇴계는 58세, 고봉은 32세의 젊은 소장학자였다. 총명했던 고봉은 원로 대학자 퇴계를 곤란하게까지 몰아붙였다. 결국 퇴계는 고봉의 비판을 겸허히 수용하여 자신의 학설을 수정하고 이를 만년 정론으로 삼았으니, 이것이 퇴계의 대표적인 학설인 이기호발설(理氣互發說)이다.

그 후 1572년(선조 5년) 율곡은 도우(道友) 성혼(成渾)과 성리논변을 벌리게 된다. 이는 성혼이 퇴계의 성리설에 동조하자 율곡의 반론이 제기 된데서 시작한다. 여기에는 여러 가지 논의의 주제가 있지만, 특히 퇴계가 리(理)도 발하고 기(氣)도 발(發)한다고 한 이기호발설(理氣互發說)이 문제가 되었다. 율곡은 성리학의 일반론에 입각해 형이상자인 리의 발용을 주장하는 퇴계의 주장에 결코 동의할 수 없었다. 기가 발용한다는 것은 당연하지만, 어떻게 리가 발용한단 말인가? 율곡은 기의 발용만을 인정하고 리의 발용을 결단코 인정하지 않았다. 그리고 만약 주자도 그렇게 말했다면 결코 주자가 아니라고 극언하였다.

또 기는 발용하는 것이고, 리는 결단코 발용하지 않으며, 리는 발용하는 기의 원인이 되고, 주재, 표준이 된다. 이것은 성인이 다시 태어나 무슨 말을 한다 해도 바꿀 수 없다고 단언하였다. 이러한 율곡의 학설이 기발이승일도설(氣發理乘一途說)이다. 즉 이 세상의 모든 존재는 발용하는 기(氣) 위에 리(理)가 올라타 있는 모습이라고 설명하였다. '기발이승(氣發理乘)'은 율곡의 존재양태에 대한 명확한 답변이요 확신에 찬 주장이다. 그것은 눈에 보이는 현상계는 물론 비물질적 존재인 인간의 마음, 본성, 감정, 의지도 마찬가지다. 그래서 율곡은 퇴계처럼 사단은 '리가 발용함에 기가 따르는 것(理發而氣隨之)'이고, 칠정은 '기가 발용함에 리가 탄 것(氣發而理乘之)'이라 보지 않고, 사단이나 칠정이나 모두가 발용하는 기 위에 리가 올라타 있는 것(氣發理乘)이 존재의 참 모습이라고 보았다. 사단, 칠정이 각기 다른 존재구조를 가지고 있는 것이 아니라, 사단이나 칠정이 모두 같은 감정으로서 기발이승 하나의 존재구조를 갖는다고 보았다.

이러한 율곡의 기발이승일도설은 율곡 이후 기호학파 내지 율곡학파의 정체성으로 굳어졌고, 이기호발설은 영남학파 내지 퇴계학파의 정체성으로 규정되었다. 물론 율곡의 퇴계설에 대한 이해나 비판이 과연 옳았느냐 하는 것은 별개의 문제다. 많은 학자들이 말하는 대로 퇴계가 언표한 '사단 이발이기수지(四端 理發而氣隨之)', '칠정 기발이이승지(七情 氣發而理乘之)'는 인간의 심성세계를 설명한 것이고, 또 이발(理發)의 '발(發)'도 실제적인 발용이나 작용을 의미하는 것이 아니고, 도덕이성의 주재성이나 주도성을 가리켜 말한 것이라고 볼 수 있기 때문이다.

그러나 이러한 설명은 궁색한 측면이 없지 않고, 동일한 문장에서 기발의 발과 이발의 발이 다르다고 이해하는 것은 수긍하기 어려운 것이다. 또 퇴계의 이 진술이 퇴계의 존재론적 형식에 대한 모순을 고봉이 비판한 데 대한 대안으로 수정해 나온 것이라는 점에서도 납득하기 어려운 측면이 있다. 중요한 것은 퇴계의 이기호발설이 영남학파 내지 퇴계학파의 정체성으로 규정되어 왔고, 율곡의 기발이승일도설이 기호학파 내지 율곡학파의 정체성으로 규정되어 왔다는 점이다.

또 감정론에 있어서도 퇴계는 사단이라는 도덕적 감정을 중시하여 칠정이라는 일반적 감정과 엄격히 구별해 보려고 한 반면, 율곡은 칠정을 인간 감정의 전체로 보고, 그 속에서 도덕 감정으로서의 사단을 이해했다는 점이다. 그리고 그 이면에는 퇴계가 인간학의 측면에서 성리학을 이해하고, 천부적 본성의 존양을 위해 리의 가치적 우위성을 강조했다는 점이다.

이에 대해 율곡은 인간과 자연을 동일한 존재의 지평에서 보고, 형이상자인 리와 형이하자인 기가 조화된 세상을 이해하고 또 추구했다. 율곡에게서는 인간 자체도 리와 기를 떠나서는 안 되고, 인간의 심성세계도 리와 기의 조화로운 관계를 이상으로 여겼다. 그러므로 퇴계처럼 리를 절대시하고 신성시하기보다는 기도 리와 함께 중요하다는 것을 강조하였다. 율곡은 기가 리보다 더 중요하다고 본 것이 아니라, 퇴계에서 경시되어진 기의 위상과 역할을 새롭게 재인식했다는 점에 주목해야 한다.

그런데 조선의 학파는 정치적 당파와 밀접히 연관하여 전개되었다. 율곡이 살던 시대에 이미 동서 분당의 조짐이 일어 율곡은 이를 많이 우려하였다. 이러한 흔적은 그의 상소문에 잘 나타나 있다. 율곡은 동서 분당의 단초가 되었던 김효원과 심의겸에 대해 양시양비론(兩是兩非論)으로 비판하고, 소인의 당파는 하나라도 안 되지만, 군자의 당파는 천만이라도 좋다고 설명하고 있다. 이러한 노력에도 불구하고 율곡 자신의 의도와는 상관없이 동인 서인의 당파는 현실로 나타나고, 율곡도 서인의 일원으로 살지 않을 수 없게 된다. 결국 영남학파 내지 퇴계학파는 동인이 되고, 기호학파 내지 율곡학파는 서인이 되었는데, 훗날 다시 영남학파는 남인과 북인으로 갈라지고, 기호학파는 노론과 소론으로 갈라지게 되었다.

기호학파는 율곡 이후 사계 김장생(沙溪 金長生, 1548~1631), 우암 송시열(尤庵 宋時烈, 1607~1689), 동춘당 송준길(同春堂 宋浚吉, 1606~1672), 초려 이유태(草廬 李惟泰, 1607~1684), 수암 권상하(遂庵 權尙夏, 1641~1721), 남당 한원진(南塘 韓元震, 1682~1751), 외암 이간(巍巖 李柬,

1677~1727) 등으로 이어졌는데, 송시열과 윤선거(尹宣擧, 1610~1669), 윤증(尹拯, 1629~1714) 부자와의 불화로 인해 다시 노론과 소론으로 분당되고, 윤선거, 윤증 계열은 우계학파로 전개되어 양명학파의 발흥(勃興)에 주도적 역할을 했다.

영남학파가 퇴계학의 계승, 주리철학의 계승에 주력해 보수적 경향을 보였다면, 기호학파는 불교나, 도가, 양명학, 화담의 기학과도 소통하면서 보다 열린 철학으로 전개되어, 성리학뿐만 아니라 실학, 예학, 양명학, 호락론(湖洛論) 등 다양한 색채로 전개되었다.

율곡의 대표적인 문인으로는 사계 김장생, 중봉 조헌(重峰 趙憲, 1544~1592), 수몽 정엽(守夢 鄭曄, 1563~1625), 묵재 이귀(黙齋 李貴, 1557~1633), 풍애 안민학(楓崖 安敏學, 1542~1601), 송애 박여룡(松崖 朴汝龍, 1541~1611), 자장 김진강(子張 金振綱) 등이 있다. 율곡학파는 김장생에 이르러 번창하게 되었는데, 그의 문인으로는 아들인 신독재 김집(愼獨齋 金集, 1574~1656)을 비롯하여 우암 송시열, 동춘당 송준길, 초려 이유태 등이 있었다. 특히 송시열대에 와서 율곡학파는 크게 번창하고 하나의 학파로서 정체성을 갖게 되었다. 송시열의 문하에 수암 권상하, 지촌 이희조(芝村 李喜朝, 1655~1724), 외재 이단하(畏齋 李端夏, 1625~1689), 서포 김만중(西浦 金萬重, 1637~1692), 손재 박광일(遜齋 朴光一), 장암 정호(丈巖 鄭澔, 1648~1736) 등이 있었고, 권상하의 문하에서 사람의 본성과 사물의 본성이 같으냐 다르냐 하는 인물성 동이논쟁이 일어나 한 시대를 풍미했다. 인성과 물성이 같다고 본 낙론(洛論)은 외암 이간이 주도했고, 다르다고 본 호론(湖論)은 남당 한원진이 주도하였다.

위 율곡학파가 율곡의 직계라면, 직접 율곡에게서 배우지는 않았지만 율곡을 존경하고 율곡의 설을 좇았던 비사승(非師承) 율곡학파가 있었다. 하나는 정관재 이단상(靜觀齋 李端相, 1628~1669) 계열로 창계 임영

(滄溪 林泳, 1649~1696), 농암 김창협(農巖 金昌協, 1651~1708), 삼연 김창흡(三淵 金昌翕, 1653~1722) 형제 등이 이에 속한다. 또 하나는 도암 이재(陶庵 李縡, 1680~1746) 계열인데, 미호 김원행(渼湖 金元行, 1702~1772), 역천 송명흠(櫟泉 宋明欽, 1705~1768), 녹문 임성주(鹿門 任聖周, 1711~1788), 운호 임정주(雲湖 任靖周, 1727~1796) 등이 이에 속하는데, 김원행의 문하에 이재 황윤석(頤齋 黃胤錫, 1729~1791), 담헌 홍대용(湛軒 洪大容, 1731~1783) 같은 실학자가 있고, 또 근재 박윤원(近齋 朴胤源, 1734~1799), 영재 오윤상(寧齋 吳允常) 등이 있었다. 박윤원 이후 매산 홍직필(梅山 洪直弼, 1776~1852)-전재 임헌회(全齋 任憲晦, 1811~1876)-간재 전우(艮齋 田愚, 1841~1922)로 이어져 한말까지 그 맥이 지속되었다.

2. 성리학과 실학의 길을 함께 걷다

율곡학은 성리학과 경세적 실학이 하나의 체계로 구성되어 있다. 이는 그의 '이기지묘(理氣之妙)'가 학문으로 구현된 것이라 할 수 있다. 즉 이학(理學)으로서의 성리학과 기학(氣學)으로서의 경세적 실학이 하나로 종합되고 융섭된 체계이다. 그러므로 율곡학에 대한 진정한 이해는 성리학과 경세적 실학을 함께 이해하는 데 있다.

율곡은 자타가 공인하는 조선의 대표적인 성리학자이다. 그는 주자학을 충실히 계승하면서도 주자학의 미진한 부분을 보완하고 각론적 이론을 정립하였다. 특히 그의 이기지묘(理氣之妙), 기발이승(氣發理乘), 이통기국(理通氣局)의 이론은 삼위일체가 되는 율곡 성리학의 진수라고 할 수 있다. 이러한 율곡 성리학의 이론들은 주자를 비롯한 송학에 담겨 있을지라도 그 표현 자체는 율곡의 것이다. 물론 '이기지묘'도 중국이나 조선의 유학자들이 간헐적으로 사용한 용어이고, '기발이승'도 퇴계가 고봉과의 논변과정에서 도출한 용어임이 분명하다. 그렇지만 이기지묘, 기발이승, 이통기국이 율곡의 성리학을 대표하는 화두로 남게 된 것은 중요한 의미가 있다. 율곡은 이 세 가지 명제를 중심으로 그의 성리학을 전개하였고, 이것들은 상호 연계되어 조선 성리학의 특징으로 자리하였다.

그런데 율곡의 철학이 중요한 것은 그가 성리학만을 전공하지 않았다는 점이다. 그는 누구 못지않게 나라와 백성을 걱정하는 우환의식을 가지고 있었고, 탁월한 경세론을 가지고 있었다. 특히 16세기 후반 조선의 현실을 경장기로 진단하고 전면적인 개혁을 주장하였다. 율곡의 개혁론이나 실학사상은 조선 후기 실학에 크게 영향을 미쳤기에 율곡을 가리켜 '조선 후기실학의 선구자'라 일컫는다. 성호 이익(星湖 李瀷, 1681~1763)도 율곡과 반계 유형원(磻溪 柳馨遠, 1622~1673)을 가장 대표적인 경세가로 평가하고 있는데, 이것은 그의 경세에 대한 관심, 개혁에 대한 관심이 매우 열정적이고 체계적이었음을 말해주는 것이다.

성리학과 실학은 체와 용의 관계에 있다. 성리학은 실학의 철학적 기반이 되고, 실학은 성리학의 현실적, 사회적 구현이라 할 수 있다. 성리학은 실학으로 완성되어야 하고, 실학은 성리학에 기반해야 한다. 실학을 단순히 과학기술학이나 경제학으로 보아서는 안 되는 이유가 바로 여기에 있다. 실학이라 해서 잘 먹고 잘 사는 것만을 의미하지 않는다. 조선의 많은 실학자들은 윤리, 정의, 인간의 존엄을 바탕에 깔고 물질적 풍요와 부국강병을 주장하였다. 이런 면에서 율곡이 성리학과 실학을 겸비하고 있는 것은 매우 바람직한 것이고, 또 훌륭한 점이라 할 수 있다.

율곡의 실학정신은 그의 무실(務實)사상으로도 잘 입증된다. 이미 앞에서 말한 대로 율곡은 당시의 문제점을 실(實)이 없는 무실(無實)현상에서 찾았고, 진실성, 실천성, 실용성을 추구하는 무실(務實)정신의 진작과 고취를 극력 주장하였다. 이는 그의 「만언봉사(萬言封事)」를 비롯한 수많은 상소문과 「동호문답(東湖問答)」 등에 잘 나타나 있다. 아울러 그의 실학정신은 이론이나 관념으로만 머문 것이 아니고 그의 삶에 실천궁행으로 드러났다는 점을 주목해야 한다. 백사 이항복(白沙 李恒福, 1556~1618)에 의하면 율곡이 해주에 살 때에는 대장간을 손수 차리고 호미를 만들어 그것을 팔아 생활을 꾸려나갔다 한다. 율곡이 살았던 16세기 후반은 역사적으로는 15~16세기 성리학의 시대에서 17~18세기 실학의 시대로 넘어가는 것이지만, 율곡이 성리학과 실학의 징검다리 위치에 있음은 중요한 의미가 있다. 율곡이 단순히 사변적인 성리학자에 머물지 않고, 나라와 민생을 걱정하는 우환의식에 투철하였고, 개혁에의 열정과 준비된 프로그램을 가지고 있었다는 점을 높이 평가해야 한다. 이러한 그의 개혁안이나 경세대책은 뒤이은 실학자들에게 직, 간접적으로 많은 영향을 미쳤다. 율곡이 조선유학사에서 어떤 위치에 있느냐 하는 데 있어 중요한 포인트가 바로 성리학과 실학의 중간적 위치에 있다는 점이다.

3. 주자학을 계승하며 조선 성리학을 창신하다

조선의 성리학은 주자 성리학 내지 송학에 기반해 있다고 볼 수 있다. 퇴계, 율곡을 비롯한 조선시대의 수많은 유학자들은 성리학을 전공으로 알고 평생 탐구하였다. 그들의 그러한 흔적은 오늘날 문집으로 나타나 있다. 조선의 유학자들은 주자를 하늘처럼 존숭한 것이 사실이다. 송시열만 하더라도 주자의 글은 한 글자도 틀린 것이 없고 주자의 말씀은 한마디도 그른 것이 없다고 단언한다. 그만큼 주자의 학문적 위상과 업적은 높이 평가받았다. 죽는 날까지 사서오경을 주석하고 『주자어류(朱子語類)』, 『성리대전(性理大全)』, 『주자대전(朱子大全)』에서 볼 수 있듯이 그의 학문적 열정과 업적은 가히 추종을 불허한다. 오늘날 중국철학사 연구를 대표하는 풍우란(馮友蘭)만 하더라도 그의 역저『중국철학사』에서 공자 이후 최고의 유학자로 주희(朱熹)를 말하고 있다. 이렇게 주자의 학문적 업적과 위상에 대해서는 자타가 공인하는 바이다.

그러면 조선의 성리학은 모두가 주자 성리학의 모방인가? 우리는 흔히 조선조 유학, 조선조 성리학을 중국 유학, 중국 성리학의 아류라고 말하기 쉽다. 물론 그러한 측면을 부정할 수는 없지만, 여말 송대 성리학이 우리나라에 전래된 이후 수백 년에 걸친 조선유학자들의 학문적 노력을 결코 가볍게 보아서는 안 된다. 오히려 중국의 경우는 송대를 지나 명대, 원대를 거치면 성리학 전성시대에서 벗어나 양명학이 주류를 이루기도 하고 또 성리학과 양명학의 혼재현상을 겪게 된다. 이에 비하면 조선의 성리학은 오로지 그것만을 전념했다는 점에서 송학의 미비점을 보완하고 주자 성리학의 한계를 채워주는 데 크게 기여했다고 볼 수 있다. 이런 관점에서 율곡은 새롭게 조명받아야 한다.

과거 선유들은 흔히 말하기를 퇴계야말로 주자학을 충실히 계승하였다고 말하였다.[2] 그러나 필자의 관점으로 보면 이러한 평가는 옳지 않다고 생각된다. 퇴계의 이기호발설(理氣互發說), 즉 이발(理發)의 문제만 하더라도 이것은 주자의 본의에 맞지 않는다. 오히려 주자의 성리학을 충실히 계승한 이는 율곡이다. 율곡은 무엇보다 성리학의 기초 이론에서 주자의 설을 충실히 이해하고 계승하였다. 이기론, 태극음양론, 심성론에 있어서 주자의 설을 크게 벗어나지 않았다. 그럼에도 불구하고 율곡이 주자의 학문적 경지를 넘어서 기여한 것과 율곡 나름의 독창에 대해 새롭게 평가해야 할 것이다.

첫째, 성리학의 기초 이론 설명에서 율곡은 주자의 설명에 비해 훨씬

---

2) 현상윤,『조선유학사』, 민중서관, 1948, 83쪽.

명료한 설명을 하고 있다. 물론 내용면에서 보면 주자가 할 얘기를 다했다고 할 수 있지만, 주자의 설명에 미진한 부분을 정밀하게 보완하고 있다. 예를 들면 주자는 『주역』「계사전」의 형이하자인 기(器)를 물(物) 또는 사물(事物)로 폭넓게 해석하고 있는데, 이는 성리의 엄밀성을 결여한 것이다. 즉 기(器)는 형이하자를 말하는 것이지 사물이나 물 자체를 말하는 것이 아니다. 사물이나 물 자체는 도기(道器)의 묘합이고 이기(理氣)의 묘합이기 때문이다. 이러한 문제를 율곡은 논리정연하게 설명하고 있다.

또한 리(理)가 발(發)하느냐 발하지 않느냐 하는 문제에 있어서도 주자는 기본적으로 리는 발하지 않는다고 하면서도, 또 어떤 곳에서는 '사단시이지발 칠정시기지발(四端是理之發 七情是氣之發)'의 경우처럼 모호한 설명을 하고 있다. 퇴계가 고봉과의 성리 논변에서 자신의 '이발(理發)'을 주자의 설에 의지했던 것도 바로 이것 때문이었다. 그러나 율곡의 경우는 시종일관 리는 발하지 않는 것, 기는 발하는 것으로 일관하고 있다.

둘째, 율곡의 이통기국설(理通氣局說)은 주자의 설을 넘어서서 새로운 독창의 것이라 해도 지나치지 않는다. 물론 주자는 체용의 이론에 있어서 많은 논의를 했고 또 상세한 이론을 제시하고 있다. 주로 이일분수(理一分殊)를 중심으로 한 논의라고 할 수 있다. 그런데 율곡의 경우는 이일분수(理一分殊), 기일분수(氣一分殊), 이통기국(理通氣局)을 통해 리의 체용일원(體用一源)과 기의 체용일원을 넘어서 이기지묘(理氣之妙)로서 이기의 체용을 하나로 종합한 이통기국의 설을 제시하였다. 이것은 주자 성리학의 발전이라고 볼 수 있고, 율곡 성리학의 구경지(究竟地)를 보여준다는 점에서 높이 평가된다. 그리고 이 이통기국설은 18세기 율곡의 후예들에 의해 인물성동이론(人物性同異論)으로 재창조된다.

셋째, 율곡은 이기(理氣) 개념을 상보적으로 이해하고 설명하고 있다. 물론 주자도 "천하에 리 없는 기가 있지 아니하고, 또한 기 없는 리가 있지 아니하다"고 하여 이기를 상보적으로 설명하고 있다. 그러나 대부분 리나 기에 대해 단편적으로 그 성격과 역할을 설명하고 있을 뿐이다. 이에 비해 율곡의 경우는 "발하는 것은 기요 발하는 소이는 리다. 기가 아니면 발할 수 없고, 리가 아니면 발할 바가 없다"고 설명한다. 또 "리는 기의 주재요 기는 리의 탈 바다. 리가 아니면 기가 근저할 바가 없고, 기가 아니면 리가 의착할 바가 없다"고 설명한다. 이와 같이 율곡의 경우는 철저하게 이기를 상보적 관점에서 설명한다. 이는 주자의 이기 설명보다 진전된 것이며 상보적 설명을 통해 이기이원의 존재관을 분명하게 설명 하고 있는 것이다.

넷째, 주자의 이기론을 이기지묘(理氣之妙)로써 심화시켰다. 물론 주자의 이기론은 다방면에서 완벽할 만큼 체계를 갖춘 것이다. 그럼에도 불구하고 율곡만큼 이기의 묘합처를 철저하게 인식하고 통찰한 것은 미진하다. 율곡은 주자의 '일이이 이이일(一而二 二而一)', 재물상간(在物上看)과 재리상간(在理上看), 이기불상리(理氣不相離)와 이기불상잡(理氣不相雜)을 분명하게 이해하고 이를 이기지묘의 논리로 창출하였다. 이기지묘는 율곡이 존재의 오묘한 내면을 통찰한 창이며, 세계를 보는 눈이기도 하다. 율곡은 이기지묘를 통해 존재를 설명하고 가치를 추구하고자 했다.

끝으로 주자학이 성리학 중심이었다면, 율곡은 성리학과 경세적 실학을 균형 있게 겸비하고 있다. 물론 주자도 배금(排金)의 역사의식을 갖고 시대정신에 투철하였고 상소문에 보이는 것처럼 경세의 식견과 관심도 적지 않았지만, 율곡에 비하면 부족하다고 생각된다. 율곡은 성리학에 있어서도 일가를 이루고, 경세학에 있어서도 실학의 선하(先河)가 되었다는 점에서 율곡의 사상사적 위상은 높이 평가된다. 이 점이야말로 율곡이 조선조의 수많은 유학자 가운데 독보적으로 대우받아야 할 점이라고 생각된다.

부록 1 율곡어록

한 마음이 참되지 아니하면 만사가 모두 거짓이니 어디를 간들 행할 것이며, 한 마음이 진실로 참되다면 만사가 모두 참되니 무엇을 한들 이루지 못하리오.
『栗谷全書』, 卷21, 「聖學輯要3」, "一心不實 萬事皆假 何往而可行 一心苟實 萬事皆眞 何爲而不成."

정치에는 때를 아는 것이 귀하고, 일을 하는 데는 實을 힘쓰는 것이 중요하다.
『栗谷全書』, 卷5, 「萬言封事」, "政貴知時 事要務實."

오호라! 금일 조정에 부족한 것은 실천이지 말이 아니다.
『栗谷全書』, 卷6, 「司諫院請勉學親賢臣箚」, "嗚呼 今日朝廷所不足者 實也 非言也."

소위 實功이란 일을 함에 참이 있어 빈 말을 힘쓰지 않는 것을 말한다.
『栗谷全書』, 卷5, 「萬言封事」, "所謂實功者 作事有誠 不務空言之謂也."

다만 왕도의 실행은 實功에 있지 언어에 있지 않으니, 엎드려 바라건대 전하께서는 실천하는 공부에 힘쓰소서.
『栗谷全書』, 卷28, 「經筵日記1」, "但王道之行 在於實功 不在於言語 伏願 殿下實下工夫也."

이제 전하의 원하는 바가 그 몸을 堯舜되게 하고 그 백성을 요순되게 하는 데 있다면, 어찌 꽃을 구하면서 그 열매는 구하지 않습니까?

『栗谷全書』, 卷6, 「應旨論事疏」, "今殿下之所願 在於堯舜其身堯舜其民 則 豈可求其華 而不求其實乎."

사람의 한 마음은 온갖 이치를 온전히 갖추고 있다.

『栗谷全書』, 卷20, 「聖學輯要2」, "人之一心 萬理全具."

만약 옳고 그름으로 말하면 옳고 그름은 일정한 형태가 없어 일에 따라 나타난다. 대개 나라에 이로우면 옳고 나라에 해로우면 그르다.

『栗谷全書』, 卷10, 書2, 「答成浩原」, "若以是非言之 是非無定形 隨事而現 大抵利於國者爲是 害於國者爲非矣."

백성은 먹는 것에 의존하고 나라는 백성에 의존하니, 먹을 것이 없으면 백성이 없고, 백성이 없으면 나라도 없는 것이 필연의 이치다.

『栗谷全書』, 卷4, 「擬陳時弊疏」, "伏以民依於食 國依於民 無食則無民 無 民則無國 此必然之理也."

신은 更張을 좋아하는 것이 아니라 백성들의 고통을 구하고자 함입니다.

『栗谷全書』, 卷35, 「行狀」, "臣非好更張 欲救民瘼也."

먼저 잘 살고 후에 가르치는 것이 理勢의 당연함이다. 그러므로 安民 뒤 에 明教로써 마쳤다.

『栗谷全書』, 卷25, 「聖學輯要7」, "先富後教 理勢之當然 故安民之後 終之 以明教."

백성을 기른 연후에 교화를 실시할 수 있으니, 교화를 베푸는 방법은 학교보다 먼저 할 것이 없다.

『栗谷全書』, 卷15, 「東湖問答」, "養民然後可施教化 設教之術 莫先於學校."

衣食이 족한 연후에 예의를 아는 것이니, 굶주리고 추운 백성을 억지로 예의를 행하게 할 수는 없는 것이다.

『栗谷全書』, 卷29, 「經筵日記2」, "衣食足然後知禮義 飢寒之民不可強之行禮也."

성현의 학문은 修己治人에 불과할 뿐이다.

『栗谷全書』, 卷19, 「聖學輯要1」, "聖賢之學 不過修己治人而已."

대저 仁義를 躬行하는 것이 天德이요, 生民을 가르치고 기르는 것이 王道다.

『栗谷全書』, 卷25, 「聖學輯要7」, "夫躬行仁義者 天德也 教養生民者 王道也."

道學이란 인륜의 근거를 밝히는 데 근본이 있으니, 인륜에서 그 이치를 다하는 것이 곧 도학이다.

『栗谷全書』, 卷31, 「語錄上」, "道學 本在於人倫之故 於人倫盡其理 則是乃道學也."

소위 학문이란 또한 이상하게 별다른 것이 아니다. 단지 부모가 되어 마땅히 자식을 사랑하고, 자식이 되어 마땅히 부모에게 효도하고, 신하가

되어 마땅히 임금에게 충성하고, 부부가 되어 마땅히 분별하고, 형제가
되어 마땅히 우애가 있고, 젊은이가 되어 마땅히 어른을 공경하고, 친우
가 되어 마땅히 믿음이 있어, 모두가 일상생활에 있어 일에 따라 각각 그
마땅함을 얻을 뿐이다.
『栗谷全書』, 卷27, 「擊蒙要訣」, 序, "所謂學問者 亦非異常別件物事也 只
是爲父當慈 爲子當孝 爲臣當忠 爲夫婦當別 爲兄弟當友 爲少者當敬長
爲朋友當有信 皆於日用動靜之間 隨事各得其當而已."

행동을 바르게 하고자 하는 자는 반드시 性理를 정밀하게 연구해야 하
며, 성리를 정밀하게 연구하는 것은 행동을 바르게 하기 위함이다. 그런
데 도리어 躬行을 불문에 부쳐 놓는다면 무엇 때문에 하는 것인가?
『栗谷全書』, 卷20, 「聖學輯要2」, "正躬行者 必精性理 精性理 爲正躬行設
也 反置躬行於不問 何爲耶."

道學하는 선비를 일러 眞儒라 한다.
『栗谷全書』, 卷15, 「東湖問答」, "道學之士 謂之眞儒."

대저 소위 眞儒란, 나아가서는 일시에 道를 행하여 백성들로 하여금 즐
거움이 있게 하고, 물러나서는 만세에 가르침을 베풀어 배우는 이로 하
여금 큰 잠에서 깨침을 얻게 하는 것이다.
『栗谷全書』, 卷15, 「東湖問答」, "夫所謂眞儒者 進則行道於一時 斯民有熙
皞之樂 退則垂敎於萬世 使學者得大寐之醒."

선비가 이 세상에 태어나 나아가면 道를 행하고 물러나면 뜻을 지키는
것이니, 이 두 가지밖에 다른 길이 없는 것이다.

『栗谷全書』, 卷7, 「辭大司諫疏」, "士生斯世 進則行道 退則守志 二者之外 更無他歧."

마음과 자취가 같지 아니하면 이미 儒者가 아니다.
『栗谷全書』, 卷10, 書2, 「答成浩原」, "心迹之不同 已非儒者矣."

먼저 모름지기 그 뜻을 크게 하여 성인으로써 準則을 삼아야 하니, 한 터럭이라도 성인에 미치지 못하면 나의 할 일이 끝난 것이 아니다.
『栗谷全書』, 卷14, 「自警文」, "先須大其志 以聖人爲準則 一毫不及聖人 則吾事未了."

대개 성인과 중인은 그 본성이 하나다. 비록 기질이 맑고 흐리고 순수하고 잡박한 차이가 없을 수 없으나, 진실로 능히 참으로 알고 실천하여 그 옛날의 더러움을 버리고 그 본성의 처음을 회복하면, 털끝만큼 보태지 않고서도 온갖 선이 만족하게 갖추어질 것이니, 중인이라 해서 어찌 성인되기를 스스로 기약하지 않을 수 있겠는가?
『栗谷全書』, 卷27, 「擊蒙要訣」, "蓋衆人與聖人 其本性則一也 雖氣質不能無淸濁粹駁之異 而苟能眞知實踐 去其舊染 而復其性初 則不增毫末 而萬善具足矣 衆人豈可不以聖人自期乎."

천지는 성인의 準則이고, 성인은 중인의 준칙이다.
『栗谷全書』, 卷10, 書2, 「答成浩原」, "天地 聖人之準則 而聖人 衆人之準則也."

성인의 덕은 하늘과 더불어 하나가 되어 神妙하여 헤아릴 수 없다.

『栗谷全書』, 卷22, 「聖學輯要4」, "聖人之德 與天爲一 神妙不測."

읍을 설치하고 관리를 두는 것이 단지 牧民을 위함이다.
『栗谷全書』, 卷7, 「陳時弊疏」, "設邑置宰 只爲牧民."

소위 백성을 편안하게 하여 나라의 근본을 튼튼히 한다는 것은, 임금은 나라에 의존하고 나라는 백성에 의존하기 때문이다.
『栗谷全書』, 卷3, 「諫院陳時事疏」, "所謂安民以固邦本者 君依於國 國依於民."

진실로 나라에 편안하고 백성에게 이로우면 모두가 해야 할 일이요, 진실로 그 나라를 편안하게 할 수 없고 그 백성을 보호할 수 없다면 모두가 할 수 없는 일이다.
『栗谷全書』, 拾遺, 卷5, 「時弊七條策」, "苟可以便於國利於民 則皆可爲之事也 苟不能安其國保其民 則皆不可爲之事也."

법이 오래되면 폐단이 생겨 해가 백성에게 돌아가니, 대책을 베풀어 폐단을 고치자는 것은 백성을 이롭게 하기 때문이다.
『栗谷全書』, 卷5, 「萬言封事」, "法久弊生 害歸於民 設策矯弊 所以利民也."

신이 듣건대, 上智는 未然에 밝아 혼란이 일어나기 전에 다스려 위태로움이 있기 전에 나라를 보호하는 것이요, 中智는 이미 그런 것을 깨닫고 혼란을 안 연후에 정치를 도모하여 위태로움을 알고서 치안을 도모하는 자이다. 만약 혼란함을 보고서도 다스릴 생각을 안 하고 위태로움을 보고서도 안정을 구하지 않는다면 下智가 된다.

『栗谷全書』, 卷7, 「陳時弊疏」, "臣聞上智 明於未然 制治于未亂 保邦于未危 中智 覺於已然 知亂而圖治 識危而圖安 若夫見亂而不思治 見危而不求安 則智斯爲下矣."

하물며 國是의 정립은 더욱이 口舌로써 다툴 수는 없는 것이다. 인심이 한 가지로 그러한 바를 일러 公論이라 하고, 공론이 존재하는 바를 일러 국시라 한다. 국시란 한 나라 사람들이 꾀하지 않고서도 한 가지로 옳다고 하는 것이니, 이익으로써 유혹하지 않고 위력으로써 두렵게 하지 않는데도 삼척동자 어린아이까지도 그 옳음을 아는 것이니, 이것이 곧 국시니라.

『栗谷全書』, 卷7, 「辭大司諫兼陳洗滌東西疏」, "況國是之定 尤不可以口舌爭也 人心之所同然者謂之公論 公論之所在謂之國是 國是者 一國之人 不謀而同是者也 非誘以利 非怵以威 而三尺童子亦知其是者 此乃國是也."

공론의 발생은 국인으로부터 나오니 막을 수 없다. 그런즉 輿情에 따르면 국시가 정립된다.

『栗谷全書』, 卷4, 「玉堂論乙巳僞勳箚」, "公論之發 出於國人 不可沮遏 則順輿情 定國是."

공론은 국가에 있어서 元氣이다. 공론이 조정에 있으면 그 나라가 다스려지고, 공론이 시골에 있으면 그 나라가 어지러워지고, 만약 공론이 위아래에 모두 없으면 그 나라는 망한다.

『栗谷全書』, 卷7, 「代白參贊疏」, "公論者 有國之元氣也 公論在於朝廷 則其國治 公論在於閭巷 則其國亂 若上下俱無公論 則其國亡."

소위 浮議라는 것은 어떻게 생겨난 것인지 알 수 없으며, 처음에는 미약하나 점차 성하여 廟堂을 동요시키고 臺閣을 뒤흔들게 되며, 온 조정이 감히 막아내지 못한다. 부의의 힘은 태산보다도 무겁고 칼날보다도 날카로워, 그에 한 번 부딪치면 公卿도 그 높음을 잃고 걸출한 인물도 그 이름을 잃는다. 張儀, 蘇秦의 웅변도 소용이 없고 孟賁, 夏育도 베풀 바가 없어져서 마침내 그 까닭을 알 수 없는 것이다.

『栗谷全書』, 卷7, 「陳時弊疏」, "所謂浮議者 不知其所自來 始微漸盛 終至於動搖廟堂 波盪臺閣 則擧朝靡然 莫敢相抗 浮議之權 重於太山 銛於鋒刃 一觸其鋒 則公卿失其尊 賢俊失其名 儀秦無所用辯 賁育無所施其勇 終莫知其所以然也."

백성의 입을 막고 그 죄를 다스린다면 그 나라가 망하지 않음이 없다.

『栗谷全書』, 卷7, 「代白參贊疏」, "防之口而治其罪 則其國未有不亡者也."

비록 그 한 말이 거칠고 족히 볼만한 것이 없어 기탄없는 자라도 버려두고 죄를 묻지 마십시오.

『栗谷全書』, 卷3, 「諫院陳時事疏」, "雖其所陳猥屑 無足可觀 而觸犯無忌者 亦置而不問."

대개 마음으로는 古道를 흠모하고, 몸은 儒行을 행하고, 法言만을 말하고, 公論을 지닌 자를 일러 士林이라 한다. 사림이 조정에 있어서 사업에 베풀면 나라가 다스려지고, 사림이 조정에 없어서 빈말에 부쳐지면 나라는 어지러워진다.

『栗谷全書』, 卷3, 「玉堂陳時弊疏」, "夫心慕古道 身飭儒行 只談法言 以持公論者謂之士林 士林在朝廷 施之事業則國治 士林不在朝廷 付之空言則國亂."

오호라! 朋黨의 설이 어느 시대인들 없으리오. 다만 군자냐 소인이냐를 살핌에 있을 뿐이다. 진실로 군자라면 천 명, 백 명이 벗이 되어도 많으면 많을수록 더욱 좋지만, 진실로 소인이라면 한 사람이라도 용납할 수 없는데, 하물며 黨을 이루어서야 되겠는가.
『栗谷全書』, 卷4, 「論朋黨疏」, "嗚呼 朋黨之說 何代無之 惟在審其君子小人而已 苟君子也 則千百爲朋 多多益善 苟小人也 則一人 亦不可容也 況於成黨乎."

말길이 열리느냐 막히느냐, 이것이 나라의 흥망에 관계된다.
『栗谷全書』, 卷3, 「陳弭災五策箚」, "言路開塞 興亡所係."

이른바 言路를 넓혀 여러 대책을 수집하라는 것은 무슨 말인가? 인군은 작은 몸으로 億兆의 위에 처해 있으므로, 그 자신의 총명은 모든 것을 다 듣고 볼 수가 없다. 그러므로 옛날의 성왕은 반드시 국인의 귀를 자기의 귀로 삼아 듣지 아니함이 없고, 국인의 눈을 자기의 눈으로 삼아 보지 아니함이 없으며, 국인의 마음을 자기의 마음으로 삼아 알지 못함이 없어, 천지도 족히 크다고 생각되지 않고, 해와 달도 족히 밝다고 생각되지 않았다.
『栗谷全書』, 卷3, 「玉堂時弊疏」, "所謂廣言路以集群策者 人君以眇然之身 處 億兆之上 聰不足以盡聽 明不足以盡視 故古之聖王 必以國人之耳爲我之耳 聰無不聽 以國人之目爲我之目 明無不視 以國人之心爲我之心 知無不盡 天地不足以爲大 日月不足以爲明矣."

엎드려 바라건대, 전하께서는 특별히 의견을 구한다는 전교를 내리고, 거리낌 없이 문호를 활짝 열어, 위로는 조정의 신하로부터 아래로는 서민에 이르기까지, 안으로는 서울로부터 밖으로는 먼 시골에 이르기까지, 모두 각각 시국의 폐단을 올리게 하여 그 뜻을 다하도록 힘쓰십시오.

『栗谷全書』, 卷3, 「諫院陳時事疏」, "伏望殿下特頒求言之敎 大開不諱之門 上自朝臣 下至氓俗 內自京邑 外至遐裔 皆令各陳時弊 務盡其情."

나라가 고질에 빠진 지 어언 20여 년이 되었는데, 위아래가 타성에 젖어 한 터럭도 고치지 못하는 실정이옵니다. 지금 백성들의 힘이 다하고 나라의 저축도 이미 텅 비어, 만약 개혁하지 아니하면 나라가 장차 나라라고 할 수 없게 될 것이니, 조정에 선 선비들이 어찌 장막 위의 제비와 무엇이 다르리오. 밤중에 생각하면 저도 모르는 사이에 일어나 앉게 됩니다.

『栗谷全書』, 卷9, 「上退溪先生書」, "國家沈於痼疾二十餘年矣 上因下循 一毫不改 目今民力已竭 國儲已罄 若不更張 國將不國 立朝之士 何異幕燕 中夜思之 不覺起坐."

신 등이 가만히 생각해 보니, 백성들이 하늘 삼을 바를 잃고 나라가 의지할 바가 없으니, 재물을 생산하고 백성을 살리는 일이 지금 가장 급히 힘써야 할 일입니다.

『栗谷全書』, 卷7, 「司諫院乞變通弊法箚」, "臣等竊念 民失所天 國無所依 則生財活民 最爲當今之急務."

백성이 하늘 삼을 바를 잃었기 때문에, 飢寒이 절실하면 예의를 돌아보지 않는다.

『栗谷全書』, 卷5, 「玉堂陳戒箚」, "百姓失所 故飢寒切身 不顧禮義."

왕실의 비용을 줄여서 백성의 힘을 펴 주어야 한다.
『栗谷全書』, 卷4, 「擬陳時弊疏」, "減御用而舒民力."

기강을 정립하는 것은 위력으로써 겁주거나 법으로써 몰아세우는 데 있지 않다. 사람을 쓰는 데에 마땅함을 얻고, 상벌은 반드시 믿음이 있을 뿐이다.
『栗谷全書』, 卷3, 「玉堂陳時弊疏」, "紀綱之定 不在怯之以威 驅之以法也 在於擧錯得宜 賞罰必信而已."

신이 들으니 예부터 국가가 믿고 유지하는 바가 사림이다. 사림은 국가의 원기이다. 사림이 융성하면 화목하고, 사림이 과격해서 나뉘면 그 나라가 혼란하고, 사림이 무너져서 다하면 그 나라가 망한다.
『栗谷全書』, 卷7, 「辭大司諫兼陳洗滌東西疏」, "臣聞自古國家之所恃而維持者 士林也 士林者 有國之元氣也 士林盛而和則其國治 士林激而分則其國亂 士林敗而盡則其國亡."

나라의 근본이 날로 곤궁하고 나라의 명맥이 날로 상하니, '東西' 두 글자 이것이 망국의 禍根이다.
『栗谷全書』, 卷7, 「辭大司諫兼陳洗滌東西疏」, "

孝元도 신이 아는 바요 義謙 또한 신이 아는 바입니다. 그 사람으로 논하면 모두가 쓸모 있고, 그 잘못으로 말하면 둘 다 그르다고 할 수 있습니다. 만약 반드시 한 사람은 군자가 되고 한 사람은 소인이라 한다면 신은 믿지 않습니다.
『栗谷全書』, 卷7, 「辭大司諫兼陳洗滌東西疏」, "孝元 臣所知也 義謙 亦臣

所知也 論其人則皆可用也 語其失則可謂兩非也 若必以一人爲君子 一人
爲小人 則臣未之信也."

만약 사욕에 치우치는 마음을 한 터럭만큼이라도 버리지 않으면 堯舜의
道에 들어갈 수 없다.
『栗谷全書』, 卷5, 「萬言封事」, "若偏私之念 一毫未除 則難入於堯舜之道
矣."

인군이 엄하지 않은 것을 걱정하지 말고 공평하지 못함을 걱정해야 한
다. 공평하면 밝고 밝으면 위엄이 그 가운데에 있다.
『栗谷全書』, 卷5, 「萬言封事」, "人君 不患不嚴 而患不公 公則明 明則嚴在
其中矣."

사람이 이 세상에 태어나서 학문이 아니면 사람이 될 수 없다.
『栗谷全書』, 卷27, 「擊蒙要訣」, 序, "人生斯世 非學問 無以爲人."

학문이란 단정히 앉아 종일토록 책만 읽는 것을 말하는 것이 아니다. 학
문은 단지 일상생활 속에서 하나하나 이치에 맞는 것을 말한다.
『栗谷全書』, 卷29, 「經筵日記」, "學問 非謂兀然端坐終日讀書也 學問 只是
日用處事一一合理之謂也."

학문은 뜻을 세우는 것보다 먼저 할 것이 없으니, 뜻을 세우지 않고 능히
성공하는 자는 없다.
『栗谷全書』, 卷20, 「聖學輯要2」, "學莫先於立志 未有志不立而能成功者
故修己條目 以立志爲先."

대개 사람은 혹 氣가 맑고 흐림을 받았지만, 반드시 닦는 노력을 한 연후에 본래의 선한 본성을 회복할 수 있다.

『栗谷全書』, 卷31, 「語錄上」, "夫人者 氣稟或淸或濁 必加修爲之功然後 復其本善之性矣."

다만 마음이란 虛靈하고 밝아 온갖 이치를 다 갖추고 있어, 흐린 것은 맑게 변할 수 있고 잡박한 것은 순수하게 변할 수 있다. 그러므로 수양의 노력은 홀로 사람에게만 있다.

『栗谷全書』, 卷10, 書2, 「答成浩原」, "但心之爲物 虛靈洞徹 萬理具備 濁者可變而之淸 駁者 可變而之粹 故修爲之功 獨在於人."

知行은 비록 선후로 구분되지만, 실은 일시에 함께 나아가는 것이다. 그러므로 혹 앎에서 行에 이르기도 하고 혹 行에서 앎에 이르기도 한다.

『栗谷全書』, 卷22, 「聖學輯要4」, "知行雖分先後 其實一時竝進 故或由知而達於行 或由行而達於知."

이치를 탐구하고 실천하는 것은 비록 두 가지 공부이지만, 요는 일시에 함께 나아가는 것이다.

『栗谷全書』, 卷20, 「聖學輯要2」, "窮格踐履 雖是兩項工夫 要須一時竝進."

군사는 정밀하지 아니함을 걱정하고 많지 아니함을 걱정하지 않는다. 나라가 만약 부유하면 백성이 모두 군사이니 어찌 군사가 없다고 걱정하랴.

『栗谷全書』, 卷3, 「諫院陳時事疏」, "兵患不精 不患不多 國若富庶 百姓皆兵 何患無兵."

선생이 經筵啓에서 말하기를, 나라의 형세가 떨치지 못함이 심하니 10년을 지나지 아니하여 마땅히 멸망의 화가 있을 것입니다. 원컨대 미리 10만의 군사를 양성하여 도성에 2만, 각 도에 1만씩을 두어, 군사에게 호세를 면해 주고 무예를 단련케 하고, 6개월에 나누어 번갈아 도성을 수비하다가 변란이 있을 때에는 10만을 합하여 지키게 하는 등 緩急의 대비를 삼아야 합니다. 그렇지 않으면 하루아침에 변이 일어날 때 백성을 몰아 싸우게 됨을 면치 못할 것이니, 그때는 큰 일이 틀리고 말 것입니다.
『栗谷全書』, 卷34, 附錄2, 「年譜」, "先生於經筵啓 曰國勢之不振極矣 不出十年當有土崩之禍 願預養十萬兵 都城二萬 各道一萬 復戶鍊才 使之分六朔 遞守都城而聞變 則合十萬把守以爲 緩急之備 否則一朝變起 不免驅市民而戰 大事去矣."

군사를 기름은 백성을 기르는 것으로써 근본을 삼는다. 백성을 기르지 않고서 능히 군사를 기른다는 것을 예부터 지금에 이르기까지 아직 듣지 못했다.
『栗谷全書』, 卷8, 「六條啓」, "養兵以養民爲本 不養民而能養兵者 自古及今 未之聞也."

저들이 騎兵이고 우리가 步兵이라면 어떻게 적을 상대하리오.
『栗谷全書』, 卷8, 「六條啓」, "彼騎我步 何以相敵."

지극한 文은 武가 없을 수 없고, 지극한 武는 文이 없을 수 없으니, 文에 능하면서 武에 능치 못하다는 것을 나는 믿지 않는다.
『栗谷全書』, 拾遺, 卷4, 「文武策」, "至文 不可以無武 至武 不可以無文 能文而不能武者 愚未之信也."

내가 들건대 때에 따라 중도를 얻는 것을 일러 權이라 하고, 일을 처리함에 있어 마땅함에 맞는 것을 義라고 한다. 權道로써 변화에 대응하고 義理로써 일을 처리한다면 나라를 다스림에 무슨 어려움이 있으리오…가만히 생각건대, 道가 함께 병행할 수 없는 것은 옳음과 그름이요, 일에서 함께할 수 없는 것은 이로움과 해로움이다. 한갓 이로움과 해로움이 급하다 해서 옳고 그름의 소재를 돌아보지 않는다면 일을 처리하는 의리에 어긋나고, 한갓 옳고 그름이 급하다 하여 이로움과 해로움의 소재를 헤아리지 않는다면 변화에 대응하는 권도에 어긋난다. 그런데 권도에는 일정한 기준이 없어 중용을 얻는 것이 귀하고, 의리는 불변의 제도가 없어 마땅함에 맞는 것이 귀하다. 따라서 中을 얻고 마땅함에 합하면 옳음과 이로움이 그 가운데에 있다.

『栗谷全書』, 拾遺, 卷5, 「時弊七條策」, "對愚聞隨時得中之謂權 處事合宜之謂義 權以應變 義以制事 則於爲國乎何有…竊謂徒之不可拉者 是與非也 事之不可俱者 利與害也 徒以利害爲急 而不顧是非之所在 則乖於制事之義 徒以是非爲急 而不究利害之所在 則乖於應變之權 然而權無定規 得中爲貴 義無常制 合宜爲貴 得中而合宜 則是與利 在其中矣."

훌륭한 의사는 사람이 마르고 살찐 것을 보지 않고 그 맥의 병 여부를 살핀다. 천하를 훌륭하게 설계하는 자는 천하의 安危를 보지 않고 그 기강의 다스려짐과 문란함을 살핀다.

『栗谷全書』, 卷25, 「聖學輯要7」, "善醫者 不視人之瘠肥 察其脈之病否 善計天下者 不視天下之安危 察其紀綱之理亂."

간사함을 분별하는 데는 이치를 궁리하는 것보다 좋은 것이 없고, 어진 사람을 보는 데는 公心보다 더 좋은 것이 없으니, 窮理公心은 욕심을 알

맞게 하는 것으로 근본을 삼는다.

『栗谷全書』, 卷15, 「東湖問答」, "辨姦 莫善於窮理 見賢 莫善於公心 窮理
公心 以寡欲爲本."

이 백성은 지극히 어리석은 듯하나 신과 같으니, 어찌 口舌로써 상대를
속일 수 있으리오.

『栗谷全書』, 卷25, 「聖學輯要7」, "斯民也 至愚而神 豈得以口舌相欺乎."

위를 덜어 아래를 보태주는 것이 금일의 급한 바이다.

『栗谷全書』, 卷4, 「擬陳時弊疏」, "損上益下 今日之所急也."

나라는 반드시 근본을 힘써야 하고 일은 반드시 중요한 것을 알아야 한
다. 근본을 힘쓴다 함은 무엇인가? 안을 무겁게 여기고 밖을 가볍게 여
기는 것을 말한다. 중요한 것을 알아야 한다 함은 무엇인가? 양끝을 잡
고서 중용을 쓰는 것을 말한다. 이 말을 알아야 더불어 時務를 의논할 수
있다.

『栗谷全書』, 拾遺, 卷5, 「時弊七條策」, "國必務本 事必知要 務本者何 重內
而輕外之謂也 知要者何 執兩端而用中之謂也 知此說者 可與議時務矣."

무릇 道學이란 格物致知로써 善을 밝히고 誠意正心으로써 그 몸을 닦아,
이것이 몸에 쌓이면 天德이 되고 이것을 정사에 베풀면 王道가 된다.

『栗谷全書』, 卷15, 「東湖問答」, "夫道學者 格致以明乎善 誠正以修其身 蘊
諸躬則爲天德 施之政則爲王道."

1536년(중종 31년) 1세, 12월 26일 강릉부 북평촌 외가에서 아버지 이원수(李元秀) 공과 어머니 신사임당(申師任堂)의 3남으로 출생하다. 본관은 덕수(德水), 자는 숙헌(叔獻), 호는 율곡(栗谷)이다.

1541년(중종 36년) 6세, 강릉에서 서울로 돌아오다.

1542년(중종 37년) 7세, 어머니 신사임당에게 글을 배우다.

1548년(명종 3년) 13세, 진사초시에 합격하다.

1551년(명종 6년) 16세, 5월 어머니 신사임당이 별세하다. 어머니의 「선비행장(先妣行狀)」을 짓다.

1554년(명종 9년) 19세, 이 무렵 우계(牛溪) 성혼(成渾), 구봉(龜峰) 송익필(宋翼弼)과 도의지교(道義之交)를 하다.
3월 출가하여 금강산에 들어가 불교를 공부하다

1555년(명종 10년) 20세, 금강산에서 강릉으로 돌아와 「자경문(自警文)」 11조를 지어 학문에 뜻을 세우다.

1556년(명종 11년) 21세, 봄에 서울로 돌아와 한성시에 수석 합격하다.

1557년(명종 12년) 22세, 9월 노씨 부인과 결혼하다.

1558년(명종 13년) 23세, 봄에 경북 예안 도산으로 퇴계선생을 방문하고, 겨울에 별시에서 「천도책(天道策)」으로 장원 급제하다.

1561년(명종 16년) 26세, 5월 아버지 이원수공이 별세하다.

1564년(명종 19년) 29세, 7월 생원진사시에 합격하고 8월에 명경시에 급제하여 호조좌랑에 임명되니, '구도장원공(九度壯元公)'이라 불렀다.

1565년(명종 20년) 30세, 봄에 예조좌랑에 전임되다.
8월에 요승(妖僧) 보우(普雨)와 권간(權奸) 윤원형(尹元衡)을 단죄(斷

罪)하는 상소를 올리다.

11월 사간원 정언에 임명되자 사퇴하는 상소를 올렸으나 불허되었다.

1566년(명종 21년) 31세, 3월에 다시 정언에 임명되었다.

5월 동료들과 시무삼사(時務三事)에 관해 상소하다.

겨울에 이조좌랑에 임명되다.

1567년(명종 22년) 32세, 고봉(高峰) 기대승(奇大升)의 『대학』 수장(首章)에 관한 질의에 답하고, 육조좌랑과 더불어 「육조낭관논심통원소(六曹郎官論沈通源疏)」를 올리다.

1568년(선조 원년) 33세, 2월에 사헌부 지평에 임명되다.

가을에 서장관(書狀官)으로 명경(明京)에 갔다 돌아와 홍문관부교리 겸 경연시독관 춘추관기주관에 임명되다.

11월 다시 이조좌랑에 임명되었다가 강릉 외조모 이씨의 병환으로 사직하고 강릉으로 돌아오다.

1569년(선조 2년) 34세, 6월 교리에 임명되어 7월에 서울로 돌아오다.

9월 「동호문답(東湖問答)」을 지어 올리고 동료들과 함께 시무구사(時務九事)를 논하는 상소를 올리다.

10월 휴가를 얻어 강릉으로 가 외조모상에 문상하다.

1570년(선조 3년) 35세, 4월 교리에 임명되어 서울로 돌아오다.

10월 병으로 사직하고 처가 해주로 가다.

12월 퇴계선생의 별세 소식을 듣고 슬퍼하다.

1571년(선조 4년) 36세, 정월 파주 율곡으로 돌아오다. 다시 교리로서 소환되었으나 병으로 사직하고 해주로 돌아가다.

6월 청주목사에 임명되다.

1572년(선조 5년) 37세, 병으로 사직하고 파주로 돌아오다.

우계 성혼과 1년 동안 9회에 걸쳐 인심도심(人心道心) 등 성리학에 관해 논변을 하다.

1573년(선조 6년) 38세, 7월 홍문관직제학에 임명되어 사퇴했으나 허락을 못 받아 부득이 올라와 3차 상소를 하여 허락을 받고 8월에 파주 율곡으로 돌아가다.

9월 다시 직제학에 임명되어 사퇴하였으나 허락을 받지 못하다.

겨울에 통정대부 승정원 동부승지 지제 겸 경연참찬관 춘추관수찬관으로 승진되다.

1574년(선조 7년) 39세, 정월 우부승지에 임명되어 「만언봉사(萬言封事)」를 올리다.

3월 사간원 대사간에 임명되다.

10월 황해도관찰사에 임명되다.

1575년(선조 8년) 40세, 3월 병으로 파주 율곡으로 돌아오다.

6월 왕명을 받아 『사서소주(四書小註)』를 산정(刪定)하다.

9월 『성학집요(聖學輯要)』를 지어 올리다.

10월 조정으로 돌아와 사정전에서 소대하다.

12월 사암(思庵) 박순(朴淳)의 태극음양론(太極陰陽論)에 답하다. 이즈음 마침내 동서 분당이 일어나 갈등하게 되다.

1576년(선조 9년) 41세, 2월 파주 율곡으로 돌아가다.

우부승지, 대사간, 이조참의, 전라감사에 임명되었으나 모두 병으로 사직하다.

10월 해주 석담(石潭)으로 돌아가다.

12월 서울로 돌아와 병조참지에 임명되었으나 사퇴하다.

1577년(선조 10년) 42세, 정월 석담으로 돌아와 가족들과 동거하고 가훈을 짓다.

12월 유아용 교과서인 『격몽요결(擊蒙要訣)』을 짓고, 「향약(鄕約)」, 「회

집법(會集法)」을 만들고, 사창(社倉)을 세울 것을 의논하다.

1578년(선조 11년) 43세, 해주 석담에 은병정사(隱屛精舍)를 세우다.

3월 대사간으로 임명되어 서울로 올라와 사은(謝恩)하고, 4월에 율곡으로 돌아가다.

5월 다시 대사간에 임명되었으나 상소로 사퇴하고 만언소(萬言疏)를 올리다.

겨울에 석담으로 돌아오다.

1579년(선조 12년) 44세, 3월 「도봉서원기(道峰書院記)를 짓고 『소학집주(小學集註)』를 완성하다.

5월 대사간에 임명되었으나 상소로서 사퇴하다.

1580년(선조 13년) 45세, 5월 「기자실기(箕子實記)」를 편찬하다.

12월 대사간으로 조정에 들어오다. 정암(靜庵) 조광조(趙光祖)의 묘지(墓誌)를 짓다.

1581년(선조 14년) 46세, 3월 병으로 세 번이나 사직을 청했으나 허락되지 않다.

6월 가선대부 사헌부 대사헌으로 특진 재차 사직하였으나 허락을 받지 못하고, 다시 예문관 제학도 사직코자 하였으나 허락을 받지 못하다.

8월 동지중추부사에 제수되다.

9월 대사간에 임명되었으나 사퇴하다.

10월 호조판서에 승진 조광조(趙光祖), 이황(李滉)의 문묘종사(文廟從祀)를 청하고 경제사(經濟社) 설치를 건의하다.

11월 「경연일기(經筵日記)」를 완성하다.

1582년(선조 15년) 47세, 정월 이조판서에 임명되다.

7월 왕명으로 「인심도심설(人心道心說)」을 지어 올리다.

또한 왕의 교지에 의해 「김시습전(金時習傳)」과 「학교모범(學校模範)」

및 「사목(事目)」을 지어 올리다.

8월 형조판서에 임명되다.

9월 의정부 우참찬에 임명되고 숭정대부로 특진되다.

의정부 우찬성에 임명되자 사퇴하였으나, 불허되자 만언소(萬言疏)를 올려 시국의 폐단을 극력 간언(諫言)하다.

10월 명사(明使) 원접(遠接)의 명을 받고 입경(入京)한 명나라 사신의 청에 의해 「극기복례설(克己復禮說)」을 쓰다.

12월 다시 병조판서로 임명되자 사퇴하였으나 불허하다.

1583년(선조 16년) 48세, 2월 「시무육조(時務六條)」, 「계미육조계(癸未六條啓)」를 올리다.

3월 경연에서 십만양병(十萬養兵)을 건의하다.

6월 동인파의 탄핵을 받고 파주 율곡으로 돌아가다.

7월 파주 율곡에서 해주 석담으로 돌아가다.

9월 다시 이조판서에 임명되어 사퇴코자 하였으나 허락받지 못하다.

10월 서울에 올라와 사퇴를 청하였으나 허락받지 못하다.

1584년(선조 17년) 49세, 정월 14일 전방 지휘관으로 명을 받은 서익(徐益)에게 「방략육조(方略六條)」를 구술하다.

정월 16일 서울 대사동에서 서거하다.

3월 20일 파주 자운산(紫雲山)에 안장되다.

1624년(인조 2년) '문성(文成)'의 시호(諡號)를 받다.

1681년(숙종 7년) 문묘(文廟)의 종사(從祀)를 허락받다.

1744년(영조 20년) 『율곡전서(栗谷全書)』가 이루어지다.

부록 3 율곡 관련 저술과 논문

〈저서〉

『율곡철학연구』 / 경문사 / 1987. 6. 8

『율곡사상의 체계적 이해(1)-성리학편-』 / 서광사 / 1998. 8. 20

『율곡사상의 체계적 이해(2)-경세사상편-』 / 서광사 / 1998. 8. 20

『한국의 사상가 10인 율곡 이이』 / 편저 / 예문서원 / 2002. 12. 20

『율곡 이이』 살림출판사 / 2007. 8. 3

『이율곡 읽기』 / 세창미디어 / 2013. 11. 15

『율곡에서 도산으로』 / 충남대출판문화원 / 2014. 8. 23

『16세기 한국의 유학자 / 율곡 이이(베트남어판)』 / 김성범, 다오부부 공역 / 베트남사회과학원 사회과학출판사 / 2014

〈공저〉

1. 『栗谷聖學의 硏究』 / 공저 / 율곡사상연구원 / 1992. 11. 1 / 187~227쪽.

2. 『율곡의 개혁사상(상)』 / 공저 / 율곡사상연구원 / 1997. 4. 1 / 18~75, 361~440쪽.

3. 『율곡학과 한국유학』 / 공저 / 예문서원 / 2007. 7. 30 / 137~170쪽.

〈논문〉

「율곡사상에 관한 연구(상소문을 중심으로)」 / 성균관대 대학원(석사논문) / 1981. 8. 25.

「율곡의 철학사상에 관한 연구(理氣之妙를 중심으로)」 / 충남대대학원(박사논문) / 1987. 2. 25.

「율곡 時務論의 철학적 근거」 / 『철학연구』 / 34집 / 한국철학연구회 / 1982. 12.

「理通氣局의 人性論的 고찰」 / 『동방사상논고』 / 종로서적 / 1983. 11. 23.

「율곡의 太極陰陽論과 理氣之妙」/『인문과학논문집』/ 4집 / 청주대 인문과학
  연구소 / 1985.

「율곡철학의 근본문제와 理氣之妙의 淵源的 고찰」/『청주대논문집』/ 18집 /
  청주대 / 1985.

「율곡의 理氣說에 관한 고찰」/『동서철학연구』/ 3호 / 한국동서철학연구회 /
  1986. 6.

「율곡 經世사상의 理氣之妙的 이해」/『논문집』/ 5집 / 청주대인문과학연구소
  / 1986.12.

「율곡의 經世사상」/『관수민동근박사화갑기념논총』/ 간행위원회 / 1987. 10.
  31.

「율곡 人性論의 理氣之妙的 구조」/『유교사상연구』/ 3집 / 유교학회 / 1988.

「이율곡의 經世사상」/『월간 한국문화』7, 8, 9월호 / 주일한국문화원 / 1988.

「율곡의 理氣論」/『율곡학』/ 창간호 / 율곡사상연구원 / 1988. 9. 20.

「이율곡의 理氣之妙」/『월간 한국문화』4, 5월호 / 주일한국문화원 / 1989.

「율곡의 務實사상」/『인문과학논집』/ 8집 / 청주대 인문과학연구소 / 1989.

「율곡의 經世사상과 大同세계의 구현」/『栗谷學』/ 3집 / 율곡사상연구원 /
  1991. 5. 31.

「高峰의 性理學과 栗谷의 性理學」/『高峰의 哲學과 思想』/ 2 / 광주직할시 /
  1991. 11. 30.

「율곡의 格物致知論」/『精神文化硏究』/ 통권 46호 / 한국정신문화연구원 /
1992. 3.

「율곡의 聖學에 관한 연구(율곡의 爲政論)」/『栗谷學』/ 5집 / 율곡사상연구원
  / 1992.

「조선후기 經世致用實學과 율곡의 實學的 思惟」/『茶山學報』/ 14집 / 다산학
  연구원 / 1993.

「율곡 정치사상의 현대적 의미」/『율곡학』/ 7집 / 율곡사상연구원 / 1994. 9.
  28.

「율곡사상 연구의 어제와 오늘」/『栗谷思想研究』/ 1집 / 율곡학회 / 1994. 10.

「율곡 經世사상의 철학적 배경」/『論文集』/ 통권 43호 / 충남대인문과학연구
  소 / 1994. 8.

「율곡 道德教育論의 철학적 기초」/『유학연구』/ 2집 / 충남대 유학연구소 /
  1994. 12. 25.

「율곡 개혁사상의 철학적 배경」/『율곡학』/10집 / 율곡사상연구원 / 1996. 7.
  30.

「율곡의 사회개혁론」/『율곡학』/ 10집 / 율곡사상연구원 / 1996. 7. 30.

「율곡의 행정론과 人本행정의 방향」/『도정논고』1996년 4호 / 충청남도 /
  1996. 12.

「율곡의 修己論」/『유교사상연구』/ 제9집 / 한국유교학회 / 1997. 12. 20.

「율곡의 自然觀과 人間觀」/『동양사상과 현대사회』/ 율곡사상연구원 / 1998.
  1. 22

「栗谷 李珥의 인간관」/『동양철학의 자연과 인간』/ 아세아문화사 / 1998. 11.
  5.

「율곡 사회개혁론의 향토 문화적 의미」/『율곡학보』/ 제17집 / 율곡학회 /
  2000. 12.

「율곡 이기론의 체계와 그 의의」/『21세기 새 문화 창조와 율곡학』/ 수덕문화
  사 / 2001. 8. 5.

「율곡학 연구의 어제와 오늘」/『오늘의 동양사상』/ 제6호 / 예문동양사상연구
  원 / 2002. 3. 1.

「율곡사상의 현대적 조명」/『율곡사상연구』/ 제5집 / 율곡학회 / 2002. 12.

「현실인식과 율곡철학」/『동서철학연구』/ 30호 / 한국동서철학회 / 2003. 12.
  31.

「율곡철학의 현대적 의미-理氣之妙를 중심으로-」/『율곡사상연구』/ 제10집 /
  율곡학회 / 2005.

「우계와 율곡」/『우계학보』/ 제24호 / 우계문화재단 / 2005. 11. 30.

「율곡 이기론의 현대적 의미」/『동서철학연구』/ 제46호 / 한국동서철학회 /
  2007. 12. 31.

「퇴계와 율곡의 철학정신」 / 『철학연구』 / 제107집 / 대한철학회 / 2008. 8. 29.

「화담, 퇴계, 율곡의 이기관 비교 연구」 / 『동서철학연구』 / 49호 / 한국동서철학회 / 2008. 9.

「율곡의 理通氣局에 관한 연구」 / 『철학논총』 / 제56집 제2권 / 새한철학회 / 2009. 4. 30

「율곡의 우환의식과 경세론의 의의」 / 『한국사상과 문화』 / 제54집 / 한국사상문화학회 / 2010.

「정통과 이단, 그 역사와 본질」 / 『율곡사상연구』 / 제21집 / 율곡학회 / 2010. 12. 30

「율곡학의 계승과 창신」 / 『유학연구』 / 제23집 / 충남대학교 유학연구소 / 2010. 12. 30

「栗谷과 重峰의 도학정신」 / 『유학연구』 / 제26집 / 충남대학교 유학연구소 / 2012. 8. 30.

「율곡철학에 있어서 '도덕'과 '경제'의 상합성」 / 『사회사상과 문화』 / 제29집 / 동양사회사상학회 / 2014.